中国社会科学院学部委员专题文集

ZHONGGUOSHEHUIKEXUEYUAN XUEBUWEIYUAN ZHUANTI WENJI

认识发生的哲学探讨

李景源◎著

中国社会科学出版社

图书在版编目(CIP)数据

认识发生的哲学探讨 / 李景源著 . —北京:中国社会科学出版社,2016.5
(中国社会科学院学部委员专题文集)
ISBN 978 - 7 - 5161 - 8451 - 6

Ⅰ.①认⋯ Ⅱ.①李⋯ Ⅲ.①人类认识发生学 Ⅳ.①B017

中国版本图书馆 CIP 数据核字(2016)第 138266 号

出 版 人 赵剑英
责任编辑 冯春凤
责任校对 韩海超
责任印制 戴 宽

出   版 中国社会科学出版社
社   址 北京鼓楼西大街甲 158 号
邮   编 100720
网   址 http://www.csspw.cn
发 行 部 010 - 84083685
门 市 部 010 - 84029450
经   销 新华书店及其他书店

印刷装订 北京君升印刷有限公司
版   次 2016 年 5 月第 1 版
印   次 2016 年 5 月第 1 次印刷

开   本 710×1000 1/16
印   张 25.75
字   数 398 千字
定   价 118.00 元

前　　言

　　哲学社会科学是人们认识世界、改造世界的重要工具，是推动历史发展和社会进步的重要力量。哲学社会科学的研究能力和成果是综合国力的重要组成部分。在全面建设小康社会、开创中国特色社会主义事业新局面、实现中华民族伟大复兴的历史进程中，哲学社会科学具有不可替代的作用。繁荣发展哲学社会科学事关党和国家事业发展的全局，对建设和形成有中国特色、中国风格、中国气派的哲学社会科学事业，具有重大的现实意义和深远的历史意义。

　　中国社会科学院在贯彻落实党中央《关于进一步繁荣发展哲学社会科学的意见》的进程中，根据党中央关于把中国社会科学院建设成为马克思主义的坚强阵地、中国哲学社会科学最高殿堂、党中央和国务院重要的思想库和智囊团的职能定位，努力推进学术研究制度、科研管理体制的改革和创新，2006年建立的中国社会科学院学部即是践行"三个定位"、改革创新的产物。

　　中国社会科学院学部是一项学术制度，是在中国社会科学院党组领导下依据《中国社会科学院学部章程》运行的高端学术组织，常设领导机构为学部主席团，设立文哲、历史、经济、国际研究、社会政法、马克思主义研究学部。学部委员是中国社会科学院的最高学术称号，为终生荣誉。2010年中国社会科学院学部主席团主持进行了学部委员增选、荣誉学部委员增补，现有学部委员57名（含已故）、荣誉学部委员133名（含已故），均为中国社会科学院学养深厚、贡献突出、成就卓著的学者。编辑出版《中国社会科学院学部委员专题文集》，即是从一个侧面展示这些学者治学之道的重要举措。

　　《中国社会科学院学部委员专题文集》（下称《专题文集》），是中国社会科学院学部主席团主持编辑的学术论著汇集，作者均为中国社会科学院学部委员、荣誉学部委员，内容集中反映学部委员、荣誉学部委员在相关学科、专业方向中的专题性研究成果。《专题文集》体现了著作者在科学研究实践中长期关注的某一专业方向或研究主题，历时动态地展现了著作者在这一专题中不断深化的研究路径和学术心得，从中不难体味治学道路之铢积寸累、循序渐进、与时俱进、未有穷期的孜孜以求，感知学问有道之修养理论、注重实证、坚持真理、服务社会的学者责任。

2011 年，中国社会科学院启动了哲学社会科学创新工程，中国社会科学院学部作为实施创新工程的重要学术平台，需要在聚集高端人才、发挥精英才智、推出优质成果、引领学术风尚等方面起到强化创新意识、激发创新动力、推进创新实践的作用。因此，中国社会科学院学部主席团编辑出版这套《专题文集》，不仅在于展示"过去"，更重要的是面对现实和展望未来。

这套《专题文集》列为中国社会科学院创新工程学术出版资助项目，体现了中国社会科学院对学部工作的高度重视和对这套《专题文集》给予的学术评价。在这套《专题文集》付梓之际，我们感谢各位学部委员、荣誉学部委员对《专题文集》征集给予的支持，感谢学部工作局及相关同志为此所做的组织协调工作，特别要感谢中国社会科学出版社为这套《专题文集》的面世做出的努力。

《中国社会科学院学部委员专题文集》编辑委员会

2012 年 8 月

目　　录

附　　录

序　言

　　20 世纪 80 年代是哲学认识论蓬勃发展的时期，有关认识发生问题的研究也引起国内学者的关注。究其根由，首先是由于，1978 年关于真理标准的讨论使科学的实践观深入人心，这场讨论不仅为思想解放提供了科学依据，而且使许多人自觉地确立了实践的思维方式，它从根本上改变了中国哲学研究的面貌，成为推动人们从事哲学研究的动力和重要视角。科学的实践观为哲学研究提供了新的框架，许多哲学原理教科书的内容结构就是根据实践概念的结构（主体—客体—主客体统一）来安排的。实践观念日益深入人心，也启发人们从起源的角度思考实践的发生与认识发生的内在关系问题。其次，国内学者相继提出了认识发生论、微观认识论、社会认识论的研究方向，还有另一方面的原因，即改革开放伊始，瑞士儿童心理学家让·皮亚杰的著作被大量翻译引进中国，也推动了哲学界关于认识发生问题的研究和讨论。关于知识的客观性（即真理的来源和标准）问题，是哲学史上争论不休的问题，历代哲学家均力图找出主客体之间的中介物，来论证主体何以认识客体的根据。经验论者认为这种中介物是感觉和知觉，唯理论者认为是概念。皮亚杰认为，知识的客观性固然与知觉和概念相关，但它们本身已经是认识的结果，要真正解答这个问题，必须顾及认识的发生。在主客体完全不分化的原始状态，根本谈不上认识的客观性。正是主体的活动才使主客体间的混沌状态发生"哥白尼式的革命"。对活动的内容和形式的考察，进一步揭示了认知的内容和思维的形式的起源及其与现实一致的机制。皮亚杰的《发生认识论原理》等著作激励国内学者进一步推进认识发生理论的研究，即从个体的心理发生扩展到对种系认识发生的探索。很显然，研究认识的起源和发生，是哲学认识论的题中应有之义，认识论在本质上是关于人的认识能力和认识形式形成和发展的理论，对人类认识现象的原始发生的系统考察，有助于使认识论成为客观的、论证的学科，因而是学科建设固有的重要课题。

1982年底，我的导师夏甄陶向中国社会科学院哲学研究所提出了认识发生论的研究课题，把考察人类认识的原始的系统发生作为研究的主要任务。在哲学研究所的支持下，成立了认识发生论的课题组，拟定了研究提纲，并着手收集材料。研究人类认识的原始起源是一个极为艰巨和复杂的任务，由于原始时代没有文字，要复原这一时期的认识特点和思维方式，必须依靠人类学、考古学、民族学等方面的资料和研究成果。在解放前夕尚处于石器时代的原始部族是现今活着的"社会化石"。对少数民族认识特点和思维方式的探讨是复原远古人类认识活动的重要证据。为此，中国社会科学院哲学研究所"认识发生的哲学探讨"写作组，在夏甄陶先生的带领下，从1983年3月下旬到6月底，赴云南少数民族地区进行了实地考察。在滇期间，调查组邀请了部分专业理论工作者召开了小型座谈会，走访了在少数民族问题研究上有名望的专家和学者，参观了各种实物和图片展览。在云南省各级组织的热心支持和大力协助下，调查组先后深入丽江地区和西双版纳地区，参加了在丽江举行的东巴（达巴）文字座谈会，并对纳西族、傣族、基诺族和布朗族等少数民族地区进行了走访和调查。分别对各少数民族的原始记事、文字、原始艺术、图腾崇拜、宗教、占卜共术以及早期的创世神话等方面的情况作了探讨性的考察，收集了一批文字资料、珍贵的照片和录音磁带，并同省、地（自治州）、县的有关部门建立了一定的业务联系。通过这次实地考察，调查组的同志普遍感到收益很大，不仅增加了感性认识、开扩了思路，而且进一步验证并充实了国内外对于人类早期认识特点提出的若干假说。

我在研究生毕业留哲学所工作之后，从始至终都参与了夏甄陶先生主持的这个课题，跟随他一起到云南做相关考察，在他有事返京后，我和另一位同事一起继续做了两个多月的调查访问，多次与基诺族和傣族同胞家中居住、生活，至今想起来还感触良多。本文集相关成果就是在上述专业性调查研究的基础上所做的理论思考的结晶。这些成果具体表现在三个方面，一是1989年1月出版的《史前认识研究》一书，这是我的博士论文的简写本；二是夏甄陶老师主编的《认识发生论》一书中的相关章节；三是这一时期在刊物上发表的有关探讨认识发生问题的学术论文。本文集虽然选自不同著作的有关章节以及发表在刊物上的论文和述评，但都有一个贯穿性的主题，即人的认识是怎样一步步发生和发展的。当然，对于认识史上的这一重大问题，本文集不可能给出完满的解答，它只是我个人在总结前人研究成果的基础上所作出的若干理论思考。不妥之处，祈盼学术界同人批评指正。

李景源

2013 年 9 月于北京

一

考察史前认识的意义与方法*

　　原始社会作为有文字记载以前的历史阶段，对我们来说已经成为遥远的过去了。但是，人类祖先在那万古洪荒的岁月里，为了生存而进行的殊死搏斗以及一步步从蒙昧和野蛮状态中解脱出来的情景，有如那浑厚的古钟声时常地响在人们的耳畔，震颤着人们的心灵。不是吗？当我们翻阅一部原始社会史的时候，当我们有幸参观古人类遗址和古文物展览的时候，或者有机会接触到当代尚存的原始部族的生活习俗的时候，都会情不自禁地产生无穷的联想和疑问。我们的祖先留下的一幅幅崖画的用意何在、是为了昭示后人亦或为了祈福禳灾？刻划在武器上的符号和陶器上的纹饰是占有的标记还是赋予它们某种魔力？佩戴在身上的兽角兽牙以及周身涂抹的骇人条纹是为了驱赶恶鬼的侵害吗？那一场场通宵达旦的原始乐舞是为了发泄情感还是出于宗教的目的？诸如此类，不一而足。众多的疑问最后又升华为这样的问题——原始人是怎样认识世界的？原始人的宇宙论同现代人的世界图景是否相同？如果说，原始人的认识是人类认识史的开端，那么它又以何种形态孕育了现代的理论思维呢？换言之，现代的科学认识同史前的原始思维具有怎样的渊源关系，构成原始思维结构中的哪些要素成为日后科学思维发展的源头？

　　如果说，对上述问题的前半部分的解答主要是文化人类学和民族学的任务；那么，对后半部分问题的探讨则是哲学认识论的任务。有关人类认识的起源问题，如同生命的起源、人类的起源问题一样，是一个重大的基

---

　　* 本文系《史前认识研究》一书的导言。

本理论问题。它是人类对自身在宇宙体系中的地位和作用认识的不可缺少的方面。

自从 19 世纪中叶民族学作为一门学科形成以来，对史前人类和落后民族的原始文化和原始思维的研究，就引起了许多科学家和学者的兴趣，有的学者甚至倾注了毕生的精力。但是，当我们回顾和评价近百年来对这一课题的研究历史之时，就会产生如下两点观感：

第一，对于人类史前认识的研究，最有发言权的当属考古学家和民族学家，他们拥有最翔实的史料和极为丰富的实际感受。但是，囿于学科划分的限制，处于考古学家和民族学家研究课题领域中心的并不是认识论的问题，而是人类社会物质文化和精神文化的发展状况和一般规律。民族学家往往把精神文化看作一个复杂的整体，其中包含着知识、艺术、信仰、法律、道德、风俗习惯等内容。他们专注的是一个民族或社会所具有的文化结构和模式，对人类认识的起源和发展问题则涉及不多。因此，探讨人类认识的起源问题，实属于哲学认识论的课题。

第二，在为数众多的探讨原始思维的著作中，各个学者所提供给我们的概念框架和基本观念往往互相分歧和对立。

由于各个学派的学者所处的时代不同，每个人的知识背景和思维结构不同，因而选择和整理事实的角度及其理论结论也各异。这一事实表明，研究者本人的思维框架对课题的选择和研究具有不可忽视的影响。所谓研究者本人的思维模式往往也就是课题研究的模式或纲领，它事先决定了研究的内容和方向，决定了课题研究的起点、过程和结局。为此，在具体考察人类史前认识之前，先谈一下我们对这一课题的基本想法，显然是十分必要的。

考察史前认识的意义和任务

历史科学之父维柯在撰写《新科学》时，把着眼点放在考察民族的原始发生问题上，因为一个民族的本性不过就是民族在某个时期以某种方式的诞生（本性和诞生是同源词）。他认为："任何科学必须从它所处理的题材开始处开始。"也就是说，认识论的研究应当从认识的最初的起源开始，"我们的研究起点应该是这些动物开始以人的方式来思维的时候"①。为了探讨人类思维是怎样发展起来的，他耗费了 20 年的光阴。研究人类的认识史是建立科学的认识论的重要途径之一。认识论只有在对全部认识史的分析和概括的基础上才能成为较为完备的理论体系。恩格斯在论及哲学认识论的性质时指出，它应该是"建立在通晓思维的历史和成就的基础上的理论思维"②。恩格斯所说的思维的历史应当包括人类认识的前史。原始人的早期认识和思维是现有人类认识和思维的"发生地"，是现代科学思维形成和发展的源头。没有源头的认识史是不完整的。因此，重视人类认识的前史的考察，对于把握认识的本质和发展规律是具有特殊意义的。

众所周知，认识论是关于认识的本质、规律和形式的学说，它以人的认识及其发展作为考察的对象。人的认识和其他事物一样，它只是在历史发展的过程中才获得自己的规定性。认识结构中的各种要素、认识的规律性都是历史发展的产物并表现在认识的整个历史中。因此，不考察认识的诸种因素的发生和发展过程，就不能切实把握现有的认识结构及其规律。在这个意义上，科学的认识论应当是建立在通晓认识的全部历史和成就基础上的理论科学，也就是说，科学的认识论应当是理论化的认识史。

从史的角度来研究认识问题，将为理论本身增添新的内容。既然一个事物的规律性以其多样性的形式包含在自身的历史发展中，这就告诉我们，只有研究这个事物的起源和发展时，才能把握这一事物，揭示出它的本质和规律。值得注意的是，运用发生学的方法研究认识的个体发生和系统发生，是当前认识论研究进展的重要趋势。发生认识论的研究者，瑞士心理学家让·皮亚杰在批评传统的认识论研究方法时指出："传统的认识论只顾到高级水平的认识，换言之，即只顾到认识的某些最后结果。"③ 这样，就无法全面估价认识与现实活动的本质联系，其结果不是经验论就是先验论。他认为，发生认识论的研究成果对于解答古典认识论即一般认识论问题具有重要的方法论的意义。他从发生学的角度考察了数学的认识论

---

① 维柯：《新科学》，人民文学出版社 1986 年 5 月第 1 版，第 139 页。
② 恩格斯：《自然辩证法》，第 187 页。
③ 皮亚杰：《发生认识论原理》，中译本第 17 页。

问题，即数学结构的来源问题。他发现，儿童的智力结构的心理发生过程同认识史上数学家们所创立的最一般结构之间存在着惊人的相似性。皮亚杰把数学结构的起源问题放到思维发生学的研究中加以解决所获得的重要结论，充分显示了研究人类史前认识所具有的理论意义。

探讨认识的发生和起源问题，对于当代思维科学以及人工智能的研究同样具有重要意义。众所周知，人工智能的理论基础是思维科学。到本世纪80年代，计算机的研制已由第四代进入第五代。第五代计算机同以往的计算机相比较，有两点重大区别。第一，信息加工由数据处理进入以符号形式出现的知识处理，计算机的功能已由"数值计算"转入全面的"问题求解"。因此，第五代计算机将是名符其实的知识型的人工智能系统。第二，第五代计算机将突破以往计算机仅仅以逻辑思维、逻辑推理为基础的原则，使计算机具有形象思维的功能。形象思维区别于抽象逻辑思维的地方，是它加入了人的经验的因素，人类智能同以往计算机的重要区别也就表现在这里。实际经验表明，人脑的思维缺乏数学的严密性，人的思维活动主要不是离散的数学式的，而是连续的模拟式的。在日常生活中，人们除了利用确定规则进行精确性推理之外，更大量的是根据不充分的数据或不完备的知识进行着不精确的推理。现实中的许多知识往往是不确定的，人们经常不去强求逻辑上的完备性，而是根据近似正确的事实和规律，推导出有价值的知识和结论。因此，模糊推理是人脑工作的主要思维方式。人类经常使用的这种推理方式都同人的经验有关，即同人的形象（直感）思维有关。

要研究形象思维和经验性思维，一个重要途径就是考察人类的早期认识。众所周知，形象思维并不是人类独有的。在某些高等动物身上，也具有形象思维的萌芽，人类的形象思维能力就是在动物的形象思维基础上发展起来的。就人类思维发展的整个历史而言，形象思维占据了思维史的绝大部分，抽象思维则是晚近发展的产物。尽管形象思维和抽象思维早已成为现代人头脑中并存的思维形式，丧失了昔日那种阶段性思维的特征，但是我们不应忘记，人类现有的思维心理结构正是人类整个思维发展历史积淀下来的。历史的东西转化为心理的东西这条规律仍然在现代儿童智力发展过程中起着作用，因此，探讨早期人类形象思维的发生发展历程，对于揭示形象思维的本质和规律仍将具有不可忽视的价值。

综上所述，考察人类认识的前史既是认识史的任务，同时也是认识论理论研究的课题。就此而言，认识史与认识论在研究的课题范围问题上统一起来了，这种统一实际上具有历史与逻辑相统一的特征。

那么，对史前认识的考察大致包括哪些主要内容或者摆在我们面前的基本任务是什么呢？要回答这个问题，必须牢牢把握史前认识的特殊性。顾名思义，史前认识是指有文字记载以前的认识，这段历史的下限应中止于原始社会向阶级社会的过渡时期。我们碰到的第一个问题，就是与人类认识有关的各种因素和条件的起源问题。只有在探讨了这些问题之后，我们才能够谈到认识本身的起源。因为当我们接触到认识的起源问题时，必然要碰到这样的问题：人类认识的最初形态究竟是怎样的，它最初是与语言相联系的呢还是相反？如果说，言传的认识只是在后来才发展起来的，那么，前语言的认识的性质怎样、它在人类现代认识中具有什么地位和价值？语言和思维的关系问题，不仅是近代和现代哲学家和语言学家引起纷争的重要问题，同样也是考察史前认识必须解答的问题。这个问题不解决，就不可能把史前认识的研究引向深入。

第二个方面是关于思维形式的起源问题。人类的认识从产生时起就总是包括两个方面，即逻辑—数学的和认识论—心理学的侧面，这两个方面构成了认识的形式及其内容的统一。从认识的形式方面看，人类的认识史首先是概念的逻辑思维发生和发展的历史，现代人成熟的逻辑思维也有它的史前史。概念是抽象的逻辑思维的核心要素，作为逻辑思维结构中的概念要素是经由实物性概念（动作）以及前概念（表象）发展而来的。概略地阐明概念形态的历史演变过程是考察史前认识的重要内容。现代思维分类学表明，逻辑思维只是人类思维的一种方式，除了逻辑思维以外，人类还同时具有直觉顿悟思维和形象思维等多种形式。上述诸种思维形式，在现代人的头脑中组成一种互动结构，它们已成为彼此交融渗透、互相推动的统一整体。但在史前时代，这些思维形式却以萌芽的形式在人类认识发展的不同阶段上表现出来。考察人类的史前认识，就是要阐明人类各种思维形式发生和发展的各个阶段，以及前一个阶段向后一个阶段转化的逻辑机制。这是我们研究史前认识所面临的一个重要任务。

主客体的关系问题是认识论研究的核心问题之一，这一问题在史前认识研究中占有更特殊的地位。因为这一阶段属于主客体关系的产生和原始分化的时期。原始思维发展的历史本质上也是主体和客体、主观和客观不断分化的历史。因此，主客体关系的性质和状态同时也是认识发展水平的标志。主客体关系的分化是随着联结主客体之间的中介物的变化而不断发展的。在主客体关系发展的不同阶段，构成中介物的主导因素是不同的。物质活动、表象观念和抽象概念可以看作中介物的不同形态。中介物演化的基本规律是由物质到观念、由客观到主观、由具体到抽象。随着主客体之间中介物的演化，主体的认识能力和认知模式也在发生变化。原始宗教观念的出现标志着原始人的幼稚的宇宙论的产生，正是这种对宇宙的看法制约着他们的思考和行动。原始人在讲述自己的遭遇和见闻时，以及在他们的各种崇拜意识和繁琐礼仪中，都或显或隐地体现着一种宇宙论解释，它集中地体现着原始人的认识模式。从人类的产生到文字的形成阶段，原始人对世界的观念发生了几次重要的变化，而原始人的宇宙论的变迁同主客体按阶段的分化是同步的。

综上所述，要揭示史前认识的结构、形式、发展演化的脉络和规律性，大致可以从以上几个方面入手，这几个方面也是我们在考察史前认识问题时所设定的参考系。

研究史前认识的依据和史料

人类的史前认识从其发生开始，到文字的产生和抽象思维的形成，占据了人类认识历史的绝大部分。要考察这一历史阶段的认识过程，其工程既宏伟又艰巨。由于原始时代还没有文字，不同于后来的历史发展的各个阶段有可资借鉴的文献材料，再加上史前时期距今年代久远，史前人类连同他们的认识活动一起都早已消失了。这种情况决定了有关史前认识的史料有它自己的独特性。这种独特性主要表现在两个方面，首先是资料的非文字性和间接性；其次，绝大部分资料都是考古的对象，不是活着的文化，这些资料只能给我们提供"史实"，而不能给我们提供"史识"。从"史实"出发，整理和发掘出"史识"的工作，对我们来说是一项艰深而繁重的任务。英国著名科学家贝尔纳曾指出考察科学起源时所遇到的双重困难："第一，在研究起源的工作中，有一个内在的困难，就是回溯得越远，而达到发生基本革新的紧要关头时，就越难确定实际发生的究竟是什么。但对于科学起源的研究，困难还要多一层。这是因为科学初出现时，原无可以认识的形状，而须从各时期的文化生活中较为一般化的形象中，逐渐剖辨出来。更须从人类艺术史和人类建制史两方面，去搜寻科学的隐蔽的起源。"① 应当承认，与人类史前认识直接相关的资料的确是相当欠缺的，年代的遥远和材料的匮乏是探讨这一课题所面临的不利条件。但是，人类的认识同其他事物一样，并不是某种超感觉的、神秘莫测的东西。与史前认识相关的学科，如古人类学，考古学、民族学、语言学、比较心理学、儿童心理学和神经心理学等学科，从本世纪以来有了长足的发展，从各个方面积累了丰富的资料可以利用。下面我们着重谈谈各个学科究竟能提供哪些具体有价值的素材。

（一）人类学。探讨人类认识的起源和早期发展，首先遇到的问题，就是认识主体的起源和形成问题，这可以从人类学的研究考证中获得最基本的资料。这里所说的人类学，主要是指古人类学和体质人类学。亚洲、非洲和欧洲陆续发现的古老的猿属和人属化石，为从猿到人的演化过程提供了极为丰富的科学证据。特别是近年来，古人类学在研究人类起源的工作中引入了一系列新方法，其中包括现代灵长类学、生物化学、分子生物学、动物行为学以及数学典型分析、多元统计方法等渗入到古人类学的研究中去，使古人类学的研究出现了新的局面，形成了对古人类起源问题上研究的几个主要学派，如经典的形态学、分支系统学说、分子生物学和分子钟学说等。这些学派在对人类起源的动力、年代等问题上的不同观点的争论、切磋，使我们对人类进化的途径有了更加清楚的认识。

在人体组织结构的进化中，占重要地位的是脑组织的进化。人脑是认识的器官，研究认识的起源和早期发展就不能不研究认识器官的形成和发展。近二三十年来形成起来的新学科——神经心理学，在研究人的心理思维活动的脑基础方面取得了明显的进展，揭示了把人与动物区别开的特殊

---

① 贝尔纳：《历史上的科学》，科学出版社 1959 年第 1 版，第 31 页。

功能的脑器官的形成和进化的原则和规律性。与神经心理学对人脑器官的结构研究相对应，古人类学家对不同时期的人类头骨化石的研究成果，填补了我们关于人脑在史前阶段发展的知识的空白。古人类学和神经心理学从不同方面勾划了人脑的历史进化和个体发育的一般图景，它们之间具有某种对应关系。根据古人类头骨脑模型的研究资料，我们可以有把握地确定在人类起源的循序渐进的诸阶段上人脑组织结构的发展情况以及各部分的相互关系，这就为我们探讨认识的起源问题奠定了重要的科学基础。

（二）考古学。探讨史前认识的史料有许多是由考古学提供的。如果说，人类学侧重提供人类本身的发展史，那么，考古学主要提供人类的文化、特别是物质文化发展状况方面的资料。因而，考古学的资料主要也是非文字的。考古学是依据实物的史料来研究人类历史文化发展的科学。这种实物的史料，主要是指过去人类所使用过的劳动工具、武器、生活器具，以及原始时代人类所建造的处所、作坊、居住过的洞穴、埋葬死者的墓地等等。从这个意义上说，人生来就是历史的编者，而史前的人类则是最初的史学家。考古学主要是依靠田野考察工作，根据挖掘地下遗留下来的遗址、遗物和遗迹，来追踪早期人类的生产和生活情况。

人类的整个史前时代，包括300多万年的历史。有关早期人类的活动情况，即使是在现存的原始部族中间也早已成为遥远的过去。所以，要说明早期人类认识的起源和发展，如果不依靠考古学的资料，我们的研究就无从着手。近几十年来，在世界各地、特别是在我国境内，无论旧石器时代或新石器时代的考古工作都取得了显著的成绩，为研究人类的早期活动和认识展现了大量的第一手资料，这为我们的研究提供了极大的便利条件。郭沫若在谈到考古资料对研究古代社会的重要意义时说："地下发掘出的材料每每是决定问题的关键。在目前进行着大规模经济建设的伟大时期中，被封锁在地下的图书馆与博物馆不断地开放，古代资料也源源不绝地出土。研究成果趋于一致的可能性逐渐增长了。"[①] 考古学资料是一部早期人类社会生活实践所遗留下来的极为宝贵的"无字地书"。千百万年来，人类的祖先在世界各地进行着艰苦卓绝的斗争，把他们生活中的吃穿用各

---

① 参见郭沫若《中国古代社会研究》新版"引言"。

个方面辛勤劳动所创造的实在的具体内容陆陆续续地遗留在地层之下，"随着时代的推移，这个用社会劳动实践所写下的史书，按照历史前进的程序，透过遗迹遗物的层层堆积，像课本一样，一页页真实地展示在我们的面前。"极为丰富的遗迹遗物，通过史前考古学家的认真整理，经过各个有关学科的密切配合，逐步把真实的社会历史的丰富内容翻译成为可读的史书①。这是我们探讨早期认识不可多得的宝贵资料。

　　试问，早期人类以实际活动所撰写的这部"无字地书"对于研究早期认识的价值若何呢？我们认为，原始人类尽管还没有自觉地对观念活动进行反思，也没有留下一本有文字可考的认识理论，但他们毕竟留下了自身认识水平的真实记录。一方面，人类的认识起源于劳动活动，另一方面，认识及其成果又总是构成劳动活动的必要因素，调节并指导着劳动活动。认识和劳动实践的这种交互作用，使我们有理由把劳动的产品看作是认识成果的物化。石器的制造，既可以说是原始人对客体属性及其规律的逼近，同样也是对自身认识成果的逼近。换言之，他们所遗留下来的物质文化正是认识成果的物化形态。石器的粗糙性反映着早期人类对客观规律的认识和把握的原始性；同样地，石器的器形的改变和分化则反映着人类对外部世界认识的分化和精细化。马克思认为，工业的历史以及工业活动的产物的对象性的存在，是人的本质力量的打开了的书本，是以感性的形式摆在我们面前的认识论。如果我们的研究还没有触及到这部真实的认识史，那么认识论就不能成为真正内容丰富的现实的科学。这一思想不仅一般适用于认识论的研究，而且对于史前认识的研究具有特殊重要的价值。

　　（三）民族学。民族学是把民族作为整体研究的学科，它对各个民族的社会生活，如经济结构、政治制度、家庭婚姻、风俗习惯、道德规范、宗教信仰、文学艺术、思想观念等等，进行综合的研究和探讨。因此，民族学可以从各个方面展现原始民族的风貌。民族学的研究方法是进行实地考察，主要是到比较落后的原始部族去观察、探讨，提供这些民族的实际的活的材料。由于作为考察对象的各原始民族处于不同的社会发展阶段，人们称之为"活的社会发展史"。与此相对应，各个不同的原始部族在其

---

① 尹达：《衷心的愿望——为〈史前研究〉的创刊而作》，载《史前研究》1983 年创刊号。

认识的发展上也表现出阶段性的差别，因而它们又是一部活的人类认识史。这部活的人类认识史，无疑具有重大的理论价值。

民族学是在 19 世纪中叶从西欧和美洲各国开始产生和兴起的，从其产生到现在已有一百多年的历史。在这期间，世界各国陆续成立了民族学学会和民族学研究机构，建立了新颖别致的民族学博物馆，派出了数以百计的考察队，出版了大量的民族学研究专著和研究刊物，积累了十分雄厚的民族学资料。在收集整理的神话、史诗、传说、民风习俗等资料中，蕴含着原始认识和思维的大量素材，有待于我们去加工和整理。在民族学史上，专门考察原始民族的精神文化和思想观念的民族学家，为我们提供了较为集中的资料。例如，英国民族学家爱德华·伯纳特·泰勒的基本著作《原始文化》、詹姆斯·弗雷泽撰写的 12 卷本的大型著作《金枝》以及法国社会学派民族学家吕西安－列维－布留尔的《原始思维》等著作，都曾经在民族学史上产生过重大的影响。虽然从目前来看，有些观点失之偏颇，但他们所收录的资料却仍是十分宝贵的。

（四）语言学。语言史的材料是我们探讨人类早期认识所依赖的历史性宝库。语言和思维的密切联系决定了语言史材料在认识史研究中的独特地位，有人把语言称作"社会的化石"，在某种意义上说，语言是世界上唯一存在的活的化石，语言本身既是人们进行思维的工具，同时它又是人们思维的成果。人类的语言总是包含着一定意义的声音系统。尽管操一种语言的社会集团的人们，最初用什么样的语音去标识客观事物具有某种任意性，但是其语义内容却不能够任意改变。某种语言在某个时候所处的状态表现出说这种语言的人们的智力发展阶段。因此，语言不仅是交际的工具，它也是我们打开远古人类心灵深处奥秘的钥匙。这是因为，当人们利用语言发展自己的思维、记录并表达自己的思想成果时，也就在语言中留下了思维发生、发展的历史痕迹。语言史记录着思维的历史，人们的认识通过语言的结构固定下来，每一种语言都是某一种概念系统的具体表现，通过语言史去追踪思维演进的历史，也就有案可查了。苏联哲学家 А. Г. 斯皮尔金认为，语言同意识相联系，是记录思想的物质形式，从一定意义上说，语言史也算一种意识的"自传"。人类语言的历史记录着意识走过的道路，通过词源学的考察，我们可以从最一般的形式上追溯出认识由具体映象到抽象概念的发展机制。①

语言属于社会现象，它与社会生活息息相关。各民族的生活方式、婚姻制度、家庭组织、风俗习惯和宗教信仰等，都会不同程度的在语言上有所反映。语言的词义，在其意义发生转变时，总是以某种方式折射出古时的原有的意义。因此，几乎所有的人类学家、历史学家、社会学家、民族学家，都不得不从作为社会现象的语言入手，去推断社会和人们观念的变迁。由于社会生活和人们观念的任何变化，总是或多或少地在语言上表现出来，因而对语言作历史的和结构的分析，就可以复原那已经消失了的某些社会的生活图景。众所周知，美国著名民族学家摩尔根的重要成就之一，就是从语言学角度考察亲属称谓来论证古代社会的婚姻状况的。所以，英国著名科学家贝尔纳指出："语言是现今仍活着的古代遗物。研究语言应该是研究各期各地物质文化的一些残存遗产的基本补充工作。研究语言并研究物质文化残迹，再加上目前存在的原始民族来作证，就应该能提供古代社会生活的某些图景。"②

（五）心理学。在这个领域内与人类早期认识有关的学科主要是儿童心理学和神经心理学。

顾名思义，人类认识的起源是指认识的系统发生史。鉴于有些史前人类认识发生发展的历史资料的匮乏给我们的研究工作造成了相当大的困难，使我们不得不借助于心理发生的资料。关于认识的个体发生与系统发生的某种对应关系，很早以前就为人们所了解。黑格尔的《精神现象学》实际上就是从个体意识和社会意识的统一中来考察意识的形成史、发展史。在当代，皮亚杰花费半个世纪的时间所创立的发生认识论，就是从个体发生角度来探讨认识的系统发生问题的。他说："关于史前人类概念形成的文献是完全缺乏的，因为我们对史前人类的技术水平虽然有一些知识，我们却没有关于史前人类认识功能的充分补充资料。所以摆在我们面前的唯一出路，是向生物学家学习，他们求教于胚胎发生学以补充其贫乏的种族发生学知识的不足，在心理学方面，这就意味着去研究每一年龄儿

---

① А. Г. 斯皮尔金：《意识的起源》，莫斯科 1960 年俄文版，第 31 页。
② 贝尔纳：《历史上的科学》，中译本第 39 页。

童心理的个体发生情况。"① 皮亚杰特别重视认识的个体发生和系统发生的相互关系，并在探讨这种相互关系中取得了丰硕的成果。他发现，科学史上（数学和物理学）某些概念的形成和发展与儿童智力的发生和发展常常是相互对应的。数学的起源是能够在原始社会中、在儿童身上以及数学家们的工作中进行研究的。康托尔以之为基础建立集合论的那种——对应关系，既可以在原始社会的物物交换中，也可以在儿童身上被观察到。这些事例说明思维范畴的基本结构及其发展规律的普遍性。

神经心理学是处于自然科学和心理学交界点上的科学。一方面，人的心理和认识活动是一种复杂的社会现象，是一定社会历史条件的产物；另一方面，人的一切意识活动形式又是以脑为中介，由脑实现出来的，而人脑的活动则遵循着高级神经活动的规律。换言之，人的心理和认识的产生和发展，既有其社会历史的前提，又有其生物的和生理的基础。因此，有关脑的形态学和脑的活动规律的科学知识，对于我们探讨认识的发生和发展的神经基础就具有重要的价值，如同我们为了阐明认识的社会本质就必须拥有社会历史发展的规律的知识一样。神经心理学主要是依据脑形态学和神经电生理学的材料，来研究和探讨各种心理活动的脑基础和脑机制问题。其中，有关脑的个体发育过程中皮质和皮质下结构相互作用主导地位变化的资料，对于研究认识的起源和演进具有重要的意义。在皮质和皮质下结构的相互作用中，皮质的决定作用的确立是大脑两半球皮质机能成熟的标志，而皮质对皮质下决定作用的实现依赖于额叶形态机能的成熟，它标志着人类理智活动的新阶段。我们知道，额叶的重大发展和完善是在种系发生的晚期阶段（克罗马侬人时期）进行的。这一点对于确定人类的认识由具体向抽象的飞跃发生的时期具有直接的意义。

当然，研究人类史前认识所借助的资料，远不止以上几个领域，诸如历史学中的古史记载、宗教学以及民间文学艺术等学科，都将从不同的侧面对我们有所帮助。以民间文学为例，各个民族的神话、史诗、传说和民间故事，不仅具有文学艺术价值，而且有其社会科学研究价值。各民族的民间文学都是该民族的"百科全书"，其经济、政治、道德、宗教、历史

---

① 皮亚杰：《发生认识论原理》，第13页。

等社会现象都被反映在其中。由于民间文学大部分是口耳相传的，所以它的独特的史料价值表现在两个方面，一是它所反映的事件大多年代久远，是书面文学作品所无法比拟的；其二，由于它是代代口头流传下来的，所以它将每一时代的东西不自觉地沉积下来，往往在同一作品中，积淀着许多历史年代的东西，从而使它具有多方面的价值。

关于研究史前认识的方法论问题

方法问题是科学研究中最主要和最基本的东西，它不仅给予科学家探求真理的手段和机会，而且它最终决定着科学研究的命运。科学本身是伴随着研究方法所取得的突破而获得长足发展的。回顾一下有关史前认识研究的历史，就可以看出，这个历史同样是一个为了寻求新的研究方法和角度而不断进行探索的过程。

下面，我们结合不同学派在方法论上所提供的启示和教训，着重谈以下两点意见。

（一）在史前认识的研究中应遵循历史与逻辑相统一的原则。

1. 坚持历史与逻辑相统一的原则是思维学史的经验总结。

自从民族学作为一门科学从 19 世纪中叶创立以来，各个学派的许多代表人物都从不同的角度考察和论述过原始文化的传统和类型问题，其中也包括史前人类的认识和原始思维问题。应当承认，每一历史时期对人类的早期认识的特点和规律都有其崭新的探索和独特的见解，并因而从一种新的角度构筑了人类认识史的发展图式。在为数众多的意识起源理论中，有两派观点是富有代表性的，这就是在意识起源学说史上所发生的以英国学者爱德华·泰勒和詹姆士·弗雷泽为一方，同法国学者吕西安·列维－布留尔为另一方的历史性的争论。

泰勒和弗雷泽是从人的个体心理结构出发，认为我们的心理结构与不发达民族是一样的，所以一切人在一切发展阶段上都具有同样的思维规律。

与泰勒和弗雷泽的观点相对立，列维－布留尔对原始思维的研究是从另一个角度进行的，并由此对原始思维的性质提出了新的见解，布留尔认为，泰勒和弗雷泽之所以得出原始人的思维和现代人的思维具有相同的规律性的结论，其根本原因是他们把个体心理规律移植于集体观念造成的。布留尔指出，作为社会制度和风俗之基础的是集体表象，而不是个体心理。社会事实（集体表象）具有自身特殊的规律，这些规律不是凭借对个体心理结构分析所能弄清的，"因此，唯一地从个体身上见到的智力机能的作用出发（从表象的联想、因果性原则的素朴运用等等出发）来追求对集体表象的'解释'，这意味着是去实现一种预先注定要失败的企图。"①他认为，原始思维具有自己特殊的规律，支配原始民族的"集体表象"的规律完全不同于我们的逻辑思维规律。集体表象的存在不依个人为转移，反过来又强加于集团的每个成员。列维－布留尔把受集体表象支配的原始思维称为"前逻辑思维"，构成前逻辑思维的要素是"前概念"和"前联系"。需要指出的是，布留尔所论述的原始思维的特征和规律，仅仅属于以集体表象为核心的文化模式。至于在个人的实际经验范围内，原始人的推理和行动，同我们的思维和行动完全相似。当问题涉及集体观念时，逻辑就会消失，神秘主义和"互渗律"就会发生作用。贯穿列维－布留尔著作的中心思想是，不同类型的社会具有不同类型的思维，"人类社会如同有机体一样，可能具有彼此间差异深刻的结构，从而也在高级智力机能中间具有相应的差异。"② 因此，必须摈弃用同一个不变的心理和智力的机能来解释一切集体表象的作法。

"集体表象"并不是布留尔的独创，而是整个法国社会学派的基本观点。集体观念是由这一学派的最著名代表人物埃米尔·涂尔干在其早期著作中提出来的。涂尔干坚决反对从人们的个体心理出发来说明社会事实的企图。他最早从社会力量的作用来阐明宗教的起源以及人类理性的发展、逻辑概念的产生，提出了一些很新颖的见解。涂尔干和布留尔所一再坚持的"社会学"方法同个体心理结构分析方法相比，无疑是一个进步，它的价值在于强调了社会现象具有不同于单个个体的规律性。

如果了解一下科学史上这一起争论的结尾也是很有意义的。我们知

---

① 列维－布留尔：《原始思维》，中译本第 16 页。
② 列维－布留尔：《原始思维》，中译本第 21 页。

道，泰勒在 1881 年出版了他的另一本著作《人类学》之后，多年来一直保持沉默。有人认为，这是泰勒本人模糊地意识到自己研究方法的片面性的一个无可置疑的标志。与泰勒的情况相类似，列维－布留尔的"前逻辑思维"的理论，遭到许多最著名学者的反对，认为他对落后民族智力活动的描述是片面的。在批评的影响下，列维－布留尔在自己的晚年力图缓和自己的某些看法。在他死后由莫里斯·莱昂阿特发表的《札记》中，他对自己的思想提出了一种比较随和的说法，比如用"共同参与事实"来代替"互渗律"的提法。当然，这种缓和并不表明他对自己的研究方法有实质性的改变。①

　　上述学者的争论虽然早已成为历史的趣闻，但这场争论所涉及的方法论问题，至今仍给人以有益的启示。泰勒和弗雷泽两人都是进化论者，他们都坚信文化发展的进步性和历史过程的统一性，但是他们却把论证的基点完全放在对心理结构的分析和个体智力起源的研究上，他们过分强调各民族逻辑思维的同一性，而忽视了处于不同发展阶段的各民族之间的差别性。由是观之，作为他们方法论基础的东西正是逻辑主义的方法。由于他们把心理逻辑结构看作是各民族从来就有、永恒不变的东西，所以，他们对逻辑的理解也是抽象的，把逻辑的东西看作是超越时代和超越历史的东西。列维－布留尔看到了泰勒和弗雷泽的逻辑—心理学方法的局限性，采用社会—历史的方法来考察原始思维，但他同样把社会—历史的方法推向了极端，他也把社会和个人绝对对立起来。似乎每一个体的实践经验在人类思维中没有任何意义。这样，他实际上是用社会—历史的东西取代了逻辑—心理的东西。本来，社会—历史的东西和逻辑—心理的东西在本性上是内在统一的，但在不同学者的手中却变成了彼此对立的东西。这一鲜明的事实证明，坚持科学研究中的客观性不是一下子实现的，认识的客观性表现为艰难探索的过程，它要由正确的方法来保证。

　　2. 历史与逻辑的统一是唯物辩证法原则的具体体现。

　　唯物辩证法认为，在解决任何科学问题时，应当遵循两条最基本的原

------

　　①　参见 C. A. 托卡列夫《外国民族学史》，中国社会科学出版社 1983 年 12 月第 1 版，第 44、234 页。

则，即辩证发展原则和普遍联系的原则，用现代科学的语言来表示，就是历史主义的原则和系统整体原则。根据这两条原则，认识论研究应当沿着如下两条道路，第一条道路是从历史的或发生学的原则出发，把人类认识的历史看作是合乎逻辑的客观发展过程，把认识论看作是全部认识史和科学史的概括和总结；第二条道路是从系统原则出发，从最发展的认识形式入手，运用结构分析方法，探讨认识的组成要素及其关系结构，进而揭示认识的本质和规律。认识论的发生学方法和结构分析方法是彼此衔接、互为补充的，这就是认识本身的真实发展（历史的发展）以及它在人的头脑中思维反映的发展（逻辑的发展）在本质上的一致性，即我们通常所说的历史的与逻辑的统一。

首先，历史主义是整个马克思主义世界观的方法论基础，它是对待任何科学对象的唯一正确的态度。其次，历史主义原则和逻辑分析方法不是根本对立的。实际上，逻辑的方法同时也是历史的方法。人们对事物的探索和研究，总是采取同实际发展相反的道路，这种探索总是从事后开始的。"就是说，是从发展过程的完成的结果开始的。"① 换言之，人们对某一对象的系统的考察总是在它趋于成熟而具有典型形式的发展点上开始的。任何事物的发展既是因果的，又是几率的。在事物发展的起点阶段，应该说具有多种可能性，只有那种处于内因和外因交叉点上的可能性才能一步步变为现实。从对象发展的最高点上去看它的过去，就可以不受在历史途程中被扬弃的那些次要的、偶然的因素所迷惑，紧紧地把握住事物发展的基本的历史联系。从事物发展的最高点回溯事物的起点，可以清晰地看出一些原来只是萌芽状态的东西是怎样一步步发展起来的。因此，从现有形态出发，可以把过去的形态看作向自身发展的各个阶段。概而言之，当我们握有理解事物发展的"钥匙"时，我们就可以确定事物发展的方向，拟构它的历史。在对事物发展成熟形态的逻辑分析中，我们能够准确地选择事物发展过程中有决定意义的事实。从这个角度说，事物发展的客观逻辑（这一点是通过分析它的发达形态得到的）就成为我们确定事实和建立理论体系的标准。逻辑的东西能够成为标准，仅仅是因为它不是我们

---

① 马克思：《资本论》第 1 卷，第 92 页。

关于事物的想象出来的发展图式，而是事物历史发展的结果。换言之，逻辑的东西乃是客观历史发展过程的反映。

3. 关于认识的系统发生和个体发生相一致的问题。

如果说，历史的考察和逻辑的分析相统一的方法具有普遍的科学意义，那么，这一原则对于我们的课题研究则更具有直接的意义。所谓历史的东西既包括客观现实的历史发展过程，也包括作为对现实反映的人类认识的历史演化过程。逻辑的东西是指人的思维对上述历史过程的概括反映，即历史的东西在人的理论思维中的再现。因此，在研究人类的早期认识过程中，坚持历史的东西和逻辑的东西的统一原则，就自然涉及到认识的种系发生和个体发生相一致的问题。

把认识的系统发生和个体发生统一起来是研究人类早期认识的一条重要原则。由于个体发生以最一般的形式再现了人类认识系统进化的逻辑进程，因而研究儿童认识的发生发展对了解种系的认识起源就具有重要的意义。认识的个体发生在某种程度上摆脱了系统发生的具体历史形式，所以个体发生再现的就不是系统发生的历史方面，而是逻辑方面。当我们把握了个体发生的逻辑时，就在最一般的意义上把握了种系发生的一般规律性。问题在于，认识的个体发生和系统发生的一致性是由什么决定的呢？在此我们侧重谈一下两者一致的生理基础。

从生理机制方面看，人的一切复杂多样的认识活动（从感知觉到思维），都是由脑实现出来的。大脑是一个物质性客体，它具有自己的特殊结构和动作原理，而具有理性功能的人脑则具有自己独特的发展史。根据已有的材料可以断定，人类的出现已有近三百万年的历史，人脑的进化经历了同样漫长的时间。人类认识的发展不仅依赖于实践活动的发展，而且依赖于大脑本身的进化和完善。现在已经查明，认识由具体到抽象的过渡，与人脑的高层皮质区的发展相一致；而人的语言逻辑思维和形象艺术思维的逐步分化同大脑内部皮质区的专业化以及大脑两半球机能不对称性的形成过程密切相联。上述情况无论在系统发生和个体发生中都是类似的。根据生物重演律，脑的种系发育的历史过程最终要在脑的形态学上体现出来，这种体现就是脑的个体发育过程总是重复种系的进化过程，尽管这种重演是简单地、迅速地重演。所以，二者在脑结构的成熟过程、脑结构系统性联系形成的过程以及大脑皮质对皮质下结构主导地位的确立过程就具有某种相似性,显现出彼此一致的规律性。这样,认识的个体发生和系统发生在其发展阶段上的一致性,就从神经生理方面找到了令人信服的证据。

(二) 关于物质活动和观念活动相统一的原则。

物质活动和观念活动统一的原则,是我们根据早期人类的遗物遗迹来分析和阐明认识发展的基本依据之一。这一原则首先是由马克思揭示的,尔后又由现代科学的研究成果所一再证实。

现代心理学证明,人的感知和智力过程的本质是活动,心理活动是人的外部物质活动的内化的特殊形式。把人的心理、认识作为活动来理解,这是本世纪以来在心理学研究方面取得的最重要的成果之一。对这一理论作出重要贡献的主要有曼德勒的学说、A. H. 列昂节夫的学说和皮亚杰的学说。

关于物质活动与观念活动相统一的心理学证据是从两方面作出的。首先,从感性认识来看,人的感性认识的产生并非是主体对客体的消极直观的产物,而是主体和客体相互作用的结果。从感知的生理过程方面看,它是人的感觉分析器和运动分析器相互配合的产物。苏联生理学家谢切诺夫指出:"神经调节器官活动的最本质的方面,就是运动与感知的协调。"[1]就是说,在感知活动中,人对客体的反映是包括一系列生理机制在内的能动的信息处理过程,其中运动分析器起着决定的作用。例如,人的触觉的产生取决于手的触摸运动。视觉的形成同样依赖于眼球肌的运动,即使看起来最少运动的听觉器官在区分外部的声音信号(言语)时,其决定的条件也是言语器官运动反应的结果。儿童语言习得过程表明,不出声的内部言语过程正是建立在高声言语的基础上。由是观之,人的各种感觉过程的本质在于发生着符合外界客体的感觉器官的运动。

从感觉发生的社会机制来看,任何知觉的形成和保持的最深刻的根源在于主体的活动。皮亚杰批评了法国哲学家柏格森把知觉记忆与运动记忆根本对立起来的观点。他用实验证明,知觉的形成是与儿童本身的动作分

---

[1]　谢切诺夫:《神经中枢生理学》,1952 年俄文版,第 27 页。

不开的。知觉记忆作为一种内化的模仿，它同样包含动作因素在内。

其次，认识中的活动因素和特性更鲜明地表现在理性认识和逻辑思维过程中。人们对某一对象的理解和把握同以往的对象性活动密切相关，思维中的每一概念的背后总是包含着物质活动。关于智力活动是物质活动的反映、是对物质活动某一方面的抽象的观点表述在许多科学家的著作中。苏联心理学家 П. Я. 加里培林指出："任何活动的形成总是同时导致它的对象映象的形成，并且这个映象的特征在很大程度上也是行动本身的特征。"[1] 皮亚杰则进一步揭示了认识主体进行逻辑运算的实践基础。他认为，只有在动作作用于客观对象时才能形成思维的逻辑结构，逻辑结构是内化了的动作。所谓逻辑运算，就是在实际上（在低级阶段）或想象中（在高级阶段）对这些对象采取行动时组织起来的。他说："逻辑数理运算来源于行动本身，因为它是从行为的协调中抽象出来的结果，而不是从对象本身抽绎出来的。……人们只有通过行动本身所固有的秩序才能认识到客观的秩序。"[2]

物质活动与观念活动的统一还表现在它们具有相同的结构。在现实生活中，两者的同构性表现在如下几个方面，即它们都具有对象的性质；都由一定的因素（目的）来推动，满足这种或那种需要；无论是物质活动还是观念活动，都通过操作动作来实现。观念活动具有物质活动的结构的最深刻的根源在于，物质活动是观念活动的基础和源泉。А. Н. 列昂节夫认为，物质活动和观念活动的同构性及其转化并不是机械对应的，而是灵活可变的，心理反映形式的发展总是落后于活动结构的发展，物质活动总是在一定程度上超越于反映形式的发展。也就是说，在活动中起指导作用的观念模式，都是主体在以往活动中形成的原有图式，人的外部活动并不只是单方面依赖于自己的内部观念模式，在同新的客体相互作用时，由于受到对象属性的制约而形成同原有图式相比带有新的结构的物质活动模式，这个模式再内化为新的更高级的内部观念模式。因此，列昂节夫认为，心

---

① 参见 П. Я. 加里培林：《论感性映象和概念的形成》，载《心理学会议资料》，莫斯科 1957 年俄文版。

② 参见皮亚杰：《儿童的心理发展》，山东教育出版社 1982 年 8 月第 1 版，第 107 页。

理反映模式相对于外部活动结构的发展来说好像总是向下降低一个层次，只是在新的活动结构产生以后，才在心理上发生着反映模式的转变①。这个规律无论对于动物的心理还是人的心理都是普遍适用的。

马克思主义对于认识的实践本性的揭示，以及现代心理学关于认识的活动内化起源理论为我们研究认识的发生和发展提供了钥匙。实际上，物质活动和观念活动的统一始终是以物质实践为基础的统一，物质活动同观念活动相比是更为根本的、原始的东西。只是在观念活动产生以后，才反过来成为指导和控制物质活动的因素。成为人的活动系统的形成因素，这就是物质活动和观念活动相互作用的历史辩证法。

---

①　参见 A. H. 列昂节夫《心理发展问题》，莫斯科 1965 年俄文版，第 252—253 页。

二

从动物行为向人类实践的转化[*]

　　考察认识起源的直接前提是要阐明作为认识主体的人的起源，认识起源的秘密就包含在人类自身的起源之中。这是因为，人的认识并不是某种独立的实体，它仅仅是人类活动及其社会历史的一个方面。构成人类社会存在和发展基础的东西，必然也是认识产生和发展的基础。按照马克思的理解，构成人类社会存在和发展基础的东西是人体和劳动。但是，人的机体结构及其认识能力并不纯然是自然进化的产物，而主要是在人类动物祖先的活动模式基础上，随同劳动形式的产生而最终形成的。因此，要考察人类主体的形成问题，最主要的是考察作为人的劳动活动的起源。

　　人之所以成为认识的主体，并不是因为他是"人"，而是由于他获得了一种新的适应环境的方式——劳动活动方式。马克思说："生命活动的性质包含着一个物种的全部特性、它的类的特性，而自由自觉的活动恰恰就是人的类的特性。"^① 在本章中我们主要不是回答实践为什么是人的特性，而是着重探讨实践怎样和如何成为人的特性，因为这样提出问题也许更科学一些。在我们看来，一个物种的机体结构和活动方式的任何质变在起初都不是突然发生的。行为的产生宛如一条连续不断的溪流，要断定某种行为的变化究竟是一个连续行为模式中的细微变化还是带根本性的变化，通常是很困难的，但它对于探索人类实践活动的起源来说却是最重要的。本章的任务就是把实践作为宏观整体，侧重研究由动物行为向人的活

---

　　* 本文原载于《认识发生论》一书的第四章。
　　① 马克思：《1844 年经济学—哲学手稿》，中译本，第 50 页。参见《马克思恩格斯全集》第 42 卷，第 96 页。

动模式转变的过程及其机制。

一　实践模式发生的前提
——类人猿的活动模式

众所周知，人的肉体组织有其生物学的前提，人的形成只有在人类动物祖先出现以后才有可能。这也就是说，人的肉体组织是在具有结构同源的祖先肢体组织基础上发展起来的。行为是构成一个物种的重要组成部分，同有机体的其他方面一样，它也经历过同样的进化过程。由于行为同躯体的结构和形状一样显示出一个物种的特性，并显示出某种同源的特征，所以，一个物种的行为总是可以区分为两个部分，即先天的行为模式和后天习得的行为模式。先天的行为模式是一个物种的行为骨架，它为后天习得的行为发展准备了基础。如果拿人的行为同类人猿的行为进行比较的话，那么类人猿的行为对于人类来说，就可以看作是某种先天的行为模式，它构成了人类行为的最原始的骨架，人类行为就是在这个基础上发展起来的。比较是理解和思考的基础，要解开人类实践活动起源之谜，就要从人与猿的比较入手。只有在广泛地了解他种动物行为的基础上，人才能获得洞察自身的能力，才能真切地把握人与其他动物共有的行为特点，以及他所独有的或他已发展到独特程度的行为特点。

由于类人猿是人类的近亲，近半个世纪以来，各国科学家一方面开展了对野外类人猿行为的考察工作，另一方面也加强了在人工条件下对类人猿的观察实验研究，这些工作都取得了可喜的成果，为我们提供了丰富而又有趣的研究资料。

任何行为从本质上看都是适应性的，它既有即时的功能又有长期的生存价值。每一物种通过对选择压力作出最合适的反应手段生存下来，就形成了不同的适应方式。行为模式是指有特殊适应功能的行为片段。由于行为的起源既依赖于有机体的基因型也依赖于环境，是基因型和环境交互作用的产物，我们也可以把行为模式理解为基因型同环境的作用方式。下面我们从几个方面考察一下灵长目动物和类人猿的行为在哪些方面为人类活动的起源提供了条件。

使用工具行为

黑猩猩是灵长类中除了人以外能够使用工具的最出色的代表。黑猩猩能够站立着使用棍棒和投掷石块，也能用两只脚站立起来，边跑动边使用棍棒和投掷石块。它们能用小树枝在身上搔痒，也会用树叶把身上的泥污擦拭掉。有人曾经观察到黑猩猩会用石块砸开坚果的外壳，它们还会把咀嚼过的树叶作为海绵把树洞中的积水吸出来。黑猩猩钓食白蚁是使用工具的一个极好例证，"黑猩猩首先用它的食指，即第二指或拇指从一个通道的入口处刮去一层薄土，然后拿一根草棍儿，细枝或蔓藤把它小心地伸进洞去。停了一会儿之后，它就把工具抽出来。工具的末端便有一层用颚衔着挂在上面的兵白蚁和工白蚁（倘如这个洞是正在'经营着的'）。然后黑猩猩便用嘴唇和牙齿摘食这些昆虫。落到土堆上的白蚁它会用嘴唇、拇指和食指或用手背或腕背的一种特殊的'扒搂'动作把它们拣起来"。[1]

类人猿不仅使用工具去获取食物，而且也用工具去击退侵袭者。猿类中的大猩猩、猩猩和长臂猿都会折下树枝或果实把它们投向入侵者。柯特莱尔德（Kortlardt）及其同事们在野外拍摄了被一只人工设计的机械豹所惊吓的黑猩猩们用棍子和树枝抽打这只假豹的照片。此外，狒狒、恒河猴和红毛长尾猴经常把石头或岩石从小山上扔向或滚向下面的侵袭者。

要确定工具行为是智慧行为还是物种的遗传特性，并不是一件容易的事。例如，独居的黄蜂能把小石粒衔在颚部，用它作为锤子把泥土捣入邻近洞穴，埃及的兀鹰会把石头扔到鸵鸟的蛋上把它们打碎；莺类啄木鸟能用嘴叼住仙人掌的刺，去捉吃树洞中的虫子。这些动物无疑是在使用工具，但这种工具的简单使用并不是个体动物的特性，而是属于整个种族的特性。就是说，这是一种遗传特性。而类人猿的工具使用却显然不是这种情况。门塞尔（Menzel）在 70 年代初观察到一组幼年黑猩猩自发地发明了梯子。这些黑猩猩通过玩耍获得了关于树枝、棍子等物理特性的信息，起初它们只是垂直地攀登这些棍棒，后来它们就把棍棒作为中介物同其他延伸物结合起来（把棍棒靠在树上），成功地跨过铁丝网。这个事实说明，

---

① D. A. 德斯伯里等主编：《比较心理学》，科学出版社 1984 年版，第 589 页。

对物体特性的熟悉是复杂的工具运用的基本组成部分，如果再把这种特性变成一种达到一个目的的工具，那么这种工具行为就可以看作是一种智慧行为。

就一般而论，在类人猿使用工具的行为中，往往伴随着对工具材料的选择和加工。黑猩猩在钓白蚁时，能握紧手掌把草棍的叶子捋去，把草棍弯曲的一端咬掉，使之成为适合需要的形式[1]。尽管被加工的材料都是一些细软的东西，并且这种活动不是经常性的，但对研究人类工具活动的起源仍有重要的意义。

审查，探究行为和游戏

从行为机制上看，行为在很大程度上取决于神经系统、感知觉系统和内分泌系统的生理活动。因此，神经系统的较高发展和分化，决定了行为的发展和分化。灵长目动物除了寻找食物和水、理毛、做窝等活动以外，也表现出不是针对满足明显的生物需要的行为。它们把相当多的时间花费在审查物体和探索环境，以及进行游戏活动等方面。

从复杂环境中有效抽取信息的前提条件是选择性注意的能力，不同的感觉系统在反映周围事物的广度和深度的能力方面存在着巨大的差别，具有更高度的神经系统的动物表现出最多的审查行为。灵长目动物同其他动物相比会花更多的时间摆弄一个能够拿起来的物体；在灵长目中，类人猿对物体将比猿猴类做更多样化的把持和操作的反应。

在审查和摆弄物体的基础上，灵长目往往会发展出尝试和探索性行为。例如，日本猴在吃新的食物时起初是尝试性的，然后整个的群才获得这种新的食物习惯。在这个猴群中还开创了洗甘薯的习惯以及把混合的麦粒和沙子投入水中把它们分开的方法，都是在尝试性行为基础上形成的行为模式。[2] 上面捉到的黑猩猩钓食白蚁的本领也是通过观察和尝试而学会的，幼小的黑猩猩常常注意地观看它的母亲或者兄弟姐妹钓白蚁，然后自己也要求试一试。所以钓食白蚁的本领是后天通过观察模仿学会的。

---

[1]　参见珍妮·古多尔《黑猩猩在召唤》，第42、278、319 页。
[2]　参见德斯伯里等主编《比较心理学》，科学出版社，第113 页。

在灵长目和类人猿中，可以发现一些很特异的属于游戏情境的行为。游戏包含着一个个体新行为的锻炼和发展。黑猩猩有时候喜欢用两条后腿站立起来做舞蹈式的跑跳，同时还大声地喊叫着，在此时常常可以发现它们的"游戏面孔"。在动物园里，曾让一些黑猩猩作油画，它们绘画时显得非常开心，而且每一个黑猩猩还有它自己的"风格"①。这些事实说明，黑猩猩具有潜在的审美感以及类似人类意识和情感的初步萌芽。

社会行为

一个物种的行为方式包括两个方面，即自身行为和社会行为。"只要若干个体处在一起并相互反应，那么它们的行为就不再是独立的，而是变成有组织的了。一个个体的行为同其他个体行为就有了关系了。关系（relationship）的概念对于社会性组织来说是一个基本的概念，而社会性关系可以定义为两个或更多个体彼此按照有规则的和可以预测的方式进行反应的行为。"② 一般来说，最重要的社会性关系包括群集关系、统治和服从的关系、照料和依赖的关系等。这里我们将重点地阐述属于灵长目所特有的社会性关系和行为。

总的来说，社会性组织的程度取决于生物因素和心理因素的交互促进所产生的行为的分化程度。"一般来说，灵长目动物比其他哺乳动物表现出更大程度的社会分化和社会关系的变化，因此它们就发展出更复杂的社会组织。"③ 比较解剖学和生物化学方面的资料表明，黑猩猩是和人类亲缘关系最近的灵长类，所以黑猩猩的社会组织最接近于早期人类的社会组织的模型。黑猩猩除了使用和制造简单的工具，具有雏形的感觉综合能力以及潜在的审美感等和人类相似的各种行为特征以外，还有一些特别需要指出的方面，即它们具有可变性的社会组织。"这种社会组织具有下列的特征：集群可以聚合到一块儿，也可以分成小群活动；由于有单纯由雄性黑猩猩所组成的小群，它们便可以到更大的范围去寻找新的食物源泉；成年

---

① 参见 D. 匹尔比姆《人类的兴起——人类进化概论》，第51页。
② 德斯伯里等主编：《比较心理学》，科学出版社，第149页。
③ 同上书，第166页。

的个体之间的强烈的感情联系得以发展（雄性个体之间的类似团结式的关系的发展，具有重要意义），雄性黑猩猩可以集体地猎取动物性的食物，而且有时候还做到了分享猎获物（灵长类通常是利己主义的、自私的掠食者）。最后，这两项特性是雏形的合作行为在发展中的一种功能表现，这类行为在灵长类中出现，可能取决于一个足够大的脑的进化。"① 美国学者该萨·特莱基到坦桑尼亚贡贝河地区对黑猩猩作了为期一年的考察之后指出，肉食行为以及在肉食时伴随发生的狩猎的合作、食物的分配具有重要意义。一般说来，在把猎获的动物杀死以后的一个短暂时间里，猎获物好像是公共财产，没有参加狩猎的黑猩猩到了猎物身边，也可以自由地抓取猎物的一部分，绝不会受到狩猎者的伤害，即使社会地位很高的雄黑猩猩对其他黑猩猩也显得非常宽容和克制。没有参加最初分配的黑猩猩同样可以从肉的持有者那里得到肉吃。当索取者作出索取行为时（看着占有者，伸出手来碰碰肉，并用手掌抚摩占有者的嘴唇，伴随着发出柔和的呜咽声或喝喝声），占有者就让索取者撕走一块肉，或撕下一块肉放在向上张开的手里。②

　　动物的交往是社会性行为的极为重要的方面。自然界存在着种类繁多的交往系统，按照与交往有关的感官，可以区分出视觉、听觉、化学觉和触觉等形式的交往。但对我们来说，根据水平来区分交往，显然更为重要。塔沃尔格（Tavolga）把交往按水平区分为六个等级：植物的水平、振奋的水平、时相水平、信号水平、符号水平和语言水平。一般来说，灵长类以姿势、面部表情和声音等形式产生的反应类型属于符号水平的交往。在灵长目动物中，我们并没有发现语言现象，语言交往是人类特有的现象。近半个多世纪以来，许多学者进行了使人类语言在类人猿身上引起条件作用的种种尝试，这些实验为我们提供了类人猿学习和掌握语言的潜在能力的资料。由于类人猿缺少言语神经中枢和正常的发音器官，以及没有对声音的定向反射，因而缺乏说人话的能力（黑猩猩的最高成就是仅能发出三个词的语音）。但是它们在学习手势语言和符号语言方面却有惊人的

---

① 匹尔比姆：《人类的兴起——人类进化概论》，第51—52页。
② 参见《猿猴社会》，知识出版社1982年版，第90—93页。

成绩。例如，美国心理学家加德纳夫妇所驯养的黑猩猩沃休，在5年中学会了160个手势。不仅如此，它还能把学会的手势迁移到类似的情境中。过去认为，大猩猩在智力上不如黑猩猩，是不懂人语的哑巴，实际并非如此。美国心理学家彭妮训练的大猩猩柯柯，在5年中学会了645个手语词汇，其中经常使用的手势有375个。

美国加利福尼亚大学心理学教授 D. 普利马克在黑猩猩身上采用了另一套不发声的反应系统。在这些实验中，普利马克用各种颜色、大小和形状的塑料片，使每一片代表一个词，来标志各种事物。黑猩猩莎拉通过这种途径不仅掌握了许多词汇，而且学会了造句、辨别颜色、形状以及建立类概念。

上述实验的结果表明，类人猿所运用的手势语言和符号语言已经不单单是一种条件反应。美国心理学家杜安·罗蒙巴指出："猿有能力使用信号来代表当时当地不存在的东西，这是人类语言中的语义的本质所在。"黑猩猩既然能够较熟练地用手势同人交往，它们彼此也能自发地用手势交谈，这就说明它们在心理上形成了手势语言和具体实物之间的信号联系，说明它们彼此间对这些手势和符号的意义有一定的掌握。在黑猩猩学习语言的实验中，最令人感兴趣的课题，是研究一只学会手势语言的猩猩母亲，是否会把手势语言这个礼物传授给她的下一代。所以当沃休（上面曾提到她在科学家那里掌握了手势语言）的孩子露里斯出生以后，科学家们就离开了。迄今为止，露里斯已经学会了47个符号。[①] 所有这些资料都表明这样一个道理，即研究动物特别是类人猿的交往行为将有助于阐明人类的语言起源问题。

当代分子生物学技术，包括生化特性、血清学、血型分布、染色体分析、蛋白质排列、核苷酸变化以及免疫学等技术的发展，为我们进行比较研究提供了可靠的科学手段。人与黑猩猩、大猩猩其外表差别如此之大，以致任何人也不会把它们三者混为一谈。但是，如果从脱氧核糖核酸

---

① 关于类人猿学习语言的资料引自下列著作：《心理学教学参考资料》，第88—98页；《比较心理学》，第189—195页；《动物怎样思维》，载《世界科学》1985年第5期；《当黑猩猩互相"说话"的时候》，载《自然科学哲学问题丛刊》1980年第1期。

（DNA）这种遗传分子来看，要区分人和猿是很不容易的。这三种动物的DNA，99%都相同。换言之，从遗传物质来看，人类与猩猩的差别只有1%或2%。按照DNA熔点测定的结果，同一个属的两只鼠之间的差别要比人与猩猩的差别大5倍。[①] 从这里可以看出，人与猩猩之间是多么相近。

从我们对类人猿的行为模式的分析可以看出，类人猿具有使用和制造简单工具的能力，存在着运用符号以及借助于这些符号进行简单思维的能力，它们的行为更多的是通过后天性的学习获得的，因而潜在着更强的适应性。所有这些事实都说明，人类的工具活动和运用语言进行概念思维的能力的形成和发展不是偶然的、神秘莫测的，这类能力的产生有其自然的前提。与此同时，我们也已经看到，类人猿的这些潜在的能力需要在人工条件下进行艰难的训练。脱离了人为条件，类人猿的这种能力既不能典型地表现出来，也不能够自然地发展起来。人和猿的区别正是在于，人能够通过自己的活动改造无机自然界，为自己创造出一个人工环境，而类人猿则不能。从类人猿的工具活动性质来看，它们虽然也能偶尔利用和修整某些物体作为工具来使用，但其局限性是相当明显的。黑猩猩对小树棍的加工十分简单，仅仅是用它的肢体直接地作用于物体，至今还没有一个黑猩猩能像人那样利用中介体来加工石器。尽管它们具有发达的模仿能力，但是无论人们怎样进行加工石器的示范，它们还是不能够做到这一点。由于类人猿的生存在本质上并不受运用工具的制约，因而工具在类人猿那里并不比其他对象具有更重要的意义。人与猿在遗传物质上的差别极小，但其行为方式却发生了根本的变化。这个鲜明的事实告诉我们，探讨思维的起源问题只能到人类祖先的行为方式的改变中去寻觅。

二　实践活动发生的条件及其作用机制

要研究人类实践活动的起源，首先要回答这样一个问题，为什么类人祖先发展了工具性活动，而猿却没有？这是研究实践活动起源的关键所在。如果说，在上一节中我们重点是说明人和猿的异中之同，那么现在我

[①]　参见冯玉柱编译《人和猩猩只有百分之一的差别》，载《科普文摘》1983 年第 4 期。

们将转过来考察两者之间的同中之异。

要研究一种新行为的起源，就必须从行为的机制入手。德斯伯里（Donald A. Dewsbury）指出："行为在很大程度上决定于神经系统、内分泌系统、感觉知觉系统和有关的生理系统的活动。反之，这些系统又是随行为而改变的。正是行为和生理系统之间的这种相互作用，提供了一个探索决定行为的机制的重要领域。"① 行为不仅受生理系统或遗传因素的制约，而且受环境因素的影响。因此，造成人的活动模式与类人猿活动模式差别的原因是多方面的。概括地说，类人祖先最终超越灵长目的活动模式，是机体条件（内因）和环境因素（包括外部环境和群体的内部环境）综合作用的产物。为了论述的方便，我们首先分别考察实践活动起源的条件，然后再综合地研究这些条件的相互作用过程。

机体条件

大自然创造了水平不等的各式各样的神经系统、感觉器官和效应器官。行为与它们的联系就是机能与结构的相关。不同物种的有机体由于生理结构不同，其行为方式也是各异的。因此，当我们对灵长类的形态结构和行为功能的谱系分布有一个大致的了解之后，再来理解类人祖先独特的生理结构与实践活动的起源的联系就比较容易了。

美国南加里福尼亚大学生物学教授欧思诺（Oxnard）于 1983 年发表了《人类所在的动物目》一书。在该书中，作者从整个灵长类的形态机能研究的广阔背景出发，从生物力学的角度考察了灵长类的上下肢的运动机能，勾画了灵长类行为机能系统图解，为我们更好地把握人类祖先的行为方式提供了许多重要信息。

欧思诺首先分析了灵长类上肢的运动功能的分化。他认为，在地面上四足爬行的灵长类的上肢主要起杠杆和支撑作用，上肢主要承受压力并在头部以下的区间活动。而树栖攀缘的种类，上肢则承受张力，经常在头的前上方活动。这两个极端的类型分别以狒狒和长臂猿、蜘蛛猴、猩猩为代表。其他种类则处在中间状态。很显然，现代人不包含在这个行为谱系

---

① 德斯伯里等主编：《比较心理学》，科学出版社，第 6 页。

中，因为人的上肢不参与运动功能。

欧思诺认为，灵长类下肢的运动功能比上肢更为复杂，除了杠杆和支撑作用外，还用于跳跃、倒转和参与四足爬行等其他机能。此外，在指关节着地行走和各种臂行中，下肢也大小不同地起些作用。现代人也在这种行为谱系之外，因为人的下肢运动机能与上述灵长类完全不同。

欧思诺指出，当我们同时考虑上肢和下肢即四肢总合的运动功能时，其行为机能就形成了一种新的谱系分布，即"图章戒指状分布"（见图4—1）。它不仅包含上、下肢两类分布的信息，而且包含它们之间相互关系的补充信息。

在"戒指"的最厚部分（即"图章"部分）集中了灵长类的很多属，它们的上肢和下肢在运动中起的作用大体相当。从图章处往左侧过渡，运动越来越依赖上肢。长臂猿（最优秀的臂行者）处于左侧中心区域，非洲猿类（大猩猩、黑猩猩）处于左侧下端。从图章处往右侧过渡，运动越来越依赖下肢，大狐猴处于右侧中心区域，人属则位于右侧下端。我们知道，人类在所有灵长目成员当中是下肢在运动中最占优势的一类，但不能说人是从大狐猴进化来的，尽管二者都在不同程度上依靠下肢运动，但是整个行动方式是完全不同的。由于人类是从某种猿类进化来的，在进化的早期阶段就应该是上肢占优势。所以，人类虽然在"戒指"的右侧，但与另一端的黑猩猩和大猩猩同样是很邻近的。就是说，人类在"图章戒指"上的位置恰好与其机能概念相一致。①

行动方式是动物最普遍的一种行为，对灵长类的行为功能的系统分析同经典的形态学资料相比，会更加接近远古时期人类祖先行为谱系的真实情况。为了更全面地揭示人类祖先的行为特征，我们不妨再看看古人类学所提供的若干证据。我们知道，人类与灵长类其他类型的颅下骨骼有许多特征是共同的，这说明人类是由荡臂式运动的祖先进化来的。随着人们对进化概念理解的深化，过去一直被普遍接受的物种单一逐级进化的谱系图让位于物种辐射（或分化）式进化谱系图。美国人类学家匹尔比姆（David Pilbeam）认为，属于类人猿亚目的蜘蛛猴类的四手荡臂的运动方式，

---

① 参见王令红《〈人类所在的动物目〉评介》，载《人类学学报》第3卷，第2期。

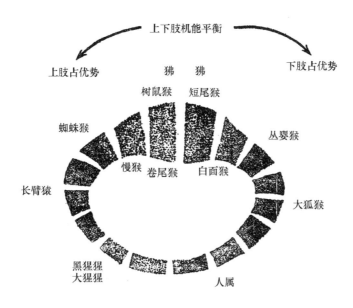

图 4 - 1 欧思诺关于灵长类动物行为机能的谱系分布图解

（转引自王令红《〈人类所在的动物目〉评介》）

包含着程度很大的手足分化，"这样的动物几乎有完全相等的可能性，或者发展成以指关节拄地行走的猿类，或者长臂的猩猩，或者两足行走的人科类"[①]。因此，从灵长类的行为系统谱系上分析，人类与非洲大猿类虽然较为接近，但它们之间仍有重要区别。黑猩猩和大猩猩的运动方式都是相同的。均为以指关节拄地行走者，即在行走时以其弯曲着的手指的第二指节骨的背面接触地面。它们有一整套的骨骼、肌肉和韧带，适应于以这种姿势行走。以指关节拄地行走习性的产生和特化，可能是在非洲猿类祖先变得地栖性较强时发生的，在此以前，大概也是以荡臂方式运动的类型。与非洲大猿相区别，人科类却从未经历过以指关节拄地行走的运动阶段。古人类学的资料证明，非洲南方古猿的脊柱骨有六块腰椎骨（现代人类腰椎骨的标准数目为五块，大约只有 3% 的人有六块腰椎骨），而大猿类从来没有六块腰椎骨，以指关节拄地行走的猿类其脊柱的腰椎部分特别缩短

---

① 匹尔比姆：《人类的兴起——人类进化概论》，第 54 页。

了，只剩下三块或者四块腰椎骨。这是作为人类早期代表的南方古猿没有经过以指关节拄地行走的发展阶段的考古学证据。[①]

根据上述资料，我们可以对人类祖先同其他成员（猩猩、黑猩猩、大猩猩）在工具活动性质的差异作出如下推断：类人猿以指关节拄地行走的习性从根本上限制了工具活动的发展，以上肢参与运动功能这一点就决定了类人猿只是偶尔地使用工具，并且其使用工具的场合往往是在身体不运动或行走的情况下出现的。与此相对照，人类祖先的上肢不参与运动功能，这种最初的手足分化为工具活动的发展奠定了物质基础。上肢和手从行走功能中解放出来，意味着人类祖先使用工具的经常化。经常化的工具活动不仅进一步改造了肢体器官，而且为制造工具提供了心理前提，有关这方面我们在下面还要作进一步的分析。

环境因素

从上面的分析中可以看出，在进化过程中，灵长目的上肢和下肢的运动功能不断地发生分化，最终出现了善于臂行的长臂猿和惯于跳跃的狐猴这两个极端，其他种类则处在中间状态。人的身体结构表明，人的臂与其躯干长度相比，比任何哺乳动物都长，这说明人曾是一个臂行者，但人的臂又比现生的猿类为短。现生的类人猿由于继续适应臂行的行动方式，造成了四肢的特化，形成了短而弱的腿和长而强的臂。人和猿在行动器官和行为方式的区别表现在，猿的上肢获得了特殊的发展，而人则在于腿的运动功能获得了特殊的发展。这一点显然与人科和猿科特殊的生存条件密切相关。换言之，某一物种行为方式的改变是其对自然选择压力采取不同的反应的结果，这一点往往与其地区性生存环境有直接关系。

要推测影响人类祖先行为方式变化的环境因素，全面地了解地球的史前史是十分有益的。地质学、古生态学、古生物学、地球物理学和地球化学的研究成果，已能向我们概括地描述出上新世和更新世早期的古气候变化的若干情况。据研究，第四纪（即更新世）气候的基本特点是缓慢地朝低温变化，而这一趋势早在 5500 万年前就已经开始了。南极洲的冰盖约

---

① 匹尔比姆：《人类的兴起——人类进化概论》，第 143 页。

在 2500 万年前已经形成，约在 1000 万年前有相当大幅度的增加，后来约在 500 万年或 400 万年前再次增大。邻近北大西洋大陆的北极冰盖也在 300 万年前出现。180 万年前后，在卡拉布里海洋地段的海平面下降到最低点，与吉尔萨冰期（179 万年前）发生的同时，海洋的温度普遍开始大幅度下降。地球物理学资料也表明，地球磁场的特点（斜度和强度）与气候特点有极为密切的关系。过去 500 万年的地磁时间表显示出，地球磁场一直在从正常到逆转交替变化着，其中吉尔伯特—高斯地磁倒转期为 540 万—332 万年前，高斯—松山期为 332 万—243 万年前，地磁间隔期的特点是世界许多地区都可见到气候严重恶化的情况[①]。与此同时，第三纪中期开始的世界范围的造山运动也在活跃地进行；地球的许多地区发生断层和上升运动而形成山脉，出现了喜马拉雅山、阿尔卑斯山、安第斯山和落基山。在非洲，巨大的断层形成了南北长达 8000 公里长的东非大裂谷，从而形成了南北迥异的南北气候带。在漫长的地质历史时代中所发生的地块起伏运动，使在始新世和渐新世的植被发生变化，过去的茂密潮湿的热带雨林逐渐被稀树林和草原地所代替。"这种草原为多种哺乳动物包括在逐渐减缩的森林中生活的各种灵长类，提供了新的进化机会。人类的祖先，可能还有现生的一种在地面上生活的猴子（狒狒）的祖先，是在这种新的环境里发展起来的"[②]。概而言之，气候变化而引起的自然环境变化导致地球上动植物群落的巨大改变，标志着上新世和更新世特征的环境因素深刻地影响着人类祖先行为方式的变化。

满足一些需要并产生另一些需要表现为一个物种生命活动的基本内容。人的形成在本质上同新的需要和满足新的需要的方式的产生相联系。任何需要都具有以下特征：动机性（作为有机体同生存条件相互作用的内部冲动）、选择性（从周围环境选择所必需的东西）、重复性（这种趋向经过一定时间又重新产生）、能动性（选择和适应条件，随着环境的变化，旧的需要消失、新的需要产生）。需要的性质同机体与环境联系的性质密切相关。因此，生存环境的变化必然引起人类祖先一系列新需要的产生。

---

① 参见教科文组织编写《非洲通史》第 1 卷，《编史方法及非洲史前史》，第 16、17 两章。

② 吴汝康等著：《人类发展史》，科学出版社 1978 年版，第 83 页。

我们知道，在上新世的某个时期，由于地球上气温的普遍下降和降雨的季节性更加分明，使大部分森林被开阔林地所取代，人类祖先首先需要改变生活习性，走出森林由树栖性变为营地面生活，这种变化又促使人类祖先由蔬食者转变为食物采集者和狩猎者。人类祖先为了防御野兽的袭击不得不拿起武器，从偶然的使用武器到工具性活动习惯的形成，这就是人类祖先最初使用工具的起源。

促进人类祖先基本行为发生改变的重要因素是自然界的选择压力。起初，人类的动物祖先的肉体组织以及由这种肉体组织决定的活动方式同周围环境是有机统一的。随着自然环境的改变（气候的恶化和森林区域的缩小），人类祖先原来依赖的生存条件逐渐消失了。当人类祖先从先前的生存环境迈入一个新的生疏的环境时，由于它原有的活动方式无法满足它的生存需要，它就不得不采取另一种生存方式，即工具活动的方式。工具的使用为人类祖先的发展创造了这样一种条件，即它能通过工具的改变实现其行为动作的日益完善，而不再像以往那样仅仅受其肉体组织的单方面制约。工具活动也改变了动物祖先同环境的直接性联系，使之不再消极地承受自然界的选择压力，而是逐步把自身从这种压力下解放出来。正是工具活动使人类祖先比在自然选择干预下改变机体形态更有效地适应环境。很显然，人类祖先的工具性活动的形成和发展经历了漫长的过程。

按照匹尔比姆的意见，自然环境的改变和人类祖先使用工具的活动的出现可能早于1000万年前。形态学资料表明，在这个时期人类祖先的牙齿已经发生某种变化，作为人科鉴定性特征的退化的犬齿已同典型的猿类不同。早期人科类的犬齿不但日益变小，而且形状也发生了改变，即由原来的圆锥形变为刀刃形。与此同时，在门齿和犬齿之间的齿隙也逐步消失了。牙齿形态的变化，是环境变化引起人类祖先的食性发生改变的明显证明。所以，匹尔比姆明确指出："牙齿的变化，是人类最早期的直接的祖先，由树栖性转变地栖性，这一重要变化的明显标帜。"①

我们在前面曾经指出，行为起源于物种的基因型和环境的相互作用，处于不同进化阶梯上的物种同环境的作用方式也是不同的，"一般来说，

---

① D. 匹尔比姆：《人类的兴起——人类进化概论》，中译本第2页。

比较晚近的种的行为发展，比起老的种来似乎较少墨守故道和更容易受环境的影响。这样，看来很可能是：环境对特异行为模式的塑造在复杂的脊椎动物中比在大部分无脊椎动物中起更大的作用"。[1] 换言之，在进化阶梯上，高级的动物行为要更加依赖于学习。如前所述，人类祖先没有经历过以指关节挂地行走的发展阶段。手脚分工、向直立行走的过渡在进化过程中具有极大的意义，它不仅解放了人类祖先的前肢，为前肢提供了在活动中手的动作专门化的可能性，而且为强有力地发展脑及其功能活动创造了可能性。没有这个过渡，人的实践能力和认识能力的产生是不可能的。意识、语言和思维的产生也是不可能的。恩格斯把直立行走看作是"完成了从猿转变到人的具有决定意义的一步。"[2] 手和脚的初步分工使肢体器官间接性功能的产生有了可能，但如果没有自然环境的变化所产生的选择压力，这种可能性还不能变为现实，人类祖先将同现生类人猿一样，不能从根本上改变自身同外部环境的直接性关系。所以，正是自然环境的选择压力使人类祖先的肢体器官间接功能由可能变为现实，人的工具活动的起源是肢体条件和选择压力共同起作用的结果。

社会性因素的增长

我们在第二章曾专门论述了人类主体的社会性的起源，所得出的看法是：社会性是人类祖先通过活动使亲子之情普遍化的结果。这是就活动对社会性的影响方面来说的。实际上，活动和社会性还存在着相反的联系，即人的实践活动的出现同样要以人类祖先群体的社会性因素的增长为前提，实践活动是在群体内部结构日益复杂化的条件下形成的，二者是互为因果的。

广义地说，社会性是指个体之间相互联系和反应的关系。相对于自然环境而言，社会性关系是个体存在的内部环境，它是有机体同外部环境相互作用的中间环节。个体智力的进化和群体内部关系的复杂化是相互依存的。一方面，社会性组织的程度取决于个体的生理结构和心理因素的综合

———————

[1] 德斯伯里等主编：《比较心理学》，第 606 页。
[2] 《马克思恩格斯选集》第 3 卷，第 508 页。

所产生的行为分化程度；另一方面，群体结构为个体提供一种超有机体的环境条件，它在一定程度上弥补了个体器官的不足，为其成员向新的行为方式进化提供了保证。

群体环境对于物种的生存和进化具有极大的价值。因此，从原生动物到高等脊椎动物都有某种群集行为，这种群集行为都有提供互相保护和照料的功能。异性个体之间的性关系、母子之间的照料和依赖关系、群体中的统治服从关系，都是物种生存和发展所必不可少的基本条件。有人在人工条件下对出生的幼猴进行隔离实验，结果表明：雄猴长成之后，不会与雌猴发生性关系，被隔离的雌猴即使受孕产仔，也不会像正常母猴那样抚爱幼仔。珍妮·古多尔在多年的观察中发现，幼年黑猩猩在失去母亲之后往往夭折。

当然，物种的群集行为对个体的意义远不止如此。群体环境按其本质而言是一种"心理环境"，它使个体在同外部环境的关系上具有新的意义和性质。在进化的阶梯上，物种所处的等级越高，其"内部环境"对个体行为的意义就越大，"在有机体层次进化过程的一定时刻，出现了这样一种新的个体，这种个体主要是从群体中同类的其他个体身上得到关于周围环境的信息。"[①] 由此可见，在生物发展的一定水平上，群体环境就具有了新的意义，它成为保证一个物种智力进化和行为进化的巨大杠杆。比较心理学的试验证明，生存环境的丰富和复杂化将导致脑的形态变化，处于丰富环境中的动物与生活于贫乏单调环境中的同种动物相比，在脑重、脑内与神经介质有关的酶的比率，皮质厚度等方面，均有明显的提高。而环境的复杂化不仅指外部环境（它一般变化较少），更主要的是指群体环境。在自然进化史上，人脑在较短时间内出现的巨大扩展和重组，显然与其内部交往的复杂化密切相关。

如果说，行为的群集性普遍存在于物种的不同等级上，并且这种群集性的进化在很大程度上取决于个体之间的联系方式；那么，要揭示人类祖先的群集性对实践起源的意义，就首先要阐明人类祖先所特有的联系方式

---

① Л. П. 杰尔加切娃等著：《现代生理学论意识的前提和机制》，载《自然科学哲学问题》1987年第3期。

及其是如何发生的。众所周知，原始生命形式是借助于分泌物之间的化学反应和生物化学反应，来实现群体中各个体之间的最简单的和最初始的联系。地球上一切生物有机体的最重要的生物化学循环的统一性表明，这种生物化学联系方式是极为古老的联系方式。记录在 DNA 带上的遗传密码是个体和种群联系的基本环节和机制之一。随着感觉器官的进化以及随之而来的心理反映水平的发展，群体中各个体间相互联系的方式出现了新的因素，即由生物化学方式转到应用某种信号和符号。化学"语言"与信号"语言"的区别在于，前者在获取信息时不需要译解，即不需要认识它的"意义"，就会直接引起机体的生理反应。但信号"语言"却超出了生理反应的范围。与生物的化学"语言"不同，信号和符号是生物运用感官和神经系统从生活中提炼出来的"语言"，对它的反应要以心理过程为中介。人类祖先的交际系统就是在这个基础上发展起来的。

在人的社会性（狭义的社会性）产生以前，人类祖先群体内部结构的演化大致经过了两个阶段。在第一阶段，人类祖先的群集化水平与现生类人猿的社会性行为相差无几。个体之间的联系方式主要是声音信号和"礼节性语言"。声音信号的种类虽然不少，但尚没有较确定的含义，仅仅是对某种情境的情绪反应。礼节性"语言"包括各种面部表情、触摸、理毛、俯身、拥抱、亲脖子、互相叩拍等。苏联学者 B. Ф. 波尔施涅夫认为，在初始阶段，信号的功能仅在于抑制和引起其他个体在第一信号系统基础上的动作，即反射动作[①]。在第二阶段，人类祖先从树栖性变为地栖性，在地面活动比在树上活动为群集活动提供了更加广阔便利的场所。随着手的解放和使用工具活动的发展，声音信号和行为符号（主要是手势）逐步发展起来。尽管此时的声音信号和手势符号还不能称作语言，但同伴间表达的信息具有了某种含义并促使对方作出"评价"。因此，这一点极大地拓展了个体间信息交流的范围和深度。人类祖先的声、形（手势）并用的交际系统是在以往的经验和意会觉察的心理基础上逐步完善起来的；反过来，它又进一步推动了人类祖先意会认知能力的发展，这就为目的的产生和工具的制造活动的起源提供了最重要的前提。

---

① 参见 Л. П. 杰尔加切娃等著《现代生理学论意识的前提和机制》。

三　实践结构形成的逻辑分析

实践活动的基本结构是主观因素和客观因素相关的结构，具体地说，则是活动目的与手段的构成问题。实践活动的特质就体现在目的和手段的规定性和相互运动当中。目的与手段是相互制约的，目的在很大程度上是在考虑活动的手段基础上建立起来的，而手段也是根据目的选择（制造）出来的；手段和目的的对立总是相对的，手段在人掌握和制造它之前本身就是目的。由此可见，目的概念正是通过其对立面"手段"来界定的，正如手段要由目的来界定一样。目的和手段作为实践活动的基本要素是同时起作用的；在历史上，它们也是同时形成的。马克思在谈到人的目的与手段的关系时指出，动物只是在直接的肉体需要的支配下生产，而人甚至不受肉体需要的支配也进行生产，并且只有不受这种需要的支配时才进行真正的生产。所谓在不受肉体直接需要的支配下进行生产，实际是说只有制造工具的需要作为人的目的时，才是人类生产的基本特征，正是在这一点上目的和手段统一起来了。因此，把目的和手段分开来考察，纯粹是为了论述的方便，并不表明它们在历史发生上有先有后。

实践目的的发生

当代控制论的研究成果向我们提供两点启示：第一，任何一个控制系统都是稳态系统，它能在跟外界环境的相互作用中确保自己的个体性，只产生与自己的内部组织相适应的结果；第二，稳态系统的内部条件具有反馈机制，反馈机制使稳态系统的行为成为达到目标的行为，因此，合目的性是系统的反馈调节的最重要的特征。从控制论的角度看，人工系统的"追求"目标行为、动物的合目的行为和人的有目的的活动，都是某种调节系统。区别仅在于，人工系统的"目的"是人输入的，支配动物行为的是生物目的，而指导人的实践活动的则是观念化的自觉目的。探讨人的实践活动目的的原始发生，主要是阐明人的活动的作为受控、受调行为与有机界的合目的的行为的质的差别，以及人的活动的调控系统是怎样从有机界的调节系统中发展起来的。为此，就要考察有机生命的调节系统的不同形态、性质、水平以及它们之间的演化联系，这是研究从动物的合目的性行为到人的有目的行为必然要涉及的问题。

（1）生物界中合目的行为的发展

很显然，自然界并没有设定目的，生命系统的活动也不是受预先设定的目的所支配的。但是，生物的调节系统在亿万年的进化中，通过不间断的自然选择，达到了极为完善的地步，使之在同环境中的偶然因素的斗争中，追求十分确定的状态，它给予生物物种以最大限度的生存机会。就此而论，生物的活动是符合目的性的活动。

任何生物都是通过新陈代谢同环境进行能量和物质交换而生存的。但是，表明生物特点的东西并不是一般的新陈代谢，而是它的信息—调节方面。生命的产生是"反熵"的过程，是从混乱、无秩序向有秩序的运动。任何生命形态都具有维持生命所必需的最低限度的组织结构，这种组织结构是世界时—空组织的反映，因而可以把它看作是信息的凝结块。在生物的机体中反映出它所必需的环境的一些基本参数或最优环境的信息，这是生物有机体对环境变化进行超前模拟、通过反馈调节而达到自我保存的基础。但是，生物的生命活动的合目的性具有不同的等级和水平，在此我们着重考察细胞水平的生命活动、有机体的本能活动和条件反射活动及其调节水平的演化。

细胞水平的生命活动是生物化学活动，这一活动是通过酶的调节活动实现的。酶是生物化学反应的调节器。在细胞水平的生命活动中，酶根据反馈原则，能在周围条件变化时调节有机体各个部分中新陈代谢过程的速度和秩序，来确保生物体内部的总的平衡。生物系统中的抑制剂和酶决定生物机体反应的时间特性，根据詹·哈鲁姆的观点，酶是按照"锁和钥匙"的原理跟它所监护的物发生相互作用，不仅能相当大地加速某些为细胞所必需的物质的合成，而且在必要时能以惊人的速度和准确性确保在物质多余时把它们就地分解为细胞的原始组成成分。可见，在细胞里有一个完善的有组织的反馈网络[①]。细胞内各种调节过程的特点是，细胞物质的运动在物理—化学水平上携带相应的信息，机体通过酶—调节器来加速或

---

① 参见尼·伊·茹科夫《控制论的哲学原理》，中译本，第84—85页。

延缓物质合成来使机体同环境保持平衡。

在有机体的水平上考察活动的性质，可以区分为两个水平：本能活动和条件反射活动。动物的本能活动是按照生物学规律自发地产生的，本能活动的反馈机制具有生理性质。在本能活动中，作为调节机制的原初信息是约束性信息，即生物机体的组织性或结构信息。很显然，这种先天的行为程序是物种遗传的产物。在种族演化过程中，外部环境的基本特性和重要参数，通过生命系统的超前反映机制而成为该物种的功能系统的特征，这种功能特征又以遗传机制传递给个体。本能活动的实质在于，有机体早在和环境相互作用开始之前就已经具有关于环境基本特性的某些"知识"，有机体的生命活动受到先前形成的程序和模型的引导。

很明显，对本能行为的调节是一种原状稳定型的调节，其活动的自由度是很小的。生物学资料表明，低等生物的本能行为总是遵循刻板的程序。例如，黄蜂在产卵前挖穴，然后飞出去猎取蟋蟀，将它螫得麻木后，然后拖到穴边。之后（大概为了检查）黄蜂爬进洞穴，相信那里没有别的东西了，再做世代相传的下一阶段动作——把蟋蟀拖进洞里，并在那里产卵。生物学家法勃尔做了如下一个实验：他在黄蜂检查洞穴时，把蟋蟀移开。从穴里出来的黄蜂重新把蟋蟀拖到洞边，再次爬进去检查洞穴。法勃尔接连把蟋蟀移开40次，结果是一样，黄蜂总是重复检查洞穴的动作，而不会直接把蟋蟀拖入洞内①。

反馈过程揭示出决定行为动作的两个因素，即内部因素和外部因素。从信息角度看，内部因素主要是指约束性信息，即生物有机体的组织程度和固有的行为程序；外部因素则是非约束性信息或环境信息。很显然，反馈调节过程就是内部因素和外部因素、约束性信息和非约束性信息之间的矛盾及其解决的特殊形式。但是，这两种因素和信息在动物的不同水平的调节活动中所起的作用是不同的。换言之，约束性信息（固有的行为程序）和非约束性信息（环境信息）在调节活动中所占的地位不同，其活动和目的性的程度也不同。一般来说，以约束性信息为主的调节是负反馈。负反馈是调节的最简单的类型，它主要以有机体里保持的种族发生中

---

① 参见尼·伊·茹科夫《控制论的哲学原理》，中译本，第100—101页。

形成的机体生理常数为依据，来维持生命系统的平衡和稳定。以负反馈为特征的几乎不变化的动作程序是以被调节客体的某些参数的恒定为前提的。因此，负反馈对于保持机体的稳定虽然是必要的，但对发展动物的活动来说显然是不够的。与负反馈不同，"根据正反馈原则控制时，每次都根据具体情境重新确定目的。"① 就是说，正反馈不是以客体的恒定而是以客体的变化来调节的。正反馈是在环境激烈变化时，对活动进行有效调节的高级形式。在对活动进行正反馈调节时，反映客体作用的非约束性信息具有重大意义。如果说，在负反馈中生物目的是恒定的、对活动的调节是一种本能的调节，那么，正反馈则是依据外界条件的变化不断地修正当前的目的、以期达到较长远的目的。例如，狼在追扑逃跑的山羊时，必须在通过感官所获得的情报信息的基础上，改变自己的活动路线，如果狼不修正自己的路线，就不能追上山羊。所以，狼并不是向发现山羊的地方跑去，而是向将与山羊相遇的地方跑去。从黄蜂的本能活动中可以看出，当外部条件变化时（蟋蟀被移开），黄蜂并不以此来调节自己的活动，而是固守已有的程序进行活动。所以，它总是重复那些对达到目的来说是多余的、"不理智的"动作。其原因就在于，在简单的负反馈调节中，生物主要依据的是约束性信息，而环境信息相对来说反而成为不重要的了。

神经生理学认为，反射作为有机体对外界刺激因素的应答动作，是行为的最基本的形式。很显然，如果我们把反射动作看作是构成行为的最简单的要素，那么有目的的行为就是反射动作的发展。问题在于两者之间历史联系发生的机制何在、怎样从生理的反射行为发展为有目的的行为？

过去都把反射的结构看作是一个敞开的弧（内导系统——脑或脊髓——外导系统），其实"反射弧"不过是反射活动的孤立片断。任何反射活动都具有内部因素和外部因素相互作用的复杂结构，反射活动是一个连续的递进的过程。苏联学者阿诺欣在《作为生理分析对象的目的反射》一文中提出了"因果反射"概念，他认为，应当把有机体的活动看作是一个功能系统，就是说，反射不仅是对外部条件的反应，而且也是对自身活动及其结果的反应，有机体活动的结果是系统调节的物质基础，每个下一

---

① 尼·伊·茹科夫：《控制论的哲学原理》，中译本，第98页。

步的动作，借助于"反向传入"（即反馈）而被控制，并且作出与这些信息相适应的校正。他认为，对动作进程的这种控制和对所犯错误的校正是通过对所完成的动作跟原初的愿望作经常的校对而实现出来的，而这种经常的校对是由特殊器官——"动作受纳器"来完成的，这种装置保证对不断"返回"的信息的考虑和将它同起始的信息的校对①。很明显，阿诺欣所说的以动作结果和进程为依据的复杂反射是条件反射。条件反射对于理解行为的目的性和理解对复杂行为类型的心理调节器初始形式的形成有重要意义。

条件反射同无条件反射的重要区别是，在对活动的调控过程中作为内部因素的信息结构发生了变化，即由约束性信息变为主动条件刺激。所谓主动条件刺激，不仅包括本能的行为程序，更重要的是包含有经验因素。如果说在约束性信息中，经验因素是以种族遗传的形式存在的，而在主动条件刺激中显然还包括个体经验的成分。这样，调节的水平就由本能活动程序所具有的生理性质过渡到以经验形态为主的心理性质。心理的效用是按反馈原则同客观现实相联系的，它是"有机体—环境"系统中最重要的调节器，正如意识是"主体—客体"系统中的调节器一样。

条件反射的出现为由生理水平的调节向心理水平的调节以及向人的有意识的调节的发展提供了重要契机，它有两个方面特别引起我们的关注：第一，调节行为的致动因素发生了明显的分化，除了物种尺度的经验（遗传因素）以外，个体经验起着越来越大的作用。在本能活动中，在生理水平上表现出来的"未来需要的模型"，在条件反射活动中则以心理水平表现出来。心理性质的"未来需要的模型"也就是"过去需要的模型"，即动物行为受以往经验的引导。外部环境因素以经验的形态参与决定个体的行为。所以，行为的内部起动因素的分化也就是物种的遗传尺度和个体的经验尺度的分化。这种分化为自觉目的的形成奠定了心理学的前提，因为人的目的本身也是两个尺度（内在需要的尺度和客观尺度）的统一。第二，条件反射是以中性刺激物为条件发生的行为，或者说，条件反射是通

---

① 参见 П. К. 阿诺欣《作为生理分析对象的目的反射》，载《巴甫洛夫高级神经活动杂志》，第12卷，1962年俄文版，第8页。

过生物学刺激与中性刺激的耦合产生的①。严格说来，中性刺激是一种与生物学需要无关的刺激，是相关刺激的替代物，正是从中性或无关刺激中逐步发展出符号刺激的新形式。"在条件反射形成以前，无关的刺激物没有给动物带来信息，而在条件联系形成以后，这种刺激物获得了信号的性质，能够带来相应的信息。"② 无关刺激物的信号化对动物活动具有重大意义：首先，有机体对活动的调节不再仅仅依靠与需要直接相关的生物学刺激。这意味着，动物在心理上已能把某种信号和生物目的联系起来，行为的合目的性在增长。其次，外界信息的信号化为心理活动的相对独立性提供了新的手段，而心理功能的相对独立性意味着依据过去的经验能够在内心产生某种新的信息，这是目标意识形成的重要前提。就此而论，人的自觉目的的形成是全部心理史的产物。

综上所述，超前反映和模拟是有机界的普遍特征，它是生物合目的性行为的最一般的基础。外界环境的时—空特性通过超前反应的机制而成为生物功能系统的特征，并转而构成生物活动的"生理需要模型"，这种模型负载着生理过程所必需的最优环境的信息。生物的生理需要模型借助于"环形反射"或反馈而得到实现。无关刺激的信号化使动物的心理反映有可能超越于外部环境的进程，从而为生理需要模型向心理形态的"未来需要模型"的转化创造了条件。在生物的进化过程中首次出现了由心理的东西来调节生理过程的可能性。反映和调节的心理形式同生理形式相比是更加有效的，它使生物在不改变机体结构的情况下就能校正自身的活动，以便更灵活地适应环境的变化。很显然，自然选择并不是排斥而是促进了心理调节水平的产生和发展。人的自觉目的的出现是生物活动的心理调节机制日趋完善的结果。当我们探究从动物的合目的性行为向人的自觉目的转化时，一方面不能把生物目的同人的意识中的目的所具有的意义和价值混为一谈；另一方面也不能为了强调人的目的与动物合目的行为的区别，就把二者绝对对立起来。实际上，从动物行为到人的行为是一个连续的渐进过程，其间不可能有一个不可逾越的断层。生物目的从生理层次进到心理

---

① G. 克劳斯：《从哲学看控制论》，中译本，第 320 页。
② 尼·伊·茹科夫：《控制沦的哲学原理》，中译本，第 125 页。

层次并向人的意识层次转化过程中，其目的形态可能达到不同的清晰程度。在高等类人猿那里，我们甚至能发现某种被意识到的目的的萌芽[①]。如果没有这种萌芽，人的自觉目的的形成就仍然是不可理解的。

（2）人的自觉目的的形成

实践活动的主观方面是以目的形态表现出来的对需要的意识，而对需要的意识说到底是对自身内在尺度的意识，因而是一种自意识。但是，目的行为自身需要的现实化和具体化，作为实际活动的形成和定向因素，内在地包含着对外部对象的要求。相对于自意识来说，为满足需要所必需的意识则是对象意识或客体尺度的意识。所以，目的的原始发生应以这两种意识的最初统一为前提。探讨人的目的的起源，离不开对目的本质的理解。目的的本质不仅表现为脑皮质的机能以及它的反映属性，即与客观对象的相符性，而且更体现在它的信息——调节属性上，目的的主要使命归根结底在于调节人的实际活动。正是这后一方面，对于我们更深入地把握目的的本性及其起源的条件有着至关重要的意义。目的的功能特性显示出它与活动的不可分割的关系，人的目的发生于形成中的人的活动之中并转而又构成人的活动的形成因素，这就是我们考察目的发生的出发点。

人类动物祖先转变为人的过程发生于地球进化（地质期）的第三纪末到第四纪初。如果我们把人的形成及其劳动界定为"是从制造工具开始的"，那么，很显然，在从猿到人的转变过程中必然存在一个过渡阶段。这个过渡是人类动物祖先从使用工具开始并以制造工具结束。因此，可以把亦猿亦人的过渡状态看作是人类起源的直接起点，而把使用天然工具的活动看作是制造工具活动的必要准备阶段。在长期的使用工具的活动过程中逐渐产生了初级的意识，初步形成了制造和使用这种工具的目的。要研究的问题是，使用工具的活动为何以及怎样为自觉目的的产生创造了条件？我们拟从以下几个方面来揭示这一过程。

---

① 类人猿的有目的活动的萌芽表明它们有朦胧的自我意识。在一次实验中，有四头黑猩猩被允许观看镜子，而另两头则不能观看镜子。然后，把彩色物质涂在每头黑猩猩的前额或耳垂上。那些以前在镜中看到过自己形象的黑猩猩们都竭力地擦去头上的色彩。——参见 Keoneth Jon Rose 著《动物怎样思维》，载《世界科学》1985 年第 5 期。

第一，人类祖先的工具性活动是萌芽状态的对象化活动，它为从外界客体和内部体验中意识到需要准备了起码的条件。如上所述，南方古猿远在制造工具之前，已能初步直立行走，手脚分工为自然工具的经常化使用创造了前提。野生类人猿使用工具的情况表明，即使是偶尔或有时使用工具，也包含着运用肢体器官对自然物的简单加工。起初，人类祖先只是利用现成的物体（树枝、石块）作为生存和自卫的辅助手段，随着经验的积累和活动领域的扩大，自然物工具日益成为活动不可缺少的手段。狩猎活动的发展，不仅为人类祖先提供了肉食，而且较大动物的骨、牙、角也很自然地成为活动的工具。许多著名人类学家都认为，在制造石器之前，动物的骨、牙、角曾经作为重要工具被人类祖先使用。之所以如此，不仅是因为它们有较好的硬度和尖端，而且是因为只有通过人类祖先的狩猎活动才能获得它们，因而倍觉珍贵。在这类工具身上，第一次体现了群体狩猎的威力。

由此可见，使用天然工具的活动不仅仅是"假物为用"的过程，而且伴随着"以手克物"的现象，甚至还发展出使用天然棍棒、石块来猎取较大野兽的骨、牙、角作为武器。如果说，在类人猿那里，充作工具使用的草棍、树枝在活动之后便被丢弃，而在人类祖先那里，自然物和动物的肢体日益成为需要的对象而被保存。换言之，被人类祖先随身携带和保存的工具本身虽然还是自然界提供的，但它们已同需要联系在一起，因而是需要最初外化的形式。人类祖先日益选择那些较为合用的物体作为工具的过程，也就是把自身的需要不自觉地投射到外部对象的过程。就其不是活动的创造物而言，我们把它称为对象化的萌芽。

第二，由于使用工具活动的经常化，使活动与其结果的联系成为心理反映的主要内容，这样就为把有结果的活动转化为对结果的想象奠定了基础。比较心理学的资料证明，幼猴和幼猿能把从母亲那里学到的有用的行为迁移到新的情境中去；一些灵长类能够通过注视另一只动物的行为反应学会躲避环境中的某些东西。在人工条件下，恒河猴能从演示者在不同作业规则下的成功和失败中明显地得到益处。"一般来说，演示者的行为能使学习者知觉到某些刺激和它反应后果之间的关系。于是观察者便能直接从它的反应后果中得到好处。这是怎样发生的还不知道，但是可能存在着观察者的一种推理，后来被用于它们的作业之中。"①

人类祖先对"结果"的意识可能是通过两个方面实现的，一是对活动过程与结果之间的联系的觉察，二是对工具与结果的联系的觉察。由于活动过程通过活动的效益被感受到，活动结果与需要的相关性首先成为人类祖先思索的对象，而相同的活动总是引起相应的结果就会使他们从结果回溯到原因，从而初步领悟活动与满足需要的结果之间的联系。最初的工具活动可能是偶然发生的，但经常化的工具活动用偶然性或纯粹的本能来解释，显然是不妥的。尤其是，日益增多的新物体被作为工具使用时，不同质料的工具会产生不同的功效和结果也会逐渐被意识到。某种不合用的工具的丢弃和合用工具的保存，其间都会不自觉地伴随某种程度的推理，这种推理显然比一般灵长类有更高的水平。从类人猿的观察性模仿（如通过模仿学会钓白蚁）到人类祖先的推理性模仿，是工具制造的心理条件。实际上，在运用肢体对自然物的简单加工中就要以对事物间关系的觉察为前提，当工具性能的指标超出肢体器官所能加工的程度时，就会产生借助自然物进行加工的需要，这就是"以物克物"的阶段。以物克物的活动已经是有目的的活动了。因为，其中物与物的关系配置体现了活动主体对某种效益的有意识的追求。

第三，从活动的调节和控制角度看，人的目的和意识不过是特殊的信息过程，即观念化的信息过程或被意识到的心理过程。目的形成的本质是能在心理上创造出某种只是"应有的"情境。这意味着，目的形成的前提条件是能在心理上重现过去的外部活动过程和结果。用心理学的术语来说，目的的提出要以外部活动的"内化"为前提。因此，自觉目的的形成一方面要依赖工具活动的发展和复杂化，另一方面则依赖于人类祖先心理概括能力的提高。

在野生的类人猿身上，我们可以看到活动"内化"的某些迹象。例如，珍妮·古多尔通过多年的观察发现，黑猩猩在每年10月钓食白蚁时，能够事先准备好草棍，当备用的草棍用完后，它们能够到较远的地方寻找工具并返回原地。尽管每次钓食完毕就把工具随手丢弃，表明工具与其目

---

① D. A. 德斯伯里等主编：《比较心理学》，中译本，第587页。

的的联系还很不稳固。但是，寻找工具的行为先于钓食行为这一不断重复的事实说明，在实际进行钓食白蚁之前已能在心理上朦胧地复现这一过程。

如上所述，在类人猿身上对活动的简单"内化"能力已经出现，因而在它们的行为中有时会发现萌芽状态的目的。那么，人的目的和动物的目的是否有区别？如果有，这种区别表现在哪里？我们认为，人的目的同动物目的相比，还是有性质上的差别。动物（包括类人猿）由于其活动在总体上受先天因素的影响较大，其活动的范围是很狭小的，绝大多数的行为都是为了满足生物学的需要，作为智力发展指标的工具行为只是偶尔的显现，其行为目的也是极简单的。就是说，此种目的仍属于生物学的范畴。人借助于工具系统地制造工具的行为则是一种社会行为，因而人的目的具有社会的性质。为什么这样说呢？

从生物界许多物种都具有使用工具的行为之事实可以得出一个结论：使用工具活动的直接目的是满足生物学需要，在这一点上人和动物基本上是一样的。但是，制造工具的活动却与此不同，无论工具制造活动如何暂短，都必然要暂时中断个体生物目的的实现。所以，以制造工具为目的的活动从产生时起，就预示着这个活动不是生物学的，而是超个体的、即社会的。如果说，类人猿对以往活动的觉察表现为知觉和表象的微弱的联系；那么，同类人猿相比，人类祖先工具活动的内化显然具有两个新的特点。首先，工具活动的亿万次的重复，使不同种类活动中共有的、相似的成分显露出来，这种相似成分最终积淀为动作技能的形成和掌握。皮亚杰关于思维结构来源于动作结构的思想，以及加里培林关于物质活动内化为观念活动的分阶段理论均表明，动作技能的形成是外部活动内化的最关键的一步，因为它说明了外部过程已初步转化为人的能力，剩下的问题是怎样把它转化为心理的能力。其次，人类祖先使用工具的活动不仅具有"生产"的功能，而且内在地包含着交往的功能。在有声语言产生以前，面部表情、身体态势和声音信号一起构成群体信息交流的基本符号。其中，手势和动作又在形、声符号中起着最主要的作用。动作不仅是传授经验的基本手段，在技能普及以后，群体中一个成员借助于特定的技能动作就能引起其他成员的有关活动的表象。由此可见，活动及其动作不仅是观念活动的深厚基础（这一点使二者具有类似的动作原理和相似的结构），而且它也是由外部向内部转化的途径和手段。

综上所述，人类祖先使用工具活动的重复和累进过程，是现实和关于现实的表象二重化的最深刻的根源。活动及其结果、工具及其效能的区别以及它们之间的相关联系是这种二重化的客观基础，而贯穿于活动过程、标志活动熟练程度的动作技能则是内化的主体条件；动作的实用功能和象征性功能的分化和发展，又为这种由外向内的转化提供了符号手段。动作在群体活动中的调节功能经历了由手势动作到表象的过渡，最终使人类祖先具备了形成自觉目的的能力，即用想象的对象来替代真实的对象，用想象的活动来象征真实的活动的心理能力。起初这种目的充其量不过是对以往活动经验的意识，但它已属于人的目的范畴，因为它已构成人类群体进行真正劳动的必要因素了。

工具结构的发生

人的实践活动形成的重要标志之一是人类祖先的活动中添加了新的主观因素，即自觉目的的发生。但是，目的仅是实践构成的一个因素，就其本质来说，它只是现实活动的可能性因素。目的作为未来的映象或模拟还不是实在的未来本身，目的要现实地成为实践的要素，还需要有它的物质承担者即工具的因素。黑格尔曾经说过，目的通过手段同客观性相结合，人仅仅由于手段的帮助，目的才有改变现实的力量。从这个意义上说，手段同目的相比是更高的东西。因此，要揭示实践结构的起源，离开对工具和手段的考察，显然是不全面的。

人的实践活动与动物活动的区别，不仅表现在目的的性质和水平上，也表现在工具的性质上。要探讨人的工具活动发生的机制，首先来看一看类人猿的工具行为的水平和极限情况，对我们是会有启发的。

格式塔学派的奠基人苛勒在《类人猿的心性》一书中，描述了他在测验类人猿解决复杂课题的能力中所采用的四类课题，其中第二和第三类课题包括现成工具的利用和工具的制造两个方面，这就是心理学史上有名的"接竿取物"实验和"叠箱取物"实验。苛勒认为，这类课题的成功解决要求动物能理解工具是一种手段，并能觉察到有关的关系。他在测验动物智慧中强调迂回原则，即实验者设置一种情境，其中通向客体的直接道路被堵死，但留下一条弯来绕去的路，把动物引入这个可能看得见的情境，在经过一系列的无效活动和踌躇之后，动物会突然地找到解决问题的途径。苛勒把动物的这种行为称为"顿悟"[①]。苛勒的实验和结论曾作为类人猿使用和制造工具的典型的例案而被加以确认和引证。

但是，如果我们仔细阅读苛勒的报告，就会得出与其结论不同的看法。在接竿取物实验中，伶俐的黑猩猩苏丹起初只是运用一根竹竿去够笼外的香蕉，在苛勒用手指捅入竹竿给苏丹作暗示后，它在一小时长的尝试过程中也没有成功地解决问题，这说明它并未完全领悟人给予的暗示。只是当它漫不经心地耍弄两根竹竿时，碰巧发现两手握竿的方式能使两根竹竿连成一根直线，它才把细竿插入粗竿管口并取得了香蕉。与上述情形相类似，在叠箱取物实验中，"苏丹需要多次重复试验和实验者几次叠箱示范才能取得成功。"[②] 实际上，上述两个课题的性质基本上是一样的，解决问题的途径是弥合动物和食物之间的缺口。如果动物凭借一个中介物就能弥合缺口，那么动物凭以往的经验就能解决。课题的迂回性和复杂性表现在，一根竹竿和一个木箱并不能弥合缺口，只有在觉察到两根竹竿的粗细关系和建筑结构的基础上才能解决。如果没有人的暗示和示范，这后一问题对黑猩猩来说是很难理解的。尤其是，粗、细竹竿的吻合结构是人为它准备好的，在自然条件下，即使黑猩猩发现了接竿取物的方法，它也无法把两根木棒衔接起来。所以，许多科学家认为，黑猩猩对上述课题的解决绝不是什么"纯顿悟"，以往的玩弄棍棒的经验起了十分重要的作用。黑猩猩对类似课题表现出来的高度迁移能力，也说明行为经验在新问题解决中的重要性。

问题在于，有些经验是在物种行为模式范围内能够获得的，而有些经验（如利用工具加工工具的经验）则完全在物种尺度的范围之外。苛勒设计的实验中所涉及的问题情境结构本质上还是在类人猿的经验范围之内

[①] 参见 D. A. 德斯伯里等主编《比较心理学》，中译本，第559—560页。

[②] 参见 J. P. 查普林等著《心理学的体系和理论》上册，商务印书馆1983年版，第313—317页。

的，所以黑猩猩对人的示范就能够有所领悟。当课题的性质超出物种经验尺度之外时，该物种的已有经验就无法同化人的示范动作，动物就会对这类课题束手无策。例如，在苏联心理学家格·赫鲁斯托夫等人所做的实验中，三个黑猩猩在人的示范动作启发下，均能学会利用木棒从管子中取得食物，当木棒换成带有侧枝的树棍或两端绑有横木的木棒时，也能逐渐解决这类迂回问题，把枝杈或横木去掉取得食物。当把木棍换上木质圆盘时，只要是在肢体器官能够胜任加工的条件下，它也能顺利地完成课题。但是，对肢体器官无法加工、只有借助石块才能进行加工时，黑猩猩就显得毫无办法。甚至当实验者反复作出用石块砍木板的示范时，它们也根本意识不到石块与其要完成的任务有什么关系①。

尽管这两个例案都是在人工实验条件下进行的，但其实验结果与野外类人猿活动情况是吻合的，因而反映了它们在使用和制造简单工具的基本水准。不过，这里有两个问题要划分清楚，一个是对问题的觉察问题，即能否对问题解决提出某种"行为假设"；另一个是实现这一假设的能力问题。相比较而言，前一个问题是更重要的，衡量一个物种的智力水平主要是看它能否提出行为假设，因为实施的技能问题可以在反复的训练中不断提高。苛勒在为黑猩猩不能顺利解决迭箱取物的课题进行辩解时就认为，它们解决这类问题的困难仅在于建筑木箱结构的力学方面。但是在黑猩猩不能利用石块来加工木板的实验中，却显然不是个力学和技能的问题。它们始终没有表现出利用石块加工木板的"行为假设"，也就根本谈不上能否加工的能力问题了。甚至在人作出加工示范时，它们也拒绝接受和使用石块，就表明了这一点。类人猿的偶尔使用工具和仅能利用肢体简单修整物体的基本模式，使它们趋向目标的行为能力局限在很低的水平，还不能达到从环境中区分出"手段（加工工具）—对象（被加工的工具）"这两个因素。能否对环境作出"手段—对象"的划分是区别人的工具活动和动物的工具性活动的分界线。很显然，这里的"手段—对象"的关系，不是在使用工具意义上的天然工具和对象的关系，而是在制造工具意义上的加

---

① 格·赫鲁斯托夫：《黑猩猩会利用石块制造工具吗?》，载《猿猴社会》一书，第119—125页。

工和被加工对象的关系。从使用工具过渡到制造工具不是活动的一般转换，而是新质活动的产生。

如上所述，工具的使用和制造起始于不同的需要。在最初阶段，使用工具的活动本质上是个体直接满足生物学需要的活动，因而只是生物性活动的高级形式；而制造工具的活动，却暂时中断了同生物学需要的联系，所以它首先满足的是物种的、群体的需要，即社会性的需要。制造工具意味着制造者是以使用者的需要为目的，这个使用者可能是其他人，也可能是制造者本人。但不管怎样，制造工具是为了满足生理需要而产生的需要。因此，制造工具意味着人类祖先已能形成目的的链锁，即一系列有依次从属关系的目的。因为以工具为目的，还不是满足生理需要的目的本身，而仅仅是达到这一目标的中间环节。制造工具的意识的形成过程，也就是人类祖先的生理需要的分化和升华过程。当相互协作的群体环境已成为个体生存的基本条件时，制造工具的需要才会产生。科学家们发现，经过训练的黑猩猩都能单独地解决叠箱取物的课题，但是，"当让它们集体去解决同样的问题时，每一头黑猩猩都去抓住另一头黑猩猩正在使用的箱子，而不是与它的同伴一起去解决这个问题。叠箱的结构从来不是集体建造的。"① 这一事实说明，对制造工具起保证作用的人类祖先群体联合的水平，已远远超出了动物的单纯的生物群体关系。

长期的使用工具的活动不仅组织起良好的群体内部环境，而且使人类祖先与外部环境的关系也发生了性质上的改变。众所周知，动物与其生命活动是同一的，这意味着动物只与生命活动有意义的东西才发生关系，其余的事物则在它的视域之外。使用工具的活动在广度和深度上都超出了肉体器官功能作用的范围，以往在动物生命活动中无关紧要的对象具有了新的意义。这是把环境区分为"手段—对象"关系的第一步。

人类祖先同外界客体的长期相互作用，首先在实际活动中概括出对象与工具相关的属性——坚硬性、脆性、强度等。这种对物体工具属性的感知，超越于任何其他灵长类动物的心理反映。我们知道，动物性表象是人类祖先所固有的，但对自然物的可消费属性的表象，不同于对其工具属性

---

① 《动物怎样思维》，载《世界科学》1985 年第 5 期。

的表象。换言之，动物仅反映对象的生物学意义的属性——可食性、快适性或危险性等。而使用工具的活动却逐渐使人类祖先能够反映对象的客观属性，即相对独立于生物学需要的属性。相对于生物学需要的属性而言，对象的客观属性是一种间接的属性。起初，这些属性是在个别活动中被感知的，随着活动范围的扩大，各种物体间的相似性和对立性被组织起来①，人类祖先在头脑中逐渐形成了初步的关系属性的网络。这是制造工具所必须具备的物理经验的前提。

但是，把一个物体施加到另一个物体上面来获得某种需要的结果，不仅要以对象的客观物理属性的觉察为基础，而且要以对工具的结构和功能关系的表象的建立为条件。也就是说，要制造工具，仅有对物体的物理属性的表象是不够的，而且要在此基础上形成工具的表象本身。长在树干上的树枝能否被加工成某种工具，首先取决于能否把它从其余的关系中抽象出来的能力，即能否把树枝的表象同化于已形成的工具表象之中。美国当代著名美学家阿恩海姆（Rudolf Arnheim）在谈到人的意象思维与类人猿的知觉能力的差别时指出，让一个类人猿把树上的一根枝条看成是一根它可以用来勾取笼子外的食物的棍棒，无论如何也不能成功。究其根源，大概是因为在它的知觉中树枝和整个树是连为一体的，这是物理对象中固有的联系，又加上得到动物以往经验的加强，就必然会使它把树枝看成是它爬树活动的东西，无论如何也不会把它看成一根可以当工具使用的棍棒。

　　　"那么，如何才能使上述关系真正改变呢？……对于这个动物来说，仅仅'观看'它面临的情景是解决不了问题的，因为仅凭对眼前事物的扫视，不可能将那些能解决这个问题的因素调动起来。……要想真正解决这个问题，就要使动物内心想要寻找的那件东西的意象（如：我需要一种像棍棒一样的东西），同它直接看到的事物的意象之间相互作用，在那个它想达到的目标的意象的'催逼'下，眼前直接

①　在知觉中，一种属性与其他属性相邻近就呈现相似性，如果"同化"不可能时，就作为与其"对立"的属性表现出来。事物的对立关系也是一种互补关系。相似关系的心理效应是把共有的性质突出出来；而对立关系则将特殊性质突出出来。

看到的情景便在知觉中得到重新组织：树枝减去（脱离）树等于
棍棒。"①

我们知道，这种关系的转变在动物那里是很难完成的，但在人类祖先
身上却实现了。知觉心理学的研究成果表明，一种知觉和表象对事物之间
的关系的组织所依靠的一个最简单的法则，是相似性法则。凡相邻近的关
系（包括各种色彩、形状的表面相似和内部结构相似）都倾向于相互联
系。这种同质性乃是知觉中发生的最基本的组织活动的产物。在人类祖先
的工具活动经过无数次的重复过程中，工具的形式和功能特征就被无意识
地抽取出来，形成对工具的某种表象，这种表象构成一种经验结构和行为
背景对现实发生影响，而制造工具的过程不过是这种经验表象的自觉
实现。

综上所述，使用工具本身就包括在动物中已出现的、借助于肢体器官
对自然物的简单加工过程。但是，这种加工的能力和范围是有一定限度
的，本质上仍属于单一物种的行为尺度。问题在于，如果一个物种能经常
地使用工具，并且对自然物的简单加工日益频繁，其结果必然会由肢体的
直接加工演化为间接加工。由使用工具向制造工具发展的心理机制表现为
三个方面：对满足生理需要（个体的）所产生的需要（群体的）的初级
意识导致生物目的的升华；由对物体的可消费属性的表象向客观属性的表
象的转移，形成对物体的工具性属性的经验；对天然工具的结构和功能的
相关性的把握，形成了对新结构和新功能的表象。人类祖先对物种尺度的
超越是从间接加工开始的，在这个起点上，他们首次把一个物体的硬度和
重量施加到另一个物体身上，从而产生出其他动物所不能造成的结果。尽
管这个初级制品离理想的目标还相当遥远，但人类祖先毕竟找到了通向理
性宇宙一角的钥匙。

① 鲁道夫·阿恩海姆：《视觉思维》，光明日报出版社 1986 年版，第 113 页。

四　实践结构形成的历史过程

在上节中，我们侧重对实践活动的两个要素——目的和工具的形成机制进行了逻辑分析。抽象的研究其优点是能帮助我们把握事物发展的基本联系，但其成果仅能为我们提供一个简单的框架。实际上，目的和工具发生的机制从逻辑上看可能只是暂短的、瞬间的飞跃，但在历史上却是一个漫长的演变过程。因此，对实践活动的发生学考察如果仅限于抽象的分析，而对史前人类的遗址、遗迹特别是有关工具的发展情况一无所知，就如同进入一座宏大的图书馆而目不识丁。因此，为了使理论重建的图景清晰完整，在本节中我们侧重从考古资料出发，来阐明人类实践活动形成的历史过程。

许多古人类学家都认为，人属于智人种，人类的起源和实践的形成问题，主要是智人种的起源问题。著名古人类学家步日耶在他的生命快要结束前就曾对法国史前史专家 L. 巴卢说过，他怀疑工具是否真能标志着人类形成过程的门槛的跨越，认为拿艺术作为标准会更妥当些。巴卢认为，这等于把人属的真正"智人种"、拉斯科的画家、我们的直接祖先，与一系列较早的勤劳的生物、即通常所说的"人属制作种"区别开来。考虑到使用体外工具并不是人类所特有的，甚至不是一般灵长类所特有的，因而巴卢提出，如果把工具看成是人类形成过程的一个标准，那么仅仅使用身体的"天然工具"以外的某种东西是不够的，必须把对所使用的物体进行有意的改变作为标准①。即使如此，有目的的制造工具行为也已经突破了智人种的范围。正如 R. 利基所指出的，智人的起源可以追溯到很远的过去，现有的资料表明原始智人已存在近 20 万年，而在智人以前近 300 万年的人属化石记录又成为我们了解智人种起源的基础②。换言之，智人的起源可以追踪到几百万年前的谱系之内，智人种与其人属较早成员的联系是无法割断的。

---

① 联合国教科文组织编写：《非洲通史》第 1 卷，中国对外翻译出版公司 1984 年版，第 306 页。
② 同上书，第 327 页。

　　上述两种意见为我们探讨实践的形成史提供了某种思路。一方面，我们不应当把实践活动仅仅限定为智人的活动，而应看到它有久远的起源史；另一方面，也不要把制造工具的开端简单地理解成实践活动的完全形成，人的实践活动的形成是一个过程。

　　需要特别指出的是，实践活动作为人类特有的活动，虽然就其起源而言是很早就发生了，但它对社会发展的主导作用的确立则是较晚的，这是因为实践活动结构的完善是一个过程，并不是在制造工具的初期就完成的。恩格斯在《家庭、私有制和国家的起源》一书中，首次阐明了原始社会发展的特殊性，认为"劳动的发展阶段"和"家庭的发展阶段"是划分史前时期人类发展的两个参照系。恩格斯指出："亲属关系在一切蒙昧民族和野蛮民族的社会制度中起着决定作用"，它"构成这些民族的社会制度的实质部分。"而且，"劳动愈不发展，劳动产品的数量，从而社会的财富愈受限制，社会制度就愈在较大程度上受血族关系的支配。"[①]　恩格斯在写完《起源》一书之后，曾特意对上述结论作了补充说明，他写道："生产资料在包括简单商品生产在内的先前各个时期中，同现在相比仅仅起着微不足道的支配作用，它怎样发展成像今天这样专横的支配力量，这是需要加以证明的"[②]。恩格斯的上述看法也表明，劳动实践作为人类存在的最重要的特征是在很长的历史时期中逐步确立的。

　　众所周知，石器时代约占人类生活史的999‰，而且，这一时期标志人类发展的重要环节是在技术方面，而不是经济和文化方面。因此，在史前人类遗存中，石制工具成了最早的，也是最重要的遗物。工具的产生和发展构成了人类进化过程的基础。工具不仅是人类由适应自然到改造自然所依托的基本确实手段，而且也成为我们考察和研究早期人类探索自然的最直接和最稳定的信息库与信息源。苏联心理学家 A. H. 列昂节夫指出："工具不仅是人们把握着的具有确定的物理属性和确定形式的对象，同时也是社会地制定的活动方式。那些劳动操作被物化、定型，仿佛被结晶于

---

① 《马克思恩格斯选集》第 4 卷，第 24、2 页。
② 《马克思恩格斯全集》第 36 卷，第 170 页。

其中。"① 因此，我们可以把工具形态结构的变化看作是实践活动发展的指示器。

　　牛津大学考古系主任 J. E. G. 萨顿指出："石器时代不是一个静止的时期。技术上从旧石器时代到新石器时代的演变，是很容易根据各种石制工具的变化和多样化，根据其效能及制造方法来加以证明的。为此，我们必须根据年代和地域把石器时代再划分为若干时期。"② 根据古人类学家和考古学家的通常意见，工具形态及其技术过渡大体可划分为三个阶段：1. 石器形制由偶然到定型阶段。地质年代是从更新世早期延续到更新世中期；文化时代属于旧石器时代早期；石器文化包括奥杜瓦伊文化到阿舍利文化早期。2. 器形分化和繁荣阶段。地质年代是从更新世中期延续到晚期；文化时代属于旧石器时代中期；石器文化包括阿舍利文化中、晚期到莫斯特文化。3. 石器的区域专业化特点的形成和发展阶段。地质年代是从更新世晚期延续到全新世；文化时代由旧石器时代晚期经由中石器时代进入新石器时代；石器文化从莫斯特文化到奥瑞纳、梭鲁特和马格德林文化。

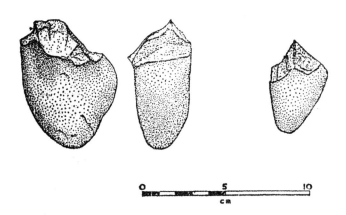

图 4-2　早期石器时代，第一阶段：典型的奥杜瓦伊（"卵石"）工具

（转引自《非洲通史》第 1 卷，第 345 页）

　　由于对石器文化阶段的划分历来存在争议，所以，上面确定的时期或

---

　　① A. H. 列昂节夫：《心理发展问题》，莫斯科 1965 年俄文版，第 275 页。
　　② 教科文组织编写：《非洲通史》第 1 卷，第 335 页。

阶段只是大体性的，即这里只是估计的相对年代而不是精确可靠的年代。这不仅是因为在这三个阶段之间可以看出有时间上的交叉，而且从一个阶段到另一阶段在器形和技术进步上是复杂的、犬牙交错的。一般说来，石器的形式和功能代表着某种确定的活动方式，但把活动方式理论扩大到能令人满意地包含上述情况还存在一定的困难。为此，我们的分析就需要简化。正因为如此，把这些阶段设想成静止不动的，或设想成从一个阶段到另一个阶段是一种突变的想法，显然是不妥的。虽然按现有的认识水平来说，这种划分不失为一种有用的参照系，但我们应对它持灵活的态度，即仅把它看作是探讨古人类文化的一种指南。

石器形制由不稳定到初步定型阶段

随着考古学事业的发展，我们正逐步接近了解产生工具的确切的年代。根据目前的资料，第一批人工制作的工具被确定为 250 万年或 300 万年前。这些人工制品最初在坦桑尼亚北部的奥杜瓦伊峡谷被发现，故定名为奥杜瓦伊文化。由于构成这种文化的石器多半是一些被击碎的卵石，所以又称为卵石文化。这种卵石工业几乎在世界各地均有发现。目前把卵石文化的创造者归属于能人。这种石器的原料是采用河床里的卵石（一般有手掌大小），制造过程是用其他石头（石锤）在卵石一侧敲打掉一个或几个石片，使卵石产生出粗糙的、边缘不平整的切割刃缘（见图 4—2）。卵石工具器形的不稳定表现在，卵石被敲打出锐缘即行使用，没有经过任何修整，所以这些人工破碎的卵石常被怀疑是天然产品，因为被瀑布和波浪破碎的石头是无法与被人工破碎的石头区别开来的。另一方面，卵石工业的废物品并不是被丢弃的，许多被打下的石片往往都有刀一般锋利的刃口，如果它们的大小与形状便于使用，则可能成为笨重成品工具的补充，因而它们也构成了工具系列的基本部分①。

在卵石文化的末期出现了技术革新，制造工艺由起初的单面加工变为双面加工。这样，以前的单面卵石工具就过渡为双面石器，即通常所说的手斧。所谓手斧并不是一个斧头，而是一种多用途的通用工具，这是考古

---

① J. E. C. 萨顿：《东非史前史》，载《非洲通史》第 1 卷。

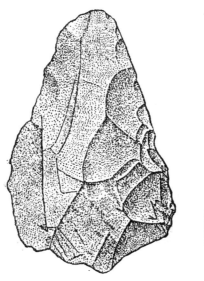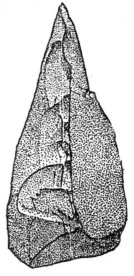

图 4 - 3   早期石器时代，第二阶段：典型的阿舍利手斧，正视和侧视图

（转引自《非洲通史》第 1 卷，第 348 页）

学为方便起见使用的名称。标准手斧的出现表明人工制品走上了定型发展的阶段（见图 4—3）。起初的手斧极其粗糙，只是把卵石的一端进行双面加工，底把不经加工，仍保留卵石的自然形状，很显然，这是一种具有弧形边刃的沉重而厚笨的工具。随着打制技术的成熟，不仅手斧的边刃趋向平直，而且也加工出一个细窄的底把，代替了以前所特有的宽厚的底把。

实践起源的第一阶段在整个史前时代延续的时间最长，从最初石器的不稳定形式的出现到器形的规范化，大约经过了近百万年的时间，几乎和生物从一个种类到另一个种类进化的时期一样长。所以，深入地探讨这个时期人类活动的特点，是十分有意味的。

在这个阶段，活动的最突出的特点是有目的性和无目的性并存的性质。一方面，人类的祖先在长期地使用工具过程中积累了一定的经验，对于适用的工具形式（锋刃）已形成了初步的表象，当天然工具形式不能满足需要时，就力图通过简单加工来取得合用的工具。另一方面，对如何加工才能取得合用的形式却缺少起码的经验。因此，制造石器从最初时起就存在着对工具性能的有目的的追求和加工过程的盲目探索之间的矛盾。

石头同木头相比具有两个突出的优点：第一，石头显然有较高的硬度。但制造石器并非单纯为了追求硬度，因为尚未加工的石料也同样具有硬度。第二，石头能产生锐缘，利用它可以加工其他质料的物体。因此，制造石器一定从追求锋刃开始。天然石块的形式是多种多样的，既有圆形、卵形的，也有叶片形的。在使用过程中，不同的形状和不同的效益通过表象建立起联系，对形式和功能的悟性把握最终推动人们去追求更加锋利的形式。但是，意识到某一形式的功能并不能保证一定会制造出这种形式。考古学资料证明，缺乏稳定的和重复的形式是早期石器的一个基本特征，由于这种石器加工粗糙、形状简陋，其打击痕迹极易和自然力破碎的石块相混淆，因而给判断一件石器的真假造成很大的困难。究其原因，则和当时制造工艺的原始性有关。

早期石器没有稳定的形式同活动结构的简单性有直接关系。我们知道，制造石器最初采用的方法是直接打击法，贯穿整个工具制造的基本过程仅仅包括一个环节，即用一块石头（石锤）砸击另一块石料的办法来取得锐缘。虽然整个制造过程可能包括许多动作，但由于不了解不同的打制动作同所需形式的制约关系，因而各种动作之间并没有协调起来，实践活动的有序性仅体现为单一动作的重复进行。换言之，打制动作尚不能控制器形的变化，合适石器的获得主要是靠碰运气。在石器制造过程中起主导作用的还只是石块碰击所发生的自然效应，而不是主体的操作技能。因此，在石器制造过程中表现出来的有目的性和无目的性的矛盾，就集中地表现为对合适工具形式的追求同主体加工技能的不完善之间的对立。这一点显然同身体器官，特别是手的不完善、不灵巧有关，手的形态和功能还不能完全掌握打制的工艺。

实际上，手的形态的完善、动作的灵巧、操作技能的掌握同右手优势的确立是同一个过程。众所周知，野生类人猿的使用工具行为以及对细小物体的简单加工，尚不能导致左、右手功能的分化。日本东京大学教授西田利贞对野外黑猩猩的活动作了详细的考察之后写道：

"黑猩猩使用钓棒主要用哪一只手较为顺手呢？各个猩猩是不同的。乔西克常用左手。瓦基希则平均地交替使用左右手，在 1 小时零

6 分钟的时间内，左手用了 35 分钟，右手用了 31 分钟。在有记录的 135 次钓蚂蚁动作中，左手用了 73 次，右手用了 62 次。每 1 次钓蚂蚁所需时间，左手平均 6.7 秒，右手平均 7.2 秒。因为用左手效率较高，所以如果问哪一只手顺手，应该说是左手。但也可以说两只手都顺手。这也有例外，青年雌猩猩瓦汉西只用右手。"①

很显然，右手优势没有在类人猿身上出现，其主要原因同它们没有最终摆脱用上肢帮助行走的行为方式有关。只有人类祖先的长期的使用和加工工具的活动方式，才为左、右手的功能分化创造了条件。在石器制造中，无论是锤击法还是砸击法，都需要一手拿石料，一手拿石锤，这就导致了左、右手的最初分工。左、右手的功能分化的重要意义在于，两只手在结构上对称而在功能上的不对称，可以使它们在同一个活动中实现功能互补和密切配合；这种功能分化又使每只手可以专门从事不同的作业，为更快地摸索和掌握活动技能提供了机会，这种技能对于轮换使用单手的类人猿来说显然是达不到的。

操作技能的形成是长期制造工具活动的产物。在制造工具的活动中，一方面外部客体的属性、关系逐步地转化为人的操作形式；另一方面被加工客体的形式变化又是主体操作技能的逐步外化。因此，活动的结果总是手的操作逻辑和客体作用逻辑的统一。起初，这种统一维持在较低的水平上，客体的形式变化还不能完全被主体所控制。随着操作技能的提高，打制石器的一系列动作逐步协调起来，每一个后来的动作是受前一个动作的结果所调节的，操作动作的有序性使客体的自然形式日益向人所希求的形式转化。客体的自在形式经过活动的熔炼变为人所需要的形式的过程，就是自然形式的人化过程。人化形式并不是凭空产生的，而是通过活动经验从自然形式中选择出来的。自然界物体的各种形式并非天然就能满足活动的需要，通过功能筛选出来的形式，才是符合人的活动需要的形式。因此，当这种形式通过人的活动被重新制造出来时，它就由自在之物转变为人化的形式了。

---

① 西田利贞：《钓棒记略》，载《猿猴社会》，第 108 页。

工具制造一方面表现为人按需要的尺度改变或扬弃客体的自然形式，另一方面则又利用客体的属性（强度和硬度）为自己的需要服务。可以说，当客体的形式日益符合人的需要尺度时，客体的属性就愈能为人的目的服务。所以，工具的效能归根结底是通过形式变换发展的。天然工具和人工工具的区别不在于其属性而在于其形式的不完善（就其满足人的活动的需要来说）。在自然界中，各种质料的石头大体有两种形式，一种是经过水流冲磨的卵石，它具有椭圆和卵圆的形状，这种形状虽然适合于手的持握，但却缺少棱角和刃锋；另一种是带有棱角的岩块。分开来看，它们之中的每一种都不能较好地满足活动的需要。如果把卵石的一端打出锐缘，就把两种天然形式的长处结合起来了，这是自然形式向人化形式转化所迈出的具有决定意义的一步。

工具制造的逻辑内在地规定着使用的逻辑，当石器的形式尚未规范化时，不仅反映着制作过程的盲目性，同时也表明对这些工具的使用也没有统一的规则，人们只能在活动中被动地适应工具的形式。由此可以推断，这个阶段必然是新、旧两种性质的活动犬牙交错的时期，是使用加工工具和使用天然工具并存的时期。天然工具和加工工具在功能上的差别较小以及偶然加工出来的适用工具又远远不能满足整个群体的需要，这是两种工具并存的基本原因。随着加工技能的提高和方法的改进，在工具史上第一次出现了统一的规范化的工具形式。工具器形的严整化使其功效明显地高于天然工具，这是考古学上"手斧"文化普遍流传的重要原因。当工具仅有一种形式时，它的性质必然是通用的，它能应用于一切领域，正因为如此，它的效能就大大低于应用范围较小的专用工具。所以，当通用工具产生以后，其发展趋势必然是由通用走向专用，从而导致工具形式及其功能的分化。

器形的分化和繁荣阶段

如上所述，从奥杜瓦伊文化发展到阿舍利文化，导致了砍砸器令人难以置信的普遍标准化。标准化工具的出现是同原始人对外部形式规律的把握和打制技术的进步密切相关的。从卵石工具到通用化手斧的出现，卵石被加工的程度是大不相同的。从单面加工（仅打出一个锐缘）到双面加工再到多面加工（卵石通体被打磨），卵石的自然形式逐步被破坏，代之而起的是日益适合活动需要的人工形式，这是原始人从模仿到再创迈出的重要一步，它为多种器形的分化准备了条件（参见图4—4）。正如我们在前面所指出的，在制造卵石工具时，比成品工具更常见得多的是一些废石片和石核，这些废石片往往具有锋利的刃口。在切割和刮削方面，这种废石薄片常常比卵石工具的刃缘更合用，这就促使人们在制造双面工具的同时，有意识地增加制造石片工具。如果说，在实践活动形成的第一阶段，典型的石器是用卵石的石核加工出的砍砸器，那么，在第二阶段，除了砍砸器之外，又出现了种类繁多的刮削器和尖状器，后两者多半是用石片制作的。这样，石片起初作为石核工具的废品，作为工具系列的辅助部分，但到后来却逐渐地转化为石器发展的基本形式。对石片工具的刻意追求，导致了勒瓦卢瓦技术的形成，这是石器技术发生的一场真正的革命。所谓勒瓦卢瓦技术，是指从一个预制的石核上取下具有预定形状的大石片的技术①。打制过程已由前一阶段的一个环节（简单地打落）发展为相互联系的两个环节，人们为了取得较完整的薄片工具，自然的卵石已不能满足需要，必须首先加工出一个利于产生石片的石核。这样，制造石片工具明显地分为两步进行，第一步是修整出一个多面体的石台，第二步是从石台的侧面砸下石片，然后再加工出一个刮削工具或尖状工具。

　　制造石器的技术进步首先集中在被加工物体的形式选择上，即从利用石核转为利用石片。石核是天然存在的，只要把石核加工出锐缘就可以使用，但薄片工具的半成品（石片）却已是人工制品。所以，石器制造总是从比较简单的石核加工开始。当被加工的对象由石核变为石片以后，人们的注意力就转向中介体的改进方面。从阿舍利早期的粗劣的手斧发展到后期的外形整齐、对称、具有平直的侧面石刃的手斧，正是撞锤技术发展的产物。众所周知，在工具制造的第一阶段，人们普遍采用的撞锤是石锤，由于石锤硬度高、强度大，在加工石器时，主要是借助石锤的冲击力来敲出锐缘，虽然效率较高，但精度较差。人们在用石器加工木质和骨质材料时，逐渐发现了它们质软并富有弹性的特点，并进而把它们作为制造石器

---

　　①　这种技术最初在法国的勒瓦卢瓦—佩雷地区发现，故此命名。

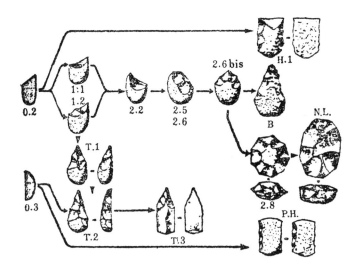

图 4 - 4　"卵石文化"向阿舍利文化形式发展的过程：
数字和图形指用于非洲前阿舍利工业的分类系统（M. 博维斯）
（转引自《非洲通史》第 1 卷，第 431 页）

的中介体来使用，逐步用具有柔韧性的软质撞锤取代了硬质石锤。这种圆柱形的软锤的突出优点是冲击力较小，因而对石块的破坏力较弱，使人们更便于控制器形的变化程度。另外，用这种质软的工具还能对石器边刃进行磨修，使石器具有更好的刃缘。不难看出，这种柔韧性撞锤的采用为石器制造技术从直接打击法向间接打制法和压削法的转变提供了重要契机。可以这样说，用木质和骨质撞锤代替石锤是石片切磨技术中的根本性变化，没有这一技术，具有各种刃缘的刮削器的产生是很困难的。这一技术的掌握也为下一阶段的细石器的产生创造了条件。勒瓦卢瓦技术和软质撞锤一直延续到新石器时代，这表明它们确实是极其先进的技术思想的产物。

　　石器器形的分化表明人们制造工具活动的结构日益复杂化了。据考古学家考证，在此阶段制造一件石器的全过程往往要包括 100 多个动作。另一方面，由于器形和功能的分化，使用工具的专门化倾向也出现了。如果说，在前一阶段，狩猎、剥兽皮、刮兽毛都使用同一种手斧，把同一种工具应用于不同的对象和作业内容；那么，当多种工具出现以后，使用工具的逻辑也逐渐精细化了。仅以刮削器为例，通常按刃缘的形状可分为直刃，凹刃和凸刃，有的刮削器的刃缘被特意加工成锯齿状。很显然，这些形状各异的刮削器都具有专门的用途。从器形上看，原始砍砸器或手斧只是把卵石的圆润和岩块的棱角简单地结合起来，自然形式在石器的形制上还占有明显的优势，然而在刮削器的刃缘的变化中则显示出人们已能根据活动的需要来设计不同的形式。

工具的器形和功能的分化所引起的活动形式的分化，意味着简单劳动分工的出现。当然，在通用工具占据主导作用的阶段，实践活动也同样存在着某种程度的分工。例如，在狩猎时，原始人群中的一些人的任务是驱赶野兽，把它们赶到预定地点，另一些人则手持棍棒和石制工具把野兽杀死，其余的人则负责切割兽肉并加工成食物。但是，这种群内的分工只是对某一具体活动的暂时适应形式。这种群体活动的适应形式可以在许多动物身上（如狒狒、狼等）找到。因此，还不能把这种对活动的暂时适应称作社会意义的劳动分工。

石器的分化对于提高活动的效益是明显被感受到的。砍砸器作为重型工具在砍伐树木、敲断兽骨方面要优于尖状器和刮削器；尖状器用于刺杀野兽和切割动物肢体时又优于刮削器；同样地，在进行皮革加工时，刮削器同其他种类的石器相比会更加适用。劳动分工一方面是对石器分化的适应；另一方面，分工所导致的使用专门工具的技能的熟练又为提高工具效能和改进工具提供了保证。最初的劳动分工可能是基于性别和体力上的自然分工，男人主要进行狩猎，女人则主要从事采集和准备食物。火的使用无形中又强化了这种分工，男人的职责是钻木取火，而女人则保存火种和看守住所。与此同时，制造工具和使用工具日益分化为在不同的空间、时间上进行的活动，属于旧石器时代遗址的采石场所和石器加工场所的发现，使我们有理由确信，在人类活动的这个阶段，原始人群的一些人可能专门从事制造石器的活动，而由另一些人来使用。

劳动工具的专业性的增强和劳动分工的出现，使人类的活动性质全面地社会化了。在制造工具活动的初期，被加工的工具同天然工具差别不大，天然工具的使用还占一定的比例，这种状况决定了人类使用工具的活动仍作为满足个体生理需要的形式，还多少保留着动物生命活动的某些特点，人和动物的区别仅限于制造工具这一领域。考虑到制造工具活动的社会特征，我们也可以把使用工具的活动看作在本质上是社会性的活动。但是，当加工工具和使用工具作为不同的劳动作业由不同的成员完成时，每一部分成员的活动就不仅仅是为自身，而是为全体成员服务了。这样，制造工具的社会属性最终影响到其他活动的性质的改变，使用工具的活动不仅从本质上看，而且从其形式上看也已成为社会活动了。石器加工的专业化预示着对石器的改进和对原有石器的再次加工成为可能，这样就为人类活动向更高水平的发展创造了条件，从而迎来了物质活动和精神活动相对独立发展的新时期。

石器的区域专业化特点的形成和发展阶段

与前两个阶段相区别，在实践活动发展的第三阶段，工具形式及其打制方法都发生显著的变化，最终导致人与自然关系的重大转折，由无食物生产的时代过渡到有食物生产的时代。

一般地说，远古人类使用的打制石器，总的发展趋势是从大变小，特别是从旧石器时代晚期起，在世界范围内广泛地出现了被称为"细石器"的细小石器。实际上，石器细化的趋向早在旧石器时代中期就开始了。在这一时期的遗址（例如在许家窑文化）中，石器发展的趋向是砍砸器显著减少，以尖状器或刮削器为代表的中、小型石器占了主要成分，其中细小石器所占的比例逐步上升。砍砸器远比从前制作粗糙，证明这一万能工具已被其他工具所排挤。就是说，从旧石器时代中期开始，卵石石器和石核石器丧失其主要地位，石片石器渐居主导地位，并构成石器的主体。尤其是在许家窑文化中，已出现原始棱柱状石核，它是后来细石器中常见的典型棱柱状石核和铅笔头形石核的母型。其中，"短身圆头刮削器，小圆弧形的刃缘经过精细加工，已带有细石器技术的部分风格，代表了当时的一种进步因素，与后来细石器遗存中拇指盖刮削器有着继承发展的关系。"[1]

---

[1]　中国社会科学院考古研究所编：《新中国的考古发现和研究》，文物出版社 1984 年版，第16页。

到了旧石器时代晚期的峙峪文化，在多达 1.5 万多件石器材料中，石器和石片主要是小型的，大型的极少，制造这些细小型石器，打击点集中，打片技术表现得相当进步。不过，在这一时期的石器仍然显示出某种原始性，如压制加工的石镞往往以圆底者为多；它们还不是间接打制法的产物，只是熟练掌握直接打片法的结果，而典型的细石器传统的出现和发展主要依赖于间接打制技术的应用。

细小石器的生产，起初是采取直接打击法打片，然后用压制法修整，后来则采用间接打片法生产。所谓间接打制法，是指石锤不直接打在石料上，而是通过木棒或骨棒等来打制。间接打片技术对石核的要求较严，石核的台面必须经过仔细地修理，其目的主要是使台面出现细碎的鳞片状疤痕，使中介体（木棒或骨棒）的尖头不易滑动，保证打下理想的石片。用间接打片法产生的石片，一般薄而狭长，像一片树叶，所以又叫石叶。利用这种石叶可以制成形状更加理想的精制工具，这种更加有效的工具是直接打片法打出的石片无法相比的。

用间接打片法集中制造石叶工具，导致人类活动中出现了一项具有深远影响的革新，即组合工具的出现。细石器曾被称为"幺石器"，是采用特殊的工艺技术为特定目的而生产的，有的长度不足一厘米。这些石件不是为了用手拿着作为一个完整工具使用，而是为了装在木柄或骨柄上。此种复合工具与时代较早的复合工具不同，最初的复合工具只是把石器捆绑在木棒上，而细石器的特点则是把骨或木的柄刻出沟槽，把若干刀片连接镶嵌到沟槽里。所以，这种组合工具的制造，不仅涉及打片技术的进步，而且涉及从树脂制备树胶，以及制造木柄所必需的剥皮、开槽等一系列复杂的成型工艺的掌握。在巴勒斯坦的中石器时代发现有镶嵌细石器的角和骨制的直把镰刀柄；在丹麦的中石器时代发现有镶新月形刀片的曲镰柄；在瑞典发现由细石器组成的倒刺和尖头的鱼叉。当然，在组合工具中最重要的发明还是弓和箭。上述发现进一步证实了细石器文化组合中细小石叶的确凿用途。小型和微型石叶技术的产生是石器制造史上的重大突破，它构成了由旧石器时代晚期文化向新石器时代文化过渡的关键环节。所以，许多史前史专家认为，最好把陶器和磨光工具看作是总的细石器连续体的组成部分。"陶器和磨光石斧的制造技术产生于细石器连续体之后，并以它为基础。这种技术似乎融合于细石器的传统中，而不是取而代之。"①

细石器文化的发展脉络已如上述，那么它对于揭示人类实践的阶段性特点有何意义呢？生态人类学表明，环境因素在人的活动的发展中一直具有重大意义。按照马克思的观点，人类在最初形成的时期还是半动物式的、在自然力量面前无能为力的"自然主体"，其最初的活动仍然是"自然的"生产，因为活动的客观条件并不是劳动的产物，而是自然界本身。随着活动的发展和工具的进步，生态环境对人类发展的意义不是减弱了，而是更强了。环境条件的差异日益在人的活动方式和活动内容方面体现出来。细石器文化的出现就是人类活动逐步适应特定的生物地理环境的产物，因而是人与自然关系日益协调的标志。恩格斯在分析古代文明在不同地域的不同发展形态时指出："随着野蛮时代的到来，我们达到了这样一个阶段，这时两大陆的自然条件上的差异，就有了意义。……由于自然条件的这种差异，两个半球上的居民，从此以后，便各自循着自己独特的道路发展，而表示各个阶段的界标在两个半球也就各不相同了。"② 非洲史前史的研究向我们展现出这样一个图景，即从东非、中非到南部非洲，人们可以发现两种不同类型的文化：森林文化（桑戈文化）和草原文化（福尔史密斯文化）。如果绘制一幅没有细石器的遗址分布图，在它们和有细石器的遗址之间划一条分界线，就会发现这条界线与森林地带和草原地带之间的分界线非常接近。由于森林地带雨量大、植被生长稠密等生态因素的影响，出现了其他地区未有过的重型工具和大而长的双面工具。这些工具显然与加工木头直接相关。与森林文化相区别，生活于林木稀疏的热带草原的原始居民，则发展了狩猎工具。"细石器技术是同狩猎起着重要作用的大草原地带经济联系在一起的。"③ 就是说，细石器是草原生活方式的产物。

J. D. 克拉克在谈到工具系列与资源利用方式的相关性时指出："在福尔史密斯文化和桑戈文化中，我们可以发现工具系列已经开始有地区性专

---

① 参见 C. T. 肖《西非史前史》，载教科文组织编写《非洲通史》第 1 卷，第 463 页。
② 《马克思恩格斯选集》第 4 卷，第 19—20 页。
③ 教科文组织编写：《非洲通史》第 1 卷，第 463 页。

长，反映了适合草原地区的工具类型与适合林地和森林地区的工具类型互有不同。"① 生态环境差异所产生的经济活动和工具系列的调整，最终导致地区性文化传统的出现。不同的文化传统与不同的区域类型的联系，是旧石器时代晚期文化的重要特性。与非洲的明显的文化分工相类似，我国华北地区旧石器文化的发展也划分为两大文化传统。一是"匼河—丁村系"，或称"大石片砍砸器——三棱大尖状器传统"，它的基本特征是利用宽大石片制造各种类型的大砍砸器，富有代表性的石器是三棱大尖状器。另一系统是"周口店第一地点（北京人遗址）——峙峪系"，或称为"船底形刮削器——雕刻器传统"，其基本特征是利用不规则小石片制造细石器，在石器成分中细石器的比例大、类型多，加工痕迹细小。属于这一传统的有山西阳高县许家窑文化、山西朔县峙峪文化，河南安阳小南海文化，它们是中石器时代以及再晚的细石器文化的先驱②，因而也是我们对古代文化进行区域类型划分的依据。我国著名考古学家苏秉琦在分析我国古代文化类型时指出："如果把我国的版图分为面向内陆和面向海洋两部分的话，可以看到这样一种情况：面向内陆的部分，多出彩陶和细石器，面向海洋的部分则主要是黑陶，几何印纹陶、有段和有肩石器的分布区域，民俗方面还有拔牙的习俗。"③ 这种区别显然根源于经济活动内容的不同，而产生不同经济活动的原因在很大程度上又是受生态地理环境所决定的。

石器形制从最初的偶然形式到逐步标准化，从单一标准化到逐步分化，从个别器形的分化到工具系列的区域化，既是实践活动从确立到发展的三个阶段，也是人和自然关系的分化和协调发展的三个里程碑。工具的定型和标准化预示着活动逻辑的初步形成，但通用化的工具仅是人类活动对生态环境的笼统适应，这种粗浅的适应包含着很大的不适应。通用化的工具演化为专门化的工具，表明人类对周围环境的认识由朦胧到具体，人的活动也日益同具体对象协调起来。工具系列区域类型的出现（如在沙漠

---

① 教科文组织编写：《非洲通史》第 1 卷，第 374 页。

② 参见贾兰坡、盖培、尤玉柱《山西峙峪旧石器时代遗址发掘报告》，载《考古学报》1972 年第 1 期；贾兰坡《中国细石器的特征和它的传统、起源与分布》，载《古脊椎动物与古人类》1978 年第 16 卷第 2 期。

③ 苏秉琦、殷玮璋：《关于考古学文化的区系类型问题》，载《文物》1981 年第 5 期。

草原地带的细石器文化和茂密雨林地带的重型工具文化），则表明工具和对象、活动和环境关系的全面的适应。人和动物的区别在于人具有控制和支配环境的能力，但控制环境的能力要以适应生态资源为前提。只有使工具活动方式和环境变化统一起来，才谈得上利用自然和改造自然。新石器时代的经济发展就证明了这一点。从依靠狩猎、采集到种植谷物、饲养家畜这一转变，是人类近一万年中采取的最重大的步骤，它使人类从无食物生产的时代终于迈入有食物生产的时代，即从占有型经济活动转变为生产型经济活动。正是这一转变创造了今天称为文明的一些主要内容。而实现这一转变的前提则是工具系列的区域化所导致的资源利用方式的全面调整。新石器时代生产型经济区域的形成正是工具活动区域化的必然结果。自一万年前后的冰期结束，中国大陆上气候出现了新的变化，最北端形成了干旱少雨的沙漠草原地带，淮河以北年降雨量在 800 毫米以下，而长江流域则是年量超过 1000 毫米的多雨地区。气温也大体上沿这条线分南北两大区域。"气候土壤的变化决定了各种生态条件的形成，而在不同生态条件下活动的古人类走上了不同的发展道路。"① 考古学的研究表明，自新石器时代以来，中国大陆的不同地理环境导致了四种经济类型的发生，即北方的粟稷文化区、东部海岸的稻米种植文化区、南方的块茎种植文化区以及处于新疆、宁夏、内蒙古和东北一部分的游牧型经济文化区。这四种经济文化区域的逐步形成，表明人类的实践活动已踏上了文明发展的轨道。

实践结构中主观因素的发展和分化

生物的进化是以作为"工具"的机体器官获取和积累最有价值的能量和信息的能力作为指标的；与此相类似，人类社会的进步也取决于人工工艺本身所能负荷和控制能量与信息的能力。任何生命系统的进化既表现为物质和能量代谢机能的进化，也表现为信息—调节机能的发展。如果我们把相对不变的机体器官看作是自我调节系统的"硬件"，而把行为程序看作该系统的"软件"；那么，人与动物的区别从这两方面看都是明显的。

---

① 参见乔晓勤《试论探讨中国古代文明起源的途径》，载《史前研究》1984 年第 3 期。

一方面，人类的发展不仅依赖肢体器官本身的进化，更要依靠体外器官（物质工具）的发展；另一方面，动物活动的"软件"系统主要是通过遗传机制继承下来的先天的行为程序，该程序通过生物生理上的超前反映机能而得到保证。相比之下，人的活动程序却从生物的超前反映机制发展为意识机制。也就是说，在人类行为中，活动程序是被意识到的，活动程序和指令是在活动之前被制定，并在活动中自觉执行的东西。由此可见，实践活动的发展一方面表现为物质手段的进步，另一方面又表现出信息—调节能力的提高。由于工具本身也是物化的知识力量，是以物质形式进入实践的理智因素，因而人类实践的发展程度归根结底标志着智力的发展水平。我们知道，在人类起源的初期，变化是极其缓慢的，愈接近现代，其发展的速度就愈快。就发展的角度而论，在石器时代终了时的几代人的时间，可能抵得上早期的几十万年。究其根源，就在于后来的人类主体对活动的调控能力较之以往有了很大的提高。从这个意义上说，衡量活动的发展水平和阶段，主要是看它在多大程度上受智力的调节和控制。

人类对自身活动的筹划和调节能力虽然是伴随着实践活动的形成逐步发展起来的，但是，它对人类活动发展的意义却随其相对独立性的增强而日益增大。在实践起源的初始阶段，人类的理智属于情境的理智，意识的调节功能是同知觉的对象和主体的活动交织在一起的，还很难说有相对独立的思维活动。在这一阶段，意识的调节功能主要是促进动作技能的形成，主体通过活动的熟练逐步完成对事物的功能属性的概括，这种对功能属性的原始概括反过来又调节和支配制造工具的活动。工具形式由偶然到定型，标志着人类活动程序的初步形成。当实践活动进入第二阶段，思维也发展到一个新的水平，即由情境的和动作技能的思维内化为表象的思维。表象思维虽然是外部活动内化的结果，但它却是观念活动从物质活动中分化出来的最初形式。由情境直感思维过渡为表象思维，意味着同实在对象的活动转化为同表象的活动，对物质活动的筹划可以借助于表象操作来完成。表象集思维功能和交往功能（借助于手势）于一身，从而使之成为个体活动和集体活动有效的调节者。

与前两个阶段不同，在实践活动发展的第三阶段，信息—调节的形式是象征性思维。象征性思维的形成和新的思维符号的形成密切相关。语言是典型的象征性符号。语言是人类最重要的指示系统，和其他符号相比，语言符号在时间、空间上的限制性最小，语言既有解释非语言符号的功能，又能进行自我解释。因此，当语言形成以后就自然而然地成为其他一切符号的基础。语言不仅为个体思维的发展提供了最简便有效的工具，而且作为社会交往手段进一步促进了集体观念的发展。原始巫术以及其他崇拜仪式的发生与以语言为媒介的象征性思维的发展密切相关①。

　　最初的巫术活动具有生产的性质，是生产活动的一部分。巫术和技术是原始人对待两个世界（可见的世界和不可见的世界）的不同方式，这两种方式在起初是统一不可分的。巫术具有一套实用的行为和表演仪式，民族学资料证明，许多原始部族在出猎前，都要在动物壁画前表演围猎和进攻的动作；有的民族则用粮食捏塑各种动物模型，在狩猎前进行试箭。这种狩猎前的准备仪式以及其他的祈求或庆祝仪式按其性质均是一些象征性的活动，这类预演就是运用想象的对象和想象的活动来替代真实的对象和真实的活动。因此，巫术、各种仪式性的预演和操练，以及为上述活动所必需的动物绘画、泥塑等等，其实就是原始人在新的历史条件下对其生产活动的调节方式。很显然，象征性活动是真实活动的"副本"，人们预演的只是各种活动中的相似部分。在表演中人们担负起各种职能并以概括的形式再现活动过程以及人们之间的关系。所以，在预演中起作用的正是集体活动的规则，是集体应遵守的规则调节着这类活动。起初这类活动包含的情感、神秘体验的比重较大，愈到后来就愈程式化。

　　如上所述，巫术性质的预演仪式是与人们的生产和生活的需求紧密结合在一起的，并构成直接生产活动的一部分。但我们必须看到，这些观念性的活动已在时间上同实际活动区分为前后两个阶段，因而是物质活动和观念活动由一体到分化的重要历史形式。实际上，巫术和其他原始崇拜观念的产生有其更深刻的认识论根源。当人们的思维发展到象征性思维时，人们已不满足于对具体事物的关系属性的感知，而要从总体上来说明事物的原因。巫术观念就是由此应运而生的。当原始人不能对活动的成功和失

―――――――――――
　　① 按照马林诺夫斯基的观点，巫术的核心是语言即咒，"咒才是巫术里面最重要的成分"。参见《巫术科学宗教与神话》，中译本，第56—57页。

败作出经验性的解释时，就必然求助于超自然的解释。巫术观念和图腾观念就是作为对自然界和人的血族关系的解释系统而产生的。这种原始的宇宙论和人类学观念的产生，意味着专门认识世界的目的和意向的初步形成。认识世界的目的从实际活动的实用性目的中分化出来，是人类对活动的调节达到崭新水平的重要标志。从此之后，实践活动不仅是观念活动的目的，它又转而成为认识世界的手段和途径。这一历史性的转变是以人们的经济活动从占有经济到生产经济、社会组织结构从氏族外婚制（亚血族婚）到个体婚制的转变为前提的。一方面，生产经济（原始农业和畜牧业由统一到分化）必然导致私有制的产生，它为脑力劳动和体力劳动的分工、并进而为精神生产作为相对独立部门的出现创造了条件；另一方面，随着种族，血缘关系的封闭性被打破，不同地域的人们日益联合成相对统一的经济和文化共同体。这两个方面都要求人类从整体上和概念上去把握自然界，古希腊时期人们用某种具体物质（水、空气等）来说明世界万物的基础和本原的观念的产生，揭开了人类向抽象思维迈进的序幕。抽象思维的发展最终产生着科学理论形态的知识，当人类的认识由前科学知识发展到科学知识时，科学的发展就日益成为相对独立于实践的东西，并开始超越实践。科学理论指明了合理改造实践的方向和道路，实践的性质开始发生重要变化，认识和实践的关系也具有了新的形式。人类的理性思维起初直接植根于实践，是在实践基础上发展起来的，反过来；它又以自身的成果不断地改造这个基础。这就是实践和认识从原始统一到分化再达到新的统一的历史过程。

在结束本章之前，让我们从方法论的角度作出概括的总结：关于物质活动和观念活动相统一的原理是我们探讨认识发生课题的基本原则之一。现代科学从各个方面揭示出人类认识的实践特征。因此，当马克思把人类的物质实践作为全部历史的前提和基础时，这一理论不仅是打开社会历史奥秘的钥匙，同时也是理解人类认识发生和发展机制的钥匙。但是，正如马克思本人所一再强调的：

> 要研究精神生产和物质生产之间的联系，首先必须把这种物质生产本身不是当作一般范畴来考察，而是从一定的历史的形式来考察。

例如，与资本主义生产方式相适应的精神生产，就和与中世纪生产方式相适应的精神生产不同。如果物质生产本身不从它的特殊的历史的形式来看，那就不可能理解与它相适应的精神生产的特征以及这两种生产的相互作用。"①

　　这就是说，物质活动和观念活动相一致的原理不是一个抽象而空洞的原则，它具有实在的内容和历史的特质。具体地分析人类早期实践活动的阶段性特点，是揭示人类认识发生发展的基础的一环。换言之，本书的中心是探讨认识的发生问题，那么，人类实践活动则是切入这一中心的特殊视角，这就是我们集中考察实践活动起源的宗旨所在。

---

① 《马克思恩格斯全集》第 26 卷（上），第 296 页。

三

由动物心理向人类认识的转变[*]

　　人类认识的起源是自然进化史上的一个重大事件，它开辟了动物心理进化的新纪元。众所周知，在自然选择的压力下，动物提炼出多种多样的适应特异化，从而使动物能在许多不同生态的小生境中生存。物种的生存可以由它的飞翔、快速游泳的能力，高度的繁殖力，消化一种新的食物的能力，或通过它探索的一个未被占领的小生境的适应性而得到保证。① 这样看来，学习和认识能力仅仅是许多可供选择的适应方式之一。但是，我们必须看到，尽管自然选择塑造行为的进化与一个物种通过学习和认识所经历的过程之间有类似性，但是学习和认识要比单纯的自然进化迅速得多。也就是说，学习和认识能力在保证一个物种的生存方面具有更大的价值。如果说，动物都有某种学习的能力，那么只有人才把学习和认识能力作为适应外界环境的主要手段。

　　人的无与伦比的认识能力得益于人的特殊的活动方式，即实践活动的方式。考察人类认识的起源，就要时时把握实践活动这条中轴线。所谓认识的起源问题，从客体方面看，是探讨自然物如何转化为认识的对象（我们这里仅指有能力改造它时才成为对象）；从主体方面看，是探讨生理机能、心理机能如何转化为认识机能。很显然，主客体关系的形成根源于人类实践活动的形成。无论怎样低级的实践活动，都使自然物发生某种形式变化，使自然物的内容获得一种为人的形式，并从而具有某种认识价值。人不仅在活动中生产出对象，对象也同样生产主体。所以，主客体之间认

<hr />

　　* 本文原载于《认识发生论》的第五章。
　　① 德斯伯里等主编：《比较心理学》，科学出版社，第546页。

识关系的建立根源于实践活动。当马克思把实践范畴引入认识论时，就从根本上揭示了认识起源的社会历史根源。

当代著名儿童心理学家皮亚杰，以毕生的精力着重研究个体认识和思维的逻辑结构的发生问题。值得提出的是，皮亚杰完全依靠自己的研究揭示了主客体认识关系的中介性（只是在后来他才了解到马克思关于实践活动的理论，并给予了高度的评价）。我们知道，经验主义认为主客体之间的中介物是知觉，先验主义认为这个中介物是概念，皮亚杰从发生学的角度提出主客体的最初中介是活动。他认为，从发生学的角度看，主体和客体之间唯一一个可能的联络点就是活动。因此，认识既不是起因于一个有自我意识的（即预先拥有知觉和概念的）主体，也不是起因于会把自己烙印在主体之上的客体，而是起源于主客体之间的相互作用，"这种相互作用发生在主体和客体的中途，因而同时既包含着主体又包含着客体"[1]。由于最初在主客体之间起中介作用的并不是知觉，而是可塑性要大得多的活动本身，所以研究认识的发生应当从活动开始。他在一系列著作中多次重复了下述论点："如果从一开始就既不存在一个认识论意义上的主体，也不存在作为客体而存在的客体，又不存在固定不变的中介物，那么，关于认识的头一个问题就得是关于这些中介物的建构问题……对主客体的任何妥当的详细说明正是依赖于中介物的这种双重的逐步建构。"[2] 皮亚杰把中介物（活动）的存在和发展作为主客体关系分化的条件，从中介物的形态变化上来考察主客体认识关系的发展。他把儿童的认识发展过程划分为四个大的阶段，在这四个发展阶段中，联络主客体的中介物依次是活动或动作、表象、具体运算和形式运算。其中活动或动作是以后诸阶段智力发展的基础，从一定意义上说以后诸阶段是主体物质活动发展的逐步内化的结果。按照皮亚杰的理解，作为中介物的外部物质活动在个体认知发展中起着双重的作用，一方面，儿童通过归类、排列等活动，把主体的各个分散、孤立的动作逐步协调起来，为以后诸阶段把动作内化为逻辑数学结构打下基础；另一方面，儿童通过使客体发生位移等活动，使客体之间的次

---

① 皮亚杰，《发生认识论原理》，商务印书馆版，第 21 页。
② 同上书，第 21—22 页。

序和位置协调起来，为后来的因果观念和时空观念的形成准备了条件。由此可见，皮亚杰的发生认识理论是以活动为基础范畴，从主体认识的结构及其建构两个方面揭示了主客体之间相互作用的内容和实质，这实际上是把实践决定认识的原理推进和延伸到人的思维形成和发展的内部机制中，从而为我们从实践角度探讨认识的原始发生提供了一个很好的范例。

一　认识的类型：意会认识和言传认识

探讨认识的起源，实际上可以从不同的途径入手，或者说从不同的层次和水平上来研究。在生理水平上对认识的神经基质和机制的研究，它构成认识发生的生理基础方面；在心理水平上可以进行对简单的信息加工过程、即感知觉过程的研究，此种研究是认识论探讨的基本条件。在本章，我们准备从认识本身入手，把人类认识能力的起源作为我们直接考察的对象。

但是，当我们考察人的认识时，认识又总是分为两个方面——认识的内容（经验、知识）和形式结构（认知程序）。例如，皮亚杰在解释经验的发生时，就明确提出了两类经验的理论："经验具有两种不同的形式：物理经验和逻辑—数理经验。"① 这两类经验来源于活动的不同构成及其发展的不同方向。皮亚杰把活动区分为两个方面，即（1）对物体本身直接进行的活动，这些活动的性质直接依赖于有关的物体的物理特点，儿童可以通过实际操作这些物体而获得物理经验，因此物理经验是儿童通过活动而产生的对客体特性的抽象。（2）这些活动之间也显示出某些一般的相互协调。逻辑数理经验就是从行为的协调中抽象出来的，而不是从物理对象本身抽绎出来的，只有通过行为本身的秩序才能认识到客观对象的秩序。在物理经验中信息是从专属于客体的特性中导出来的，而对这些"逻辑数学经验"的"直接理解"则只与活动所赋予客体的那些特性（联合排列顺序等）有关②。如果我们把物理经验看作是起源于活动的内容方面，那

---

① 皮亚杰：《教育科学与儿童心理学》，第40页。
② 皮亚杰：《发生认识论原理》，商务印书馆版，第84页。

么，逻辑数理经验则起源于活动的形式方面，即主体动作间的关系结构。这就是说，主客体的与日俱增的分化包含着两个方面，一方面是活动的内化发展，即把主体的活动彼此联系在一起的协调，这种协调就转化为主体运演的逻辑系统；另一方面是活动的外化发展，即主体与客体之间的相互作用有关的协调发展，这第二类协调就产生出物理经验的认识。所以皮亚杰总结说："清楚的是，具有逻辑数学性质的和实物性质的两极性的认识，是在活动变得协调、主客体之间由于中介结构日益精细化而开始分化的时候，在活动本身这个平面上形成的。"[①] 这样，人类认识和理性的起源问题就可以从上述两个方面分别加以考察。对于人的活动的形式结构及其所决定的逻辑结构的起源问题，我们将在下一章中加以阐述，在本章中我们集中研究人类物理经验认识的发生与发展。

英国著名科学家贝尔纳指出："在研究起源的工作中，有一个内在的困难，就是回溯得越远，而达到发生基本革新的紧要关头时，就越难确定实际发生的究竟是什么。"为此，我们认为，研究认识的起源问题，首先就要研讨人类认识的最初形态究竟是什么？是言语认识还是非言语的认识？

在研究认识起源过程中，我们总会遇到一个困扰人的问题，即人类的认识是否仅限于言语认识一种形式或类型？尽管对这一问题的讨论尚无定论，但研究的历史表明，人们的注意力始终集中于言语认识一种类型上。这样，就把前语言认识形式的起源问题从研究的视野中勾销了。殊不知，非言语的认识在历史上和逻辑上都先于言语的认识，而且在现代人的认识中仍起着重要的作用。如果说，人类言语认识是在非言语认识的基础上发展起来的，那么，撇开了非言语认识形式的发生与发展，显然就无法揭示言语认识起源的机制。

认识的两种形式及其相互关系

英国当代著名哲学家波兰尼（Michael Polanyi）对于人们在认识中未曾表达出来的、意会的知识给予极大的关注，他在《个体知识》（1958）、

---

① 皮亚杰：《发生认识论原理》，商务印书馆版，第 27 页。

《人的研究》（1959）、《知和存在》（1969）等著作中，全面系统地论述了不以言传的意会知识的产生问题，进一步揭示了人的认识的底蕴部分同人类活动的联系。波兰尼认为："人类的知识有两种。通常所指的用书面的文字、图表或数、公式表达出的知识，仅仅是知识的一种形式；而非系统阐述的知识，像我们行为中的某些东西，是知识的另一种形式。如果我们称前一种知识为言传的（Explicit）知识，后一种则为意会的（Tacit）知识。可以说，我们总是意会地了解那些被我们确实看成言传的知识的。"①

作为波兰尼两种知识结构基础的东西，是他对人的觉察和活动的区分。（1）觉察连续体。波兰尼认为人对事物的认知觉察，可以划分为两种，一种是"集中的觉察"，一种是"附带的觉察"。人的知识不能仅仅限定为集中觉察的知识，为了使集中觉察得以实现，必须有某些附带觉察的因素。因此，任何觉察都是由集中觉察为一极、附带觉察为另一极所组成的一个觉察连续体，即由两极所构成的混合物②。（2）活动连续体。波兰尼把人的活动也划分为两种：概念化活动（通常大多是语言）和身体化活动（属于非语言行为）。绝大多数人类行为是一种言语的和身体的活动密不可分的混合体，不仅思维活动伴随着身体化活动，身体活动也总是包含着概念化的因素，因而概念化活动和身体化活动构成了活动连续体的两个极。当我们把上面提到的两个连续体联系起来时，其结果是出现了第三个连续体——知识连续体。当"集中的觉察"和"概念化活动"相联系时，就形成"言传的知识"；当"附带觉察"和"身体化活动"相对应时，就产生"意会的知识"。由于每一个觉察和活动都是两个极的混合物，所以每一个知识形式也是言传和意会因素的混合物。③

波兰尼曾经把意会知识称作"个体的知识"，这是基于意会知识不能

---

① 波兰尼：《人的研究》第12页，转引自《波兰尼及其个体知识》一文，载《现代外国哲学》第5集。

② 实际上波兰尼的这一思想同格式塔心理学中的图形背景概念极为相似，是这一概念的主体化。集中觉察和附带觉察的对象就是对图形和背景的不同认识。波兰尼自己也承认，他是利用格式塔心理学的研究成果作为概念革新的起点的。

③ J. H. 古尔：《裂脑和意会认识》，载《自然科学哲学问题丛刊》1985年第1期。

脱离认知个体的缘故。和言传知识相比，意会知识同亲身的觉察和活动有着更为密切的联系。正如 J. H. 吉尔指出的：“波兰尼强调把身体感知的全局性作用作为一切知识的轴心或‘达到了解的门径’。……证明一切知识最初在性质上都是体感性的。”① 波兰尼认为人的身心是达到意会知识的工具，身体化活动本身包含着认识判断。这是因为，任何人类行为或活动都是在某种前后关系中进行的，这就使之成为一种与前后关系相联系的判断活动。换言之，人的身体行为总是包含着对动作的情境作出判断选择的要求。任何人类行为，从它包含着判断作用而言，它包含着某种知识要求并获得某种知识，这种知识就是不可能完全言传的意会知识。

意会知识的最主要特点是体感性认知。因而，人的意会能力是对事物的直觉能力或整体领悟能力。这种整体领悟能力包括两个方面，一方面是人的身体的所有器官都参与这种认知活动，另一方面则指这种认知成分是知、情、意诸种能力的混合物，由于这些能力分属于精神领域的不同层次，在主体发展的不同阶段，每种能力在意会认识中所起的作用和所占的比率不同，因而不同时代的人的意会认识能力也是有区别的。

波兰尼认为，人的意会知识是一切知识的基础和泉源。他指出：“意会知识比言传知识更基本。我们能够知道的比我们能说出来的东西多，而不依靠不能言传的了解我们就什么也说不出来。”② 这就是说，意会知识在时间上先于逻辑的、言传的知识，没有意会知识，就无法产生和领悟言传知识。从言传知识的产生来看，波兰尼认为这实际上是把意会知识加以编码和发送的过程：“我们随着说某事的意图发出一个陈述。尽管一个意图转变成词句时信息有可能进一步发展，因而这一意图可能并不包括对所有要说出的东西的预知，但在说以前，我们总会近似知道我们要说的一些意思。”同样地，波兰尼把言传知识的获得看作是通过意会能力接收和解码的过程：“我已表明心灵的纯意会作用是一领会（悟）过程，现在我要进一步指出，对词和其他符号的领会也是一种意会过程。词句可以传达情况，一系列代数符号可以构成数学演绎推理，地图可以表达出一个区域的

---

① J. H. 吉尔：《裂脑和意会认识》，载《自然科学哲学问题丛刊》1985 年第 1 期。
② 波兰尼：《个体知识》序言，转引自刘仲林文《波兰尼及其个体知识》。

地形，但没有任何词、符号或图能传达出对它们自身的领会。……只有依靠理解的作用，依靠自我的意会贡献，面对一个表达的接收者才谈得上获得知识。"

这样，波兰尼就把意会能力看作人认识外界事物和接受知识的最基本的能力。如果我们把言语信息的实现过程（言语链）划分为五个阶段，即"编码——发送——传递——接收——解码"这样五个平面，那就可以看出，编码和解码是这一链条的两个最重要的环节，而这两个环节（始端和终端）的实现则要依靠人的意会能力。所以，波兰尼总结说："说的、写的或印刷的东西本身都不意味着什么，因为只有说出、听到或读到上述东西的人才能对它作解释。所有这些语义功能都是个人的意会作用。"①

吉尔在阐发波兰尼的意会知识的概念时，特别强调了下述观点，即意会知识不仅在逻辑上先于言传知识，知识的方向总是由意会到言传，而且意会知识是言传知识的背景和框架。他指出："人们借助知觉与具体领会之间的促互作用，获得意会知识。这种意会知识又提供了一种框架或前后关系和一种模型，正是在这种框架或前后关系之中，以这种模型发生言传认识。有条理有分析的思维，毕竟只能在更加广阔的前后关系或更加具有意义的背景中产生。"② 换言之，人首先是通过意会能力形成一种整体的意义结构，以这种意义结构作为基础和框架，进而形成言传认知的方式。这就是由意会认识到言传认识形成的模型。

综上所论，可以把波兰尼等人关于意会认识的思想概括为两个方面，一方面强调了意会认识的个体性，这种个体性的认识包含着部分不能完全言传的知识；另一方面强调了意会认识先于言传认识，言传的知识是对意会知识的编码和表达的过程，意会知识是理解言传知识的基础。很显然，这两个方面都与认识和符号的关系问题密切相关。

意会的知识不能完全被言语所表达的原因是多方面的，这里并无神秘性。波兰尼强调了体感性和体验性的部分知识不能言传，这仅是其中的一个因素。事实上，不能言传的东西有许多是没有意识到的认知能力，虽然

---

① 波兰尼：《人的研究》，第 21—22 页。转引自刘仲林文《波兰尼及其个体知识》。
② 《裂脑和意会认识》，载《自然科学哲学问题丛刊》1985 年第 1 期。

这些能力是后天习得的，并在认识过程中发挥着相应的功能，但这种能力对主体来说却属于不自觉地运用和实现的过程。例如，言语能力是人们在后天习得的经验能力，每个人几乎都能创造并理解他们从未听到过的语句。就此而言，从事正常言语行为的人是具有"语言学知识"的。但这种知识对大多数人来说，只是一种没有意识到的知识。除了少数语言学家之外，人们并不能讲出更不要说有意识地遵循语言学规则了。与此同理，合乎逻辑的思维是一般人都具有的能力，但没有受过系统教育的人并不知道形式逻辑为何物。众所周知，人和机器相比，具有极高明的图像识别能力，但由于人对相似模式的搜索和识别过程多半是无意识的直觉过程，所以时至今日我们还不能给予科学的解释。至于说到人类和许多生物所共有的认知能力（这种能力在物种适应环境过程中产生并通过遗传而获得，它构成后天习得的高级认知能力的基础）的奥秘，我们虽然承认它们存在的合理性，但对它们的了解却是微乎其微的。

以上所说的主要是作为人的潜在的知识能力，由于它们尚未被我们所意识，所以也就不能对它们进行有条理的解释和表达。除此以外，人在认识外部事物时，对象的某些部分虽然能引起主体的心理反映，但由于它们往往在非语言水平上就预先得到处理，所以这一部分也属于不受语言符号处理和转换的现象。此种情况既与主体自身对信息的多层次的加工能力有关，也与语言符号的特性有关。尽管语言是人类思维和交往的最重要的工具，但它在本质上却是一种概括性的公共符号系统。黑格尔曾经指出："语言实质上只表达普遍的东西；但人们所想的却是特殊的东西、个别的东西。"列宁在摘引了黑格尔的这段话之后，在旁边加了这样一个注："注意在语言中只有一般的东西。"① 一般只能大致地包括个别，个别不可能完全地进入一般之中。因此，言传的知识只有同人的经验相联系才能被把握。

关于知识的可言传性问题与我们的课题关系不大，所以我们不作重点研究。我们重点要研究的是这两种认识形式在起源上的关系如何。我们知道，意会认识是有别于运用语言符号的认识，但这并不意味着意会认识没

---

① 参见《列宁全集》第 38 卷，第 303 页。

有任何载体和符号。实际上，没有符号和载体的纯粹认识是不存在的，即使动物的思维也不是赤裸裸的纯粹思维，而是借助某种信号进行的思维。因此，意会认识和言传认识的区别，说到底是各自借助的符号性质不同造成的。如果说，言传认识主要是通过社会交往符号（语言）进行的认识活动，那么意会认识则是借助于个体自然形成的符号——知觉和表象来进行的。由于知觉和表象与语言符号有区别，人们通常不把它们作为思维符号来对待。语言同事物的关系是人为规定的，但知觉和表象的特点却在于形式和内容的天然统一，它们既是思维的内容，又是思维赖以进行的形式。与言传认识不同，意会认识所用的符号是不脱离主体的。

理性的本质是理解，任何思维符号的转换其目的都在于促进理解和传递信息。分析、综合、比较、识别、对一般特征的把握等，不是语言思维能力所特有的，而是人在不同的认识等级上处理问题的共有模式。这是人借助于个体符号也能认知和把握外部对象的原因所在。过去认为知觉所对应的仅仅是个别对象，这是一种误解。亚里士多德就认为，知觉作为一种能力，是指对这类事物的知觉，而不仅是对这一个别事物的知觉。心理学的研究证明，人们总是在个别事物中知觉到事物所属的种类和它们的一般性质，而不是它们的个别性质。所以，阿恩海姆（Rudolf Arnheim）说："知觉要想有用处，就必须能指导一类事物，否则有机体就很难从经验中获得好处。"[①] 这样看来，意会认识就是借助于知觉和表象进行的经验性思维。在语言产生以前，意会认识曾是人类的基本认识形式。语言符号的形成只是极大地强化了非语言的认知能力，而不是取消了这种能力。在考察人类认识的起源问题时，对认识形式作出上述区分并分别研究它们的起源，显然是意义重大的。鉴于目前对认识先于语言的问题争论颇大，为了申明我们的看法，我们将在下面对这一问题稍加论述。

意会认识先于言传认识的若干证据

波兰尼关于人的知识的两种构成理论已经获得了语言学、心理学、逻辑学等不同学科研究资料的大量证据。美国著名语言学家诺姆·乔姆斯基

---

①　鲁道夫·阿恩海姆：《视觉思维》，光明日报出版社版，第75页。

是转换—生成语法学派的创始人。起初，他尝试抛开语义，单纯从形式入手去建立语法。结果他发现，排除意义无法解释纷繁多样的语言现象。所以他又提出句法结构包括深层结构和表层结构的理论。句子的意义，主要通过语义说明规则从深层结构上得出，而句子的语音则通过语音学上的规则从表层结构上得到①。换言之，深层结构说明语义，表层结构说明语音。乔姆斯基所说的深层结构，实际上就是吉尔所说的意义结构，正是它决定着表层结构即言传知识的结构。如上所述，皮亚杰是把儿童的"感知—运动图式"作为思维结构的最原始的结构，日后的逻辑思维就是在此基础上发展起来的。皮亚杰认为：感知运动智力是前语言智力，"智力实际上在语言之前就已经出现了，这就是说，在运用语言符号（即内在化了的语言）的内心思维之前就已经出现了。这种智力是以玩弄客体为基础的一种完全实践性的智力；它是运用那种组成'动作图式'的感知与动作的，而不是运用字句和概念的。"② 很显然，皮亚杰在这里所说的实践性智力或动作图式与波兰尼的身体感知的全局性知识是意义相近的。

与上述看法相一致，逻辑学家则从逻辑的角度论证了意会认识的存在。日本逻辑学家泽田允茂把思维区分为两种形式。逻辑思维是一种使用语言、数字或其他抽象符号而获得知识的活动，与逻辑思维相对应的是自然性思维。自然性思维就是在不使用语言和数字符号的情况下，从一种知觉直接地导出另一种知识的活动。自然思维所遵循的法则是自然形成的，是在"为人类的希望和思维所不能控制的整个身体机制中进行的"。由于它"是在直观的、本能的、或无意识之中进行计算、判断和推理的"，因而它是人的基本的、简单的思维活动，支配自然性思维的规律主要的是"事实规律"，而不是带有强制或规范性质的逻辑法则③。英国著名哲学家罗素认为，在科学实践中是两种推理，即纯粹数学的推理和可以叫作"实质性"的推理。实质性推理又称作"常识的推理"或"动物性推理"。他指出："我所说的'动物性推理'是指一个现象 A 引起一个信念 B，而中

---

① 参见诺姆·乔姆斯基《句法结构》，中国社会科学出版社 1979 年版。
② 皮亚杰：《儿童的心理发展》，山东教育出版社 1982 年版，第 29 页。
③ 参见末木刚博等著《现代逻辑学问题》，中国人民大学出版社 1983 年版，第 82—85 页。

间并不经过任何意识上的媒介。"这一点同泽田允茂关于从知觉直接地导出知识的说法相一致。他在另一处又说:"科学从而且必须从只是近似正确的初步概括出发。其中许多在用文字把它们表示出来之前是作为动物性推理而存在的。"① 从上述引文中可以看出,常识性推理或动物性推理是先于语言而存在的,它们构成了言语逻辑思维的基础,正如罗素本人所认为的,言语逻辑思维不过是"动物性推理经过理智化而产生的"。

爱因斯坦在谈到科学发现的思维过程时指出:"写下来的词句或说出来的语言在我的思维机制里似乎不起任何作用。那些似乎可用来作为思维元素的心理实体,是一些能够'随意地'使之再现并且结合起来的符号和……印象。……在创造性思维同语词或其他可以与别人交往的符号的逻辑构造之间在有任何联系之前,这种结合的活动似乎就是创造性思维的基本特性。……对我来说,上述那些元素是视觉型的,也有一些是肌肉型的。只在第二阶段中,当上述联想活动充分建立起来并且能够随意再现的时候,才有必要费神地去寻求惯用的词或其他符号。"② 爱因斯坦在这里阐述的既是活的思维与用文法逻辑所表述的思维之间的区别,也是意会认识和言传认识之间的区别。

由此可见,先于语言而存在的意会认识虽然是由波兰尼明确提出并加以论证的,但国外的许多著名学者也曾从不同的侧面触及这个问题。乔姆斯基的深层结构概念、皮亚杰的"感知运动图式"或实践性智力概念,泽田允茂的自然性思维、罗素的常识的推理或动物性推理概念,都从不同的角度共同提出了理智先于语言的问题。意会认识先于言传认识这一命题不仅在现代人的认知程序方面和逻辑方面表现出来,而且从认识起源的角度来看,该命题也同样是成立的。下面我们仅从几个方面来分析一下现代科学所提供的若干证据。

(1)比较心理学的资料

近年来,比较心理学根据对单一问题学习中出现的物种差异现象提出了一个新概念——"感觉优势"概念。"感觉优势是指这样的事实,即某

---

① 参见罗素《人类的知识》,商务印书馆 1983 年版,第 220—236 页。
② 《爱因斯坦文集》第 1 卷,科学出版社版,第 416—417 页。

一种动物在解决学习问题时对某一种感觉通道的信号要比对其他感觉通道的信号予以更多的注意。"①

由于不同的物种的感觉优势不同，有的动物学习空间辨别任务快（如大鼠），有的解决听觉问题快（如海豚），有的解决视觉问题快（如灵长目）。这是因为每一物种都通过对选择压力的最合适的反应手段生活下来，形成了不同的适应方式。不同物种的感觉知觉能力和素质就是这种适应方式的产物。当在特定的生态环境中其他感官的使用受到限制时，动物的主动感觉系统就获得了长足的发展。老鼠的空间辨别能力的提高得益于它的生存环境，即老鼠总是生活在像迷津那样的环境中。海豚经常处于混浊或夜间的海水中，这就需要正确地控制发音活动并精确地利用听觉信息，这有点类似于夜间活动的蝙蝠的回声定位系统。与海豚和蝙蝠不同，灵长目属于昼行性动物，灵长目的感觉优势在于视觉而不是听觉。换言之，它们对视觉信号比听觉信号更为注意。解剖学证明，甚至猫的大脑皮层中的听觉部位都要比恒河猴的听觉部位要精细得多。在听觉学习作业中灵长类的成绩远逊色于海豚，这并不是因为海豚比灵长类聪明，而只是表明在使用听觉信号的任务中海豚优于灵长类。近年来对野外类人猿的实地考察，也证明了类人猿的感觉优势在于视觉。② 至于国外心理学界对类人猿学习语言的各项实验，则更进一步证明了类人猿视觉优势对学习手势语的重要作用。

从上面的论述中是否可以作出这样的推断：起源阶段的人类祖先其感觉优势主要在视觉方面，但是有声语言的产生却有赖于听觉优势的形成。由人类祖先的视觉优势到人的视、听觉的双重优势，并不是一下子实现的，其间经过了漫长的历史过程。

（2）生理学资料

灵长类动物起源于 6000 万年以前，人和类人猿（特别是黑猩猩）都是从古猿演变来的，分开的时间按目前的说法是 1000 万年左右。由于人和黑猩猩在生物进化过程中有相当长的相同阶段，必然有许多相同之处。

---

① 德斯伯里等主编：《比较心理学》，科学出版社版，第 520 页。
② 参见《黑猩猩在召唤》和《猿猴社会》等书，书中有大量对类人猿手势动作的描写。

因此，我们可以把黑猩猩作为人类祖先的活的模型，来比较一下它们在发音器官上与人类的异同。

最近美国布鲁恩大学的语言学系主任菲力普·利勃迈恩从生理结构方面研究了语言器官的演化历程。他对比了狗、旧世界的猴子，黑猩猩和人的声门部位。结果发现，狗的声门最高，会厌和软腭有很大的交错的地方；旧世界猴子的软腭和会厌交错的地方减少了；黑猩猩的软腭和会厌完全分开了，因为它们半直立以后，肺和气管的位置慢慢地往下移，会厌也跟着下降了。与猿相比，人的声门部位下降更多，会厌和软腭之间相距达几厘米。这样，人的口腔和咽腔就形成了两个相对独立的音腔，它们配合起来，就可以自由地发出许多不同的声音。类人猿由于声门部位较高，只有一个音腔，可以发出的声音就少得多。[①]

人类的发音器官的形成得益于人的直立行走。当手脚分工、直立行走以后，喉头受地心引力的影响逐渐下移，从嘴到声门间的空腔慢慢扩充了，因而形成了较强的发音能力。过去认为，手脚分工、直立行走是由猿演变为人的前提。其实，古人类学资料证明，只是到了直立猿人阶段，人类才具备了一副充分适应直立行走的头后骨骼。可见，直立行走既是由猿演化为人的前提，同时也是同其工具活动逐步适应的产物和结果。语言器官的进化同人的整个身体结构（特别是脑）的进化相一致，这一进化的历程可以通过声道角的变化作出大致的推断。

根据生理解剖学的资料，人类的声道角远比猿类为小，猿类的声道角为142°，进化到距今20万年的尼安德特人，其声道角为139°；到了距今10万年的克罗马农人，声道角为109°，与现代人（99°）相比仍相差10°[②]从发音器官的生理解剖资料来看，人类形成发达的有声语言是相当晚的。国外根据尼安德特人头骨化石，建立了尼人的声道模型，并用计算机程序来测定这个声道模型可能发出的声音。结果表明，尼人发音的喉部直接突入口腔，其声道是单道共鸣系统。因此，只能依靠改变口腔的形状来改变声音。而现代人的声道却是双道共鸣系统，声音首先进入咽腔，然后进入

---

① 参见《语言学论丛》第11辑，商务印书馆1983年版，第111—112页。
② 参见齐华正《螺旋与人》，载《北京晚报》1985年1月9日。

口腔，咽腔和口腔横切面的变化导致声音的变化。由尼人的声道模型所得出的结论同声道角的生理解剖资料是基本吻合的。它表明，直到尼人时期，人类才具备了初级的语言能力。

（3）儿童心理学的证据

皮亚杰认为，语言和思维的关系问题只有从发生学的角度才能给予解决。他认为，智力是先于语言而存在的。语言虽然能在广度和速度上增强人的思维能力，但语言并不能说明智力的形成。"语言能无限地加强这种运算的力量而且能赋予它一种用别的办法得不到的机动性和普遍性，但是语言绝不是这种协调作用的根源。"① 最近，国内心理学界为了验证皮亚杰关于思维独立于语言的论点，进行了双语儿童概念获得的实验研究。在实验过程中，儿童以一种语言（或方言）获得的概念，可以有效地以另一种语言（或方言）表达出来。这一测试结果表明，概念相对独立于借以获得这种概念的语言，概念在很大程度上是不以语言为转移，不受语言支配的。②

皮亚杰还对思维的符号系统从新的角度进行了分类，他把儿童认知符号系统划分为两类，即个人符号和社会符号。他认为，幼儿在没有较高的社会化之前，除了语言之外，他还需要另外一些比较属于个人的和比较具有"机动作用"的记号系统。这些记号系统就是延迟模仿、象征性游戏、初期的绘画、心理表象和表象记忆等。这些记号系统同语言是彼此独立、各不相干的，但它们同语言一样，对幼儿的认知发展具有十分重要的意义。皮亚杰关于思维先于语言以及早期思维符号的多样性的见解是较为符合实际的。人类和个体的早期思维的主导方面是形象的具体的思维，与思维的这一水平相适应，其思维的载体和工具也不能不具有形象的、直观的、实物的特点。考察人的早期思维如果仅限于言语思维，实际上是忽略了早期思维的特点。

关于语言的起源问题，是语言学家、人类学家、心理学家、哲学家等共同感兴趣的课题。目前有关这方面的资料是相互矛盾的。例如，人类学

---

① 皮亚杰：《儿童的心理发展》，山东教育出版社1982年版，第119页。
② 参见《双语儿童概念获得的研究》，载《心理学报》1983年第2期。

家一般认为，工具制造和语言都表现为一系列连续的动作，从脑的输出来看，只要某种动物的脑具有产生制造工具的行为的能力，也就应该具有产生某种形式的初级语言的能力。人脑的顶叶联合区明显地与语言的产生有关，在南方古猿阶段，脑的一个重要特征是顶叶联合区的不等性扩张。因此，古人类学家认为，南方古猿或许已经有了初级的语言能力。最近波多黎各大学的福尔克复原了1470号人（"能人"）的头骨化石，通过对其颅内模的研究得出结论，认为1470号人的脑已具有真人的性状和沟回，表明可能已具有初步的语言能力。①

持相反观点的人则认为，语言产生的生理基础不仅包括脑的发展，而且包括发音器官的完善。除了上述我们举出的某些证据外，还有考古学资料所提供的证据；石器时代的人没有舌骨。苏联语言学家阿巴耶夫在1970年提出了一种新的语言起源理论——社会符号理论。他认为，原始氏族使用语言，一如用图腾和原始的音乐、舞蹈、绘画、装饰等将本氏族同其他氏族区别开来，因此语言不可能产生在人群分散狩猎，人群之间没有接触的旧石器时代的早期。"在一个单独的孤立的人群中语言是不可能产生的"，"语言只有在两个人群的接触之中才能产生"。考古学资料表明，只有到旧石器时代的后期，原始人的密集程度才产生人群的接触的需要。因此，阿巴耶夫认为，语言产生的时期"看来是在旧石器时代的后期，即……马格德林时代"。按照这种观点，语言的历史不过1.3万年到4万年。②

上述两种观点对语言起源的时期的估计，其间相差上百万年。怎样理解这种状况呢？日本逻辑学家泽田允茂认为，通常发生的"一切思维都是凭借语言的思维或存在着不凭借语言的思维"的争论，从思维角度看，其分歧在于对"思维"这个术语，有人取狭义的理解、有人则取广义的说法。实际上，当我们从语言角度来看这个争论时，问题也是同样的。认识和思维过程必须有物质载体或工具，对于这一点争论的双方没有分歧。分歧在于认识和思维的最初载体是否一定是语言？从方法论上说，主张思维

---

① 参见《"能人"可能已有语言》，载《人类学学报》第3卷第2期（1984年5月）。
② 参见伍铁平《思想和语言孰先孰后？》，载《北方论丛》1980年第1期。

和语言同步发生的人往往把语言作了广义的理解，即把任何一种用 A 来代表 B 的符号系统都看作语言。例如，美籍语言学教授王士元先生就认为："事实上语言系统是可以用种种不同的符号来表示的，语音只是其中的一种符号，手势是另外一种符号。……以前，我们认为语言离不开语音，所以得出一个错误的结论，认为别的动物都不可能有语言。现在只能说，别的动物不可能有语音，但还是可以有很简单的语言。"[①] 我们认为，把语言和手势都看作符号，这是可以的。因为，语言除了具有自身的特性外，还具有其他符号所共有的特点。但是把手势符号等同于语言显然是欠妥的。我们不能把任何一种符号（如作为交通规则符号的红绿灯、海上联络的旗语、乐谱中的音阶符号等）都等同于自然语言。严格地讲，人类的语言只能指语音的符号系统。通常所谓的手势语并不是真正意义上的语言，只能把它们比喻性地称作语言，正如图画文字不是真正的文字一样。文字是语音的符号，只有当某种视觉符号指示语音符号时它才转变为文字。图画文字是以整个画面来反映一个复杂的事件，这种表示法没有与词相对应的语音，因此，图画文字和语言仍然是两套独立的代表概念的符号系统。尽管任何一种符号都能以某种形式来代表一定的意义，但是如果我们把它们统统称作语言的话，那就会混淆它们与语言的本质区别。实际上，人们的认识和交际总是包含语言和非语言这两种工具。在人类认识的起源阶段，起符号作用的东西是多种多样的，不仅手势、体态、面部表情可以用来表意和传递信息，而且各种物件、器物装饰、绘画雕刻、音乐舞蹈等属于原始艺术范畴的东西，在当时同样是表达意识和思维的手段。如果我们把语言的范围扩展到所有符号和信号系统，那么就会得出动物也有语言思维的结论。人类选择语音作为思维的主要工具并不是偶然的，在一切符号中，语音是思维最理想、最有效的符号。在语音符号产生的前后阶段，可以明显地感到思维发展的质的差异。

---

① 参见《语言学论丛》第 11 辑，商务印书馆 1983 年版，第 111 页。

二　理性的曙光
——意会认识的起源

　　既然人的意会认识是一种非语言的认识,很显然,要探讨意会认识的起源就必须从动物的智力水平谈起。古往今来,无数的思想家都直接或间接地谈到动物的智力。苏联的大生理学家巴甫洛夫就认为动物是有思维的,他甚至对动物这样说:"你们每个都仿佛是我们思维的见证人。你们懂得初级的、活动思维的全部方法和手段"。① 波兰尼认为,意会地探索周围事物这种能力在动物身上也很发达,"动物没有语言,人所以对动物有居高临下的优势,几乎完全是由于人的语言天赋。婴儿,直到十八个月左右的幼儿,与同龄的黑猩猩相比占不了很大优势;只是当他们开始学话的时候,才迅速拉开距离,并很快把同龄的类人猿远远甩在后面。只要大脑在不借助于语言的情况下工作,即使成年人也看不出比动物高明多少。如果缺乏语言线索,人就会和动物十分相似地看东西,听东西,摸东西,四处走动,探索周围事物,而逐渐认识周围的路径。"② 恩格斯曾多次表明动物具有意识和推理能力。他说:"我们并不想否认,动物是具有从事有计划的、经过思考的行动的能力的。"他还指出:"整个悟性活动,即归纳、演绎以及抽象……,对未知对象的分析……是我们和动物所共有的。""相反地,辩证的思维——正因为它是以概念本性的研究为前提——只对于人才是可能的"③。恩格斯在这里所说的悟性活动同罗素关于"动物性推理"的概念是一致的。它们都是一种在直观的、本能的、或无意识之中进行判断和推理的。换言之,这是一种见而知之或闻而知之的过程,是从一种知觉直接地导出另一种知识的过程,而不是用语言和文字形式来表达一个个判断,然后再按照逻辑规则进行推理。问题在于,动物在哪些方面表现出智力因素呢?动物具有我们所说的意会能力吗?动物的意会能力是怎样发

---

① 转引自柯·柯普拉图诺夫《趣味心理学》,吉林人民出版社1984年版,第75页。
② 《人类的意会知识》,载《自然科学哲学问题丛刊》1984年第3期。
③ 《马克思恩格斯选集》第3卷,第516、545页。

展到人的意会认知能力的呢?

动物意会能力的不同水平——从本能到经验

通常都把动物对外部环境的反应归结为本能的行为模式。所谓本能的行为是指物种的典型的、并且是刻板定型的行为模式,这是一种由遗传决定的、不经学习的行为。近年来对本能行为的研究有了新的突破。廷拜格恩 (Tinbergen) 发现,引起本能反应模式的实际上是一些"符号刺激" (sign stimuli)。他用呈现模型的方法证实了许多物种的本能反应是对符号刺激的反应。例如,银鸥幼雏对其双亲的喙的啄食反应就是最好的例子。成年鸥的喙是黄色的,靠近尖端有一红点。当成年鸥将其喙下伸靠近小鸥的头部时,小鸥就产生啄食反应。研究表明,点的颜色(红色比其他颜色都好)、点和喙其他部分之间的对比程度(对比越鲜明反应越强)、喙的宽度和位置等因素部影响着小鸥的啄食反应。"他把这些特征结合起来,把某些特征夸大,设计了一个模型:一个细的红棒,靠顶端带有三个白道,它引起的反应比一只真鸥的头引起的反应还要强。"[①] 这一事实说明,即使本能也是对某种符号模式的反应,因而是一种概括性的反应。正因为如此,自然刺激就能被超常的人工制品所代替。当人工模型超过自然的符号刺激时,其反应就会比真的符号刺激还要强烈。

一切智力均产生于经验的模式。整理经验的倾向甚至在低等动物那里也是有机体遗传继承结构的一种特性或能力。例如,在洛伦兹 (Lorenz) 和廷拜格恩的试验中,小鹅和小鸭对飞过头顶的短颈鸟类(猛禽)的警报反应,过去一直认为是一种本能的反应,其实是一种对新异性的警觉反应。然而,幼鸟对飞过头顶的短颈鸟产生警觉反应而对长颈鸟不产生这类反应,是因为在幼鸟的饲养环境中,像鹅和天鹅这样的长颈鸟是司空见惯的,而短颈鸟是罕见的。如果经常给一组幼鸟一只鹰的剪影,给另一组幼鸟的是鹅的剪影,然后测查两组幼鸟对两种剪影的反应。这些幼鸟不理会熟悉的形状,但对新异形状都表现出惊异,不论这形状是一只鹰还是一只

---

① 参见德斯伯里等主编《比较心理学》,科学出版社版,第32页。

鹅。① 这一案例说明，对于图形或符号特征的反应并不是固定在控制种的典型反应的机制之中，而是明显地受经验的影响。幼鸟凭以往的经验就直感地觉察到新的情况可能会带来不可预料的后果，因而产生警觉反应。退一步说，即使对新异性反应是一种遗传机制即本能的话，那么新异性的形成却同个体的以往经验相联系。

古希腊学者亚里士多德很早就猜测到动物也从经验中学习。他在其主要著作《形而上学》的篇首就指出："感觉能力是一切生物的天生的特性。某种生物能记忆它们见过的东西，并且因此比不能记忆的其他生物更聪明，能够学习得更好。……动物通过对它们所感受的映象直接起反应而行动，同时也靠记忆而行动；它们偶尔甚至能够利用它们的记忆力从经验中学习。"② 瓦托夫斯基认为，经验和习惯是理性的根基。所谓经验性智力实际上是根据一种情况对另一种情况的相似性与差别性的认识。"实际上，概括种种对已感知的经验模式的反应，对同类情况的同类反应，就是习惯的形成。"③ 由此可见，习惯就是经验的模式或在新的情境中整理经验的方式。这种整理经验的方式，由于对有机体具有生存的价值而被置入有机体的结构之中，这就是本能的形成。20 世纪 50 年代以来，有关记忆的突触理论和化学理论（两种观点分歧较大）表明，当有机体内存贮了某种信息的时候，必定引起机体的机能性和结构性的变化。在低等有机体内，这种记忆的印迹可以从身体的一部分"迁移"到另一部分。在同类相残的实验中，甚至证明某种经验模式通过自相残食从一只动物迁移到另一只动物身上。这种情况多半是由于低等动物（如涡虫）缺乏真正的消化系统，其消化大部分是在细胞内进行的。所以，作为记忆编码的复杂分子就会完整地到达残食者全身的细胞之中。

在高等动物身上，通常早在食物到达身体细胞之前产生消化。因此，记忆编码分子就被酶分解为次级单位，记忆多半就会消失。但是，对于高等有机体来说，经验将导致发育中的有机体生理系统的改造和变化。饲养

---

① 《比较心理学》，第 34 页。

② 转引自瓦托夫斯基《科学思想的概念基础——科学哲学导论》，求实出版社 1982 年版，第 38—39 页。

③ 同上书，第 44 页。

在复杂环境中的大鼠同在隔离条件下饲养的大鼠，在脑重、与神经介质有关的酶的比率以及神经解剖模式都大相区别。这种情况说明，新的经验模式造成了新的神经模式，这种新的神经模式又为有机体提供了新的结构和反应机能，促使其形成更新的经验。

很显然，在动物界中凭借经验适应环境的能力是一种萌芽状态的意会认知能力，由于动物的进化水平不同，其意会认知水平也有差异。到了类人猿阶段，其意会能力就有了明显的发展，这一点是通过类人猿的神经系统的进化和学习能力的增强实现的。在类人猿的大脑中由于二级皮质区的大量增生，使它们具有了较强的感觉通道间的迁移能力。感觉系统的跨通道迁移指的是，在一种感觉通道中获得的辨别不需要专门的练习就可以迁移到另一种通道中去。例如，巨猿能够把视觉影像转换成动觉的对应副本，它们对以前从未见过的问题也能这样做。这种技能到目前为止看来是超出了除了人以外任何动物的能力的[①]。感觉通道迁移能力产生的重要意义在于，它使类人猿增强了从整体上把握、领悟问题情境的能力。和其他动物相比，类人猿更多地表现出探究事物的能力和观察模仿能力。在生物学上一般把模仿不加区别地看作本能行为。实际上，模仿包括着若干种类的行为，它不仅表现为在形式上复制一个动作，而且包括较高的推理模仿。因为演示者的活动会加强情境中的某些方面，从而使学习者知觉到某些刺激和反应后果之间的关系，于是观察者便能直接在自己的作业中应用这些经验。许多研究者都指出，在观察中特别是对错误进行观察中，包含着简单的推理过程。这种能力最突出的表现，就是类人猿对问题的顿悟性解决。

格式塔学派的奠基人苛勒最早发现类人猿在解决问题的顿悟迹象。他对黑猩猩所进行的著名的"接竿取物"实验和"叠箱取物"实验（见本书第48—49页）说明，黑猩猩在解决问题时并非如桑代克所说的一味地试错，而是对问题情境中的因果关系有某种领悟、意会地加以把握的能力。在解释黑猩猩的顿悟能力时，苛勒强调的是动物对问题情境的总观能力。伯茨通过晚近的研究证明，总观问题情境结构的能力远非产生顿悟性

[①]　德斯伯里等主编：《比较心理学》，科学出版社版，第579页。

解决的充分条件，以往的经验也起着重要的作用。问题的顿悟性解决实际上是早先活动过程中部分经验在新的情境中整合成了新的活动模式。

人和动物意会能力的差别——实践和认识关系的产生

意会知觉的能力是包括许多动物在内都具有的、按一定的经验模式辨别问题情境的能力。但这种能力并不是处于同一水平的，我们切不可混淆了人类与动物在意会觉察能力方面质的区别。一位研究大鼠行为的专家托尔曼（E. Tolman）曾认为，大鼠逐渐认识迷宫的路径，就像在心中获得了一张迷宫地图；对于人类受试者作的观察表明，人，无论他多高明，在走迷宫方面也毫不强于大鼠，除非借助于符号——无论以语词形式记在心里，还是大略在图上标出的。[①] 我们认为，这种比较犯了一个错误。在测定不同物种的意会觉察能力时不能局限于单一的作业。为了正确评价不同物种在测验中的作业，熟悉每一物种的自发运动模式是极为重要的。我们知道，大鼠是近视眼动物，对于视觉作业其表现肯定是低劣的，但对走迷津却会表现出高超的技艺，这种情况恰恰同它的生存环境有关，因为它本来就习惯于类似迷津式的环境。

在意会觉察方面，人类与动物相区别的根据在哪里呢？这种区别首先在神经生理方面。神经细胞工作原理表明，认知行为的复杂性是由脑的巨大扩张来保证的，脑的调节控制作用主要不是依靠单个神经元的功能变化，而是依靠单位神经元数目增加所形成的更复杂的神经网络。"认为神经系统的这些逻辑功能可以由神经元通路来完成的看法，是一个古老的，却是经久的概念，它经过实验和理论的反复验证仍然生存下来。"[②] 换言之，在调节和控制行为时，神经系统的功能可以根据神经元的相互关系、即神经元通路来理解。我们知道，人类祖先在向人的过渡时期，凭借使用工具的活动使脑组织发生了某种质的变化。据美国专门研究古人类脑结构的霍洛韦教授用颅内模方法测定，距今 300 多万年的南方古猿的脑并不比现生类人猿大多少，但头骨内模上已没有月状沟（即猿沟）。由此断定，

---

① 参见《人类的意会知识》，载《自然科学哲学问题丛刊》1984 年第 3 期。
② 德斯伯里等主编：《比较心理学》，第 324 页。

大脑向人的方向的重组，发生在脑量开始扩大之前。此时，"人脑虽然无疑的仍然还是一种灵长类的脑，但人脑的输出，确实与其他灵长类脑的输出，有本质的区别。"由于人脑的内部重建和随之而来的脑的扩大首先在脑的顶部发展了一个新的联合区，这一新的联合区既不与原始感觉区相联系，也不与边缘系统相联系，而只与脑内其他的联合区相联系，这样就在脑内形成了一个全新的非边缘区间的联合连锁，即全新的神经通路。这样"人脑的顶叶部分所发育的超联合区（superassociation area）给各种感觉方式之间提供了不需要利用边缘系统参加的联系通路。"①

苏联心理学家 E. H. 索科洛夫等人根据一系列实验结果，提出了"刺激的神经模式"理论。这一理论认为，在有机体的操作性条件反应中，某一刺激物的信息将被保持在特定的皮层细胞系统中，从而形成"刺激的神经模式"。实际上这种神经模式就是经验模式的生理基础。如果说，这种神经模式作为神经系统对外部刺激的应激反应，普遍存在于动物身上，那么对外界刺激反应的神经基质是否相同呢？回答是否定的。我们知道，在由猿向人的转变过程中，在哺乳动物身上占优势地位的脑器官（边缘系统和旧皮质）逐步让位于新皮质，以前的神经器官虽然还保存在人脑中，但是以解职的形式保存着的。换言之，"它们越来越成为一种保证行为背景的、积极参加机体状态调节作用的器官，而将不论是信息的接收、加工和保存机能，还是新的行为程序的建立和对意识活动的调节和控制机能都转交给大脑皮质的高级器官"。② 这就是说，随着人的形成，灵长类的脑经由内部的重新组建而变为人脑，脑结构的变化又引起脑功能的变化。与低等动物相比，人的经验模式并不局限于一种神经模式，而是能够在神经系统的不同水平上、特别是在脑皮质的高级器官中实现，这必然使人的经验模式在内容和形式上都发生某种性质的变化。

人脑的高级部位仅仅是为新的经验模式提供了神经生理基础，并且这种人所独有的神经生理基础本身也是劳动活动的产物。因此劳动活动是我们解开人的经验模式产生之谜的钥匙。

---

① D. 匹尔比姆：《人类的兴起——人类进化概论》，科学出版社 1983 年版，第 96 页。

② A. P. 鲁利亚：《神经心理学原理》，中译本，第 12—13 页。

　　众所周知，认识论意义上的主客体关系并不是从来就有的，也不是一蹴而就建立的，由一般的对象性关系到动物的生物适应关系再发展为认识论意义上的主客体关系，经历了漫长的进化之路。按照马克思的观点，自然界普遍存在着对象性的关系，"说一个东西是对象性的……，这就是说，在这个东西之外有对象"，"一个存在物如果在自身之外没有对象，就不是对象性的存在物。一个存在物如果本身不是第三者的对象，就没有任何存在物作为自己的对象，也就是说，它没有对象性的关系，它的存在就不是对象性的存在"①。从马克思的论述中可以看出，对象性概念的本义是指：一事物在自身之外有对象，它同时也是对方的对象。换言之，一物和他物存在着互为对象的关系。任何一个现实事物，它的属性只能通过对象性的关系表现出来。正是这种对象性的关系决定了动物的种属本性。费尔巴哈说，"一个实体是什么，只有从它的对象中去认识，一个实体必须牵涉的对象，不是别的，只是它自己的明显的本质。草食动物的对象是植物，而由于这样的对象，这种动物的本质，就与其他肉食动物有所不同。"②

　　这种对象性关系的具体特征是：动物对环境的关系表现出特定的种属尺度。这种种属尺度使生物对不同的环境表现出亲合性。例如，有一种线虫，能在超低温条件下（−273℃）生存，与此相反，有一种生活在热辐射矿泉水里的鞭毛虫，却能忍耐沸水的高温。至于使人无法生存的超高水压和强射线辐射的环境，却是某些生物所依恋的栖息地。这些事例说明，每一种动物都有其特定的适应环境，因而对这种环境它们就有特定的生存优势和感觉优势。但是，动物对环境的关系尺度并不是随意的，而是自然进化的产物。换言之，生物的物种尺度是由特定的小生境所塑造的，其尺度相对于整个自然环境而言是特化的，因而其生存优势和感觉优势本身就是一种局限性。

　　比较心理学的研究表明，作为视觉型动物的鸟类比哺乳动物和人有更好的视觉。例如，鹰的眼睛水晶体曲率的调整能力是所有动物中最强的，它的瞳孔直径是人的 2 倍，位于视觉敏感区的感光物质约为人的 7 倍。所

　　① 《马克思恩格斯全集》第 42 卷，第 168 页。
　　② 《费尔巴哈哲学著作选集》上卷，第 126 页。

以，对远处物体的成像，人的视像清晰程度远逊色于鹰。不仅如此，某些鸟类对鲜艳夺目的色彩的感知能力也是极强的，在繁育季节某些雄鸟之间为争夺雌性而展开的竞艳斗胜就证明了这一点。尽管鸟类是自然界中的视觉冠军，但它们却不能生产出一件视觉艺术作品。究其原因，在于鸟类的视觉能力是一种极度特化的能力。费尔巴哈认为，生物同外部事物的对象性关系首先要通过肉体感官来实现，动物的感官虽然比人的感官更加敏锐，但只是对于一定的事物才是如此，因而动物的感官敏锐性本身就是一种限制。人的感官却是超出了特殊性限制的自由官能，"如果一种官能超出了特殊性的限制，超出了需要对它的束缚，那它就上升到具有一种独立的、理论的意义和地位了。普遍的官能就是理智，普遍的感性就是精神性。甚至于最低等的官能如嗅觉和味觉，在人中间也上升为精神的行动，科学的行动。"[1] 这就是说，人的感觉和动物感觉的本质差别在于人的感觉是理解性或范畴性感觉。

　　动物对环境关系的物种尺度的局限性表现在，动物是在求生本能和性本能的驱使下，在环境中进行极为有限的定向活动，趋利避害构成动物行为的基本趋向，这一点极大地限制了后天经验的发展。经验智力的发展有赖于动物对其物种尺度的超越，即由本能的尺度向经验尺度的过渡。这种过渡的萌芽状态我们可以在类人猿身上观察到。一般来说，可以把一个物种的行为区分为两部分，即先天的行为模式和后天习得的行为模式。先天的行为模式是一个物种的行为骨架，它保证物种行为的合目的性。先天的行为模式是一个物种满足生存需要的活动方式，因而具有明显的功利性。但在类人猿身上，我们却看到了从功利性行为向非功利行为的过渡的萌芽。正如上面所指出的，灵长目动物除了寻找食物和水、理毛、做窝等活动以外，也表现出不是针对满足明显的生物需要的行为，它们把相当多的时间花费在审查物体和探索环境以及进行游戏活动等方面。英国女科学家珍妮·古多尔曾在《黑猩猩在召唤》一书中记录了一件惊人的事情，十几只黑猩猩在倾盆大雨中高声喊叫，并拖拽着大树枝往返奔跑，前后长达20多分钟。古多尔将这幕活剧称为"雨舞"。

----

① 《费尔巴哈哲学著作选集》上卷，第183页。

可以说，动物对环境的关系的发展在类人猿身上达到了较高的水平。但是，类人猿最终还是未能超出动物意识的界限。究其原因，则是由它的活动方式决定的。类人猿既未真正实现直立行走的方式，它的工具行为也未能超出动物范畴。黑格尔在其早期著作中曾深刻地论述过人的劳动活动和动物的生命活动的本质区别。他认为，没有一种动物是流汗劳动的，它们只是单纯地把对象消费掉，因而它们活动的结果并不产生任何持久的东西。人的劳动不是对客体的简单否定，而是通过劳动再创造一个对象，因而人的劳动是一种建设性的活动，它产生出某种持久的东西。这种持久的东西是人的目的和理性的体现。

黑格尔的上述思想后来在马克思和恩格斯的著作中有了进一步的发展。恩格斯认为，虽然动物也进行"生产"，但是它们的生产对周围自然界的作用只等于零。只有人才给自然界打上自己的印记，人类对自然界改造的成果只能和地球的普遍死亡一起消失。由此可见，虽然任何事物（包括动物在内）都是对象性的存在物，但只有人才能把自己的愿望、理想对象化。

严格说来，自然界中普遍存在的对象性关系（其中包括动植物种同周围环境的关系），并不是认识论意义上的主客体关系。某一物种要成为认识主体，即同对象建立起某种认识关系的前提，是它能够把自己从客体中划分出来，而把自身从客体中区分出来则意味着把自身也转化为对象（即当它把自身看作诸多客体中的一个时才能做到这一点）。换言之，只有当人把自身划分为主体和客体两个方面、把自己既作为主体又作为客体看待时，他才成为认识论意义上的主体。很显然，主客体的分化有赖于主体在实际上把自身对象化于自然之中，当某种自然物被加工时，它由于符合主体的目的和需要而成为主体的自然。所以，主客体的分化和认识主体的形成是同人类祖先从自然中选择工具和加工工具同步的。

人的意会认知能力是在其动物祖先的"悟性"能力基础上发展起来的。从生物学角度看，人在躯体结构和行为方面同类人猿具有某种同源特征。所以，可以把类人猿的行为（例如使用工具的行为）看作是人的先天行为模式并构成人类行为的最原始的框架，类人猿的悟性智力就成为人的意会认识发展的起点。古人类学资料证明，人类的动物祖先在灵长目中是下肢在运动中最占优势的一类，其行为方式从开始就在以指关节着地行走的行为谱系之外。所以，在使用工具方面，人类祖先就比类人猿具有更大的优越性。类人猿以手拄地的行走方式必然限制工具活动的发展，不能使工具活动和直立行走成为经常化的活动。当人类祖先由树栖性改为地面生活以后，为了防御野兽的袭击不得不拿起武器。起初的抛掷树枝和石块只是为了吓退野兽（像类人猿所做的那样），但在无数次的重复行为中，吓退野兽的客观效果却会被直观地把握，从而被悟性智力所肯定，这种初级的意识一经产生，单一的自然选择就逐渐让位于人类祖先对环境的选择——工具的选择。工具活动的选择是在自然选择压力作用下产生出来的，但工具选择的尺度已不同于自然选择的尺度，因为自然选择的尺度是通过种属记忆固定在遗传密码并表现为动物的先天的行为程序之中，而工具选择的尺度却打上了经验智力的印记。

起初，人类祖先只是利用自然物体（木棒、石块等）作为活动的辅助手段。随着经验的积累和辅助手段的扩大，自然物工具日益成为需要的对象。换言之，人类祖先在活动中依据经验日益选择那些较为合用的物体作为工具来使用。最后，改变手段或制造工具的需要也产生了。由此可见，使用工具的需要的产生是一个重大的转折，其他动物基本上没有使用工具的需要，只有在使用工具的基础上才能产生制造工具的需要。严格说来，制造工具的需要已经是社会的需要。当制造工具的需要成为人类祖先生存活动的必要条件时，由动物式的活动向人的实践活动的过渡就算实现了。

从意会认知能力的发展来看，从工具选择到工具加工是一次质变，因为加工尺度不仅是选择尺度的延伸，它第一次使自然物打上了主体意识和意志的印痕，它使自然真正成了符合主体意图的自然即人化的自然。由此，人类祖先迈出了主客体分化的第一步，人的意会认识也就逐步发展了。

人类意会认识的最初形态——认识的价值化

那么，在人类认识产生的最初阶段，构成认识内容的基本成分是什么呢？笼统地说，它是认识与价值的混合体。如果加以具体的考察就会发现，在这个混沌的认识中，占主导地位的并不是有关物体自然属性的认识，而是有关对象的价值的认识。诚如马克思所说的，人最初同自然界的关系并不是理论关系，而是生存关系、实践关系。面对具有无限威严的大自然，人首先解决的是生存问题、温饱问题。在当时，生存和温饱问题主要还是生物学的或自然关系的表现。在机体的自然需要驱使下，自然界的对象首先是作为欲望的对象，或者说，原始人首先要区分的是对象对自身的利害关系。加之，原始人在当时的主要活动仅限于采集和狩猎，活动的对象是大自然的馈赠品，而不是通过活动生产出来的。因此，自然物的有用性就成了原始人生命攸关的主要属性。

我们把价值意识的萌发作为认识发生的最初开端，是有其理论根据的。皮亚杰从认识的心理发生学分析中得出结论，认为认识不是单独起源于主体或客体的某一极，而是起源于主客体之间的相互作用，这种作用发生在主体和客体之间的中途，因而同时既包含着主体又包含着客体。皮亚杰的这一思想既同马克思关于主客体关系起源和分化的理论相一致，又同认识起源于实践的观点相吻合。实际上，皮亚杰所说的认识发源于主客体关系的中途，同他所说的认识起源于主客体之间中介物的建构是一个意思，而在起源阶段的中介物不是别的，正是实践活动，正是活动"提供了在以后将分化为主体和客体的东西之间唯一一个可能的联结点"①。价值意识同皮亚杰的这两种观点都是最相符合的。从实践方面看，价值意识与实践的联系最为密切，按照马克思的说法，价值意识是一种实践意识，即直接付诸实践的意识。从主客体的关系看，价值意识不同于科学认识，它不是对客体单方面的反映，而是对主客体价值关系的反映。所以，价值意识内在地包含着主客体关系的二重性。这种在主客体最初的相互作用或中介物的建立时发生的意识当然是一种主客体关系尚未完全分化的意识，因而它既包含着主体，又包含着客体。这种包含着主客体两极的认识不正是价值意识的内涵和特征吗？

价值意识是人的需要同满足需要的对象之间的关系的意识。马克思说："'价值'这个普遍的概念是从人们对待满足他们需要的外界物的关系中产生的。"我们知道，人对环境的消费关系是在生产性活动中实现的。

———————————
①　皮亚杰：《发生认识论原理》，第23页。

因此，价值物的观念从根本上说起源于生产性活动。人类为了生存，就要进行生产，通过生产活动来取得自己需要的物品。由于生产性实践过程的重复，外部对象"能使人们'满足需要'这一属性，就铭记在他们的头脑中了，人和野兽也就学会'从理论上'把能满足他们需要的外界物同一切其他的外界物区别开来。在进一步发展的一定水平上，在人们的需要和人们借以获得满足的活动形式增加了，同时又进一步发展了以后，人们就对这些根据经验已经同其他外界物区别开来的外界物，按照类别给以各个名称。"① 这是人的价值观念形成的最初阶段。马克思在这里虽然谈的是人们对个别价值物的命名过程，但在人们的头脑中对价值物的意会觉察肯定在命名之前早已经发生了。马克思说："人们实际上首先占有外界物作为满足自己本身需要的资料，如此等等；然后人们也在语言上把它们叫做它们在实际经验中对人们来说已经是这样的东西，即满足自己需要的资料，使人们得到'满足'的物。"② 马克思的观点正是指出了认识发生阶段价值意识在先的基本状况。

我们知道，任何纳入人的活动的客体都具有自然属性和社会属性的双重规定性。马克思认为，作为人们活动的对象，即使它在外表上和过去完全一样，"但是一个新的社会灵魂已经进入它的身体"。就是说，经过人的选择和改造过的自然物具有满足人的需要的性能，这种性能虽然以其自然属性为基础，对象正是凭借某种自然属性而具有对人的价值。但是，起初原始人并没有认识到这一点，对象的自然属性是包含在价值属性之中被意识到的。所以，马克思说：在此阶段上，人们"赋予物以有用的性质，好像这种有用性是物本身所固有的。"

由此可见，事物自然属性的价值化是价值意识先于事实认识的又一原因。那么，事物属性的价值化的根源何在呢？根源就在于认识主体的两重性以及由此所决定的人对外部世界的关系的特点。我们知道，认识起源于主客体的分化，这种分化萌发于人把自身看作是有别于他物的东西，因此，意识的起源内在地包含着自我意识的起源。恩格斯就认为，人类的

① 《马克思恩格斯全集》第19卷，第405、406页。
② 同上书，第406页。

"历史和自然史的不同，仅仅在于前者是有自我意识的机体的发展过程。"① 这种自我意识的机能使人的认识不仅是"外向的"，而且是"内向的"。就是说，就他对于外界事物的关系来说，人总是通过外物而和他自身相联系。这样，当物同人发生关系时，物及其本体属性就自然而然地受到人的需要尺度的衡量而被价值化。

价值意识是一种实用意识，整个史前时代都是实用意识滥觞和发展的时期。对于刚刚从动物界分化出来的人类来说，其生存环境首先是功利性环境，他所挑选和利用的自然物具有切关需要的属性。人们对事物的意识次序总是从功能到形式，原始人对其功能的把握较对其形式的把握为易，就是说，最初原始人尚处在知难行易的阶段。尽管原始人可能不知道燃烧与摩擦运动的因果关系，但这并不妨碍他们用火吓退野兽、取暖和烧煮食物。这种情况甚至到了旧石器时代末期即氏族社会阶段，仍然可以看到功能意识对形式感知的压制。由于人类是从功能、实用意识出发进而注意到形式，因而最初的形式感仍然是功利或实用的形式感，其突出的表现就是对某种定型产品的传统形制的墨守成规。此种状况的心理动机，是原始人认为事物的神秘属性是由其形状决定的，唯恐改变了原型就无法控制物品的属性。美学意义上的形式感的起源，除了由功能意识到形式意识的转变以外，尚需要实现另一转变，即对形式的功利把握到非功利的纯形式的把握。原始洞穴壁画就其尚未脱离巫术性质而言，它不过是一种实用艺术。美学界提出的由内容向形式的积淀观，其实也就是指内容的淡化问题，由于实用意识的减弱而导致形式日益脱离内容。

从价值意识向物理经验的过渡

原始人透过物的有用性进而对本体属性的意识是较晚才发生的，我们从活动工具的演化历程中就可以看出来。

从人类祖先的使用自然物作为工具发展到原始人的制造工具，其间有一个经验积累的过程。人类祖先借助自然物的帮助，逐渐增强了抵御猛兽侵袭的能力，扩大了栖息和活动的范围。这样，偶然拿起的武器逐渐变成

---

① 《马克思恩格斯全集》第 20 卷，第 580 页。

须臾不能离开的东西，这是人类祖先产生价值意识的物质前提。活动的重复的结果是表现出自然物价值属性的恒常性，证明自然物的某种特性与需要的必然的联系，一当这种联系被意识到之后，原始人的价值功利意识就产生了。一个对象的功利性的内在根据在于，对象与人的需要的方式之间具有结构（质料和形式）的同一性，正是这种同一性使物表现出对人的效用价值。但这种同一性在起初还不可能被人立即意识到，要实现这种意识有待于人的抽象能力的进一步发展。

对物体的结构属性的认识起源于对自然手段的功利选择过程。不同质料和形式的物体在活动中的效用的差异，是在价值的恒常性中表现出来的。这种功能的差异性又同物体结构形式的差异性有关联。这种差异是在活动中时时被体验到的，并随着世代的活动经验的积累和传递日益变得明显化起来。原始人正是在盲目地追求手段的适用性过程中逐渐意识到物体间结构形式的不同所带来的效用的不同。这样，对物体的物理属性的肤浅的认识就从对手段的功利选择中逐步分化并形成了。

从使用自然物到人工器物的出现经过了几十万年甚至上百万年的时间。最初制造工具是对大量的石块进行自发选择的基础上开始的，所以对石块的加工不可能有明确的图样。考古学的资料也证明，在最早的人类遗址中，人力加工的石器和天然的石块并无很大区别。这是因为原始人的经验最初既然是体感性的意会认识，这种认识的朦胧与模糊，必然表现在给器物定型方面的困难上。原始人的认识水平的低下直接表现在"一器多用"的原始性上。这种"通用的"原始工具体现了对价值功用的强烈追求与对器物形制和功能关系的缺乏认识之间的矛盾。只是到了北京猿人时期，这种矛盾才逐渐有了改善。在北京猿人遗址中出土的近6000件石器中，虽然许多仍然缺乏固定的形状和在用途上无严格的界限，但在各个文化层中，石器制造在原料和形制上已表现出渐变和提高的过程。经有关专家的系统整理考证表明，以第7文化层为界，可分为早期（第8—13层）和晚期（第1—7层）两个文化期。从早期到晚期，在使用原料上，质软的砂岩逐渐减少，优质的石料逐渐增加，至顶部已大量地采用燧石工具。在打制技术方面，碰击石片由多变少，晚期的不如早期规整；用砸击法打出的两极石片由少到多，质量提高，趋向长薄；锤击法一直较广泛使用，但晚期更有所改善。从上部首次发现一件修理台面的石核来看，标志着修理台面新技术的出现。交互加工的方法，早期极少使用，晚期则用得较多。石器制造和修理技术逐步改进的结果，石器的成品率提高，小型精致的石器在上部地层中较下部为多。与此同时，石器类型也有增加的趋势，早期主要是刮削器和砍砸器，晚期尖状器和雕刻器显著增多，并开始出现石锥和圆头刮削器。①

瓦托夫斯基指出，一种行动模式或那类通过试错法而学到的经验暗含着一种规则。但暗含的规则并不是一种实际的规则。根据一条规则行动比在行动中简单体现一种规则具有更多的内容。后者仅仅是一种习惯，而前者则是一种计划。一旦规则被意会到了，那就有一种新的因素加入到活动的调节机制之中。这种新因素超出了习惯，这样就出现了一种人类的活动，它不仅是受习惯的模式指导，而且受人自己构造的规则所指引②。

瓦托夫斯基在这里所说的是，行动体现的规则在被意识到之后而转化为自觉的规则。当自在的规则转化为自觉的规则之后，人的行为程序和活动的结构的安排就受到自觉目的的支配了。如果说，活动的结构是体现目的性的动态结构，那么产品结构则是活动的物化，即动态结构的静态表现。因此，也可以反过来说，石器的结构由无固定的形制到定型化、由单一种类到多样化，以及在功能上的一器多用到各种工具的专门化，体现着人的目的的分化，而目的的分化则是事实认识从价值意识中分离出来并进一步发展的产物。

起初，人类的动物祖先的工具性活动是一种以心理反映为中介的探索性活动，事先并无自觉的目的。所谓无自觉的目的，并不是否认动物活动的合目的性，而是说这种活动的合目的性是没有被意识到的。从利用自然物到制造人工器物，表明人的目的性的产生。目的产生的历史条件是，活动的重复增加着活动的经验，人类祖先通过意会能力重组这些经验而逐渐达到理解。因此，目的起源于对活动经验的意会觉察。尽管价值意识本身就是一种目标意识，但是，目的性的发展和分化却同主客体关系的分化相

---

① 参见《新中国的考古发现和研究》，文物出版社 1984 年版，第 8 页。
② 参见瓦托夫斯基《科学思想的概念基础——科学哲学导论》，第 51—52 页。

一致。换言之，石器的形制和功能的分化说明目的的精细化，而目的精细化不单取决于价值意识的发展，而且取决于对客体结构认识的深化。

如所周知，原始人在旧石器时代初期，其石器制造的进步是极为缓慢的。这是因为，虽然人的活动已具有一定的目的性，但由于原始人对自然界认识的低下，这种活动始终还是一种"被意识到了的本能"活动。就是说，这种活动既是有一定目的的，但同时又是一种探索性活动。原始人认识能力的低下以及在内容上价值意识占据绝对优势，是使之对物理世界的事实认识长期徘徊的主要原因。此外，原始人对外界客体的认识既然是一种以个体经验为基础的意会认识，那么这种意会认识越是在早期，就越受到个体经验的限制，因而具有保守的性质。要打破个体经验模式的限制，就要使实践活动有进一步的发展。当原始人由采集经济向生产经济、即农业生产和畜牧业过渡之后，才为认识的发展开辟了一个广阔的天地。这个转变时期，在人类学上就是由蒙昧时期进入野蛮时期。在新的时期里，人类进入了一个灿烂夺目的世界，与前一时期精神产品的狭隘和贫乏相对照，在这个时期人的精神产品如泉涌一般喷发出来，人们的思索已经突破了感性经验的界限，各种意会的知识（不管正确与否）凭借自身的想象力而由思维进行自由的操作。这样人们就凭借自己的想象力来解释整个宇宙。人们不仅为自己制造了宗教和艺术，也为自己制造了各种实用的知识。这些知识不仅以意会能力作基础，而且以明确的语言形式为工具，以往的含蓄的概括现在变为明确的表述，并因而成为不可动摇的信念和社会行为的法则。以往的经验和教训经过宗教意识的洗礼而具有了神秘的性质，种种烦琐的礼仪和禁忌由此产生，它们也是人们对自身经验的价值化在新的历史条件下所采取的另一种形式。

三　理性的发展
——言传认识的发生与发展

要探讨意会认识向言传认识的过渡，当然离不开语言的起源问题。言语是人类行为动作中最复杂最奥妙的现象，它所涉及的问题绝不是某一个学科所能解决的。因此，我们在这里不是奢望对这一问题给出唯一正确的答案，而是想谈谈语言起源的认识论意义。具体说来，我们着重探讨如下三个问题：1. 意会认识何以能发展到言传认识，它的思维基础是什么？2. 在语言发生初期阶段认识的形态；3. 语言促进认识发展的逻辑进程及其机制。

按照乔姆斯基的观点，人的意念和概念的意义部分属于深层结构，在人用语言明确表达之前已经存在，人类以不同于语言的某种特殊代码存储这些知识。这些特殊的代码或语义结构，有人称为意义群（与概念相对应），有人称作"相似块"（与意象相对应）。但不管怎样，这种代码显然不是某些苏联学者所说的内部言语，因为内部言语不过是外部言语转化的结果，从发生学角度看，内部言语不可能先于外部言语而成为意义的原始代码。

由个体认识向社会认识的转化过程，也就是由认识的深层结构向表层结构（意义的重新编码和表达）的过渡问题，这种过渡需要有一种合适的介质。人类的语言虽然不是唯一的交际手段，但却是最重要的交际工具。意会认识和言传认识之间的关系，不是如波兰尼认为的单方面决定的关系，而是相互影响和促进的。语言产生的历史和功能的演化表明，语言不仅仅是交际的工具，它同时也是人们进行思考的工具。尽管符号本身不能创造意义，人们在交际和思考时，不是思考语言的音和形，而是意义。但是，一旦有了语言人们就可以把意义从朦胧不定的状态中抽取出来，变为在一定时空中可以视听的物质形式。这种最接近思维的物质形式一产生，就成为人的意会认识及其能力进一步发展的强大动力，使人最终摆脱了动物式的蒙昧状态。

由意会到言传的思维基础

实际上，语言的产生固然依赖于发音器官的完善和脑组织的发展，但这还不是充分条件。语言作为思维的载体，它的产生还有赖于思维的发展。很显然，语言产生的思维基础一定是在意会认识之中。那么，这种基础是什么呢？简单地说，就是意会认识中的表象和形象。

在本章的开头，我们已经指出，就其与语言的关系来看，思维的类型可以划分为两类：非语言思维和语言思维。同时我们也认为，表象思维是贯通整个史前期认识的基本形式，也就是说，在抽象思维产生以前，表象思维经历了两个发展阶段：非语言的表象思维和有语言的表象思维。在论及意会认识的起源问题时，我们曾对非语言的表象思维作了若干说明，在此不赘述。我们知道，人类思维的发展线索是从表象思维进入抽象概念思维的。问题在于，由感性的思维进到抽象的思维是要借助于语词的。语词具有一种聚象功能，因而任何语词都是一种概括，概括性是语词的重要特性，感性思维正是通过词义与概念相联系而发展为抽象思维，因此，当我们把表象性思维区分为非语言的表象思维和有语言的表象思维时，我们实际上是找到了由表象性思维进入抽象概念思维的中介物，这个中介物就是处在非语言的表象思维与抽象概念思维之间的有语言的表象思维。因此，从非语言的表象思维向有语言的表象思维的过渡是研究表象思维的中心环节之一。从发生学的角度看，表象不仅是由感性具体思维向抽象概念思维过渡的中介物，它同时也在由意会认识向言传认识的过渡中起着重要作用。换言之，表象在语词概念的形成中具有不可忽视的作用。

美国的心理学家奥格登（C. K. Ogden）和李查兹（I. A. Richards）在《意义的意义》一书中，曾提出了一个著名的语义三角理论。他们指出："语义可以解释成下列三者之间的关系：（1）所指的事物或概念；（2）用来指该事物或概念的符号或名称；（3）说话者或听话者在脑海中产生的该事物的形象或该概念的意义。"如图5—1所示：其中（1）事物是指语词所指称的事物或概念；（2）名称或符号是指语词的声音形式，也可以称为语音词；（3）是指语音词所表达的内容，即语词的意义。在语义三角中，"声音（语音词）、意义和客观事物之间的关系是十分复杂的。声音是意义的载体，意义是声音所表达的内容；声音与意义结合在一起是客观事物的名称和代表者；事物是意义形成的客观基础，意义是人们对客观事物的认识并用声音固化下来的成果。"[①] 由于语音词同客观事物之间并没有必然的联系，正是意义把语音符号同外部事物联系起来的。所以，在这三者中意义是关键。那么，究竟什么是意义呢？我们认为，意义是人们对客观事物的理解和认识，归根结底，它是事物本身在人们头脑中的概括反映，当

---

① 孙维张：《词义三角与语言思维的类型》，载《吉林大学社会科学学报》1985年第6期。

我们用一定的声音把这种认识固定下来时，那么这种认识便是这个声音的
意义。因此，关于意义的起源问题同时也就是对事物认识的起源问题。

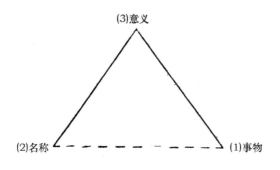

图 5-1 语义三角图

由于人们对事物的认识（意义）是一个从不知到知、从感性到理性逐
渐深化的过程，因而人们对事物意义的形成的方式也不同。孙维张认为，
人们对事物的认识（语义）总是以两种形式——形象意义和理性意义存储
起来的。参见图 5—2 和图 5—3。

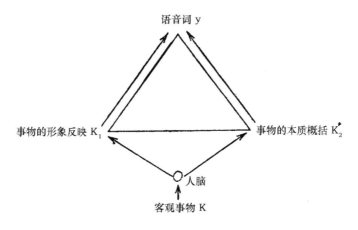

图 5-2 语义形成图（一）

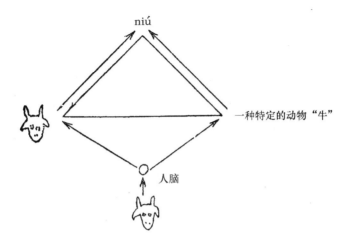

图 5 - 3　语义形成图（二）

图5—2是语义形成的说明图，图5—3是图5—2的形象化。孙维张认为，当客观事物 K（比如说一头牛），作用于我们的大脑时，大脑便对 K 进行观察、分析，从而形成一定的认识。这种认识以两种形式体观出来：一种形式是 K'_1，即以客观事物的表象形式存留于头脑之中；另一种形式是 K'_2，即人们对客观事物本质的概括认识。这两种不同的认识都寄寓在一个语音形式里（语音词 Y）这时 K'_1 和 K'_2 便成了语音词 Y 的意义了。我们把 K'_1 称为词语的形象意义，把 K'_2 称为词语的理性意义。

问题在于，人们对某一客观事物的认识不会即刻达到其本质，一个语词的理性意义往往是在形象意义产生之后才逐步形成。因此，当人们在对事物的本质属性缺乏明确的理性认识以前，总是先从形象上把握客观事物并形成词义。由此可以得出两点启示：其一，当言传认识产生以前，对客观事物的表象具有二重性质，即表象既是思维的内容，也是思维借以进行的形式。其二，在由意会认识向言传认识过渡期间，即人类有声语言产生时，正是表象作为形象意义把语音词与外部客观事物连接起来，表象是人们用语词称呼客观事物的支撑点。

表象作为语词的形象意义的功能在内部言语形式中表现得十分突出。我们知道，内部言语是外部言语的简化和压缩，内部言语表现为断断续续地，没有明显的词和语法结构的非规范性语言。人们之所以凭借内部言语仍能进行思维恰恰在于人脑与事物发生关系的基础是形象、意会及其关系动势，在缺少连贯言语的情况下，思维赖以进行的表象和意象仍然存在着而没有中断。换言之，在内部言语的思维过程中，内部言语的意义部分，不再像外部言语那样采用的是词典意义，而是其直觉意义或形象意义，因此内部言语思维往往摆脱了外部言语的硬性规定，使思维本身更接近于意义结构了。

当我们详细考察了表象在语词意义形成中的作用之后，再来看语言思维的类型，就比较容易得出正确的结论。借助于语言，人们不仅可以凭借其理性意义进行抽象思维，而且可以借助于语词的形象意义进行形象思维。语言思维并非只有抽象思维一种类型，在认识的种系发生和个体发生的早期阶段，语言首先是作为思维的表象意义的承担者而起作用的。

目前，在理论界占主导地位的观点认为，语言只是抽象思维的工具。这种观点无形中是把语词等同于概念了，这里显然是把语词结构与概念的复杂关系简单化了。何洛先生指出："概念并不等同于词的整个意义，词义的结构与功能，与概念不同。任何一个词的词义都有三重性质，即词义与概念相关联，词义有指物性，词义要受整个语言结构的制约。这就是语言学中经常被人们提及的词义三角。由于词义与概念相联系，人们可以借助语言进行抽象思维；由于词义有指物性，词义可以与事物的具体形象相联系，因此人们也可以借助语言进行形象思维。"[①] 这就是说，在语言思维中，两类不同的语义发挥着不同的作用。当语词作为抽象思维的工具时，语词的理性意义（概念）表现为矛盾的主要方面，这时的语词实际上是被当作概念的等价物来运用的；当把语词作为表象思维的工具时，语词的形象意义成为矛盾的主要方面，语词就同形象相关联。

语词的理性意义和形象意义在语言思维中的不同表现，不仅是思维的类型学研究的对象，同时也是思维史要研究的课题。耶鲁大学心理学家R. N. 哈伯（R. N. Haber）和 R. B. 哈伯（R. B. Haber）对美国小学生所作的调查研究表明，在语言思维中，儿童运用语词的形象意义（即记忆意

_____

① 何洛：《形象思维的客观基础与特征》，载《哲学研究》1978 年第 5 期。

象）要比成年人为多。另一位耶鲁大学的心理学家伦纳德·杜布（Leon-ard Doob）专门调查了成年人的意象思维状况。他发现，居住于尼日利亚的一个部族的乡村成年文盲，表象思维相当普遍；而同一部族住在城市里的居民，表象思维却极为罕见。他得出结论认为，造成这种差异的基本原因在于城市环境对成人教育和文化水平的提高①。换言之，语词意义形成的方式（是表象的抑或概念的），以及在语言思维中形象意义和理性意义何者占主导地位，都直接与思维者的认知水平密切相关。在史前认识阶段，尽管在其后期产生了言传认知形式，但其认识和思维的基本要素仍然是表象，这是不足为怪的。

由上述可知，语言既有抽象性又有指物性，既有理性意义又有形象意义，既能抽象又能显象，既有词典意义又有直觉意义，因而既能传情又能达意，所有这些特点，都同表象作为语词的形象意义和理性意义的基础有着特殊的渊源。

国内外不少学者在论及表象思维时，往往侧重于表象在思维中的符号功能。例如，皮亚杰就把表象看作是儿童在产生语言之前所具有的个人符号。其实，表象在任何情况下都是意义和符号的统一体。在言传认识产生以前，表象既是思维的内容，也是思维的形式。随着语言的产生，表象的意义和符号功能也发生了分化，它日益作为语词的意义部分把语音词与客观事物联系起来。与此同时，表象作为语词的意义部分，不仅是由意会认识过渡为言传认识的最重要的中介物，它也是语词的理性意义（概念）发生的基础，因为任何概念都是对表象的进一步加工和抽象的产物。表象作为人类思维的心理单位，永远不会丧失它的作用和地位，即使在言传认识和概念逻辑思维产生以后，它也是人们进行日常思维的基本形式，如果我们考虑到它在创造性思维和发散式思维所具有的独特功能的话，就会感到研究表象思维本身的内在规律所应有的价值。

语言发生的前提和机制

人类的有声语言并不是同人类一起产生出来的，也不是一下子就达到

---

① 参见克雷奇等著《心理学纲要》，上册，文化教育出版社1980年版，第203页。

完全成熟的形态。有声语言是在动物界的交际能力基础上经过长期的生物演变和文化选择逐步发生的。心理学家一般地认为，人类的语言很可能是从非人动物的较简单的交往系统进化而来的，因而研究动物的交往行为将有助于阐明语言的起源问题。瓦托夫斯基也认为："动物通过一些有效信号，例如警告、命令、危险、发现食物的信号以及交配的信号等等，的确调节着自己以及本种内的其他个体。因此，语言极有可能是从这种有声的、手势的、或其他种类的调节信号中发展起来的。"[①] 动物之间的交际活动属于非语言的交际。在非语言交际方面，人与非人动物都有类似的表现手段。人类习性学的主要课题之一就是研究人类的非语言的交际，邓肯（Duncan）在 1969 年曾列出了六种形式：

1. 身体动作或运动行为——包括手势、姿势、面部表情和眼睛活动等身体动作；

2. 辅助语言——诸如声音品质、言语色调，以及咕哝声、笑声和打呵欠声等；

3. 环境空间学——个人或社会对空间的利用以及对这种利用的感知；

4. 嗅觉——经由嗅觉通道传递的信号，包括外激素交际；

5. 皮肤的感受性——人与人之间触觉的和有关的交际；

6. 衣服和化妆品等人工制品的利用等[②]。

可以看出，人类所具有的非言语交际形式几乎包括了所有动物之间的交际手段。

同人一样，动物之间的交际，经常使用的也是声音信号，即通过发出一些不同的声音来表达某种意义。这种利用声音信号来传递信息的能力在灵长类身上达到了一定的水平。据报道，有一种猴至少能发出六种不同的警告声音，报告给它的同类，表示它遇到了豹子或蛇，目的是警告同类逃走或采取防范措施。美国学者黛安娜·福斯埃专门研究了大猩猩发出的声音，当她在大猩猩中间学着发出类似的声音时，居然听到了周围猩猩的回

① M. W. 瓦托夫斯基：《科学思想的概念基础——科学哲学导论》，第 52—53 页。

② 参见 D. A. 德斯伯里等主编《比较心理学》，第 636 页。

答声①。类人猿在预报危险和发现食物时所发出的复杂的声音信号曾使一些科学家确信它们有简单的语言能力。但是，如果把这些声音信号和人的语言相比，还是有本质的区别。苏联学者阿列克谢耶夫认为，动物的声音信号与人的语言符号的第一个根本区别在于信息传递的范围不同。动物既没有关于往事的概念，也没有关于未来的概念，它们只能向同类发出有关当下情境的信号。人的劳动活动不仅促进了概念思维的形成，而且在活动的信息调节过程中就包含着对过去、现在和未来的信息交流。这一点极大地促进了声音信号系统的复杂化。人的语言与动物的声音信号的第二个根本区别包含在其语言的组织方式和语法结构上。由于缺少言语神经中枢以及喉部和发音器官的局限性，猿类至多能发出代表有限意义的孤立的叫声。相比之下，信息范围的重大扩展要求在信息传递过程中产生编码的最经济的方式。它"首先导致了音位的发生，这是语言构成的最简单的单位，也导致了将它们合成为较复杂的声音信号——单词方式的发生；而后来则导致规定出单词组合的最适宜的方式，以及出现了语法的类别。"② 尤其需要指出的是，类人猿以及其他动物之间交往时所使用的声音信号，从语音学角度看，至多属于人类有声语言的超音段成分，即语调、声调、重音等成分。从超音段成分到音段成分，中间有一个质的飞跃。动物没有能力也没有必要实现这个飞跃，只有人才做到了这一点。恩格斯曾从思维发展的水平方面指出了动物在交际方面的局限性："动物之间，甚至在高度发展的动物之间，彼此要传达的东西也很少，不用分音节的语言就可以互相传达出来。"③ 这就是说，我们不能指望一个行为只在很少程度上受到环境影响的动物能够发展出像人类那样的语言。比较心理学的资料提示我们，看一种动物能否发展出语言，主要应看它对于口语行为和非口语行为的条件反应的能力如何，如果它对非口语行为的反应比对口语行为的反应更为有效，那就多半不大可能发展出语言。这样，在探讨语言起源的问题时，我们又不得不返回到前面所提到的（在塑造行为的进化中反复起作用

---

① 参见《向大猩猩学话》，载《猿猴社会》，第 151—152 页。
② В. П. 阿列克谢耶夫：《关于人类起源的劳动理论》，载《民族译丛》1981 年第 4 期。
③ 《马克思恩格斯选集》第 3 卷，第 511 页。

的）那些原则上去，即不同物种的感知觉素质同这个种的适应方式有关，在其他感官的使用受到限制的地方，某种主动感觉系统将得到发展。如果我们把人类的言语活动看作是一种特殊的主动感知系统的话，那么这种主动感知系统的产生是与实践活动有密切关系的。实践不仅提供了一个有较强思维能力的大脑，而且从根本上改造了人的发音器官。正是在这样两个条件的基础上，形成了人对口语反应的初始能力，并使口语行为调节非口语行为的能力日益发展起来。

对于语言产生的逻辑进程的分析，目前国内有关学者的观点不尽相同。伍铁平先生认为，有声语言的产生有一个从无到有、从初级到完善的演变过程。不仅手势语言可能先于有声语言，声调、语调、休止等所谓超音段成分的出现也可能早于音段成分。因此，他认为有声语言的发生过程应是"从手势到超音段交际手段再到有声语言"[1]。冯增俊的看法与上述观点相类似，他也认为语言的起源是"从无音的形的符号传递，发展到依情境而发的外部混沌不清的音；通过内部语言准备，产生了有特定含义的分音节语言，再发展到脱离具体事物进行抽象思维的语言活动，进而发展成为无发音的内部语言"。[2]

与上述观点稍有不同，石果助认为，某一思想和意义，用确定的声音来表示，是一种大的飞跃、突破和升华，这是语言产生的关键的一步。在相当长的历史时期内，虽然思想之"水"已到，语言之"渠"并未即成，中间有个长期的"泛滥"过程。这个泛滥过程也就是语言产生的过程，它的逻辑进程应是"形声并作——固定的声音，兼或图形——文字性的图形，文字。"[3]

初看起来，上述两种观点分歧颇大，前一种意见认为，语言的发生是从手势或形到语音；后一种意见则认为，形声并作是语言发生的初始状态。这两种意见反映了语言学界长期争论的一个问题，即人类是否有过手势语阶段的问题。讨论这个长期争论的问题不是本文的任务，我们只想指出这样一

---

① 伍铁平：《思想和语言孰先孰后?》，载《北方论丛》1980 年第 1 期。

② 冯增俊：《关于语言和思维的同步性与可分性的探讨》，载《海南大学学报》1984 年第 4 期。

③ 石果助：《思维与语言的关系》，载《思维科学》1985 年第 3 期。

点：对这个问题无论持肯定意见和否定意见的人都认为，手势语在特定语境中是交际活动的重要工具。我们认为，既然在灵长目动物中已经有比较发达的声音信号系统，那么在讨论语言起源问题时就应当肯定手势和声音并存的事实。但考虑到手势在语言发生的超音段时期必然起到重要的甚至主导的作用，把手势放在前边，用"形声并用"来标志最初阶段是较为恰当的。下面我们谈谈形声并用阶段存在的若干证据及其认识论意义。

"形声并用"阶段的"声"，还不是有声语言范围内的固定的声音，而是属于声调和语调的超音段成分。声调或语调的升降近似于音乐，由于声调的变化总是由一点滑向另一点，像演奏弦乐时的滑音，故用胡琴或提琴就能模拟出语音调值的变化来。动物的声音信号，就是用声调的变化来进行交际。最近，日本东京医科与牙科大学内科研究院的角田忠信教授利用延迟听觉反馈实验，来测试脑对各种声音的分辨。试验表明，脑是能够检测出声音的结构特点的。脑的这种功能是利用不同的声音（声调）传达不同的信息的生理基础。

近年来，实验语音学对人类分辨音位范畴的能力进行了一系列实验。众所周知，元音是一种连续现象，不是分立现象。所以，从声学的观点来看，元音是无限多的。但在世界上各种语言的元音却是有限的。这是因为人辨别声音的能力是有限的，人在形成语言的过程中，总是自发地把无限多的语音归纳成有限的音位范畴。人的听觉在音位界线上最敏锐，而在音位范畴之内就不怎么敏感。美国心理学家埃马斯（P. D. Eimas）把婴儿作为实验对象。他用言语合成的办法合成了几个音节，其中从 S_2 到 S_1 中间是没有音位界线的，从 S_2 到 S_3 中间是有音位界线的。实验的结果发现，当从 S_2 换到 S_1 的时候，婴儿吸橘子水的频率没有变化；当从 S_2 换到 S_3 时，吸橘子水的频率就会提高。这表明，虽然从物理观点看，$S_2 \leftrightarrow S_1$ 当中的区别，和 $S_2 \leftrightarrow S_3$ 当中的区别是一样的，但是 $S_2 \leftrightarrow S_1$ 之间没有范畴的界线，由于它们属于同一个范畴，因此不会对婴儿产生新的刺激；而 $S_2 \leftrightarrow S_3$ 之间有范畴的界线，所以从 S_2 转到 S_3，对婴儿的听觉就是一个新的刺激。这就是语音学上的"范畴感知"。人的大脑不仅能检测出元音的音位界限，而且也能分辨出辅音的差异。"小到一个月的婴儿能辨别听觉符号间的差异。例如，在英语中能把浊辅音 b 与清辅音 p 区分开来（而且可假定在其他语言中也是如此。)"①

以上实验证明，对音位的感知是先天就有的。换言之，婴儿的大脑就有了对超音段成分的分辨能力。此外，儿童学习语言的规律性也表明，在掌握音段成分以前，首先学会的也是超音段成分。用超音段成分相同但无意义的语音组合（где ла - ла?）代替有意义的句子（где часы?）时，儿童也能作出同样的反应。② 达尔文在报道其儿子的言语发展时曾指出，"在一岁以前，他已懂得了语调。""交流……是靠不同的语调以一种明显方式表达的"。这说明，婴儿能凭借对声音音调的变化，来区分陈述句、疑问句和感叹句，并对它们作出不同的反应。查普尼斯（Champneys）观察一个九个月的婴儿时发现，他"能清楚地模仿以同一方式重复几次的任何语词或句子的声调。"③

对失语症病人的研究也为语言起源于超音段成分提供了间接的证据。美国语言学家雅可布逊通过研究指出，儿童最先掌握的音素，正好是失语症病人最后丧失的音素。神经心理学的大量资料表明，失语症者最后丧失的正是超音段成分。鲁利亚指出，由内部言语向外部言语过渡时，在左侧颞区或顶——颞——枕部的局部损伤的患者虽然会忘记必要的词，"但是仍然保持句子的一般语调——旋律的结构，这个结构有时被（他）填进完全不适当的词。"④ 上述观点在音韵学的区别性特征理论中也得到了相应的证明，王士元先生指出："小孩学话，总是先学无标记成分的语音，然后才一步一步学会有标记成分。患失语症的人一般是最先丧失有标记成分，无标记成分保存得最好。"⑤

上述研究表明，尽管在人类形成的初期，某种超音段成分已经产生并具有传递信息的功能，但它还不是词的语言。这种超音段成分并不是指称具体事物的，而是对某种情境的情绪表达。因此，在当时尽管发声现象是经常出现的事情，但还很难说是自觉为之的。与超音段成分的模糊的表意

① 参见王士元《实验语言学讲座》，载《语言学论丛》第 11 辑，第 77—81 页。
② 参见伍铁平《思想和语言孰先孰后?》，载《北方论丛》1980 年第 1 期。
③ 参见《心理学纲要》上册，第 152 页。
④ 鲁利亚：《神经心理学原理》，第 301 页。
⑤ 王士元：《关于区别特征理论》，载《语言学论丛》第 11 辑，第 89 页。

功能不同，原始人的动作和手势却是间接表意的重要手段。下面我们从几个方面谈谈手势语言在由意会到言传过程中的意义。

我们认为，要揭示手势在由意会认识到言传认识中的作用，首先要阐明作为语言形式的语音和它所指称的外部事物之间的联系是怎样实现的。我们知道，在发达的形态上，思维的形式是借助于语言的形式（语音）表示出来的，思维的内容则是凭借语言的内容（语义）表现出来。这样，语义在语言的声音和思维的内容（即语言所指的对象）之间起着一种中介的作用。上述关系在其起源的初期就表现为声音——意义——外界事物之间的联系。在这三者关系中，最关键的部分就是意义或语义。因为声音同外部事物的联系是间接的，正是思维或意义把它们联系起来。如前所述，语言发生的思维基础是表象，它是把声音和事物联系在一起的形象意义。就此而论，前语言的浑沌体也必然是事物、意义和声音的联合体。不过，在语言发生阶段，观念形象自身并不能把声音和事物联系起来，要实现这种联系必须借助于外部的手势动作。这就是说，在当时，不仅认识不能脱离手势动作，而且运用声音信号来指称对象时也是不能摆脱手势的。某种声音正是通过手势同事物发生条件联系而具有它的特定含义。手势不仅使声音和事物联系起来，而且在无数次的重复之后，也使声音与事物联系的暂时性逐渐成为约定的，即固定的。到此时，一部分声音就固化了某种含义并转化为语音。

按照巴甫洛夫的观点，大脑两半球最一般的活动就是一种信号性的活动。各种关于周围世界的知觉和表象，对我们来说，是现实的具体的信号，即第一信号。语言就其是具体信号的抽象化和概括化而言，是第一信号的信号，即第二信号。因此，作为思维的条件刺激物的信号包括具体和抽象两种形式。使我们感兴趣的问题是，处于形声并用阶段的信号性活动的性质怎样？它们究竟是属于第一信号系统还是属于第二信号系统？如果是前者，那么从前者过渡到后者的机制如何？

起初，手势和声音作为表象思维的辅助手段，是和具体对象、活动的情境交织在一起的。由于声音作为对象的条件刺激物，需要与对象或动作有一定次数的结合才能形成。所以，此时的形、声并用系统只是作为思维的复杂刺激物的构成因素而发生作用。换言之，手势和声音所引起的条件反应还是处在第一信号系统的范围内。这不仅是因为形、声混合符号具有同动物所常用的那些条件刺激物的基本特征，而且当声音和意义的联系尚不稳固、人们的思维还不能有效地区分声音的意义时，声音信号就仍属于具体刺激物的范畴。这正像对于不理解词的意义的动物来说，语音词只是具有具体物理特征的刺激物一样。但是，随着交往活动的重复和发展，这种具有新质因素的复合刺激物逐步发生分化，声音和意义的日益紧密的结合使声音信号在思维和交往中的意义越来越大。到后来，由意义的声音（语音）就代替了复合刺激物的其他成分，声音信号就从第一信号系统转化为第二信号系统。

声音信号之所以能从复杂刺激物中脱颖而出，显然与它的特性有关。在复合刺激物中，具有某种含义的手势总是因人而异的，在不同的场合，相同的手势其含义却发生变化。但是，指称一定事物的声音信号却是相对稳定的。声音信号所形成的条件联系的稳固性是由形、声复合体逐渐向以语音为主的交际手段过渡的最重要的原因。语音从复合刺激物中分化出来，意味着用与之有关的语音就能引起以往在具体刺激基础上形成的条件反应。因此，语音相对于那些具体的刺激物而言，就日益成为概括性的刺激物。由此可见，语音从其相伴随的其他成分中提升出来的过程，也就是它从第一信号系统转变为第二信号系统的过程。

在语言发生的初期阶段认识的形态

许多研究者认为，在形声并用基础上产生的有声语言并不是词的语言。正像所有儿童在学习讲话时都经历过一个局限于单个词的话语阶段，原始人的语言也产生于那些简单而固定的声音——单音语。这些单音语既是词也是句子。伍铁平先生指出："人类最初的语言很可能是不分什么词和句子的，这也可以用语言的个体发生为证。儿语中最先出现的音节就是不分什么词句的。如他们说'椅'，可能是表达一个词，也可能是表达一个句子（如'给我椅子'，'让我坐在椅子上'等等）。"[①]

那么，人类最古的语言，究竟是什么样子呢？换言之，原始语言的最

---

① 伍铁平：《思想和语言孰先孰后？》，载《北方论丛》1980 年第 1 期。

初的词类和语法结构是何种面貌呢？这是我们极感兴趣的问题之一。因为这个问题的解决对于了解原始人言传认识的性质和水平可能是有价值的。

近年来，张今和陈云清两人提出了一个"关于原始动词的假说"。他们认为，原始动词是人类最早形成的词："原始动词是适应原始人共同劳动的需要而产生的。一个声音或一个声音的重复就是一个'句子'。一个原始动词就可以反映原始人劳动生活和日常生活的一个情境。在原始动词的意义中，不但包含着某种行为，而且包含着行为的主体、客体、方式，工具、时间、地点等等。总之，原始动词有两个特点：（一）从词汇学角度来看，原始动词的意义中不但包含有行为，而且包含着整个的情境和画面；（二）从语法学角度来说，原始动词是最原始的语法结构。其他句子成分（宾语、主语、状语、定语等），是逐渐从其中分化出来的。"[1] 我们来看看这个假说在语言学中存在的若干证据。

首先，在现代语言中仍可找到原始动词的遗迹。例如，"现代两军肉搏战场上的'杀'声就十分近似一个原始动词。这个词的意义中既包含着行为（杀），同时也包含着行为的主体（我方士兵）、客体（敌方士兵）、手段（刀或枪）、地点（战场上）、时间（肉搏时刻）等。"[2]

其次，在许多民族的远古语言中，都存在着动词和静词界限不甚分明的现象，这是由远古语言中动词和静词可以相互转化造成的。在古汉语中这方面的例证较多。例如：

1. 食（吃）转化为食（食物）
2. 咽（吞咽）转化为咽（喉咙）
3. 狩（猎取）转化为兽（野兽）
4. 渔（捕鱼）转化为鱼（鱼类）

最初，一个句子中有一个原始动词，就可以满足原始人交往的需要。所以原始动词本身也是一个句子，它体现了最原始的语法结构。随着认识活动的发展，这种最原始的语法结构已经无法满足人类交际的需要了，这时人们就需要用一个新词放在原始动词的前面或后面，以点明和突出由原

---

① 张今、陈云清：《英汉比较语法纲要》，商务印书馆1981年版，第337—338页。
② 同上书，第338页。

始动词所反映的画面的某个部分。因此，原始动词向静词（名词）的转化，表明原始人对活动情境的认识深化了，由整体浑沌的认识转化为具体细节的认识。

再次，原始动词不仅为语言的分化提供了现实基础（情境），它同时也是语言分化的语音基础。从语法角度看，动词转化为名词以后，可以转指行为的主体、客体、工具、方法、结果、原因、场所、时间等。从中我们可以体会到原始人运用同一语词表达不同的思想内容的历史线索。张今和陈云清从现代英语表示行为的抽象名词具体化的用法中，揭示动词转化为名词的规律性。这八个方面是：

1. 行为→行为主体或其行为能力

leadership（领导）→leadership（领导机关）

government（治理）→government（政府）

2. 行为→行为客体

command（指挥）→command（部队）

Plant（种）→Plant（植物）

3. 行为→行为的结果

secretion（分泌）→secretion（分泌物）

solution（溶解）→solution（溶液）

4. 行为→行为原因

complaint（抱怨）→complaint（不满、疾病）

objection（反对）→objection（反对的理由）

5. 行为→行为的工具、方法

protection（保护）→Protection（保护方法）

Pass（通过）→Pass（通行证）

6. 行为→行为的程度、范围

concentration（集中）→concentration（浓度）

7. 行为→行为的地点

orient（升起）→orient（东方）

settlement（定居）→settlement（居留地）

8. 行为→行为的时间

life（生活）→life（寿命）

语句中的不同成分由动词转化出来的过程，从语言学角度揭示了在认识史中主客体逐步分化的若干信息。我们曾在上面提出，原始动词反映的不仅是行为，它还暗含着主客体相互作用的整个画面，行为动作则是这个画面的中心。德国哲学家恩斯特·卡西尔在《人论·人类文化哲学导引》中指出："人的突出特征，人与众不同的标志，既不是他的形而上学本性也不是他的物理本性，而是人的劳作（work）。正是这种劳作，正是这种人类活动的体系，规定和划定了'人性'的圆周。语言、神话、宗教、艺术、科学、历史，都是这个圆的组成部分和各个扇面。"① 如果说，以人的劳作和活动为圆心所组成的文化圈是一个大圆圈，那么以原始动词为圆心，由原始动词分化出来的各种词类和语句成分构成的则是原始语言本身固有的小圆圈。这个小圆圈当然不是自身封闭的，它不过是人类文化圈上的一个环节罢了。

继原始动词之后出现的语法结构是介于词和句子之间的过渡形式，它们至今还残留在爱斯基摩人、楚克奇人、印第安人的语言中。这种过渡形式的特征是，在外表上和词相似，实际上是由几个词根组成的彼此不可分离的句子，因而是一种词——句子的复合体。例如，在犹加吉尔人的语言中有这样一些词，它们可以解释为"人打死鹿"、"狼咬死鹿"等。② 在爱斯基摩人的语言中，一个词加上不同的词尾就代表不同的意思，"例如'tuktoo'的意思是'北美驯鹿'；'tuktoojuak，是'大驯鹿'；'tuktoo-juakseok'是'猎取一只大驯鹿'，'tuktoojuakseokniak'是'将猎取一只大驯鹿'；'tuktoojuakseokniakpunga'是'我一定要猎取一只大驯鹿'。这样，爱斯基摩语言中的一个词就能代替英语中的一个句子。"③

综上所述，在原始动词产生阶段，人们对外界的反映是情境反映，动作和整个情境是交融在一起的，作为认识要素的主体、活动和客体尚未分化，思维的逻辑形式仅具有压缩的、谓语的结构。但它同早期意会认识相

① 《人论》，上海译文出版社，第87页。
② 参见 Л. И. 鲍达列科《意识形成的基本阶段》，基辅1979年俄文版，第171页。
③ 转引自朱狄《艺术的起源》，第75—76页。

比，毕竟前进了一步。意会认识作为体感性认识，是通过人的身体化活动实现的，它把身体活动作为认知判断的一种形式。和其他因素相比，在认知情境中人的活动和动作无疑是最紧要的因素。既然认识起源于主客体之间的相互作用，起源于主体和客体之间的中途——活动，那么，原始动词的产生和出现不正好反映了人类认识发生的基础和本质吗？

需要指出的是，原始动词虽然反映了认知情境的中心环节，但它能够传达和使人领悟的信息毕竟是有限的。所以，与原始动词相配合的非语言交际手段仍起着重要的作用。我们知道，非语言的交际手段一般主要用来表示形象认知和思维。意会认识和直观动作思维的本质就是用形象来思维。列维—布留尔在论述原始思维时，认为手势语言的大量存在是原始思维的重要特征。他认为，原始人的手势语言是同有声语言并存的，它有自己的语汇、语法和独特的表现系统。当两个语言不通的部族接触时，他们就可以用手势语进行交谈，"不同部族的印第安人彼此不懂交谈对方的有声语言的任何一个词，却能够借助手指、头和脚的动作彼此交谈、闲扯和讲述各种故事达半日之久。"列维—布留尔认为，用手势语言说话的人拥有大量的视觉表象供其使用，使之看见了手势就会产生联想。这一方面说明在语言产生的初期，非语言交际手段对传达意会认识仍起基本的作用，同时也表明，在原始动词阶段，原始人用声音传递信息时尚不能脱离形象。此时的声音只有同形象联系起来，才能获得确定的意义。因此，手势虽然是非语言交际手段，但它在促进声音和事物之间产生联想方面具有重大作用，声音和意义的固化最初是通过手势实现的。手势同声音相比更具有形象性，因为它赖以发生作用的基础在于人们活动结构的相似性，以及人们在形象识记时的心理结构的相似性。

从原始动词发展到词——句子结构，表明人们对事物的认识和表达进一步深化了。尽管在词——句子结构中，对认识的表述仍作为统一的声音复合体存在着，但思维的逻辑已初具雏形。如果说，在意会认识或动物性推理中，主要地是直觉认知和直觉判断，那么，在词——句子结构中，推理的过程以萌芽的形式表现在语言中。从意会认识到原始动词的出现再发展到词——句子结构，表明认识由朦胧日益走向明晰化。

从原始语言的分化看言传认识的发展

如果联系人类认识的发展来追踪语言的发展，那么，语言的发展大致可以划分为三个大阶段，即原始语言时期、语言分化时期和语言成熟完善时期。原始动词（句）的产生是原始语言的主要特征，由于原始动词反映的是原始人活动的整个画面，所以在这一时期，原始人对事物的认识是整体的浑沌的。语言的分化时期主要是指从原始动词分化出主体词、客体词、工具词、处所词、目的词、方位词、情状词等，以及这些词类的种种具体表示法。这一时期是语言发展的泛滥时期，许多民族学调查资料表明，当代现存的许多原始部族的语言发展仍处于这个阶段。我们在此简要地分析一下语言分化时期的认识论特征。

据有关学者研究，在原始语言的后期，最早从原始动词分化出来的是无人称代词（包括无人称宾语和无人称主语）。在一定意义上说，无人称代词是最早的名词，因为它是万事万物的名称，可以用它来指称一切自然现象和社会现象。语言学的这一事实表明，原始人对现实的认识还是朦胧浑沌的。但是，无人称代词的出现毕竟表明原始人开始有了认识对象的观念的萌芽。这种朦胧的认识对象观念，一旦以词为支点形成起来，就不能不推动远古人类在社会实践中去加深对他们面前的各种认识对象的认识，从而导致原始名词的产生。[①] 原始名词同现代名词有一个重要区别，即原始名词全部是专有的名词或个体的名称。如果说，概括性的抽象名词（类名词）的产生标志人类抽象概念思维的形成，那么由原始动词到原始名词，则表明原始人的认识由朦胧到具体化。思维概括化的基本路线是从最初的整体性综合知觉到逐步区分这个整体，然后再从详细的区分中找出类别性的共同特征。因此，从原始语言时期到语言分化时期的最主要的特点，是具体词汇的丰富和一般词类的贫乏。在南非的苏鲁人那里，对于红的、白的、黑的等各种颜色的母牛都有特殊的名称，但却没有一般种类的母牛的名称；对于公绵羊、牧羊犬以及鸟等各类动物的尾巴都有具体的名称，但对"尾巴"却缺乏一般的称呼；在人称代词方面，他们可以个别地

---

① 见张今、陈云清《英汉比较语法纲要》，商务印书馆1981年版，第349页。

表示：我和你，我和他等，但却不能一般地表示"我们"。① 此外，像
"树"、"鱼"、"鸟"、"水"、"冷"，"雪"等，许多原始民族都有数十种
甚至上百种专门的词来表示具体的区别，但对于这些事物却没有一般
的词。

列维—布留尔在他的著作中曾作了大量的引证。他认为，原始民族语
言的最触目的特征，是他们特别注意表现那些为我们的语言所省略或者不
予表现的具体细节。在原始民族的语言中，不仅名词、指示代词、副词等
具有无限繁杂的形式，以便表现主语和补语之间的距离关系、相对位置、
可见程度、在场或不在场；而且动词也有同样繁多的形式来竭力表现由动
词表示的各种动作样式。在恩鸠蒙巴族的语言中，动词的时态词尾变化要
表示：动作是刚刚完成的还是不久前完成的；是在遥远的过去完成的，还
是必须立即完成的，还是在将来要完成的；这动作在过去或将来是否继续
或重复。此外，动词后缀还有其他一些变化，以便表示单数或双数的人
称。各种词类形式的繁多是各原始部族语言中存在着的普遍现象，调查者
称它为"最可怕的迷宫"。在阿留申语中，甚至一个动词可以有四百多种
词尾来表示式、时、人称，还不算借助助动词构成的时间。"显然，这些
众多的形式中的每一种，在最初的时候都必须符合某种确定的细微语义差
别。"② 列维—布留尔指出，表现动作或主体与客体的任何特点的形式的非
常多种多样，是原始民族使用的极大量语言的共同特征。问题在于，原始
人虽然拥有极大数量的具体词汇，但却显著地缺少表示抽象的动作和事物
的词类，这就证明繁杂的词类和语法正是原始人形象具体思维的表现。

作为原始人的感性具体思维基础的东西不是抽象能力，而是其惊人的
记忆力。封·登·斯泰年曾报道巴卡伊利人在河上旅行过一次，就能不要
文字记载而对流域的各种特点知道得详尽无遗。"这种具体的，能够把感
性印象的最微小细节按其出现的顺序正确地再现出来的记忆力，它的这种
惊人的发展，也在另一方面表现出来，即在原始人语言的词汇丰富和语法

---

① 参见 A. Г. 斯皮尔金《意识的起源》，莫斯科 1960 年俄文版，第174—175 页。
② 见列维 – 布留尔《原始思维》，商务印书馆版，第138—139 页。

的复杂方面表现出来。"① 由是观之，原始人低下的抽象能力和高度发达的记忆能力与词汇的繁多和语法的复杂就不是相矛盾而是相一致了。语言的这种特殊分化不仅是具体感性记忆的手段，同时也是具体感性思维的产物。语言的发展与认识的发展具有某种对应关系。当认识局限于认识对象的微小细节时，则语言也必然会以某种复杂的形式来表示这种细微的差别。否则，人们就无法进行和传达这种具体感性的认识。

马克思指出："最一般的抽象总是产生在最丰富的具体的发展的地方，在那里，一种东西为许多东西所共有，为一切所共有。这样一来，它就不再只是在特殊形式上才能加以思考了。"② 原始专有名词在史前时期的丰富发展以及个别概念在原始民族的意识中占有主导地位的状况，并不是永远不变的。正相反，恰恰是语言分化的丰富性为一般概念的产生准备了最重要的条件。例如，在澳大利亚某些部落的语言中，尽管他们对具体事物的名称的兴趣远大于对事物的概括表述，但是类概念还是产生了。在许多部族的语言中，除了用具体名称来表示"鱼"、"蛇"、"鸟"、"树"的不同种类以外，还有表示它们的一般术语。③

有声语言是人类获得的最有力的交际和思维的工具，语言结构的两重性或二元性决定了它是一种无限制的系统，人们不仅可以在少数音素的基础上形成不同的词素，而且可以把词素以过去未曾有的方式纳入语法模式中去，从而产生新的信息。可以说，语言的能产性和开放性是它的最重要的特性。这种能产性和开放性不仅表现在语言结构的转换中，而且表现在语言的历史发展中，正是这一特性有效地推动了人类认识和思维的发展。概观语言促进认识发展的过程，主要有以下几种形式：

首先，词类的分化和转化促进了主客体的分化。例如，随着语言的发展，主语词分化为实体主语和状性主语，实体主语又分出有灵主语和无灵主语；宾语分化为动词宾语和介词宾语④；尤其是动词的分化和转化意义

---

① 《原始思维》，第 109 页。
② 《马克思恩格斯选集》第 2 卷，第 107 页。
③ А. Г. 斯皮尔金：《意识的起源》，俄文版第 175 页。
④ 介词宾语的产生，标志人们对于工具、方法、时间、空间、原因、结果、目的、范围、程度等范畴，有了初步的认识。在此以前，人们对此只能有较朦胧的意识。

更加明显。当动词分化出结果动词和非结果动词、实际动作动词和思维动作动词时，主体和客体、主观和客观的分化已达到较高的程度了。当虚动词和情貌动词出现以后，人类就把动词所反映的整个画面移到宾语中去，从而使行为对象化，这是人类自我反思的语言学基础。

其次，词汇的升华和语句的压缩促进了认识由具体到抽象的发展。语法结构的发展表现出双向的运动过程，一方面表现为不断的分化和复杂化，另一方面则表现为词语的吸收（如由及物动词转化为不及物动词就表现为宾语的吸收）以及复合句成分（子句）的压缩。例如，复合句中的子句是动句，这个动句就可以压缩成一个表示动作的名词性语结或词组。这类语结或词组实际上是动句的高级形态，它们体现了语言由具体到抽象的发展趋势。如果说，由动句衍化而来的动名词语结和不定式语结还保留着较多的动词特性，抽象程度还较不明显；那么，在行为抽象名词语结中，行为抽象名词已不再指称任何动作，最后演变到只代表某种抽象概念。"抽象名词从最初代表具体行为、具体事件，演变到只代表抽象概念，最后就把人类思维推上了高度抽象的阶段。这种高度抽象的思维正是高度发达的现代自然科学和现代社会科学的基础。没有语言的帮助，没有抽象名词这一语言形式的帮助，人类思维不可能达到这样高度抽象的阶段。"[1]

再次，有声语言的迅速消失特性决定了句子的形式结构只能储存很短的时间，它可以使人们连续不断地发送新的消息。语言的接收者利用语言的形式结构，只是为了把握句子的深层含义。一旦理解之后，就会抛弃句子的表面结构。有声语言的快速性表明它是人与人交往之间转瞬即逝的桥梁。在交往中，听者必须快速地压缩信息，才能把握说话者的整个意图。压缩信息的速度和质量是随着语言的升华和不断抽象化而提高的。当人们把句子压缩为语结时，在逻辑上就表现为把判断压缩为概念。人的思维结构的演化过程本质上就是在语言的表层结构的底层逐步形成极度压缩和抽象的概念网络的过程。

最后，如上所述，由意会认识发展出言传认识的过程中，虽然语言在人类认识和思维的发展中的作用随着语言本身的发展而日益显著，但是言

---

[1]　张今、陈云清：《英汉比较语法纲要》，商务印书馆1961年版，第409页。

传认识并没有取代意会认识，勿宁说它更促进了意会认识能力的发展。当人类的语言达到完善地步和成熟形态之后，随着语词的普遍性和抽象度的提高，人的思维日益形成了抽象的编码形式，即在人的思维中保存和建构起来的只是意义结构（概念框架）而不是声音和文字。这说明，随着语言的成熟和个体言语水平的提高，人的思维往往从语言的表面形式中摆脱出来，进行更简约的思考。在思维和语言的对立统一运动中，从无言语的思维发展到有言语的思维，最后又达到无言语的思维（例如，看到某物就产生顿悟性的直觉思维）并不是同语言的发展水平相矛盾而是相一致的。易言之，由意会认识发展到言传认识，最后又达到新的意会认识，这种新的意会认识的产生正是语言高度发展和浓缩的产物。当言传认识产生的初期，思维活动还无法从语言的具体声形中摆脱出来，当言语思维达到一定水平之后，如果思维仍局限于语言中具体、表面的东西，就会为它所累，以致影响创造性思维的进行。只有使思维摆脱具体言语的束缚和更多的语言不需要思维（即思考），人们才有可能把思维集中于解决问题的创造性活动中①。当然，思维和语言的分离不是绝对的，用波兰尼的话来说，语言和思维的关系，作为觉察连续体的两极，前者只是人们附带觉察的对象，后者才是集中觉察的对象。

引喻和象征——由具体到抽象的途径

从大的方面看，人类认识和思维的演化经历了两次飞跃：由意会认识向言传认识的过渡以及由具体形象思维向抽象思维的过渡。促成这两次飞跃的社会基础是人类生存实践的发展。但是，认识和思维的发展除了社会条件之外，尚有其内部的转换因素及其机制，只有把握了这后一个方面，对人类认识演进的逻辑机制才算有了较全面的了解。关于由意会向言传过渡的思维机制问题，我们在上面已经论及，这里不再赘述。仅就认识由具体到抽象的问题，加以概略的叙述。

很显然，认识从具体到抽象与语言的产生有关。人类的语言符号的本

---

①　参见冯增俊《关于语言和思维的同步性与可分性的探讨》，载《海南大学学报》1984 年第 4 期。

质是象征性符号，这是人的思维符号与动物性符号的区别所在。美国哲学家皮尔士按符号与对象的关系把符号划分为三类：1. 图像——某种借助自身和对象酷似的一些特征作为符号发生作用的东西；2. 标志——某种同对象有着某种事实的或因果的关系而作为符号起作用的东西；3. 象征——某种和对象之间有着一定惯常联想的"规则"而作为符号起作用的东西。①就象征而言，能指和所指的关系是武断的、任意的，因而象征符号和对象的关系总是表现为某种思维过程。由于语言和文字是最典型的象征性符号，所以，在语言产生以后，人类的表象思维就走向了新的发展道路，即在语言功能的影响下，表象思维通过借喻和象征逐步演化出抽象思维。

我们知道，几乎任何语词都是多义的，这种多义性是每一种语言都具有的特性，众多的意义构成语词的意义束。从认识论角度看，语词的意义束总是可以分为两个层次：具体意义和抽象意义。词义的演变一般是从具体的、专指的逐步转变为泛指的抽象的。词义的演变当然反映着思维所经历的变化。那么，借助于语言的思维发展的轨迹是怎样的呢？

许多语言学家都指出，人类的语词多半是比喻性的，语言本身就是通过取之于专门词汇的比喻而发展起来。帕默尔说：词的"意义扩展的最丰富的源泉是词的比喻性应用"，"一个说话人想要生动地向听话人表达某一性质，可以提到特别显著地具备那种性质的一个实物。形容一个忠厚善良但毫无风趣的人为'汤团'或者'羊油布丁'是再好不过了。同样，动物可以作为体魄的或道德的品质的象征。蛇象征狡猾和阴险，猴子象征调皮捣蛋，狐狸象征诡诈，狮子象征勇敢。"② 在语言发生的初期，原始人并没有表示一般思想的用语，所有的只是实物的形象以及标志这些实物的语词。换言之，原始语言的词类都是专指。人们的认识总是从已知进入未知，在缺少泛指词类的情况下，首先就要借助于专指的词类来表示，久而久之，这些具体的词义就摆脱原有的事物而演变出指称其他事物的词义。

鲁道夫·阿恩海姆认为，所有理论性用语，几乎都具有比喻性质，"语言发展的历史表明，那些现在看上去与直接的知觉经验无关的词语，

---

① 参见特伦斯·霍克斯《结构主义和符号学》，上海译文出版社 1987 年版，第 131—133 页。
② L. R. 帕默尔：《语言学概论》，商务印书馆 1983 年版，第 71、73—74 页。

在它们刚出现时是与之有关的。看得出来，许多词语现在仍然是比喻性的。举例说，'思想深奥'这一词，其英语名称'profundity'就仍然包含着拉丁语中的'fundus'（最底下的）。其实，水井的'深'与思想的'深'，即使在今天也是用同一个名字（英语中都是 depth）。"① 他认为，人们一般用词时的习惯，总会反映出概念性思维从"感性实在"中引申出"非感性实在"的心理过程。所以，语言中的借喻现象不单是为了表述思想的方便，而且是人们思考和想象抽象事物时的唯一可行办法。思想的"深"是无形的，如果不借助于对物理深度的知觉就不可想象。

抽象思维中的理论性用语具有借喻性质，其心理基础是同抽象观念最初都是从感性具体中引申出来的这点有关。因此，人们在用语言进行日益概括化的思维时，总是时时依靠自己的感性经验，以它作为理解抽象观念的基础。用指称感性事物的词来转指非感性事物，就是这一思维历程在语言学上的表现。

现代符号学特别强调语言符号的自主性和独立性，但从上述分析中可以看出，语言符号的自主性是相对的，它的演化和发展总要受到认识和经验的制约。换言之，认识和语言的交互作用决定了语言发展演变的规律性。这一点是由语言符号的功能属性所决定的。语言的功能在于激发和唤起感知者头脑中的思维过程，语词之所以能指称对象，正是在于人们的头脑把符号和对象联系起来。语言的借喻性首先是人类认识和思维的借喻性的表现。因此，我们也可以反过来，从思想的演变来观照语言的发展。

按照维柯的观点，处于童年人类的思维是一种诗性思维，贯穿于诗性思维的是类比的或拟人化的逻辑，它的表现形式就是隐喻和象征。可以说，认识从已知进入未知的基本环节是寻找事物之间的相似之点。所谓抽象和概括的能力，说到底，不过是对存在于迥然不同的事物和情景之中的相似性的把握。所以，拉法格指出，野蛮人逐渐地把名字和概念从他们最初所知的人和物身上移到那些真实地或想象地具有相似之点的人和物；因此他们是通过类推和比较的方法而造成包容更为宽广的物群的抽象思想；有时专有名词变成抽象思想的象征性的用语，代表与为之编造该词的实物

---

① 鲁道夫·阿恩海姆：《视觉思维》，第 342 页。

有类似之点的物群。这就揭示了语言本身的借喻性、词义由感性实在到非感性实在的认识论根源。

需要指出的是，对事物之间的相似之点、特别是具体事物和抽象事物的相似之点的把握是历史的事情，任何一个语词的具体含义和抽象含义之间的联系总是历史演变的结果。拉法格曾指出，在埃及人那里，表示直线和正义是同一个词，这是因为在尼罗河泛滥之后重新测量地界时，每个家庭分得的地块是由等长的直线来保证的。由于当时基本的经济活动是农业，等长的直线内包含的地块使人们的平等意识得到最大的满足。久而久之，测量土地的等长直线就成了公平、正义和真理的象征，当人们谈到前者时就自然意味着后者。在我们看来毫不相干的两种含义，从历史发生来看却是再合乎逻辑和再自然不过的事了。与此相类似，在希腊文、拉丁文和英文中，财富和道德的善是同根词；在希腊文中，份额和命运、牧场和法律是同一个词；这些词的具体意义和抽象意义之间的联系同样是历史造成的。这一点是起初的专指名词变成抽象观念的象征性用语的根本原因所在。

人类的头脑通常在工作中都采用同样的方法，尽管他所要处理的对象有区别。既然原始人靠类比来思维，靠借喻和象征来表达，那么用具体来表示抽象就绝不会局限于道德领域，作为人类对自然规律的掌握和运用的空间观念、时间观念和数量观念等，也必然是通过类比和借喻手段从具体含义中演变出来的。众所周知，现代的空间方位概念是史前的方位观念的进一步抽象，而史前的方位观念是直接依据具体的自然现象（太阳的升降）和地势起伏来表示的。与此相类似，岁时概念的原始含义与物候现象（草木的荣枯、鱼类的回游、动物的交配繁殖）和人的活动节奏息息相关。甚至最抽象的数量观念也起源于具体物群（集合）的比较，数学史的资料表明，现代通用的十进位制显然是来自以手指计数的事实，以手计数的史实甚至在书写的罗马数字符号中保留下来。一切的度量也都是借喻，中国史书上记载的"布指知寸，布手知尺，舒肘知寻"是古代社会的普遍测量单位，当人们说某物有多少尺寸时，其意思不过是指该物的长度等于几手几指。我们知道，在词和客观事物之间起中介作用的是人类的思维活动，因而词义的每一转变也就记录和包含着人的思维活动的发展。词义的分化是历史的产物，起初专有名词作为实物的记号，仅仅充当抽象观念的象征性的用语，随着人的抽象能力的上升，原先来源于具体事物的词义就逐渐脱离这些事物，专门用来表示某种抽象思想了。拉法格在总结词义由具体过渡到抽象的历史过程时指出："假如在借喻的和象征的文字中某种物质的东西的描画成为某种抽象思想的象征，那末就应当懂得，一个词创造出来以表示一个实物或它的某一属性最终便会用来表示抽象思想。"①

人的认识由具体（个别）到抽象（一般），不仅表现在由专有名词向类名词的发展上，而且表现为形容词从原始名词的分化上。马克士·穆勒认为，抽象的词即形容词的产生，就是事物的属性被从事物中抽象出来的过程，这个过程正是靠借喻来完成的。所谓借喻，就是拐个弯，用别一事物来说明此一事物。这一方法正是把对象和它的属性加以分解（即形容词产生）的关键一步。如所周知，在原始名词阶段，事物的属性还没有从具体物中分离出来，当人们还不能自由地思维对象的属性、只能思维现实的对象时，具有这种属性的事物就成了该属性的代表者。换言之，某些事物最突出的属性，由于它在人的感官中引起最强烈的印象而成为参照物，称呼该物的语词也就作为比较词和标准词，人们就用它来说明与之类似的事物的性质。例如，塔斯马尼亚人不能抽象地表示硬的、软的、热的、冷的、圆的、长的、短的等性质，为了表示"硬的"，就说像石头一样，表示"长的"，就说像大腿一样；表示"圆的"，就说像月亮一样。要在史前原始部族的语言中，找寻有关动物、植物、颜色、性别、种属等的抽象概念的专门语词，往往是徒劳的。在俾士麦群岛，没有表示颜色的专有名称，"颜色永远是按下面的方式来指出的：把谈到的这个东西与另一个东西比较，这另一个东西的颜色被看成是一种标准。例如，他们说：这东西看起来像乌鸦，或者有乌鸦的颜色。"久而久之，乌鸦这个词就成了黑色的代名词。② 拉法格认为，借喻是抽象思想借以钻入人脑的主要方法之一，因为正是在借喻中，对象的属性是在同另一事物（标准事物）比较中表现出来的，这是对象同其属性开始分化的起点。

---

① 拉法格：《思想起源论》，第60—61页。
② 参见列维—布留尔《原始思维》，第164页。

当原始人用"石头"来表示一个物体的硬度，用"月亮"来表示圆的东西时，他就是借用另一对象的特征之一来说明这一对象的特征。当两个个别物体由于某一点相似而被加以比较时，当已知物体的特征被用作象征性用语来描述另一物体的特征时，个别特征就转化为一般，逐渐从个别中分离出来成为多个物体的特征，因此借喻是个别特征向日益概括的一般特征过渡的转化器。在语言的发展中，原始名词转化为类名词的过程也就是形容词从原始名词中分化出来的过程，其结果是形成了两个基本的概念系列，即表示一般对象的种概念和表示事物抽象的质的概念。这两个概念系列是人以借喻和象征为手段，通过脑力的蒸馏，把事物群和质群加以分离和抽象的产物。

综上所述，当言传认识产生以后，人类的认识就不拘泥于意会认识一种形式，而是意会和言传两种认识形式的统一。这种统一的现代形式就是形象思维和抽象思维两种思维形式的互补形态，而这两种思维的互补结构是文明思维的基本结构。人类的认识形式是历史发展的产物，认识和思维的互补形式是从动物的心理反映过渡到人类认识所表现出来的基本趋势和规律。这一趋势一方面以脑的演化为基础，另一方面又促进了脑的组建和发展。大脑皮质结构和功能的分化、两半球的结构对称和机能不对称的出现，都趋向于保证认识和思维的互补结构。这种感性和理性、意会和言传、形象和抽象的互补统一为人类认识所特有，人类依靠这种能力不仅创造了经验，而且创造了科学。

四

由客观的逻辑到思维的逻辑[*]

在前面各章中，我们曾考察了认识发生的生物学前提和社会历史的前提，阐述了认识过程中的各种因素的发生和发展。在本章中，我们将重点考察人类思维逻辑的起源问题。

当代著名心理学家皮亚杰认为，一切智慧和思维都有一种逻辑结构的因素，人是靠逻辑来理解自然、揭开自然的奥秘的，"如果没有这些结构，关于客体的知识就仍然是不可能的。"[①] 认知的逻辑和思维的逻辑的起源理应是考察认识发生的重要方面。逻辑是认识发生的机制之一，研究认识何以发生的问题，就不可避免地会碰到逻辑问题。逻辑问题不仅与认知的机制相联系，而且认识过程及其观念成果也以逻辑的格的形态存在着。思维逻辑的形成是人类在认识和改造自然界的活动中取得的最辉煌的成就之一。由自然的客观逻辑向人的思维逻辑的转化、生成过程以概括的形式映现着人类认识的生成和发展。逻辑和语言不同，它不是思维的外在的感性的形式，而是思维得以构成的内在形式。人的认识内容及其外部表现的语言总是不断变化的，而思维的逻辑结构却是相对稳定的，从这个意义上说，逻辑构成人类认识的本体。因此从形式方面研究人类思维的起源，就理所当然地成为认识发生论的最重要的课题之一。

恩格斯在谈到思维规律和自然规律的关系时指出，思维规律是人类头脑的产物，而人本身是自然界的产物，因此，思维规律归根结底是自然界

---

[*] 本文原载于《认识发生论》一书的第六章。

[①] 　J. 皮亚杰：《心理学是什么》，见《现代心理学发展中的几个基本理论问题》，中国社会科学出版社1982年版，第5页。

的产物，它并不同自然界的其他联系相矛盾，而是相适应的。① 由于观念的逻辑并不是思维从自身中，而是人通过头脑从外部世界中汲取和引出的，所以思维规律和存在的规律虽然在表现上是不同的，但在本质上又是同一的。如果我们不是把"思维"当做某种现成的东西，当做一开始就和自然界相对立的东西，而是把思维及其规律看做是从自然界中分化出来的，是人从自然界中逐步获得的；那么，考察思维逻辑发生发展的过程，即由客观的逻辑到思维的逻辑转换的环节及其机制，就构成本章的基本内容。

一　当代哲学对"逻辑"的理解

按照传统的逻辑观点，逻辑研究的对象是人的思维，形式逻辑是研究思维形式和思维规律的科学。一般的哲学教科书和逻辑学教秘书，都是这样定义的。然而，以思维规律作为研究对象的逻辑学却仅限于研究有语言的思维，对于非语言的思维（如表象思维和意象思维等）却几乎不涉及。随着逻辑科学的发展，特别是形式化逻辑和自然语言逻辑的发展，逻辑学家对逻辑学的研究对象产生了怀疑。这种怀疑构成了逻辑史上的形式逻辑和非形式逻辑、语言逻辑和科学发现逻辑开始分化和进一步发展的起点。它表明人们对"逻辑"本身的意识深化并丰富了。

对形式逻辑以思维规律为对象提出明确反对意见的是波兰逻辑学家卢卡西维茨，他说："认为逻辑是关于思维规律的科学是不对的。研究我们实际上如何思维或我们应当如何思维并不是逻辑学的对象，第一个任务属于心理学，第二个任务属于类似于记忆术一类的实践技巧。逻辑与思维的关系并不比数学与思维的关系多。"② 如果形式逻辑的对象不是思维规律，那么它以什么为自己的研究对象呢？考察逻辑发展的历史，无论是古代希腊抑或是古代中国，逻辑学的产生与发展都与研究语言有关③。主张形式

---

① 见《马克思恩格斯选集》第 3 卷，第 74—75 页。
② 卢卡西维茨：《亚里士多德的三段论》，商务印书馆 1981 年版，第 25 页。
③ 参见李先焜文《语言、逻辑和语言逻辑》，载《哲学研究》1986 年第 8 期。

逻辑研究的直接对象是语言，这并不是卢卡西维茨一个人的观点，它日益得到当代逻辑学家的普遍赞同。例如，日本逻辑学家坂本百大指出："逻辑学在过去往往被定义为'思维规律'的学说。可是这个定义，恐怕会给人一种印象，似乎逻辑学只是与现实思维有关的学说，所以这种说法最近几乎已废弃不用了。"他认为，所谓逻辑，与语言密切相关，逻辑规律不过是包含在语言之中的一种最基本而又严密的用法规则。那么，逻辑学与语言学的区别何在呢？坂本百大认为，虽然"逻辑是一种语言规则。然而，这只是关系到命题真假的语言规则；换言之，是作为真值函项的语言规则。但关于一种语言的规则，还有许多其他内容，这些内容通常用文法来概括。很明显，逻辑就是文法的一部分。"①

　　如上所述，形式逻辑不过是涉及语言命题真假的文法规则，它是以语言而不是以思维规律作为研究的对象。那么，这种传统是从何而来的呢？直接地说，它来源于古希腊的文化传统；间接地说，它是人类由史前时代跨入文明时代观念转变的产物。要揭示这个问题的底蕴，只要借助于词源学就会给我们很多启示。"逻辑"一词是英文 logic 的音译，它源于希腊文的 logos。在古希腊文中，"逻各斯"（logos）这个词有多种含义，研究希腊哲学的著名学者格思里，曾从古代希腊著作中总结出 11 种用法，但最基本的含义是指言语、理性和规律（或尺度）②。逻各斯作为哲学术语，最早出现在赫拉克利特的著作中，在第尔斯辑本《苏格拉底以前哲学家残篇》50 中，赫拉克利特所说的："不要服从我，而要服从宇宙的逻各斯"这句话中，"逻各斯"就用的是大写的 Word（语词）。由此可见"逻各斯"与"语词"之间的密切关系。③如果我们要问：在古希腊文明中，为什么把语言和逻辑等同起来，那么它的谜底就在史前时代。实在说，言语和逻辑的不可分性不过是史前时代盛行的言语巫术和谎言禁忌的延续而已。

---

　　① 参见末木刚博等著《现代逻辑学问题》，中国人民大学出版社 1983 年版，第 119—121 页。

　　② 参见叶秀山《前苏格拉底哲学研究》，三联书店 1982 年版，第 104—106 页。

　　③ 保尔·拉法格在《思想起源论》中指出："语言起的作用是这么重要，以致基督教徒重复了原始人的思想，说：'语言是上帝'（Verbe est Dieu），希腊人用同一个术语——logos——来表示语言，也表示思想；由动词 Phrazo（说话）他们引申出 phrazomai，意指自己对自己说话，即思想。"

在只有口头文化的史前时代，巫术作为人类征服自然的最强有力的手段而被普遍采用，作为巫术的最重要的因素不是别的，正是咒语，言语曾被视为巫术的最能动的力量。在原始人看来，大自然并不是无声无息的死寂的世界，而是一个能够倾听和理解的世界，是万事万物皆能讲话的世界。在非洲的某些部族中，"言谈"一词来源于动词根 hal，意思就是"给予力量"。因此，人的言谈不但能赋予万物内部各种静止的力量以生命，使之运动和觉醒，而且可以通过巫术中的咒语，实现对各种力量的操纵，使世界恢复失去了的平衡并重建和谐。① 这就是把人和言语结为神圣一体的最初原因。正如恩斯特·卡西尔所指出的，当人认识到这种信念乃是虚妄的，因为自然界并不能理解人的语言时，这无疑对人是个沉重的打击。如果他在拒斥巫术的同时不能发现一条更富希望的出路，那他就不可能摆脱这种绝望感。新的奇迹终于出现了。人们发现，虽然语词的巫术功能消失了，但语言远非是无意义和无力量的。只是决定语言力量的已不再是它的物理特性，而是它的逻辑特性"从物理上讲，语词可以被说成是软弱无力的；但是从逻辑上讲，它被提到了更高的甚至最高的地位：逻各斯成为宇宙的原则，并且也成了人类知识的首要原则。"②

在古希腊以及古罗马时期，语言、逻辑，理性是三位一体的，逻辑作为雄辩术的基础就直接归入语言的艺术，"语言常常被看成是等同于理性的，甚或就等同于理性的源泉。"③ 尽管把语言看作是理性的源泉这种观念在现代看来有所失当，但如果把理性等同于逻辑，而逻辑作为一切语言的普通语法，在历史上却的确是语言的产物。

对形式逻辑语法特性的揭示，实际上也就揭示了它的另一性质。因为形式逻辑是通过语法结构来研究科学知识的形式和思维规范的学说，所以它实际上是跟思维的结果而不是跟思维的过程发生联系。换言之，形式逻辑主要研究思维的产品（由说出或写出的各种陈述组成）之间的关系。通常，人们在探讨形式逻辑的性质时，往往把它与人的辩证理性相比较，认

---

① 参见联合国教科文组织编写《非洲通史》第一卷《编史方法及非洲史前史》，中国对外翻译出版公司 1984 年版，第 123—127 页。

② 参见恩斯特·卡西尔《人论》，上海译文出版社 1985 年版，第 142—143、34 页。

③ 同上书，第 34 页。

为形式逻辑是人类思维的初级形式，却很少提及形式逻辑仅仅研究思维的产物这一特性。

由古希腊时代所产生并延续至今的逻辑传统，在西方科学哲学关于科学发现的逻辑的争论中最鲜明地体现出来。科学哲学中的逻辑主义（反心理主义）把科学认识活动区分为发现过程和证明过程，认为发现过程是超越于一切规则的非理性过程，人们无法追溯它的发生和起源，因而对它无法进行逻辑重建。所以，他们把发现过程完全推给心理学去研究。英国科学哲学家波普是这个派别的重要代表人物，他把人类的知识划分为两类：主观意义的知识和客观意义的知识，并使这两类知识分属于两个不同的领域。主观意义的知识是属于第二世界，第二世界是精神的或心理的世界：包括人的意识状态、主观经验和思维过程；第三世界是客观知识的世界，包括客观化的假说、科学理论等借助于语言文字所表述的知识体系。波普尔认为客观知识体系虽然是人创造的，但它本身却是独立存在和部分自主的，并对人们的思维过程和物理世界产生直接和间接的作用。因此，对客观知识产品进行逻辑研究要比科学认识的心理学研究更为重要。由于波普把主观意义的知识和客观意义的知识对立起来，把客观知识的逻辑同科学发现的心理过程对立起来，否认科学发现的逻辑特性，所以劳丹指出："卡尔·波普尔虽写了一本叫《科学发现的逻辑》的书，而这本书正是否认这个题目所指称的东西的存在。"① 另一些人虽然认为发现过程并非全是非理性的，但也主张把理性和逻辑区分开，认为发现过程是理性的，但却不是逻辑的。这种观点仍然把形式逻辑看作是唯一的逻辑。逻辑主义者把发现和辩护割裂开来，把科学认识的逻辑等同于狭义的逻辑，即形式主义的算法系统，这种观点受到历史主义者的批评，他们把发现、创新和问题解决作为科学认识的主导方面，明确提出科学活动不是命题系统或知识，而是提出问题、解决问题的活动；科学发现的逻辑不是狭义的算法系统，而是问题、答案和问答序列的逻辑。

关于科学发现的逻辑的争论焦点是：究竟有无发现的逻辑，是否所有

① 参见章士嵘《科学发现的逻辑——西方科学哲学研究动态》，载《自然科学哲学问题丛刊》1983 年第 1 期。

的逻辑思考都是关于证明的逻辑？历来对认识和思维的传统研究都是从两方面进行的，一是过程研究（认识论和心理学的研究），一是结果研究（形式逻辑研究）。如果只能对认识和思维的成果进行逻辑分析，而认为对科学知识的形成不能进行逻辑重建，那么关于客观知识的逻辑又是从何而来的呢？固然，从传统的逻辑观点看来，不存在什么科学发现的规则系统，以及依照这一规则系统就可以作出的某种科学发现。但这只是说明，形式逻辑并非是科学认识产生的充分条件，它既不能否认新、旧知识之间的逻辑联系，也无法否认认知过程和心理过程的逻辑机制。随着科学研究突破传统逻辑的局限，发现过程的逻辑终有一天会被揭示出来。

就目前而论，皮亚杰是对逻辑的心理发生研究作出重要贡献的心理学家。他在半个多世纪的时间里，对思维逻辑的心理发生做了大量的实验研究，提出了概念和逻辑运算心理发生的阶段理论，并认为逻辑的心理起源研究是揭示史前人类的逻辑起源的重要途径。

综上所述，我们认为，要全面地揭示人类思维的逻辑机制，就不仅要研究思维产品的逻辑结构，而且要研究思维过程的逻辑结构，因为思维产品的逻辑结构不过是思维过程的逻辑结构的产物。罗马尼亚昂利·瓦尔德院士曾论及逻辑和语言的相互促进关系，他认为，逻辑是关于语言的理论，逻辑所涉及的就是任何一种语言的语法结构，但从历史角度看，逻辑却是语言的抽象能力和概括能力的产物，因而思维的逻辑结构就是语言和文字长期发展的结果。[①] 这种见解无疑是深刻的。然而，当我们对这个问题作更深入的考察时，则会发现上述见解又是不全面的。正如皮亚杰指出的，语言是构成逻辑运算的必要条件，语言能无限地加强逻辑运算的力量并能赋予它一种用别的办法得不到的机动性和普遍性，但语言不是构成逻辑运算的充分条件。换言之，语言并非如古希腊哲学家们所认为的那样是逻辑的根源，"语言不足以解释思维，因为作为思维特征的结构来源于比较更深一层的行动与感知运动的机制。"[②] 现代人的语言逻辑推理能力的高度发达，几乎使人们忘却了它的真实的起源。日本著名物理学家汤川秀澍

---

① 参见《简评瓦尔德的〈辩证逻辑导论〉》，载《哲学研究》1980 年第 1 期，第 72—73 页。
② 参见皮亚杰《儿童的心理发展》，山东教育出版社 1982 年版，第 123 页。

指出，人们往往以为，欧几里得几何是进入学校通过演绎逻辑学会的。其实，形式逻辑的概括是后来的事。人类在儿童时期就具有识别正方形、圆和三角形等简单图形的能力。这种识别能力是理解欧几里得几何的先决条件。两个三角形全等之所以对我们来说是显而易见的，不是因为逻辑的必然性，而是因为我们能够想象移动一个三角形使之与另一个三角形完全重合。所以，汤川秀澍得出结论说："我们之所以能掌握形式逻辑，是因为在儿童时期就已经事先不自觉地获得了识别图像的能力，如同在学习欧几里得几何时所表现的那样。"①

如果我们从思维史的角度，即从人类思维逻辑发生的角度来考察这一问题，我们就会突破形式逻辑的界限，面对一个广阔的思维领域。在这个领域中，不仅有语言思维，还有非语言思维；不仅有抽象思维，也有形象思维。与此相适应，思维的逻辑也并非一种。在狭义的形式逻辑之外，还存在着广义的思维逻辑；除了语言形式的思维逻辑之外，还有非语言形式的思维逻辑。按照现代逻辑学家亨利希·肖尔兹的观点，形式逻辑仅仅是科学论（即最广义的获得科学认识的工具的理论）的一部分，科学论除了形式逻辑之外，还包括"非形式的逻辑"，它是"同形式逻辑不同的逻辑"。② 如果把形式逻辑作为证明的逻辑，那么非形式的逻辑就是发现的逻辑。由此看来，对逻辑的理解和分类是同思维种类的理解相联系的。

关于思维类型的划分，国内外虽然尚无定论，但大体说来，都把抽象思维和形象思维作为思维的主要类型。抽象思维即语言—逻辑思维；而形象思维按其和语言的关系，又可分为有语言的形象思维和非语言的形象思维，其中有语言的形象思维可理解为抽象思维和非语言的形象思维的渗透形式。至于文献中所谓的直观动作思维、技术思维和直观设计思维，不过是对形象直感思维的二级划分而已，因为构成这些思维的基本要素仍主要是形象因素。最近，我国著名学者钱学森提出把思维划分为抽象（逻辑）思维，形象（直感）思维和灵感（顿悟）思维三种类型。但他也认为，灵感思维实际上是潜思维，是潜思维的显现和理解，潜思维从原则上讲也

---

① 汤川秀澍：《科学中的创造性思维》，载《自然科学哲学问题丛刊》1982 年第 3 期。
② 亨利希·肖尔兹：《简明逻辑史》，商务印书馆 1977 年版，第 19—20 页。

不外是抽象思维和形象思维。① 关于形象思维和抽象思维的区别，钱学森有个比喻性的说法："这个形象思维好像跟那个抽象逻辑思维的路子不一样，抽象逻辑思维是一步步推下去的。是线形的，或者又分叉，是枝叉型的。而形象思维常常连一点来龙去脉都搞不清楚。所以我似乎觉得它是不是面形的、二维的，而不是一维的？"② 如果说在现代人的思维中，抽象思维和形象思维表现出某种统一性，这两种思维形式在认知过程中在功能上是互补的，二者共同构成人类思维的三维结构；那么，在人类思维史上，它们之间的关系却表现出阶段性。在抽象思维产生以前，人类至少有百万年以上的时间处于形象思维阶段，其中有语言的形象思维也仅有数十万年的历史。因此，探讨观念逻辑的起源问题既不能局限于抽象逻辑思维的阶段，也不能局限于有语言的形象思维阶段，而应当从人类产生时起来逐步地探讨思维逻辑的起源。

如果人类的抽象思维是在形象思维的基础上发展起来的，那么，原始人的形象思维和现代人的抽象思维之间差别的性质如何，是否如列维—布留尔所说的存在本质的差别？其次，从形象思维演进到抽象思维的历史是否表明二者具有某种共同的逻辑基础？如果有，这个共同的基础是什么？以上问题可以说是在探讨逻辑起源时必然要碰到的几个疑难环节。

二　逻辑转换的自然基础

人的思维的逻辑并不是神秘莫测的，它起初就是事物或事实本身的逻辑。日本逻辑学家泽田允茂认为，人类的逻辑（数学）思维的最初步的、基本的部分，可以说是自动地正确地学来的，是自然地正确地被运用的。我们把逻辑的各种法则称作必须遵守的规范法则，并不表明它是一种与自然事实的法则完全不同的东西。在基本的、简单的思维过程中，正是"事实的规律支配着这些思维活动。"③ 可见，自然界的客观逻辑是人的观念逻

---

① 钱学森：《座谈科学、思维和文艺问题》，载《文艺研究》1985 年第 1 期。

② 钱学森：《开展思维科学的研究》，载《大自然探索》1985 年第 2 期。

③ 泽田允茂：《哲学和逻辑学》，载《现代逻辑学问题》一书，中国人民大学出版社 1983 年版，第 84—85 页。

辑的原型，由客观的逻辑转换为人的思维逻辑的客观基础就存在于自然界之中。

概括地说，自然界存在的逻辑转换基础有二：一是自然界的诸种事物都有一定的结构形式和建构过程；二是各种物质形态普遍具有反映的特性。以上两点是紧密联系的，第一条说的是事物发展变化的逻辑依据，第二条则揭示了逻辑转换和复制的客观机制。

自然界的事物不仅在一定数量的增减状态中存在，而且以一定的结构形式存在。任何事物都具有自身的组织结构，都有一定的空间配置、排列顺序、聚集状态和联系方式。其中，时间和空间关系、数量关系、因果关系、部分和整体关系，以及现象和本质、形式和内容、一般和个别等等，都是自然界本身所具有的，是物质世界的基本属性和存在形式。在诸如此类的联系和关系中，体现出物质世界存在的组织性、次序性以及发展的因果性和必然性，它们是物质世界发展的客观逻辑，因而也构成人的思维逻辑的客观原型。例如，时间是物质运动的顺序性、间隔性和持续性，时间的一维性和顺序性是人的思维的因果性范畴的客观基础。部分和整体的关系、种属关系是人的思维分析和综合活动以及进行类的运算的基础。现象和本质、个别和一般则是人的思维抽绎活动的基础。空间是物体彼此之间的并存关系和分离状态，是物体的体积、形态、位置和排列次序等的特性，它和数量关系一起构成人的数学运算的客观基础。

由客观的逻辑转换为人的观念的逻辑的客观基础，是同自然界的物质普遍具有反映的特性相关的。现代自然科学的发展业已证明，物质普遍具有"反映"的特性。那么，这种"反映"的本质是什么呢？广义的反映是指，在物体和物体的相互作用中伴随着物质和能量过程的转移而发生的结构由一个系统转移（映现）到另一个系统中的现象。这种结构的转移具有重要的逻辑意义。

所谓结构转移，就是一个系统的特征、属性，在另一个系统中表现出来，这就是广义的反映现象。在反映过程中，反映体受到他物的作用后，自身的内部状态发生相应的改变，他物的特征、属性在反映体的组织结构中表现并保留下来，使反映体在形态变化中形成某些有序性和组织性。这种有序性和组织性同被反映体的特征、属性存在着某种对应关系。这种对应关系表明，在物体的相互作用中所发生的结构和形式的变换具有某种相似性和不变性。

事实上，自然界的诸种事物之间的相互作用，以及随之发生的物质和能量的转移和集聚，不仅导致结构的转移，有时甚至导致新结构的产生。比利时物理学家普利高津从热力学第二定律出发，提出了开放系统的非平衡态热力学，指出了开放系统如何从无序走向有序的问题。这个理论证明，一个远离平衡态的开放系统（不管是力学的、物理学的、化学的还是生物的系统），通过与外界交换物质和能量，在一定条件下会形成新的稳定的结构（耗散结构），实现由无序向有序的转化。这说明，自然界中的物质和能量的转移会导致形成新结构。从本世纪 50 年代以来多次进行的化学进化的模拟实验表明，生命组织的起源就是在物质和能量相互作用、转移的情况下实现的。

随着事物之间的相互作用而发生的物质和能量的转移以及由结构重组而出现新的结构，导致了整个自然界在组织结构方面的某种类似性。列宁在援引波尔茨曼关于流体的漩涡理论和气体的摩擦理论同电磁理论有惊人的相似的论述之后指出："自然界的统一性显示在关于各种现象领域的微分方程式的'惊人的类似'中。"① 众所周知，能量守恒和转化定律，从能量角度把各种运动形式（物理的、化学的和生物的）统一起来，并揭示了它们之间的转化关系。现代遗传理论则表明，从植物到动物、从低等级微生物到人，均存在着通用的、同一的遗传密码。现代信息理论进一步把信息运动和热运动统一起来，证明了信息熵计算公式与热熵计算公式的相似性。事物和过程之间的这种同态关系、对应关系和同构关系，与事物和过程间的普遍相互作用密切相关，与相互作用中普遍存在的物质、能量和信息的交互传递有关。在相互作用中，一方面，反映者以一定形式复制被反映者的结构特性；另一方面，它本身的组织性和有序性，同样被其他事物所反映和复制。经过各物质系统间这种长期的信息交互转换作用，以及各物质系统内部经过信息融合、改造成自身属性的复杂过程（这一过程通常表现为某一系统把来自外面的非约束性信息变为约束性信息，从而提高

---

① 《列宁选集》第 2 卷，第 295 页。

自身的组织性），就在各种物质系统之间，造成了结构、属性等方面普遍的相似现象。① 存在于自然界中的各层次和层次间的普遍相似性，形成了所谓的"宇宙全息性"。如果我们把自然界中的这种相似关系看作是客观的逻辑，那么这种相似性正是阿·爱因斯坦提出的"逻辑简单性"原则的深层结构。

苏联学者尼·伊·茹科夫认为，一切结构水平都可以被看作是发展着的物质的特殊的质的集结点，这种集结点不仅要求彼此之间系统—结构上的联系，而且要求发生学上的联系。从发生学的角度看，系统的结构组织水平不过是历史演化的空间形貌。② 生物的进化是负熵式进化，生物通过信息（熵减）而使自身的结构完善化。因此，可以把生物的机体结构看作是信息的凝结块，而生物的神经系统则集中表现为信息的积蓄器。很显然，我们所说的信息不仅包括知识型信息，而且更指程序型或指令型信息，即生物活动的机体的逻辑。

从广义上说，逻辑起源于对结构的记忆。现代认知心理学早已突破了桑代克和华生等人关于记忆的刺激—反应学说，而把记忆看作是信息加工系统。记忆过程实际上是编码、存贮和提取过程的统一。编码是把信息纳入一种适宜的形式，因而任何编码过程都是把信息纳入一种关系和结构之中。只有"组块编码"和结构记忆才具有最大的生物学意义和理性意义。无论生物的本能逻辑还是人的思维逻辑，在本质上都是无数结构记忆所共同显示出来的相似模式。动物心理学的大量资料表明，动物的本能反应是对事物的结构特征的反应：因而是一种对相似符号的反应。人工刺激只要符合自然刺激的拓扑结构，就可以代替自然刺激并能强化动物的本能反应。

如果说，广义的逻辑起始于对结构的记忆，那么，结构记忆的水平则决定了逻辑的不同形态及其功能。自然界在漫长的地质年代中演化出各种各样的记忆形式。苏联学者巴兰金指出，宇宙中最简单的记忆形式是机械记忆，最初这种记忆形式与意识无关。如地球的记忆就是通过各种地质过

---

① 参见马成立《从"信息窗口"透视世界统一性》，载《社会科学辑刊》1986年第5期。

② 尼·伊·茹科夫：《控制论的哲学原理》，上海译文出版社1981年版，第48页。

程将地质学上发生的物理化学过程保存在地壳内。如果没有这种记忆机构，地球上发生的地质事件所造成的积集能量和信息就不可能保存下来，由惰性物质向生命物质的演化就不可能发生。生命的产生形成了新的记忆形式，即在生物各代间存在的遗传记忆。我们知道，作为遗传物质的 DNA 是极为稳定和精确的，它已经成为人们测定生物进化的分子时钟。如果没有遗传记忆机制，各种生物就会不断地出现退化并丧失自身生存的权力。生物的遗传记忆和环境系统之间的复杂的相互作用最终造成了个体的记忆机构。个体记忆随着神经系统的复杂化变得日益进步。而人类的形成和言语思维的产生，则实现了个体记忆和社会记忆的有机统一。[①]

从地质记忆到生物记忆再到人类的逻辑记忆的渐次发展中，我们看到的是自然界的物质、能量、结构演化在逻辑起源中的不同作用。在地质记忆阶段，虽然也有结构记忆，但更重要的是物质和能量的记忆。在生物的遗传记忆中，则表现为外部环境的恒常特征在遗传物质上留下了它们的印记，这种印记通过生物体转化为种属活动的逻辑。如果说，生物的遗传记忆是闭合的行为程序，那么生物的个体记忆，却与它们的开放的行为程序有关。一个物种在进化的阶梯上越高，它的行为就越要依靠在个体生活中所获得的信息。在人类的逻辑记忆中，个体记忆通过语言介质发展为社会的形式，这样，自发的逻辑形式就转化为自觉的思维。人类不仅把自然界的客观逻辑作为自己研究的对象，而且把思维过程及其逻辑纳入自己的研究领域。观念逻辑的产生，使人类能自觉地利用认知程序去探索未知的领域。换言之，尽管广义的逻辑为自然界所固有，但自然界的客观逻辑却只能以自在的形态存在和发展。只有当人产生以后，自然界的客观逻辑才第一次达到自我意识，实现了由客观逻辑向主观逻辑的转化。

自然界中一切现象和过程的具体存在形式是我们认识事物的基础，但作为人类思维逻辑原型的并不是具体的、现象形态的形式，而是诸种物质形态所共有的、普遍的形式，虽然这种最一般的、普遍的形式并不是脱离具体的、现象形态的形式而独立存在的。因此，作为观念逻辑原型的客观逻辑，指的不是各种具体形态的现象的形式，而是诸种事物的本质的形

---

① 参见 P. H. 巴兰金《时间·地球·大脑》，科学出版社 1983 年版。

式；不是特殊本质的形式，而是共同本质的形式，即自然界的最普遍的形式。这种形式实际上就是诸种具体结构形式所积沉下来的相似模式。人的思维的逻辑范畴、规律和方法，以高度概括的形式反映客观世界的最普遍的本质和关系。这表明，人类现有的逻辑范畴、规律和方法并不是单靠一两次具体的实践所能建立的，它们是人类几十万年甚至上百万年实践和认识活动的产物。

三　客观逻辑向生物机能逻辑的转化

人类的认识是由生物进化的整个进程作好准备的。维也纳大学动物学家 R. 里德尔把对意识起源的基点建立在生命起源之时，他认为，生命发展的过程本身就是一个不断获得认识的过程。这是因为，进化的过程，既是生物体不断演变的过程，也是不断地把世界的规律表现出来的过程。例如，眼的进化反映着光学定律，鳍的进化体现着水的物理属性。进化性的适应活动是"认识"周围世界规律性特征的前提。从这个意义上说，生物进化的整个系列是使人成为认识和反映主体的"先天导师"。[1]

人是由动物演变来的。据此，可以把动物的活动逻辑看作是人的思维逻辑发生的生物学前提。动物的活动是一种生物学意义上的活动，对环境的适应是动物生命活动的本质特征。英国科学哲学家 K. 波普认为[2]，动物的行为是自我编制程序的。遗传上的自我编序被规定在编了码的 DNA 带上，这是一种闭合的行为程序。闭合的行为程序是一种十分详细地规定动物行为的程序。与此同时，动物还有开放的行为程序，开放的程序是一种并不规定行为的所有步骤，而是为某种抉择、某种选择留下余地。开放的程序是动物迫于环境条件的变化，通过自然选择机制进化的产物。因此，开放的行为程序也是获得性程序。这两种行为程序的关系是，自我编序的水平可以决定着日后构成获得性程序的几率。所以，动物活动的逻辑本质上是机能的或本能的逻辑。或者说，动物的先天的行为程序、本能的逻辑

---

[1]　参见 H. 冯·迪特福特《精神与生物学的边缘科学》，载《国外社会科学》1980 年第 4 期。

[2]　K. 波普：《自然选择和精神的出现》，载《自然科学哲学问题丛刊》1980 年第 1 期。

是获得性程序的发展基础。皮亚杰在谈到本能的逻辑时指出："其实它就是身体器官的逻辑，那就是说，只是运用有机体本身天赋的技能而不是运用由万能的智力所构成的技能的那么一种逻辑。"① 那么，由外部世界的客观逻辑向动物的本能逻辑的转化是怎样实现的呢？

苏联著名的生理、心理学家阿诺兴（П. К. Анохин）在《对现实的超前反映》② 一文中，对这个问题作了详尽的分析。他认为，从地球上产生生命时起，时间获得了特殊的意义。时间是地球上生物进化的重要因素，也是生物神经活动发展的最重要的参数。世界时空结构的最本质的特征是顺序性和重复性；外部世界对生物有机体作用的顺序性不依赖于这些作用的间距以及它们能量的性质。生命系统在自己的时间结构中（即生物节律）怎样反映外部世界的物理时间呢？他指出，有一类顺序现象，其中每种现象在某些有机体的一生中都不再重复（如日食、大风暴、彗星等）；另一类顺序现象的时间结构是，外界事件经过一定时间间隔重复产生作用（如一年中的四季变换、白天和黑夜的交替），这种重复性是按顺序发展时间的最重要的时间标志。永不重复的作用对生物适应外部条件的进化不产生任何影响；在世界时空结构的全部事件中，只有有节律或周期地重复的现象才能成为发展原始有机体适应反应的时间基础。他说："生命及其外部无机界的关系的发展基础是这一外部世界对于有机体的重复的作用。正是这种作用，作为无机界时空结构一开始就有的属性的产物，决定着原始生物的解剖结构和适应机能。在这一点上，生物的组织名副其实地是它们所生存的具体环境时空参数的反映。"由于外部作用的顺序系列的多次重复，必然会产生加速这一过程的催化剂类型。这样，在有机体中就建立了一连串化学反应的优势路线（见图6—1）。

图6-1中А、Б、В、Г、Д是按照不同的间隔顺序展开的外部事件，а、б、в、г、д是原生质的反应。

图6—2表明当外部的А、Б、В、Г、Д顺序系列多次重复之后，在原

---

① 皮亚杰：《发生认识论原理》，第65页。

② П. К. 阿诺兴：《对现实的超前反映》，载《哲学问题》1962年第7期。——П. К. Анохин：Опережующее отражение действительность ВОПРОСЫФИЛОСОФИИ. 1962. 7

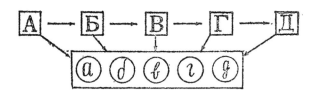

图6－1　有机体内的化学反应（一）

生质中形成了连续的（а—б—в—г—д）化学变化链条。这些变化仅仅作
为对外界的第一个事件 A 的反应而产生，原生质中的反映过程先于外界中
顺序事件的过程。当原生质的反应（д）已经发生，而外部事件（Д）要
在未来才出现。在形成这些反应链时，特殊催化剂的形成具有决定意义，
它决定反应链的主导趋向。这样，原生质获得了在其化学反应的微观时距
中反映本来在宏观时距中才能展开的外界顺序事件的能力。原始有机体能
动地反映外部无机界的能力就是这样逐步形成的。

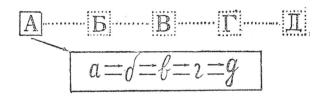

图6－2　有机体的化学反应（二）

　　阿诺兴是从物质世界的时间结构方面来揭示有机体的本能适应机能的
根源的，他提出的"超前反映"概念的本质是，生命系统的无数世代在接
触外界一定的可重复事件的连续性时，不仅反映它们，而且把它们记录在
化学反应的链条中。物质世界的时间结构以其顺序性和重复性的发生积淀
在有机体的物质基质中，决定着有机体的结构功能组织。这种情况一经确
定，就转化到物种的遗传物质中。因此，所谓本能的逻辑，是有机体通过
种族的遗传性而获得的先天的行为程序模式。在种属的千百万年的进化过
程中，相同的环境条件转化为遗传记忆结构，保留在神经系统中，最终表

现为有机体的活动程序。它使动物的行为具有稳定性和可靠性。所谓遗传信息，或编码在动物神经系统中的动作程序，不过是生物学化了的外部世界的形式和结构。从来源上说，本能是在长期演化过程中形成的并通过遗传传递下来的对外部环境刺激的种属记忆和相应反应；从性质上说，是种属在长期演化过程中的生命活动程序在个体中的积淀，从个体本能活动的系列动作中可以探索到种属生命活动的逻辑，个体的复杂本能表现出来的行为的合目的性以及适应外界环境的动作程序是种属活动逻辑的再现。

本能的逻辑具有连锁的性质，能按程序引起一系列的适应动作。也就是说，本能严格地适应于一定的外界条件，一定的条件引起反射性反应，前一个反射的终结就成为后一个反射的无条件的刺激物，从而产生一连串的反射动作，以此来实现遗传下来的动作程序。本能的逻辑是对环境的客观逻辑的适应性反应，只有在固定的条件下，本能的逻辑才能保证生物机体活动的合目的性。如果条件改变了，本能动作就丧失了合目的性的特征，雌蜘蛛的本能行为就表明了这一点。雌蜘蛛在完成了作茧和产卵的相应动作以后，如果丝茧内的卵已被寄生虫吃掉，那么它也会转向下一个阶段——把空茧封好带在身边。[1] 这一点证明，本能的逻辑是对客观逻辑的机械的、消极的适应，它具有因循守旧的性质，严重地限制了行为的可塑性。

在本书第一章中，我们曾详细地阐述了反映水平的进化，从而证明反映者和被反映者之间具体的相互作用决定反映的内容，相互作用的性质决定反映的性质和水平；动物有机体反映外部世界的性质不仅取决于反映对象的属性，而且取决于反映者的结构功能水平，取决于动物生命活动的性质。世界上的诸种物质存在，作为一个统一的物质体系，可以区分为结构和机能这样两个基本的方面。对于动物来说，所谓结构，是指机体的形态构成，包括各种感受器官的分化和神经系统的发展；所谓机能，是指机体与环境发生特定作用的能力。结构和机能是辩证关联的，有什么样的结构，就有与之相对应的机能。在动物演化系列的不同阶段（从单细胞到多细胞、从无脊椎动物到脊椎动物、从低等脊椎动物到高等脊椎动物），动

---

[1]   参见彼得罗夫斯基主编《普通心理学》，人民教育出版社1981年版，第78页。

物机体对外部环境的适应水平是不同的。例如，蜜蜂很难对简单的几何图像产生反应，而对较复杂的图形却进行反应。事实上，这种复杂的图形与蜜蜂要采的花朵形态相似。青蛙眼内有正圆形边探测器，大大简化了捕蝇时"视—动"活动的协调过程。但是，这种正圆形边探测器只能对运动着的黑色圆形客体发生反应，却不能发现周围的死蝇。这说明，由于动物感官的特化，在本能活动程序的限度内，低等动物只能同外界环境进行极为有限的信息交换。

动物的机体结构水平决定它对外界刺激物的反映水平。不同的动物对外部事物结构信息的反映方式和水平的不同，相应地表现出动物活动的逻辑水平的差异。一般说来，在低等动物那里（如腔肠动物以上的各门无脊椎动物），只能反映客观环境的个别方面。随着动物的演化机体结构趋于完善，动物对环境的反应，就由个别特性的反映进到对事物关系的反映。由低等动物的无条件反射为主的行为模式发展到在条件反射基础上的新的可塑性行为方式，是动物行为逻辑水平的重大飞跃。

无条件反射和条件反射是动物反映外部世界关系和属性的两种形式。无条件反射并不是没有条件、不需要外部动因的刺激，而是说这种动因是与动物机体生命活动直接有关的。相反，条件反射却是一种无关动因的反射，由于这种无关动因和有关动因建立了暂时联系，因而也成为动物采取行动的信号。由无条件反射到条件反射的发展，表明动物对外界环境的反映范围扩大了，动物对不直接具有生物学意义的信号也发生反映。这是动物由本能行为向可塑性行为发展的前提。一般说来，动物总是通过自身的两种变化来适应环境的变化，一种是身体结构的变化，另一种是行为形态的变化。动物行为的可塑性是同心理发展水平密切相关的。动物的本能行为，作为一种定型行为，虽然具有稳定性和可靠性，但它却很难适应不断变化着的外部环境。随着心理现象的产生，就为动物生存提供了这样一种可能性，即动物可以借助于心理的改变来调节自身的行为，而不再像以往那样单单依靠机体形态结构的变化。因此，心理现象的产生和发展，使动物的行为方式可以更好地适应外部世界的变化。

可塑性行为的出现表明，动物不仅能把已经掌握的动作方式迁移到新的情境中，而且还能在外部条件和对象关系变化时形成新的适应行为。对事物间复杂关系的反映是智力行为的类型。在高等动物猩猩、黑猩猩那里，已表现出一定的智力水平，它们能把握对象间的关系并预测当下情境的结果。也就是说，它们的行动的逻辑更主动、更灵活地反映了事物关系的逻辑。在苏联心理学家 H. H. 拉德金那—科特斯的试验中，黑猩猩巴利斯能辨别不同的特征——物体的形状、长度、宽度、厚度以及结实的程度。如果没有适用的物体，它还会折断树枝的枝叉，把宽木板劈成木片，把弯曲的铁丝拉直，从而把管中的食物取出来[①]。类似的实验说明，类人猿能反映事物之间相当复杂的关系，它们取食的行为可以通过某些事物的媒介作用来完成。它们的心理发展的水平已达到思维的萌芽阶段。

　　在动物演化系列中，由无条件反射的本能行为过渡到条件反射性质的可塑性行为再到类人猿的探究性、变异性行为，表明动物的心理发展由对事物的个别特性反映的感觉阶段到反映完整的对象和简单关系的知觉阶段再到反映事物之间的相当复杂的关系的思维萌芽阶段。与此相适应，动物行为的逻辑水平也是不同的。无条件反射的本能活动程序是种族遗传的表现，是在外部环境的客观逻辑长时期的恒常作用下才逐步转化为个体机能的逻辑。而在条件反射基础上的可塑性行为形态，则是个体依靠大脑对外界信息的分析和综合的产物，动物不仅依靠先天遗传下来的行为程序，而且按照当下情境的变化采取新的行为方式。同一般动物相比，类人猿的行为方式包含着更多的逻辑的因素，它们达到了动物心理发展水平的极限。

　　无论动物的心理发展到何种水平，以及动物的可塑性行为和探究性行为显示出有机体对现实适应的主动性达到何种程度、在它们的行为方式中和心理活动中蕴含着多少逻辑因素，它们毕竟属于自在的逻辑程序。这种自在形态的逻辑因素，只是动物有机体在条件反射基础上对客观世界规律性的适应，客观逻辑仅仅通过动物的机能逻辑体现出来。或者说，动物的机能逻辑本身仍然是自然界客观逻辑的特殊构成部分。在统一的自然界中，动物有机体不过是"环境—有机体"系统的要素。因此，动物的反映活动按其本质是"环境—有机体"系统的自身反映。动物没有也不可能理解这种逻辑，客观逻辑也没有获得观念的意义。动物的机能逻辑只是人的

---

　　① 　参见彼得罗夫斯基主编《普通心理学》，第88页。

主观思维逻辑的"先形"。动物的机能逻辑为人的观念逻辑的形成准备了客观条件，它本身还不是真正意义上的观念形态的逻辑。这是因为，在动物那里，心理的东西是作为生理反应的形式出现的。反映的主观因素的增长同神经系统的进化相联系，随着神经系统的生长和复杂化增加着动物反映外部世界的主观因素。

如上所述，认知逻辑的起源有其生物学前提和神经生理基础。认知逻辑的生物发生不仅表现在非人生物的机能逻辑的形成上，它同时也表现在脑结构的复杂化及其功能的分化上。如果我们把逻辑程序看作是智力运算的软件，把人脑结构看作是智力活动的硬件，那么，在"神经元的逻辑电路"和"思维水平的命题逻辑"之间就会存在着显而易见的联系。皮亚杰在探讨思维逻辑的生物发生时指出，逻辑数学运算的根源存在于感知运动水平上的活动的协调作用，但是这些协调并不是一个绝对的开端，它们是以神经协调为先决条件的。"麦卡勒和皮茨的重要分析已经揭示出在细胞突触联系后面发生的转换跟逻辑算子之间的同构性——虽然这当然不意味着'神经元的逻辑'事先就包含有思维水平上的命题逻辑"[1]。事实是，无论形象思维还是抽象思维，其思维要素（表象或其他符号）作为某种信息的代码，它们的神经基础均是大脑皮层中的神经细胞活动。客观世界的每一现象或过程，作为信息输入时，都会在大脑皮层引起一个具有一定空间和时间构型的神经细胞群的活动模式。[2] 因而，思维逻辑的神经机制就是脑内神经细胞群的活动模式。

那么，神经细胞群的活动模式与认知逻辑的本质联系如何呢？日本逻辑学家末木刚博从自动机理论角度入手，对逻辑的生物发生提出了新的见解。他认为，电子计算机、生物体和社会机构三者的共同性，表现在它们都从外部接受信息，然后在内部自动进行处理，并把处理结果反映到自己的行动和变化上。所谓自动机是"具有输入和输出机构的自动信息处理装置"。从这个定义出发，电子计算机和人就都成了自动机，而人不过是具有经验的自动机。人类的信息处理依赖人体组织特别是大脑神经网络的构

---

① 皮亚杰：《发生认识论原理》，商务印书馆1981年版，第69页。
② 参见《人体生理学》，湖南医学院主编，人民卫生出版社1978年版，第387页。

造和机能。尽管语言思维和逻辑程序属于后天的能力，不过，这绝对不是从完全的"无"出发。人类"先天就已形成了许多闭合回路，大体相当于我们平常所说的'本能'或'无条件反射'。也就是说，我们从先天的闭合回路出发，接着就是经过反复学习而逐个地去完成和复合新的闭合回路。"① 这样一来，逻辑具有先天的一面（神经回路的先天设计）也有经验的一面就十分清楚了。

自然界的客观逻辑转化为生理器官的功能逻辑，在人身上表现得尤为明显。皮亚杰认为，就数学结构符合物理现实的角度看，数学结构同样也是"自然的"结构。而数学和物理现实相一致的根源之一，就在于逻辑和数学的创造者同时也是其他物质客体中的一个物理客体。因此，数学和物理现实的统一同样存在于人的生理机体之内，"人是一个具有已经高度适应环境的、被内在地结构化了的……有机体的形式的物理实体。"② 例如，拓扑结构是数学的母结构之一，因而是人的思维逻辑的重要构成因素。我国学者陈霖应用容限空间的数学工具，描述了视觉系统的功能，他指出，视觉系统的功能注重整体性质而忽略局部性质，"视觉系统的一个基本的和一般的功能是对大范围拓扑性质的提取。"③ 而视觉功能的拓扑性质早在幼儿时期就显示出来。皮亚杰曾发现，幼儿的最早空间是拓扑学的，幼儿无论是画正方形、长方形，还是椭圆形都以一个封闭的曲线来表示，这些同胚的图形正是幼儿拓扑直觉的表现。

人类视觉系统功能的拓扑性质和整体性质当然不是凭空出现的，它是动物脑对事物的几何特征的选择性和综合性机制的发展的产物。大量神经生理学资料表明，在脊椎动物的脑视区中，不同层次的神经元对模式的几何特性具有不同的反应能力。在初级的皮质区，神经元具有高度的选择性，一些细胞只反应运动，另一些细胞只反应"方位"。在二级皮质区的神经细胞的模式特异性显著减少，它们对事物的更一般的特性（不管是哪个方向的运动以及何种角度、朝向的方位）作出反应，有人认为，神经细

① 末木刚博等著：《现代逻辑学问题》，中国人民大学出版社 1983 年版，第 136 页。
② 皮亚杰：《心理学和其他科学的关系》，载《现代心理学发展中的几个基本理论问题》，中国社会科学出版社 1982 年版，第 13—14 页。
③ 参见彭聃龄《认知心理学关于模式识别的研究》，载《北京师范大学学报》1986 年第 1 期。

胞对"运动"、"方位"、"三角"等几何模式的反应和提取，是形成某些几何概念的神经基础。① 因为单个神经元的功能在不同物种中是大致相同的。所不同的是，人脑的绝对脑容量和相对脑容量（单位神经元的数目）的大幅度增加，直接导致把环境编码为神经系统"语言"的能力增大。由于在高等动物身上作为萌芽状态的高级皮质区（第三级区）在人脑中获得了长足的发展，使人脑功能产生了两个重要变化：第一，构成第三级区的神经元是超模式的，它为人的认识由知觉、表象过渡到抽象（象征性）图式奠定了基础；第二，第三级区作为重叠区的完善标志着脑的不同区域在机能联合上的高水平。与此同时，大脑皮质机能成熟的基本标志是在皮质和皮质下结构的相互作用中，由皮质下结构占优势转变为大脑皮质的决定作用的确立，这一转变取决于第三级皮质区（脑的联合结构）的成熟与否。神经心理学的奠基人鲁利亚指出，在大脑皮质的发育过程中，在脑皮质成熟以前，这些皮质区的相互作用的路线是"由下而上"，"相反，在心理机能完全成熟的成年人那里，主导地位就转移到皮质的高级区。甚至在感知周围世界的时候，成年人也把自己的印象组织到逻辑系统中去"②。鲁利亚虽然在这里所指的是脑的个体发育情况，但这一规律对于种系发育来说也是适用的。人的知觉系统（包括儿童在内）所显示出来的几何认知能力，正是脑的高级部位支配和指导低级部位的体现。③

正如人的智力"软件"可以分为认知程序（逻辑）和数据知识一样，人的智力"硬件"——大脑也可以划分为程序控制系统（额叶）和分析器系统（即由顶、颞、枕叶构成的第二机能联合区）。神经生理学家把人脑的最后形成物——额叶称为超分析器系统。虽然额叶并不直接参与信息

---

① 参见刘觐龙《关于思维的神经基础》，载《思维科学》1985年第2期。

② 参见 A. P. 鲁利亚《神经心理学原理》，科学出版社1983年版，第102页。

③ 人的视觉系统不仅有提取几何模式的能力，而且表现出逻辑加工和推演的能力。最近，美国科学家对视知觉的研究表明，人的视觉系统具有从物体运动着的两维投影来感知其正确的三维结构和运动的非凡能力。例如，若在一暗室中使一个其表面随机嵌有一些微小灯泡的透明浮球旋转，人们就会立即感到这些灯光的正确的球形布局。与二维视网膜上的投影极对应的有无数三维结构，人们是怎样看到正确的三维结构的呢？关键在于人把握了一个定律（投影定律）和一个规律（即世界含有刚体的事实），以及基于二者之上的视觉演绎规则。正是这些规律和演绎规则对映象加以组织和解释，使人的意象符合外部世界的规律。——参见《科学》（中文版）1984年第4期（总第68期）所载：《视觉图像的解释》。

接收，但是它在意向的产生、动作程序编制和行为方式的转换方面起着决定性的作用。现已查明，人的额叶系统不仅同分析器系统（认知系统）紧密联系着，而且同网状结构存在着双向联系，因而它既是认知一般图式的受纳器，也是动作图式的核准器。额叶不仅实现着综合外界刺激的机能，准备动作与形成计划的机能，而且还实现着考虑动作效果与监督其顺利进行的机能。这说明，额叶成了人与环境的"反馈传入"和外导传出的核心器官，而人与外界的联系在额叶的三级区——前额区则可能具有较为抽象的图式的性质，前额区参与复杂的智力活动所引起的激活形式（表现为额叶出现大量同步活动点）就可能说明这种图式的存在。可以说，额叶是人的观念逻辑形成的最重要的神经基础。

人类的思维逻辑既是闭合的，又是开放的；既是演绎的又是发现的。作为生物感官的机能逻辑及其大脑的先天回路设计在本质上具有闭合的性质。因此，单由感觉、知觉系统和神经网络还不能充分揭示思维逻辑的开放性质。在生理器官基本稳定的情况下，人类主体思维的开放性质应由其实践活动的开放性程序来说明。实际上，行为不单是生物机能演化的结果，它还是生物组织和机能进化的原因。生理系统和行为系统的相互作用，是探讨物种演化的基本因素，因而也是逻辑起源的机制所在，正是人的实践活动构成人的观念逻辑的最深刻的根源。考察由客观逻辑向思维逻辑的过渡，就要说明生物的机能逻辑是如何转化为人的实践活动的逻辑的。

四　逻辑的实践发生和心理发生

人起源于动物界的事实表明，在动物界形成了人的实践活动得以产生的生物学的前提条件。这些条件是：（一）手脚的初步分工；（二）工具活动的萌芽；（三）生活的群居形式。最初，人类动物祖先的肉体组织结构以及由这种形态结构决定的活动方式同周围环境是有机统一的。随着自然环境的改变（气候的恶化和森林区域的缩小），人类祖先原来具有的生存条件消失了。而原有生存条件的消失，意味着满足自身需要的原有活动方式的失效。这样，在人类动物祖先身上就出现了机体的形态结构和生存机能的矛盾，这个矛盾就是：一方面，为了生存就要使机能达到能够对外界环境进行改造的程度；另一方面，机体结构本身的局限性又不允许机能达到这样一种程度。这表明，人类祖先已走到纯肉体进化途径的顶点，它要继续发展，就要开辟新的进化途径①。人类祖先组织器官的初步分化（手和脚的分工）为工具活动创造了肉体条件，但它仅仅是一种潜在的可能性。这一点从现有的类人猿在自然条件和人工条件下的不同表现就可以得到证明。虽然在人工实验条件下，为了获取食物，类人猿不得不从事选择和制造简单的工具，但处在自然状态的类人猿运用工具的情形却极为罕见。类人猿的生存在本质上并不受到运用工具的制约。它们虽然能在具体情境中"制造"工具，但一离开具体情境，它们却不会把工具保存起来以备后用。工具在类人猿那里并不比其他对象具有更重要的意义。当人类祖先从一种极乐园式的生存环境迈进一个新的环境，在这个环境中它原有的活动方式不再能满足它生存的需要时，它就不得不采取另一种生存方式，即工具活动的方式。工具的使用使人类祖先的发展达到了这样一种水平，即它能通过工具的改变实现行为动作的日益完善，而不再受其肉体组织的单方面制约。工具活动也改变了动物同环境关系的直接性联系，使自然进化过程中出现了一种新的能动的相互作用类型。当然，这种以工具为中介的相互作用的起源和形成是一个漫长的过程。

亦猿亦人的过渡状态是人类起源的起点，也是实践逻辑发生的初始环节。在亦猿亦人阶段，由于人类祖先由树上生活改变为营地面生活，为了防御敌害的袭击不得不拿起武器，由偶然地拿起武器到习惯地使用它。这样，自然物作为辅助手段就构成了人类祖先生活中的必要因素。随着活动的重复和生活经验的积累，那些对活动最适宜的自然物被挑选出来。一旦手段和结果之间的因果联系被人类祖先所觉察，改造手段的需要就产生了。工具的制造是由亦猿亦人的前劳动阶段向真正劳动阶段的过渡的转折点。被打制的石器不再是动物祖先的辅助性手段，而成为人的活动的体外器官。这时，作为满足生存需要的辅助条件的前劳动，就转化为作为人的生存基础的真正的劳动。人类祖先运用工具的前劳动是在自然选择的作用

---

① 参见韩民青《关于"人"概念的变革》，载《求索》1983 年第 3 期。

下产生的，它本身也构成自然选择的一个因素。而工具的制造和真正劳动的出现，第一次使人类祖先从直接依赖自然选择的机制下解放出来。

从类人猿祖先到亦猿亦人再到人，活动器官的变化相应表现为由肢体器官到自然物器官到社会器官；活动本身就由动物的机能活动到前劳动再到真正的劳动。我们随便选取哪一个侧面：都可以窥见到这样一个自然历史过程。火是伴随人类起源的极好例证，从火的偶然的、本能的利用到保存火种再到钻木取火，可以显示出人的实践活动逻辑的起源和发展。

人的正常状态是由动物祖先的活动以及由他自身的活动逐步创造出来的。在这样一个自然历史转变过程中，我们可以看到活动逻辑的转化，即由人类动物祖先的机能逻辑（这种逻辑体现在个体的肉体形态组织上和机能上）经过亦猿亦人阶段，向体现在人和环境之间的以工具为中介环节的物的结构的过渡。原始人的活动逻辑是按照对象的客观逻辑来改变工具活动本身，并把客观逻辑以物化的形式包含在工具结构之中。从此以后，工具的每一改进以及新的工具的出现（如从粗石器到细石器、从单一工具到组合工具），都体现着人自身对客观逻辑认识的深化。正是工具使人类比在自然选择干预下改变机体形态更有效地适应和改造自然。此后，虽然人体结构仍在发生变化，但人主要不是通过改变类的肉体组织和形态功能，而是通过改变工具和活动本身的结构反作用于环境。这样，人的活动就突破了肉体器官的局限，植根于肉体器官的机能逻辑就发展为以理智为特征的观念逻辑，为人类认识和改造自然奠定了最重要的基础。

人的实践活动的形成过程是从动物的本能活动发展到使用、制造工具活动的过程。从一定意义上说，人的实践活动是自然界客观逻辑的产物和结果，也就是说，实践的产生是合乎逻辑的并且实践本身就包含着逻辑。那么，人的实践活动具有什么样的逻辑？它在哪些方面具有逻辑意义呢？

（一）人的实践活动是实现一定目的的活动，目的性体现着活动的有序性和逻辑性。目的性是客观因果性的观念反映，自然界的客观逻辑是通过目的环节转化为实践活动的逻辑的。目的是实践系统的形成因素，所谓系统的形成因素，按 Π. K. 阿诺兴等人的观点，是指能把系统的各种要素联结为整体的那种因素，它是系统中的各个要素之间相互作用的最重要的条件。我们知道，任何实践都是在一定的空间和时间中展开的客观过程。

作为活动总体，它是由若干活动阶段所组成，而每一阶段又包含一系列最基本的操作动作。这些活动阶段及其包含的各种连续性操作，按不同的层次和阶段形成活动的宏观结构，目的就体现在这个结构中，体现在各中间阶段的转换和操作方式的改变中。正是在目的的支配下，各个阶段和操作都以严格的顺序性彼此衔接起来。目的使整个活动并不因为某一个别阶段和操作的完成而中断，它把复杂多样的，具有相对独立性的阶段统一起来，使之成为一个有秩序的动态系统，使每一个动作成为整个过程的有机组成部分，目的本身也就在活动链索的诸环节上逐步得到实现。主体的目的性越明确，实践活动诸环节的组织程度越高。

人的活动的逻辑不是某种自发的、本能的逻辑，而是自觉改造对象的逻辑。因此，在主体的有目的的活动和客体的形态变化之间具有因果相关性。目的在实践中的调节作用表现为，主体按一定的目的改造客体达到预想的结果。

人的实践活动不是对外部刺激的被动应答，按照简单的条件反射（S—R）公式建立的活动模型并未揭示出人的活动的特点。皮亚杰对经验论的批评是正确的，经验论者把人的一切活动都归结为以往的经验。但是，人的活动方式不仅有以往经验的参加，而且是受未来的目标所指导的。苏联著名心理学家 H. A. 伯恩斯坦提出了一种新的运动构成理论，这一理论的出发点是关于内导系统的决定性作用的观点。他认为，人的运动和活动的起始环节是愿望或活动的课题，人的这种课题几乎始终都不是对外部刺激的简单回答（只有最简单形式的、相当巩固的、习惯的行为才是如此），而是建立某种"所要求的未来的东西的模型"，这一未来东西的模型就是人要通过活动来实现的"预期价值"或目的。[①] 所以，主体的动作是受目的和结果之间的反馈联系来调节的。这种调节在一定程度上保证人的活动程序符合逻辑性。当人在实践中达到某一预想结果时，相应的活动程序就被巩固。这种规范化的活动程序保证人们在同样的条件下取得相同的结果。离开目的的动作好比是一盘散沙，它们既没有行动逻辑的意义，也不能成为人的逻辑数理结构形成的客观基础。

---

① 参见 A. P. 鲁利亚《神经心理学》，第241—246页。

（二）实践的逻辑就是工具构成的逻辑。人的活动具有工具化的结构，就是说，主体和客体的相互作用不是直接的，而是以劳动工具为中介。在劳动中，主体首先运用自己的机体器官去发动和使用物质手段，同工具进行相互作用。在人的劳动器官的控制下，物质手段又同客体发生相互作用。在这里，手段一方面要适应主体的需要，另一方面也适应被改造对象的属性，因而手段是主体与客体对立统一的现实物质基础。主体与客体的统一借助于手段来实现，主体与客体的矛盾和对立借助于手段的进化得到克服，主体与客体的矛盾不断产生和相继解决又推动手段不断发展，手段本身发展的不同水平又相应反映出主体与客体统一的不同历史阶段。在这里，人与工具的统一构成一定历史条件下的技术形式，这种技术形式就是生产活动的功能结构。在人和工具的统一中，人的操作方式必须适应工具本身的结构和性能，依据工具自身的运动规律。因此，活动的功能结构是由工具结构决定的。如果说，实践的目的是观念的逻辑，那么工具就是物化的逻辑，A. H. 列昂节夫认为，工具不仅是人们把握着的具有一定的物理属性和确定形式的对象，同时也是社会地制定的活动方式，那些劳动操作被物质地定形，好像被结晶于其中。[①] 人类实践活动的基本特点是工具性的。在人类历史的起源阶段，实践活动的逻辑都是操作工具的逻辑，工具的结构决定主体活动的结构。工具是人类活动方式的凝聚，是某种动作程序的规范化和普遍化，因而工具是物化的活动逻辑。

皮亚杰十分重视人的活动，动作对思维结构形成的意义。他认为，人的逻辑和数学运算并不是起源于物理客体，而是建立在无限的人类和我们的动作对现实的协调本身上。这一点无疑是正确的，但他忽略了活动的动作结构和工具结构的内在联系。人的活动的动作结构离不开工具，只有符合工具性能的动作才能成为有逻辑意义的动作。从个体发生方面看，儿童正是以工具这种物化的活动结构为中介，把历史实践的结构转化为自身的心理结构的。在学前儿童那里，我们往往看不到典型的运用工具的活动形式，那是因为工具和对象是同一的。儿童活动的逻辑就体现在他和对象（工具）的操作中间。苏联心理学家加里培林把儿童的实物操作划分为两

---

① A. H. 列昂节夫：《心理发展问题》（俄文版），第 275 页。

个阶段，在第一阶段儿童用手来操作对象，对象的逻辑服从手的逻辑。例如，儿童在最初练习使用汤勺时，并不懂得必须使勺子保持在水平位置上。这一阶段的儿童的使用工具仅仅是一种形式上的模仿。这种不理会对象客观逻辑的主观动作并不真正具有认识论的意义。在第二阶段，情况发生了变化，这时儿童的手的逻辑服从对象的逻辑。从身体器官的机能逻辑向符合对象属性的活动逻辑的转化，就是皮亚杰所说的由本能的逻辑到智力的转化。儿童的动作逻辑的形成并不是一个自发的过程，而是凭借社会提供的对象（工具）来把握人类历史形成的活动逻辑的过程。由此可见，工具是实践逻辑的物质体现者，当我们掌握了某种运用工具的技能时，也就相应地把握了该种实践活动的逻辑。

（三）实践的逻辑是对象形式变换的逻辑。这一点同动物的机能逻辑也有本质的区别，动物活动的逻辑是适应对象，而人则利用客观逻辑改造对象。人类的实践活动仅仅是创造形式的活动，基于实践基础上的人和自然的物质变换是物质形式的变换。我们知道，劳动产品所具有的属性和形式并不等同于生产该产品所利用的材料的属性和形式。产品和材料相比，具有较高的使用价值和形式，这种新的属性和形式是人们的劳动赋予它的。为了在生产劳动中创造出人们所需要的产品，就要改变客体材料的形式。所谓改变材料的形式，就是改变诸种材料的结构关系，使之成为具有新的结构和功能的系统。实践中的各个要素的关系结构都是实现特定目的的有秩序的结构，人们总是根据目的来安排自己的活动结构。在活动过程结束时，人的活动形式就转化为产品的结构，这种产品的结构正是实践过程结构的物化，产品以凝缩的形式反映逝去的实践过程，"在劳动者方面曾以动的形式表现出来的东西，现在在产品方面作为静的属性，以存在的形式表现出来。"① 实践的结果作为实践过程动态和静态的统一，是主体活动的逻辑和客体形式变换的统一。

综上所述，实践的目的、工具和结果诸要素，从各个不同的方面反映着实践活动中统一的逻辑因素。目的是实践的程序和结果的相统一的观念表现；工具是实践感性过程的物质表现；结果则是活动的结构的静态表

---

① 马克思：《资本论》第 1 卷，第 205 页。

现。实践的逻辑起源于动物祖先的机能逻辑，但又同它有性质的区别，实践的逻辑根源于自然界的客观逻辑，但又不同于客观逻辑。就是说，实践的逻辑同客观世界的逻辑在本质上是同一的，在表现形态上又是不同的。唯其如此，它才有资格成为由客观逻辑向观念逻辑过渡的中介环节。

思维的逻辑是观念的逻辑，它是人的思维得以进行以及思维成果借助于文化符号体系保存下来的框架和基础。皮亚杰认为，人的思维的主要部分具有逻辑的群、格和群集的形式，这种群、格和群集就是认知的图式和格局。他的发生认识论以及儿童心理学的最重要之点，就是论述了概念和运算（即认知格局）的心理发生。他认为，对认识的心理发生的研究是进行认识论分析的一个不可缺少的部分。这是因为，关于史前人类概念形成的历史由于资料匮乏而无法进行研究，唯一的出路是研究心理的个体发生情况。历史的发生和个体的心理发生具有某种重要的对应关系，史前资料的缺乏可以借助于对儿童心理发展的研究加以弥补。

我们认为，个体心理发生的研究并不仅限于为系统发生的研究提供某种类比；从系统发生的角度考虑实践逻辑向思维逻辑的转化问题，必须借助于心理学的分析。这是因为，无论在文字产生以前的史前时代，或是科学文化繁荣昌盛的现代，作为认识要素的逻辑结构（不是作为认识成果的逻辑结构）只能以心理结构的形式存在着。每一发展阶段的思维结构都是心理发生的结果，而每一代人只有把人类历史地形成的逻辑结构（表现在物质文化和语言、符号体系中）内化为心理结构时，才能使之发挥应有的作用。正是从这一点出发，皮亚杰认为，认知结构的心理发生是智力发展中最本质的东西，知识可以传授，语言可以习得，而认知结构却只能通过活动的内化在心理中一步步形成。

思维的内容和逻辑形式的关系在一定意义上是个别和一般的关系，因为思维的成果总是同具体主体的认识过程相联系，思维成果都是现实主体思维的产物，它具有个别性和特殊性。但是，对思维的形式却不能这样说。人类普遍存在的思维形式并非某个人从对个别事物的感知中直接产生，也不是某个人凭借一两次实践所能形成的。它是人类历史实践在心理中的长期积淀的产物。这种心理结构作为思维的形式是人类认识物质世界的基本工具，它们作为理性因素渗透在每个人的具体认识和思维活动中。

因此，要考察客观世界的逻辑怎样经过实践的逻辑转化为人的思维的逻辑，就要揭示逻辑结构的形成的心理机制，即客观逻辑怎样以实践为中介一步步积淀为认知的心理结构的。

作为人的思维逻辑直接基础的东西是实践的结构，即动作变换程序。动作是活动的基本操作单位，各种动作的相互关系组成活动的结构。任何具体的实践活动总要通过一定的动作程序来实现，这种动作程序不是实践活动的内容，而是实践活动的形式方面。因此，实践活动的形式方面，即各种动作之间的协调才真正构成思维运算的现实基础。由实践的动作程序向思维心理结构的转化的基本规律可以从以下三个方面来把握：

（一）实践的重复性使其动作失去个别性、显露出一般性。作为观念逻辑基础的实践总是现实的、具体的实践，是创造一定的价值物以满足某种需要的活动。人类的社会实践从实现某项目标的角度看，它是一种创造性的活动；但它作为人类社会存在的永恒的自然条件，又是一种带有重复性的活动。随着实践活动的亿万次的重复进行，人类从事活动的行为动作逐步程序化，当实践活动中的行为动作被熟练掌握以后，就变成主体本身的某种技能。这样，起初作为实现特定目的的形式和环节的动作，就逐步丧失它借以产生的有关的具体诱因和目的的依赖性。某种普遍化的动作程序就从具体活动情境中分离出来。这种普遍化的动作程序具有较大的适应性，它不再仅仅对应现实中某种具体的联系和关系，而是反映普遍存在着的那些联系和关系。就是说，实际的运算失去了个别性、显露出一般性并被形式化。这种泛化了的动作程序一方面内化为人的心理结构，成为人们劳动和认识活动的形式和方法；另一方面，也以物化的形式体现在工具和语言等符号体系中，组成相对稳定的逻辑和数学的知识体系。①

（二）认知结构的完善化是一个由内容不断地向形式转化的过程。皮亚杰认为，认识结构的建构过程并不是像建立在台基上的静止的金字塔，而像一个其高度在不断增加着的螺旋体，它表现为内容不断地向形式的沉积。皮亚杰指出，认识结构的形式化表现为一个过程，在感知运动阶段，

① 参见 A. H. 列昂节夫《思维》，载《现代心理学发展中的几个基本理论问题》，中国社会科学出版社 1982 年 2 月版。

动作的感性的具体的形式也是思维赖以实现的形式；到了具体运算阶段：形式仍然没有同内容分开，从具体运算过渡为形式运算，其实质是把形式从内容中解放出来。形式和内容的概念在本质上是相对的，每一种形式或形式化结构对于初级结构来说是形式，对于较高级形式来说又是内容，"感知运动结构对它们所调整的简单运动而言是形式，但对上一水平的内化了的和概念化了的活动而言则是内容；'具体'运演对上面这些活动来说是形式，但对十一岁到十五岁时已出现的形式化运演来说则是内容；再者，这些形式化运演对于在以后各水平上应用于它们的那些运演来说又只不过是内容了。"① 总之，从动作结构到心理结构，是由外部到内部、由内容到形式的转化过程。

（三）同上述两条法则相适应，心理结构的发展路线经历了由具体到抽象、由感性到理性的过程。思维的逻辑结构是对动作图式的抽绎，但人类的抽象概括能力是逐步发展起来的，它本身不可能超越感性具体的阶段，直接从动作结构过渡到形式思维。现有的人类科学资料和儿童心理学资料表明，物质活动内化为观念活动，其间经历了直观动作的思维、直观表象的思维，最后才达到抽象逻辑的思维。实际上，外部活动的动作本身有一个发展过程，对于同一组作业来说，动作的程序是否趋于稳定，操作的方式方法是过于繁琐还是已被简化，从中可以透视出动作本身的逻辑水平。知觉和表象是人反映外部动作的概括形式，在知觉和表象中保留下来的正是外部动作的主要因素，那些繁琐的、多余的动作则被过滤、舍弃了。知觉和表象是心理反映外部动作的最初形式，逻辑数理结构作为思维运算形式是在知觉和表象基础上逐步建构起来的。

在考察由实践结构转化为心理结构的问题时，我们既要看到实践结构对心理结构的制约性，也应看到它们之间的关系并不是单方面的因果关系，而是相互作用的关系。一方面，心理结构根源于实践结构，心理结构是实践结构的内化，另一方面，心理是外部活动的形成因素，是人的活动的控制系统。实践活动的动作结构受心理结构的控制和调节，实践结构又是心理活动结构的外化。实践结构和心理结构的同构性及其相互转化的规

---

① 皮亚杰：《发生认识论原理》，第76页。

律性，为我们考察由实践结构转化为心理结构这一极其困难的问题指出了一条有效的途径，即实践活动的一定方式和水平同时也是心理结构发生和发展的相应水平，实践的结果既是实践过程结构的物化，又是心理结构的外化。这样，就可以把远古人类的物质遗存看作是摆在我们面前的感性的心理学来考察。下面，我们仅就我国新石器时代陶器器皿造型的起源和演化中的某些例证，来谈谈实践活动的动作结构是如何积淀为心理结构的。

陶器的制造是新石器时代文化的开端。从大量的原始考古材料按年代先后顺序进行的排列中可以看出，新石器时代的陶器制造，起源于对自然物体的简单利用，在此基础上才出现用其他材料模拟自然物的形象进行造型。

我们之所以要选取这方面的例证，是由于器皿造型的起源有助于形象直观地说明我们的观点。在原始时代，造型问题不仅与审美心理结构有关，而且与认知结构密切相关。因为审美范围的"形式感"的起源，总是以人对外部世界的形式原则的认知把握为基础的。

图6—3是模拟葫芦造型的各种陶器器皿和纹饰。从中可以看出，葫芦的自然形态是各种陶器，如陶壶、陶瓶、陶钵、陶碗、陶罐、陶勺的形态的原型。据我国陶器造型和装饰艺术专家吴山研究，我国新石器时代的先民，早先很可能是利用葫芦的自然果壳，作为器皿使用。进而就模拟它的形态生产出第一批生活中需要的各类器皿。陶器的发明，不仅是人类利用火的威力改变自然物的化学性质，创造出新的物品，而且为我们留下了宝贵的资料，使我们有可能利用考古学的第一手材料，来探索自然物的形式结构怎样转化为实践动作结构并进而沉积在人的心理结构的。

人类实践活动的动作结构来源于自然界的客观形式结构。新石器时代的先民正是在经常使用自然形态的葫芦果壳的过程中，注意到葫芦果壳的形体结构是特别适宜于盛放液体的东西，同时又感到果壳的内壁由于凸凹不平和过多的皱褶，不易倒净食物，容易腐烂，才想到利用人工制品来代替它。当人们仅仅利用葫芦果壳的自然形体时，在一定意义上说，这种自然形式还没有转化为人的活动形式。只有当人们模仿自然形体来制造新的物品时，这种自然形式才转化为人的活动的动作结构。这个事实表明，人们为了复制某一形态的物品，其活动的形式结构和自然原型有着一定的相

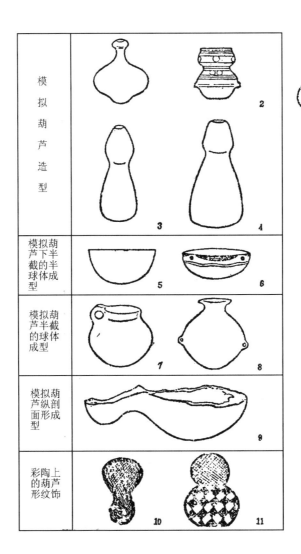

图 6-3　模拟葫芦造型的各种陶器器皿和纹饰

（转印自吴山编著《中国新石器时代陶器装饰艺术》第三页）

关性，这是自然界的具体事物的形式向实践活动形式的最初转化。

　　必须看到，人类对自然物形式的模拟是多方面的，在马家窑文化中发现了瓜形陶罐，在大溪文化中发现了竹筒形的陶瓶。首先是许多植物形态，而后是众多的动物形态都充当过器皿造型的原型。原始初民在模拟多种多样的自然形式制造物品的过程中，逐步地把各种形式加以比较，进行创造性的综合。这样，就使形式的模拟逐步摆脱了具体的自然物，按照生活和生产的需要，进行新形式的创造（参见图6—4）。新形式创造的趋向则是逐步地实用化，在图6—4中，从陶盆形式的演化来看，陶盆的底部由圆变平，接触面积由小到大，日益实用化。所以，脱离具体物的形态并不意味着离开自然界的形式结构规律，而是更加符合这一规律。

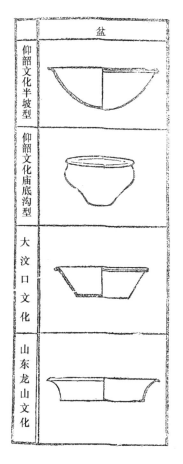

图6-4 陶盆造型演变图

（转引自《中国新石器时代陶器装饰艺术》第10页）

　　由模拟自然物的形态到根据需要进行独立的造型，表明自然形式对于人来说已不是某种外在的东西，自然形式"人化"了，观念化了。它在一定的意义上已转化为人的活动形式和心理形式了。由手工制陶到陶轮的出现，表明自然界的形式规律已内化为人的活动程序，自然物的形式已转换为工具的形式。从形式上看，工具是变换了形态的自然形式，是人化了的自然形式，即社会活动的形式。在这种社会活动形式中积淀着泛化了的自然形式。由最初对自然形体的再现（模拟）到根据生活需要的再创，表明人的理智由对形式的直观反映到自由运用，劳动产品的形式由自然物的物种尺度向体现人的内在需要尺度的形式的转移，这种转移是人的活动结构逐渐内化为理智结构的必然结果。

　　如果说，自然物的物种尺度是客观的逻辑，人的活动结构是实践的逻辑，那么，人的内在尺度则是上述两种逻辑的内化，形成了人的观念的尺度和逻辑。有了这一观念的尺度，人们就可以把日益广泛的自然形式结构纳入自己的图式。

　　由物种尺度经由实践的结构向人的观念尺度的转化是有一个过程的。从总体上看，实际的模仿总是先于观念尺度的形成，只有当人在意识中由直观形式过渡到形象的再创，观念的尺度才算初步构成了。新的形式是物种尺度和人的内在尺度的统一。因而，新的器皿形式所体现出来的物种尺度是已经被人理解和把握了的尺度，它的出现同样也是人的内在尺度即心理结构的物化。

　　对于原始初民来说，自然物的形式结构通过实践一步步转化为人的形式观念，是由实物到观念、由物理到心理、由具体到抽象逐步形式化的过程。它既是形式原则的历史地确立的过程，也是早期人类世代相承的心理结构的积淀过程。早期人类对某些形式化的造型和装饰的感知与现代人不同，他们对此并不感到陌生，因为他们是这些图形历史演化的见证人，知晓这些形式化的图形中包含着什么样的原型。相反，在一个不了解这些图形的来龙去脉的现代人看来，对这些图形的起源则有着不可理解的性质。现代人和原始人之所以对同一图形产生不同的理解，根源于他们有不同的心理积淀和结构。在现代人看来是僵死的、纯形式的东西，在原始人那里却是有丰富内涵的形式，是生动的、活的形式。由此可见，探索这些形式的起源和演化以及这个过程在人们心理中沉积的规律性，对于如实地把握某种已形式化的东西，是十分必要的。

综上所述，实践结构及其产物的物化结构既是人的符号化的形式体系形成的基础，也是人的认知心理结构积淀的基础。关于这一历史的和心理的演化过程，李泽厚曾经作出如下概括："人类一切认识的主体心理结构（从感知觉到概念思维等等）都建立在这个极为漫长的人类使用、创造、更新、调节工具的劳动活动之上。多种多样的自然合规律性的结构、形式，首先是保存、积累在这种实践活动之中，然后才转化为语言、符号和文化的信息体系，最终积淀为人的心理结构，这才产生了和动物根本不同的人类的认识世界的主体性。"[1] 我们认为，这一概括是符合人类认知心理结构历史地形成的基本事实的。

五　思维发生的阶段及其逻辑形态

在具体探讨思维及其逻辑的形成之前，我们首先来看看目前关于思维及其逻辑形成的阶段划分理论。从为数众多的关于原始思维的理论中，可以区分出三种有代表性的观点。

早在 19 世纪末，英国文化人类学家爱德华·泰勒和詹姆士·弗雷泽就从进化论观点出发，依据个体智力发展的心理学资料，明确认为人类的思维具有同一的类型，指出人类的思维从最初起就由披着兽皮的原始人所具有，抽象思维的获得并不需要一个发展的过程。到本世纪 50 年代以来，法国结构主义学派的领袖人物列维—斯特劳斯则舍弃个体意识的层面，专门探究全人类的无意识心理结构。他认为，这种无意识结构在古代原始人和现今文明人的心理上是基本相同的。在他看来，人类无意识地遵循着的这种普遍的逻辑结构是某种先天的模式，在不同地域的人类共同体以及人类发展的不同阶段，其意识表现虽然变动无常，但其结构和形制却历久不废。他认为，原始社会成员就其处在原始状态而论，他们的思维最接近人

---

① 李泽厚：《康德哲学与建立主体性论纲》，载《论康德黑格尔哲学》，第 5 页。

类的先天构造模式，因而可以把原始思维看作是人类思维的简化模式①。

上述观点都涉及思维的内容和形式的区别问题，注意了思维逻辑与思维内容相比所具有的不易改变的形态。但他们显然把逻辑结构的稳定性绝对化了，而一旦把思维的逻辑结构看作是从来就有的东西，实际上就取消了研究逻辑起源的课题本身。

与其他的民族学家不同，法国学者列维－布留尔把考察的范围集中在原始思维方面，并对原始思维的逻辑提出了独特的看法，这就是众所周知的前逻辑思维或原逻辑思维。作为列维－布留尔全部立论的基本前提，是他从法国社会学派迪尔凯姆（旧译涂尔干）那里借用来的"集体表象"观念。他批判了泰勒和弗雷泽运用个体意识来解释原始思维的心理主义倾向，认为"集体表象"所包含的规律和逻辑完全不同于个体经验思维的逻辑。他认为，以集体表象为根本特征的原始思维是神秘的思维，原始思维所遵循的逻辑是互渗律（即主客体之间的共同参与规律），而不是文明思维中的同一律和矛盾律。为此，列维—布留尔明确反对把原始思维和现代人的思维视为同一类型，反对用同一个逻辑（即传统的形式逻辑）来解释原始思维，他的这一见解在研究逻辑的发生和发展中具有重要意义。需要指出的是，虽然他把注意力集中于形式逻辑结构确定之前的"原逻辑"问题，但只限于指出了原始思维对矛盾的完全不关心及其神秘性（互渗律）。由于他未能揭示原逻辑和形式逻辑之间的同一性，所以他对于原始思维向更高的思维类型的过渡问题的解释，主要是从内容方面而不是从形式方面提出的。

瑞士心理学家皮亚杰从个体发生角度对思维逻辑的发生提出了新的看法。概括地说，皮亚杰的逻辑发生论就是活动发生论，逻辑就其本质而言是同动作相关联的。他把整个认知过程划分为两个方面——形象方面和运算方面。所谓运算当然就是思维的逻辑问题。皮亚杰过分看重逻辑而把认知的内容方面置于可有可无的地位，因而处于他课题意识中心的基本问题是思维结构的建构问题，就毫不奇怪了。这一点同他对认识论的基本问题的看法有关。他指出："认识论的根本问题就是要确定认识是什么。认识

---

① 参见埃德蒙·利奇《列维－斯特劳斯》，三联书店 1985 年版。

是对现实的描摹，还是相反，把现实吸收到转变的结构中去。"① 他认为，认知不仅是发现（重现和摹写），而且是发明（主体改变客体）。"我们把改变现实的主体活动叫做运算"，"相反，我们把只想按现实本来面目表现现实，而不想改变它的活动叫做形象"。这样，皮亚杰就把知觉、表象和广义上的模仿都归入发现领域，否认了它们的逻辑意义。皮亚杰认为，主体的逻辑数学运算结构只能来源于动作，不是来源于知觉和表象，知觉和表象仅仅是客体在主体思想中的"影像"，不包含逻辑运算成分。知觉和表象同逻辑运算的关系是旁系的关系而非因果的关系。对这种观点我们是持保留态度的。他否认从知觉、表象到概念、运算的因果关系，实际上就把知觉和表象同动作图式、逻辑运算的形成对立起来了，完全排除了知觉和表象在逻辑运算形成中的作用。我们认为，尽管逻辑运算是对动作图式的抽绎，是主体活动的动作间的协调的产物，但人类抽象能力的发展却是和认识发展一样，是逐步形成起来的。即是说，抽象能力本身也同认识本身的发展一样，经历了由感性到理性，由具体到抽象的演变过程，它不可能超越知觉、表象阶段，直接从动作结构一下子迈到逻辑的或形式的思维。因此，我们认为，把思维及其逻辑的形成过程区分为三个阶段，即感知运动的思维、具体形象的思维和抽象概念的思维阶段是较为合适的。

　　人类现有的抽象思维既是逻辑的，又是历史的。就是说，现有的逻辑思维是整个人类认识史的总和、总计。逻辑思维的能力，是指运用抽象的概念按照一定的规则进行思维运算的能力。列宁说："概念的关系（＝转化＝矛盾）逻辑的主要内容。"② 因此，人类的逻辑思维是概念性思维，概念是抽象思维的结构单位，是它的核心的逻辑要素。美国科学哲学家 M. W. 瓦托夫斯基认为；"我们的思维的成长和演化是一个形成概念的过程，是一个精心构制或多或少地系统化的结构（在其中，这些概念彼此联系起来）的过程。"③ 考察思维逻辑的起源，可以从两方面进行，其一是概念的形成过程，其二是概念结构（推理网络）的形成过程。很显然，在

①　皮亚杰：《教育科学与儿童心理学》，文化教育出版社 1981 年版，第 29 页。
②　《列宁全集》第 38 卷，第 210 页。
③　M. W. 瓦托夫斯基：《科学思想的概念基础——科学哲学导论》，求实出版社 1982 年版，第 9 页。

思维发展的不同阶段，上述两类逻辑因素在发展过程中其形态也是不同的。因为逻辑作为人们思维的规则，它既是思维的前提，也是思维的结果，正如形式逻辑作为语法规则是语言文字发展的产物一样。巴西逻辑学家科斯塔指出，一个逻辑系统既可以看成是一个抽象的形式结构，也可以看作是科学领域的一部分。作为后者，逻辑就是以某个范畴集为基础的推理规则系统。因此，逻辑就深深地依赖于这些范畴。[①] 为此，我们在本节中侧重考察概念形态的起源和形成，而把推理形态由低级向高级的演化问题放在最后考察。

直观动作思维中的"实物性"概念

直观动作思维是人类理性思维的最初阶段，因而也是概念起源的初始形式。许多哲学家对这一阶段的思维特征作了探索性的研究，苏联的鲁宾斯坦把这一阶段的思维称为"行动的"或"运动的"思维；另一些人则称之为感性知觉的思维或"功能的"思维。皮亚杰把最初的认知阶段称为"感知运动智力"或实践性智力。虽然用语各异，但其含义大体相同，均指出了主体的外部活动曾是人类的思维的最初形式。

苏联哲学家加里培林指出："动作是概念形成的手段，概念是活动的产物"。塔雷金娜进一步指出："概念总是客观世界的某种事物和现象的映象。但是，这些事物和现象具有无限的大量的不同特性、不同方面，其中哪些列入映象的内容之中，这不取决于对象本身，而是取决于主体跟这些对象相互作用的性质。"[②] 这说明，概念作为外部客体的本质的抽象和概括，是以人的活动及其动作为中介的，这就是概念得以产生的社会文化机制。马克思在论及人类意识起源问题时，曾指出了两条重要的原则，即：（1）人和外部世界的关系首先不是理论关系，而是实践关系；（2）思想、观念和意识的产生最初是直接与人们的物质活动交织在一起的，并且是这种物质关系的直接产物。我们认为，这两条原则对认识发生阶段的思维的最重要的特征做了高度的概括。那么，这一阶段的思维具有哪些基本特

[①]　N. C. A. 科斯塔：《弗协调逻辑的哲学含义》，载《哲学译丛》1986 年第 5 期。

[②]　转引自冯忠良《智育心理学》，教育科学出版社 1981 年版，第 114 页。

征呢？

如果我们承认，由类人猿祖先向人的转变过程中，原始人所具有的唯一图式只是从动物祖先那里继承下来的感知运动图式，这种图式本身并不是观念思维图式，而仅仅是思维图式由以发生的神经生理基础，那么，思维图式就是通过已有的图式对新的活动的同化和顺应而产生出来的。因此，思维的最初形式就是在感知运动图式基础上发生的实践性的智力。换言之，感知运动思维的最初格局是现实的活动，只有通过实际活动才能实现，不能在同化和顺应活动的途径之外实现。感知运动思维只能实现于原始人对客体的直接相互作用中，它还不能如现代人那样，在主客体的实际相互作用之外进行思维。同具体物体的相互作用是这个思维的主要形式，它不同于后来的借助于模仿、表象以及抽象概念的思维。感知运动思维是局限于同实物操作相联系的思维，离开了具体实物，思维活动也就停止了。因此，感知运动思维就是在先天的感知运动图式基础上，借助于引入新的对象和动作而产生的思维。同对象和动作的不可分离性是这个阶段的思维最重要的特征。

我们很容易从旧石器时代晚期或新石器时代的遗存石器中复原出工具本身的制造工艺，因为这类工具都是原始人按着既定的目的，通过一定的打制程序生产出来的。在打制程序—工具形式—工具性能之间的联系是明显的、合规律性的。也就是说，原始人制造工具的活动程序是观念程序的展开和外化。但当我们探讨思维及其逻辑的起源时，所要谈论的却是最初的观念程序是怎样产生的问题。当原始人从使用天然工具（天然石块、动物的骨、牙、角等）中，逐渐地对工具形式和功能之间的联系有了朦胧的体验时，却仍然不知道通过何种加工方法制造出这种合用的形式来。既然原始人对制造某种形式的工具的工艺过程一无所知，那么工具的形式也就不能转化为人的加工工艺的"蓝图"。人们只能靠偶然的碰砸来挑选合用的石片。考古学资料表明，在早期猿人那里，被加工的砾石、卵石工具，由于它们的磨损缺口的不规则性，尚很难同自然形成的砾石碎片区分开。这说明，在当时制造工具的专门规则还不存在，敲打的动作还没有固定的秩序。只是到了奥杜韦文化期，才开始出现较为相似的工具形式。到了直立人的阿布维利（舍利）文化时期，才出现了具有扁桃形轮廓的舍利手斧。同舍利时期相比，阿舍利时期的手斧已具有了统一的、标准化的形式。工具的演化从偶然的、不稳定的形式到稳定，从略具雏形到形式的规范化，其间经历了二三百万年的时间。这一时期的手斧具有万能的性质，它被普遍地使用，作为进行敲打、切割、砍砸、投掷的工具。这说明，手斧还不是专门化的工具，它并不具有确定性的用途。工具的单一形式表明，这一时期还不存在社会的劳动分工；而工具的通用性和万能性则进一步证明原始人对工具的"形式"的把握极为贫乏，他们还缺少运用工具的规律性和逻辑性。在多种适用的工具形式产生以前，单一工具形式本身的演化总的看来并不是来自理性的思考，而是在长期的适应性的劳动过程中自然发生的结果。

思维的逻辑是从行动的逻辑中成长起来的，而行动的逻辑则是人类行为的概括化的产物。起初，原始人为了获得合适的工具形式，不得不进行一系列尝试性的活动，这种无规则的动作不可能保证产品形式的规则性。但是，在一系列的尝试中，将会偶然地实现规则性的动作，从而取得适用的产品形式。而原始人一旦体会到某种规则动作和相应产品形式的关系，就会把这种规则动作从其余动作中分离出来，即通过重复相应的动作来记住，把握它，并把它迁移到新的制造工具的活动中去。这就是动作思维或实践性智力的起源。此时，原始人对某种有用形式的认知是通过动作实现的，因为特定的规则动作就蕴含着自己所期待的形式。当原始人从动作上把握了工具制造的程序时，也就是"行动的"概念的形成。所谓"运动的"或"行动的"概念，是指原始人从活动和行动上把握了工具的形式特征，就其在行动上反映了工具形式的特征和规律而言，可以说是形成了某种"概念"。但这种反映和把握在最初并不是观念的东西。因此，运动的和行动的概念并不是严格意义上的概念，就其仅仅停留在动作本身而言，它还具有"实物性质"，因为它是由活动组成的，在活动本身这个平面上形成的。"换言之，感知—运动智力的格局还不是概念，因为它们还不能在思维中被运用，它们之起作用仅限于实践上的和实物上的应用。"①

感知运动智力是人类思维发展的起始阶段，在这个阶段，原始人只能

---

① 皮亚杰：《发生认识论原理》，商务印书馆 1981 年版，第 27 页。

通过尝试性的活动去开拓认识的视野。处于这一阶段的思维具有一种微弱的原始结构，这就是从最初的机能运动图式发展起来的"活动—动作图式"。尽管这种图式起初仅存在于原始人的活动过程中，还没有完全内化为思维的逻辑结构，甚至未形成完整的逻辑系统，但它却构成了日后逻辑发展的原型。因为，构成思维逻辑结构基础的"动作图式"同日后思维的观念图式的发展具有相似性和因果性，起初具有具体作业内容的不同的动作图式将在后来的发展中通过彼此协调和同化而产生更高一级的形式即表象图式。

在描述直观动作思维的本质特征时，我们谈到了活动及其构成物——动作，而没有提到表象。由此不能得出结论，认为原始人在感知运动阶段不存在任何表象。因为，即使在高等动物那里，都已经存在着某种微弱的表象，这是为动物心理学的大量实验资料所证实了的。这里需要指出的是，作为早期猿人代表的能人，其脑结构几乎和南方古猿的脑处于同一类型上，其形态学的区别主要表现在上肢特别是手的发展上。这一点是我们确定能人思维特征的重要的古人类学证据。种种迹象表明，能人的表象仅仅是个别的、孤立的静态表象，这类表象还不能充当原始人进行心理运演的对象。也就是说，在直观动作思维阶段，原始人的活动及其动作尚处于较低的水平上，他们还不能在表象水平上将动作和对象区分开来，作为纯粹的活动和动作的表象基本上还不存在。因此，作为直观动作思维的结构单位从根本上说不是表象，而是与对象融为一体的动作。以表象为基本单位的思维是在直观动作思维阶段末期才逐步确立的。

从发生学的角度看，表象取代直观动作充当思维的基本单位要有两个条件，一是表象的产生要以信号性功能的出现为前提；二是由活动的格局转变为思维的格局，以表象由再现性表象发展为预见性表象为基础。从个体发生角度看，表象并非如联想主义心理学所认为的仅仅是知觉的记忆和引申，"如果表象仅是知觉的引申，那么，它在儿童出生时就会出现。但是在感知—运动阶段并没有观察到这方面的任何证据。表象的发生似乎只是在信号性功能出现时才开始。"① 从种系发生角度看，虽然在早期猿人阶

① 皮亚杰：《儿童心理学》，第53—54页。

段，已经存在微弱的表象，但这并不足以说明当时表象已构成原始思维的基本单位。因为，要使表象成为思维的基本单位或要素，单有再现性表象是不够的，还要有预见性表象。仅就再现性表象而言，也有一个从静态到动态的发展过程。如果要把活动内化为表象，就必须把具有先后次序的活动过程转化为几乎同时出现的一组东西的表象，即要把连续的活动压缩为一个表象性的整体。要完成这一任务，光有静态表象是远远不够的。但是儿童的心理实验结果表明，在前运算水平的心理表象几乎完全是静态的，并且具有非连续的性质。儿童在再现所观察到的运动和变形的表象时具有一系列的困难，这说明这种表象无法再现活动的整个系列。由此，皮亚杰得出结论说："在感知运动性智力或感知运动性活动的第一水平上获得的东西，并不是一开始就能在思维水平上得到适当的表现的。例如，我和泽明斯卡对四岁到五岁儿童所做的研究表明，儿童完全熟悉怎样独自沿着从家里到学校或从学校到家里的路走，但却不能用实验中代表已有名字的主要里程标志（如建筑物等等）的东西来描述这条道路。"①

如上所述，人类智力活动的发展是从物质的感性活动开始的，对外部世界客观逻辑的把握首先是通过外部动作系列实现的。动作是客观逻辑向观念逻辑过渡的转换器。在感知运动阶段，思维的发展表现在动作本身的发展和深化，由感知运动阶段向第二阶段具体表象思维的发展，也是通过动作的概括化实现的。

感知运动性智力同观念运算性智力的区别，在于后者是内化了的动作运算，但是，并不是随便什么动作都可看作头脑中智力动作的来源，只有那些具有较大普遍性的动作才能成为观念逻辑运算的基础。从逻辑角度看，如果撇开某种具体的动因和内容，任何活动都离不开像合并、整理、分开、再合并等一类动作结构。所谓活动的结构形式，顾名思义，凡是容纳、表现具体活动内容的动作形式都是活动的结构形式。活动的内容和形式的差别并非是绝对的，而是相对的。而且，活动内容和形式的关系是某种个别和一般的关系。活动的内容只是各个具体活动中的具体内容，它是各个活动中的特殊性（各种活动的千差万别就在于它的具体目的和内容的

---

① 皮亚杰：《发生认识论原理》，第29页。

不同），而活动的结构形式则是各个具体活动中的一般内容，它是各个活动中的一般性。比如，各种活动是不同的，但它们都有一种共性，即皮亚杰所阐明的群的结构，正是这种群的结构奠定了人的思维逻辑的群、格和群集运算的基础。

当然，上述的活动的结构形式内化为表象是划分为阶段的，活动内化为表象的过程同时表现为外部操作运算的压缩和简化。由静态表象发展到运动表象的心理过程，表现为在心理中起先复制活动的个别动作，后来再现活动的整个系列；由个别表象进到一般表象的心理过程，表现为在心理中由复制个别形态的活动转化为复制同类形态的活动。由再现性表象发展为预见性表象也意味着从起先的回忆表象过渡到再创性表象。伴随着物质活动在心理的表象化，外部操作系列出现了逐步简化的趋向。作为直观动作思维的物质性活动的简化，本质上是一部分实际活动被观念活动所代替。当整个物质活动系列都被主体内化时，同外部对象的运算活动就转化为同表象的内部活动，即主体此时已把表象作为自身活动的对象。人类内部活动的发展同外部活动的发展是相适应的，而思维活动发展的标志之一在于建立新的心理联系，即由外部动作的思维内化为表象的思维。这种内化过程是主体逐步理解和把握外部运算的过程。随着主体对外部活动的把握的深入，表象性思维由不稳固到巩固。到此就出现了由感知运动性智力向前概念阶段，即表象性概念的过渡。

表象性思维中的"前概念"

古人类学资料证实，早在直立猿人阶段，打制石器的方法就有了发展，北京猿人石器中已经有砍砸器、刮削器和尖状器几大类。小型的刮削器，有直刃、凸刃、凹刃和多边刃等形式。从阿舍利文化进入莫斯特文化，加工石器的技术有了进一步的发展。据估计，当时制造工具的全部过程平均包括100多个动作。尼人已能制作几种式样不同的标准化的石器，以手斧为主体的阿舍利文化逐渐为燧石尖状器和刮削器为代表的莫斯特文化所代替。燧石尖状器是顶端磨光的三角形燧石片，制成锋利的向内切削刀刃形式。莫斯特文化是欧洲旧石器时代中期最大的冰河时期的考古学文化。莫斯特式的石器是通过一种打制石片的新技术，即修理石核技术制造的。人们首先从石核上打下来石片，然后再用一块石头或骨骼边缘压削，使石器的边缘成为一定的形式。自从这种压削法发明之后，所制出来的石器，不但外表比以前精细了，而且在用途上也清楚地分化了。① 到了新人的奥瑞纳、梭鲁特、马格德林时期文化，更多地以石叶来制作工具，这种石叶比石片要窄长，做成石刀和石矛以后，可以绑在木棒上，制成长矛或标枪等复合工具。此外，除了石器加工更加精细以外，新人还制成不少骨器和角器。他们的狩猎能力已有进一步的发展，已经懂得利用地形狩猎，甚至会用陷阱捕捉较大的野兽。他们已经掌握了捕鱼的技术，还会用大兽骨、鹿角、象牙、兽皮等修建成简单的房屋，而且还能够摩擦生火。由阿舍利文化的通用原始工具发展到奥瑞纳、梭鲁特文化的专门化工具，以及其后的组合工具（包括弓箭），表明在工具结构方面发生了重要的变化。随着工具结构的改变，实践活动的结构也相应改变了。这一时期的实践活动同前一时期的活动相比在结构形式上发生了重大的变化。在早期猿人那里，原始的劳动活动的结构仅仅包括一个环节，即单一型号的通用工具，工具的功能和使用的逻辑还是原始未分化的。到了第二个阶段，实践活动的结构不再取决于一种工具而是随着工具的分化形成了各自不同的操作结构，在早期猿人那里：工具形式的单一性和使用方面的万能性的矛盾在这个阶段初步得到了解决，实现了工具的功能逻辑和使用逻辑的统一，这种统一必然导致劳动的初步分工。这一切均表明，实践活动新类型是以人类所特有的社会性表象来调节的，社会性表象的产生（确切一点说，是原始人已经以表象作为思维的结构单位）证明原始思维已由动作思维发展到以表象和象征符号来操作的思维阶段。那么，在原始人那里，在动作水平上已经达到的东西怎样用心理表象实现出来，以及它在历史上经历了哪些主要阶段呢？

由感知运动智力向表象性思维过渡首先根源于劳动的二重化。在人类的起源阶段，劳动活动是一身而二任的，它既有直接生产的职能，同时也是人们进行社会交往的手段。A. H. 列昂节夫指出："在这种条件下，人的

---

① 参见贾兰坡《河套人》，第44—46页。

行动具有两个功能：直接生产的功能和作用于其他人的功能，交往的功能。"① 在直观动作思维阶段，这两种职能是融合在一起的，两者比较起来，生产的职能同交往的职能相比是更为基础的方面。随着生产劳动的发展，人们的劳动技能日益熟练，劳动本身所包含的交际手段的职能逐步分化出来，这就是和一定声音相配合的手势。А. Г. 斯皮尔金指出："在直接活动之外向思维过渡借助于这样的运动，它复制实际活动并具有另一种功能——交往的手段和思维的工具的使命。这样的活动（仿佛处在由实际活动到思维活动的中途）首先是手势"。② 手势是由外部活动进入内部理智活动的中介，和声音在一起的手势思维已经不是活动中的思维，而是某种信号化了的思维。手势按其起源，是分化出来的活动，也是提炼出来的活动，在活动中较为重要和概括的东西都由手势区分出来。当然，手势思维还不是言语思维，尽管它为言语思维奠定了重要的基础。我们只能把手势比喻性地称为"语言"。任何视觉性符号只有在它们指示语言符号时，即同语言的声音符号——词发生联系时，才真正符合语言的定义。我们至多只能说，手势是不同于有声语言的相对独立的代表一定意义的象征一符号系统。

手势语言是一种"会意符号"，它起初具有造形的特征，在手势中保留着它所标志的事物的具体特点。"例如，为了表示豪猪，就用手的动作准确地描写它掘土和抛土的奇怪方法、它的刺、它竖起自己的小耳朵时的姿态。为了表示水，会意符号表示出土人怎样喝水，怎样舔吸捧在手心窝里的水。为了表示项圈，就用双手做出圈住脖子并从后面锁住的姿势，如此等等。用手势描写武器更是入微，这些手势与在使用武器时的动作相像。"③ 手势思维是人类的观念活动从物质活动中分化出来的最初形式，手势思维是以表象来进行的直接的思维，尽管此时思维的表达还无法脱离外部的手势动作，但外部的物质活动借助于手势已内化为一系列表象的流动。

---

① 《心理发展问题》，莫斯科 1965 年俄文版，第 279 页。
② А. Г. 斯皮尔金：《意识的起源》，莫斯科 1960 年俄文版，第 120 页。
③ 列维－布留尔：《原始思维》，第 155—156 页。

　　手势是从第一信号系统向第二信号系统过渡的中间环节。在应用手势的同时总是伴随一定的声音信号。一定的声音同事物以及表象之间的条件联系是借助于手势建立起来的，而一定声音和特定含义的结合就转变为词。当语言初步形成以后，手势日益概括和简化，手势思维逐步过渡为言语的思维，手势就退居到第二位，成为言语思维的辅助手段了。

　　当然，语言的形成同样经历了漫长的历史时期。在表象性思维阶段的语言同现代语言相比有很大的区别。形成中的语言具有拟声性和形象性的特点，这一点在原始部族的语言中可以看出来。魏斯脱曼指出，埃维人特别善于用一种"声音图画"（Lautbilder）来作为描绘所获得的印象的手势。这种声音的图画实际上是一种发声的手势，这种发声的手势也像不发声的手势那样描写和图解地表现所谈的动作和事物。他们利用声音的图画"摹仿他们所感知的一切，借助一个或一些声音来描写这一切，首先是描写动作。但是，对于声音、气味、味觉和触觉印象，也有这样的声音图画的摹仿或声音再现。某些声音图画与色彩、丰满、程度、悲伤、安宁等等的表现结合着。毫无疑问，真正的词（名词、动词、形容词）当中的许多词都是来源于这些声音图画的。"①

　　毫无疑问，魏斯脱曼所描绘的原始部族的语言的这番情景还远不是人类语言起源阶段的景象，因为在这种声音图画中，原始部族的成员为了描绘一个动作，可以拥有一系列的副词，用来对感性印象进行惟妙惟肖的声音模仿。他们对行动、状态和属性的描写的同时就想象着所指示的事物。就是说，无论原始部族的语言拥有多少直接性和形象性，这种语言毕竟是在记述以往的情境。而在语言的起源阶段却远不是这种情况。我们推测，最原始的语言可能是某种声音和手势未分化的综合体，这种未分化的综合体就是在情境思维基础上形成的情境语言。语言形成的基本条件是具有一定内容的声音和一定事物的条件反射联系的建立，但这种联系之所以产生，关键在于原始人形成的理解情境和事物意义的能力。所谓情境语言，是指语言的理解和应用过程还无法同非语言的有关事物分离，人们对词的理解还要伴随着手势所指称的事物和情境，然后才能从这种具体情境中解

---

① 转引自列维 – 布留尔《原始思维》，第157—153页。

脱出来，逐步地实现单独地理解词意。在情境语言中，人们首先关心的是要弄懂对方说话和行动等活动的意思，而不是去判断词的意思。起初，虽然一定的词和词所指称的事物有了条件联系，但是人们在交际时，所领会的并不是孤立的词，而是一些具体情境。这时的词还不可能摆脱非语言的前后关系即情境单独地被理解。形成中的语言的词汇是极度贫乏的，而且由于在情境思维阶段，对象和活动还交织在一起没有分化，这时的词汇含义也必然是含混的，充其量不过是对当下活动情境的指示。随着人们对情境把握的分化和表象化，含混的词（表示具体情境的声音复合体）日趋分化，词汇也增多起来。这时，情境的语言就让位于声音的图画。

帕默尔指出："语言其实有三种功能：它表示说话者的思想、感情等；它影响听话者的行动（最广义的），即有引起收效的功能；它把所指的'事物'符号化。"[①] 语言的前两个功能即交际的功能，而语言的交际功能是建立在它把事物符号化基础上的。在语言的起源阶段，语言作为有意义的声音，其主要功能还是在于传达思想、调节集体成员之间的外部活动。但是，随着物质活动的发展及其内化，物质活动和观念活动的分离造成了这样一种条件，即人们可以在物质活动之外或之前，系统地考虑活动的目的、计划和方案。从这方面看，语言使人从具体活动中解放出来具有极大的意义。因为语言的最重要的功能是把标志和被标志的东西区分开来，人凭借语言可以日益减少他对当下情境的直接依赖。语言虽然在表象性思维阶段形成，但它的产生使人类的思维能离散地、有序地反映现实，这一点将大大地优越于表象形式。总之，词的产生最终使人类实现了由实物到思维的过渡。A. H. 列昂节夫指出："劳动分工的发展和理性活动的一定的分化，使得言语活动现在已经不仅实现交往，而且同样也以理论为目的，使它们的外部形式成为非必然的和甚至是不必要的，因而在以后它们具有纯粹内部过程的性质。"[②] 这样，在表象性思维阶段的前期和后期，语言的两个主要功能（交际的手段和思维的工具）在人类发展中的作用方面发生了变化，语言作为交际手段的功能虽然保持着，但它作为思维工具的职能却

---

① 帕默尔：《语言学概论》，商务印书馆 1983 年版，第 13 页。
② A. H. 列昂节夫：《心理发展问题》，1965 年俄文版，第 309 页。

明显地增强了。语言功能的进一步分化在其形态上表现为外部语言向内部语言的转化。外部语言是有声的语言，内部语言是无声的语言。Л. С. 维果茨基认为，内部语言是一种速记式的语言，其中只保存着外部语言中的某些对自己来说是最重要的东西。这就是说，人们在思考时，并不展现全部词汇的声音，语言本身被简化了。这样，从感知运动智力向表象性思维过渡时，物质活动逐渐在内化，观念活动的物质"支点"逐步在减少。它表现为两个方面：由动作向表象的转化是活动本身被简化；由外部语言向内部速记式语言的过渡，是语言本身的简化。如果说，在直观动作阶段，思维的过程追随物质过程，具有完全展开的性质，那么，在表象性思维阶段，活动由于变得熟练被表象所概括而压缩。这种概括和简化，证明了人们对物质活动的掌握，这就为使思维脱离对外部条件的依赖和过渡到内部语言的运算创造了可能性。

综上所述，在表象思维阶段，活动是通过表象来调节的。表象是由动作思维过渡到观念思维的中间环节。表象一方面是人类活动概括和简化的产物，是活动的观念化，表象的演化和发展反映了观念思维逻辑的深化；另一方面，表象作为外部活动的观念替代物，其功能又是人的物质活动的观念图式，是人的活动和动作系统不可缺少的形成因素。换言之，表象作为外部活动的构成因素是表象思维发展的内在机制之一。表象同语言符号的结合（它表现为由非语言的表象思维过渡为有语言的表象思维），是表象思维进一步发展的另一重要机制。语言和表象的统一，表明表象思维是具体和抽象、直观和概括的统一体。

表象思维与概念思维的区别也就是日常经验思维和理论抽象思维的区别。表象作为直接经验的产物，它所概括的是事物在人的活动中有功能意义的那些属性和特征，而这些特征以浑然一体的形式浮现在直观映象中，作为概念基础的本质特征尚未区分出来。概念作为理论上的抽象，并不是从日常经验中直接得来的。如果说，日常经验是对事物和活动的初级抽象，这种抽象尚混有许多非本质的东西，那么概念则是基于直接经验的进一步抽象。两者的区别在同一种言语思维中也可以看出来。一般说来，表象性思维和概念思维都要借助于语词。但是，对事物的语词概括的水平并不一样。对事物的科学概括是建立在区分事物的一般特征的基础上，而日常的表象性概括却是建立在对客体知觉的完整映象水平上。在前一水平上，我们对事物具有真正的概念性把握，在后一水平上，我们只有事物的类化表象。由此可见，在这两种水平上，对事物所应用的同一语词其概括和含义具有性质上的差别。同一语词既可以同概念相联系，也可能同表象相联系。

表象在概括性和普遍性上同概念的区别在于，表象总是一般性和个别性的统一。表象可分为个别表象和一般表象，一般表象具有类化的性质。但即使是一般表象，也仍然包含着个别性。当人们谈到三角形时，在头脑中总会浮现出三角形的某种形态，所谓一般表象，是指该表象中三角形的边长和内角是不确定的，它有别于对一个具体三角形的知觉。由于表象同概念在内涵和外延方面的差别，常常出现对事物的概念把握同经验常识的解释有不相一致之处。

当然，表象和概念存在着内在的同一性。表象是概念构成的基本要素，表象的普遍性和概括性是概念普遍性和概括性的基础，概念的普遍性作为具体的普遍性，正是由于通过表象而包括特殊性和个别性。

抽象概念思维的起源

由表象思维向概念思维的过渡依赖于人的概括能力的发展。人的概括能力是在长期的、反复的实践中，在无数次变换对象的活动中形成的。从逻辑方面看，概括就是舍弃差别、抓住同一，在区别中看到同一。原始人在制造劳动工具时，他们所关心的是工具本身的一般属性，即劳动工具的重量、强度和锋利程度。这些工具虽然按其质料来说是各不相同的，但按其功能来说又是共同的，它们具有大致一样的式样和功能。考古发掘的资料证明，人们在长期的实践中逐步学会把某种加工方法从一种材料转移到另一种材料上去。因此，概括的能力首先是在现实生活中、在相同条件下生产彼此类似的对象的基础上形成的。加工方法从一种材料向另一种材料的迁移的意义在于，个别形态的活动在类似条件下的重复，就转化为类的形态的活动。就是说，此时的活动已经不是偶然发生的，而是对各种情境具有广泛适应性的概括性的联系系统，它是人的思维概括能力的基础。人们既然发现了同一活动方式可以把不同的材质加工成相同类型的工具，就会用相同的名称来指称它。在比较大型的狩猎活动中，人们手里使用着各种工具，这些种类不同的工具在一定的意义上都发挥着相同的作用（袭击野兽、保卫自己）。在这种场合，各种工具之间的区别并没有实际意义。在长期的劳动实践中，对自然界各种事物的认识逐渐使人们懂得，在一定的限度内可以不必注意事物之间的区别，因为不同的物体可以产生相同的作用。概括能力就这样逐步发展起来了。

概括能力的增长标志着人们的逻辑思维能力的发展。许多民族学资料证明，处于表象性思维阶段的原始居民，一般都具有敏锐的观察力和令人惊奇的记忆力，这说明表象性思维具有极强的再现事物的能力。列维－布留尔曾详尽地记叙了原始部族的居民对复杂地形的记忆能力："这是一种后天的能力，它是奠基于极强的死记能力上，奠基于对无数细节的识记上，这种识记使人能立刻忆起那个地方"①，然而，就是拥有这种记忆力的人，却不能数出多于 2 或 3 的数。只要是抽象的推理，不管多么简单，稍微费点脑筋，就会使他们讨厌，对他们来说，最基本的逻辑运算都是十分困难的。这说明，处于表象性思维阶段的人们对事物的认识主要依靠记忆，而不是依靠逻辑概括的能力。随着实践活动的分化和发展，人们首先具有了这样的能力，即把不同的东西中的共同的方面抽象出来，然后又根据这些共同的方面把不同的东西在实际上等同起来，尔后这种实际的概括能力就逐步转化为思想上的概括。概括能力的提高使思维获得了进一步发展的可能性，人们可以把在实践中获得的概括能力外推到实践范围之外，某些对象不再是实践的对象而仅仅成为思维的对象，通过以往的实践经验和概括能力对它作出理性的判断。

如上所述，原始人最初关于事物的特征和属性的表象是与其载体相统一的状态中实现的，概念的形成意味着在观念中把对象和对象的属性加以区分，并在此基础上区分出对象的本质特征。一旦人们开始分解作为整体的映象时，逻辑认识就开始了。原始人最初是怎样实现对象及其特征的分解活动呢？А. Г. 斯皮尔金认为，在概念的起源阶段，对客体映象的分解必须借助于另一对象来实现，即概念形成于人们把具有不同属性的对象加

---

① 列维－布留尔：《原始思维》，第 107 页。

以比较时。① 一个事物的质（形状、颜色）是借助于他物来表达的。例如，在许多原始部族中，用"月亮"来表达圆的东西，用"石头"来表示硬的东西，均属于用另一对象的特征来表示该对象的特征。概念的最初起源就是把一个具体对象归结为另一已知的对象下面。只是在人们的思维有了较高程度的发展之后，人们才能把一个具体事物归入它的类的一般范畴。

А. А. 巴捷布纳考察了质的概念由具体到抽象、由个别向一般的发展过程。他认为，"草是绿色的"这一判断，是主体在分析和综合感性映象的基础上形成的，因而是直观的判断。在这个直观判断中，谓词"绿色"是个别和一般的统一。就其和草相联系而言，它是个别的，是专指，一当它脱离主词，个别就转化为一般。随着谓词"绿色"与越来越多的主词相联系，它就日益获得相对独立的含义，成为日益概括的概念。② 抽象的判断是在直观的判断基础上逐步形成的。"个别就是一般"这一辩证法的命题同样适用于概念本身的发展，任何个别总是包含着一般的成分，这个成分经过千万次的转化就逐步独立出来，成为抽象的一般。

概念的分类同原始人对客观世界各组成部分的划分直接有关。对象和对象的属性相区分的结果，在早期思维阶段形成了两大概念系列。③ 在概念体系中，一些是对象的类概念，它们是从同类事物中抽象出来的，如"树"作为类概念，是许多种树（阔叶树、针叶树、大树、小树等）的一般，各种具体的树都可以纳入这个概念之中。另一些是有关事物的质的概念，这些概念是从对象的质中抽象出来的。如"白色"、"蓝色"等概念，是从具体的事物的质（颜色）中概括出来的，成为各种事物的相同的质的总称。

在观念中把事物的完整映象区分为各个片断的操作是思维发展的重要标志。只有分解客体，才能深入内部揭示其本质。由直观判断到抽象判断并形成抽象概念，是人类思维发展的一个最重要的阶段。它表明人类的思

---

① А. Г. 斯皮尔金：《意识的起源》，第163—164页。
② 同上书，第163—166页。
③ 同上书，第166页。

维及其产物在一定程度上摆脱了现实事物和情境的束缚。在现实中，事物和它的质是不可分离的，事物和质的分离是思维的产物。抽象和概括的能力是一种理想化的能力，对现实事物的理想化虽然是某种"粗糙化"、"僵化"，但正是这种粗糙化和僵化使人类由个别进入一般，由具体进入抽象。

由表象思维向抽象概念思维的过渡，在语言学上的表现是由原始名词向类名词的发展以及形容词从原始名词中分化出来。在语言史上，凡是没有类名词和形容词的语言都属于原始语言。原始名词同现代名词有重大差别，现代名词绝大多数是类名词和抽象名词，原始名词则全部是个体的名称或专有名词。原始名词的最早形式是无人称代词，无人称代词是万物的名称，是自然界和社会一切现象的名称。它表明，在当时人们对现实的认识还是朦胧浑沌的。在无人称代词的基础上逐步分化出指示代词和指示副词。

　　　　无人称代词、指示代词和指示副词的出现，大大推动了人类抽象思维能力的发展，从而促成了原始名词的产生。因为，无人称代词、指示代词和指示副词的出现标志着远古人开始有了认识对象的观念。当然，这些词所代表的仍然是一些朦胧的认识对象观念。这种朦胧的认识对象观念，一旦以词为支点形成起来，就不能不推动远古人在社会实践中去加深对他们面前的各种认识对象的认识，从而导致原始名词的产生，进一步导致人们对各种事物的概念的形成。①

由原始名词向类名词即向概念的过渡是逐步实现的。据有关专家研究，最初人们只能根据事物的外部的直观的特征和非本质属性来进行初级的概括，尔后才能分出事物的比较重要的特征和一般特征。远古人的初级概括是分两步完成的，第一步是形成种概念名词，第二步是形成属概念名词。例如，在当时人们可能先形成表示枣树、杏树、桃树等的种概念名词，隔相当长的时间以后，逐步形成了"树"这种属概念名词。我们至今

----

① 张今、陈云清：《英汉比较语法纲要》，商务印书馆 1981 年版，第 348 页。

仍可从古代汉语中窥见到原始名词的痕迹。例如，在古代汉语中，有关马的名称繁多，公马叫"骘"，母马叫"骒"，额部白色的马叫"馰"，膝下都白的马叫"䮷"。这些都是表示各种马的种概念名词，经过很久以后，才形成"马"这样的属概念名词。①

形容词的产生要晚于类名词，这是因为，类名词是一些实物的名称，形容词是表示实物性质的。只有当思维学会从多种事物中抽象出某种共同的属性时，形容词才会产生出来。最早产生的是同事物外部的、直观的特征有关的形容词，如物体的颜色、体积的大小、物体的硬度、高低、厚薄、速度的快慢等等。至于表示那些五官不能直接感知、只有凭借思维才能把握的内在属性的形容词，如勇敢、正直、美丽等等，产生的年代自然要晚得多。

类名词和形容词的产生是人类逻辑思维史上和语言史上的重大飞跃。"它标志着人类开始有了初步的自觉分析能力和综合能力，初步的自觉抽象能力和概括能力，对周围事物及其属性开始逐步加深认识，并形成概念。"② 类名词和形容词的形成史不仅印证了如上所述的人类两大概念系列产生的历史过程，同时也进一步揭示了语言在思维发展中的重要作用，阐明了人与猿心理差别的重要契机。众所周知，表象是类人猿的抽象的主要形式，但是人却有语言。类人猿在对外部事物进行悟性活动时，被概括出来的特征不能和载体分离，它们的抽象是一种具体的抽象，这种能力以不离开对象本身为限。人借助于语言，就能由对个别对象的认识上升到以概念的形式普遍地反映对象。语言是思维的抽象概括能力发展的本质要素之一，它保证人可以超出观念的感性映象的范围而进入反思的领域。一旦人们用语词称呼对象时，就在实际上把个别事物划归一般的种类，个别在无形中就获得了一般的内容。

活动和思维运算的形成

概念的发生不能忘记判断的形成，但由于两者是紧密联系的，考察一

---

① 张今、陈云清：《英汉比较语法纲要》，商务印书馆 1981 年版，第 349 页。
② 同上书，第 352 页。

方必然要涉及另一方。如前所述，概念形成的过程是把对象的映象及其质的映象加以分解并综合为新观念的过程。这一过程最初是把该对象同已知的另一对象联结起来，到后来则发展为把该对象纳入它所属的类的一般范畴。这样一来，关于事物概念的形成过程，也就是关于事物的质的判断过程。因为透过概念形成的轨迹，我们总可以找到一个具有内部结构的观念操作系统的形成过程，从逻辑角度看，观念的操作系统也就是逻辑运算。以上所说的是一般概念的发生和判断发生的关系，我们还可以从另一方面来理解这个问题。我们知道，皮亚杰特别强调概念的起源与活动的联系，如果对此作深一层的理解就会发现，皮亚杰所说的"概念"术语并不是指普通概念，而是指逻辑概念，诸如他说的"类"、"关系"、"可逆"和"守恒"等就是这样的概念。而此种逻辑概念的形成过程不也就是思维中的类运算、关系运算的形成过程吗？当我们把皮亚杰所说的"概念"理解为逻辑概念时，关于概念（或逻辑运算）与活动的关系问题就更容易理解了。

与普通概念和逻辑概念的关系相类似，在现实生活中也存在着各种具体的运算。例如，在现实生活中有算术的运算（加法、减法等）；有几何学的运算（剖面、换位等）；有时间性的运算（事件的系列性等）；有机械的、物理的运算等等。这些具体的运算如果提高到逻辑的角度，那么它们就可以归入两种逻辑运算，即类的运算和关系的运算，这两个方面构成逻辑运算的基本内容和结构。因此，探讨逻辑运算和活动的关系对于解释各种具体运算的形成问题就具有方法论的意义。

无论类的运算还是关系的运算，其思维的逻辑结构最初都与现实活动紧密相关。皮亚杰于 1963 年在伦敦大学教育学院的讲演中明确指出："逻辑数理运算来源于行动本身，因为它是从行为的协调中抽象出来的结果而不是从对象本身抽绎出来的。例如，'秩序'的运算就是来自行动。要在一系列的对象或事件中辨明一个秩序，人们就必须能够通过行动（从视觉运动到手的操作）把这个秩序显示出来。"[1] 这说明，人们只有通过活动本身所固有的秩序才能认识到客观的秩序。苏联著名心理学家维果茨基认

---

① 皮亚杰：《儿童的心理发展》，第 107 页。

为，人的高级的社会历史的心理活动形式，首先是作为外部活动的形式存在着，只是在以后才成为内部的活动，具有内部活动的形式。后来，维果茨基的学生 A. H. 列昂节夫和 Π. X. 加里培林等人进一步发展了维果茨基的理论，他们把心理活动看作是人的活动的特殊形式，把人的心理看成是社会历史发展过程中由物质生活（心理内容）、外部物质活动改造成为内部活动、意识活动（心理形式）的结果和派生物。在此基础上，列昂节夫深入地研究了人的活动结构同心理结构的一致性问题，加里培林总结并概括了儿童心理学的大量资料，提出了思维活动按阶段形成的假设，用以回答外部的物质活动如何转化为内部的、思维活动的问题。加里培林认为，人的思维活动是外部的、物质活动的反映，是外部物质活动向反映方面——向知觉、表象、概念方面转化的结果。这种转化有各种不同的水平和一系列的发展阶段，在每个阶段上都产生新的反映和活动的再现以及它的系统的改造。思维发展的各阶段主要是按照活动及其内化的水平来划分的。国内有一种观点认为，人的一切观念现象都是对客观外界的反映，只有外部物质世界才是人的认识的唯一源泉。这些同志在坚持物质第一性、意识第二性的基本观点上是可取的，但是，他们往往忽视了认识的主体条件。逻辑思维的结构和功能是人所具有的一种能力，并不是外部对象本身的能力。人的能力只能通过自己的活动并在活动中形成和发展，不可能从对象本身中直接获得，尽管人的实践活动结构归根结底是来源于客观对象的结构。

人的思维运算能力来源于人的实际操作或动作的技能。操作技能是由一系列的外部动作构成的、是通过后来的练习形成和巩固起来的一种合法则的随意活动方式。操作技能同知识的区别在于它是一种行动方式。从随意行动的生理机制方面来看，随意行动是由皮层运动区的锥体细胞发出的神经冲动，经锥体系统和从运动前区发出并通过锥体外系统传导的神经冲动来调节的。但是这些运动细胞（传出的）对行动的调节不是由它们自生的，而是与皮质运动区的感觉细胞（传入的）神经兴奋有关。因此，人的随意运动和主动活动不仅包括外导作用系统，而且包括内导作用系统；它包括皮质的运动的锥体细胞和运动的感觉细胞的联系，而且要有其他分析器的中枢部分的感受细胞（视觉的、听觉的、触觉的等等）的参与。苏联著名神经心理学家 A. P. 鲁利亚指出："为了完成一个动作，首先必须有动觉的内导作用，换句话说，必须有动觉冲动系统。这种冲动把运动着的肢体、关节和肌肉紧张度的情况'通知'大脑。如果这些内导冲动（它们的接收和分析，是由后中央皮质的一般感觉区来保证的）缺失了，动作失去了内导的基础，那么由大脑皮质走向肌肉的反应冲动，实际上就成为失调的冲动。"实际上，运动细胞和感觉细胞之间的机能联系也是一切观念运动性活动的生理机制。谢切诺夫在谈到人的活动的脑机制时指出："神经调节器官活动的最本质的方面，就是运动与感知的调和。"一切随意活动和主动行动，都是皮层上有关的运动神经细胞、动觉神经细胞和其他分析器的感觉细胞之间的复杂的暂时神经联系系统。这种暂时神经联系系统就是巴甫洛夫所说的动力定型。这种动力定型是主体经过无数次的动作重复以后逐步建立起来的。"操作技能的形成与熟练过程，从生理机制上来说，就是在大脑皮层上建立相应的巩固的动力定型的过程。这是由于组成操作技能的那些动作（操作）在反复的练习中，使大脑皮层的相应调节区域，经受按一定程序（顺序）出现的刺激物的作用，因而形成与之相应的暂时联系系统，即动力定型。由于在一定的操作技能中，构成其特有的动作方式的各个环节的动作，是按一定的程序构成的，因而当这种动作定型建立后，某种活动信号刺激一出现，就可以自动地引起这一动力定型内的各个动作的反应。于是，动作就以自动化的形式发生。这种暂时联系系统不是死板固定的，单一的，而是可以概括、建立起一种概括性联系系统。这样就使形成起来的操作技能，对各种情境，具有广泛的适应性。"①操作技能的广泛的适应性恰恰是人的思维逻辑形成的条件。人的随意行动促进了皮层的视听分析器和运动分析器之间的暂时联系，即大脑的信息接收、加工、存储区域和运动皮质区域的暂时神经联系的建立，这一点正是动作转化为人的思维心理结构的生理基础。

列宁在谈到由实践向人的观念逻辑转化的机制时概括地指出："人的实践经过千百万次的重复，它在人的意识中以逻辑的格固定下来。这些格正是（而且只是）由于千百万次的重复才有着先入之见的巩固性和公理的

---

① 冯忠良：《智育心理学》，第155—156页。

性质。"① 现代心理学的研究进一步揭示了由动作内化为思维运算的心理机制。A. H. 列昂节夫指出:

> 任何运演,不管是外部、运动的、或是内部、智力的都一样,就其起源来说,都是转化动作。这就是说,任何一个运演起初都是以有意识的、服从于明显分出的动作目的的形式构成的,这种动作实现着生动的人的活动(实践的、学习的、认识的等等)的某一环节。只有完全掌握了动作,并使其成为更复杂的整体动作中的一个组成成分(在这些整体动作中使它受到彻底的训练,失去多余的环节,而且达到自动化),才能把它转化成为完成这些动作的方法,即转化成运演本身。由于这种转化的结果,原来的动作失去它对与它的产生有关的那些诱因和目的的依赖性;它也失去它原先固有的情绪的、个性的色彩。直接在运演本身中被固定下来的只是这样一些联系和关系,就是那些再现着从完成动作和概括的具体一物体条件中抽象出来的客观的联系和关系。这些运演变得毫无个性,形式化,并且可以用相应的算法、公式、原理等等来加以描述。在这种情况下,它们本身成了进一步分析和概括的对象;在它们成为典范的东西时,也就形成了相对稳定的知识体系(逻辑的、数学的)。②

问题在于,由动作向逻辑的过渡不是即刻实现的,它有一个或长或短的过程。从种系发生方面看,人的操作技能是伴随着工具的制造、更新逐步获得的。就是说,人体器官的动作技能恰恰是依靠体外器官的日益完善发展起来的,脑皮质的进化同皮质外器官的进化发展具有相关性。从个体发生方面看,关于行为方式和操作技能本身所具有的逻辑水平的划分,现代心理学有较详细的研究。一般是把动作水平划分为两个阶段,即模仿阶段和操作技能形成阶段。模仿阶段即个体的前运算水平阶段,动作的逻辑、水平较低,在行动的速度、调节及其结构方面,其正确性、稳定性和

---

① 《列宁全集》第 38 卷,第 233 页。
② A. H. 列昂节夫:《思维》,载《现代心理学发展中几个基本理论问题》。

灵活性都较差。与模仿阶段的活动相区别，活动的熟练是操作技能掌握的高级阶段。由动作的模仿到动作的熟练，可以明显地看到动作本身逻辑水平的提高。行为和活动的熟练是指形成起来的行为方式对各种变化了的条件所具有的高度适应性，因而它是随着行为方式的概括化和系统化而实现的①。可见，由动作向逻辑运算的过渡，正是以动作的模仿向动作熟练的迈进为前提的。

词源学方面的资料同样揭示了抽象思维和实践活动的本质联系。苏联哲学家 A. Г. 斯皮尔金认为，词的历史记录着意识走过的道路，从词源上考察，可以从最一般的形式上追索由外部动作向思维的转化过程。例如，"概念"一词，在俄语中，它起源于 обьять（взять）和 схватить，这两个动词的意思是拥抱、抓住、掌握；后来的 понять 表示智力把握住对象之间的关系。由 взять 到 понять，完成了由用手抓住到观念上理解的发展，它表明人们由用手势指示到借助于推论系统的证明的发展。与此相类似，拉丁词 compreheniso 和法语词 comprendre，都包含两种意义，既有"抓住"的含义，也有"理解"、"概念"的意义。俄语中的智慧（ум）一词，通常作为思维的同义语来使用，和 уметь（会、能、有本领）是同根词，有智慧意味着能够做某种东西，即有某种劳动活动的技能；希腊词 sophia 或 sophos（智慧、有智慧的）的基本意义就是"有能力的"，具有某种手艺或艺术。② 上边列举的这两个词的现代含义虽然是指概念和思维，但其原意或基本含义却指由手所完成的体力活动，后来才开始表示智力活动。通常所谓"手"的思维，其意义不仅表示手和脑在思维中的作用，而且表示智力活动起源于劳动活动的动作和技能。

在谈到思维的运算和实际操作之间的联系时，我们还可以引证数学运算的例子。数学思维是具有代表性的逻辑思维，数量观念的形成是同序列（关系）和类的观念的构成是紧密联系的。因此，数学运算总是包含着关系和类的运算。在数学运算起源的初期阶段，我们既可以看到运算的逻辑同对象间相互关系图式的联系，更可以看到在运算过程中表现

---

① 冯忠良：《智育心理学》，第 169、173—174 页。
② 参见 A. Г. 斯皮尔金《意识的起源》，第 21 页。

出来的人们的实际操作过程。在古代埃及纸莎草文献中记录了数学运算的规则，这个规则本身直接反映了同实际对象作业的现实特点。例如，5＋3是这样进行的：用3根直线作为标记数"3"，然后在旁边再写上5根直线作为标记数"5"，最后把所有这些直线移到一行里，合两处为一处，结果得到了8根短线，标志着相应的"8"。[①] 在这里我们不难发现实践活动的图式，数的运算直接再现了现实生活中实际形成对象总和的程序。对象总和的实际组成是一个单位的对象加上另一单位对象的数学运算程序的基础。数学运算以多种形式反映生活中的数量关系和逻辑联系。不仅人们的数量观念是从生活实践中抽象出来的，而且数量之间的关系结构同样也是现实的数量关系和逻辑联系的反映。苏联教育学家A. M. 列乌申娜指出："数的运算乃是与集合相联系的人们的多种形式的实践活动的总结。人们的多种形式的实践活动被反映在这些普遍性的概括中，如加、减、得、等于等等。"[②]

任何事物的本质总是表现在它本身的形成过程中，认识也不例外。认识的活动本质表现在两个方面：第一，在感性认识中，感觉总是感觉器官的运动的产物，表象和记忆结构是同身体的运动图式、同实际运算结合在一起的；第二，抽象的理性思维起初表现为外部的物质活动，是在物质活动中孕育成长起来的。由此我们可以得出一条重要的结论，即人的认识结构（无论是感性认识还是理性认识）同人体的器官运动和人的实践活动具有某种同构性，唯其如此，它们才可以彼此联系、相互转化、包含。这种同构性的基础有二：从种系发生上看，总是先有物质活动，然后才内化为观念活动；从个体发生上看，观念的心理结构是在个人掌握积淀在工具、对象、语言符号和逻辑体系中的社会历史经验中形成的。总之，人的心理结构来源于、取决于外部活动的客观结构。这并不意味着心理结构仅仅是物质活动的消极产物，相反，思维运算过程和物质活动过程是有区别的，两者的同一是有区别的具体的同一。思维过程的对象同实践活动的对象是有区别的，实践的对象是具有特定物质形

---

① 参见《实践和认识》，1973 年俄文版，第 211 页。

② A. M. 列乌申娜：《学前儿童初步数概念的形成》，人民教育出版社 1982 年版，第 332 页。

式的客体，思维活动的对象则是现实客体在大脑中的映象。就活动的结构说，它不像实践活动那样，每个操作都必须实际作出，思维的操作可以高度省略、高度简缩。

如上所述，实际的分类活动很早就发生了，如原始人在制造工具时对材质的识别、工具类型的区分以及把整个动物肢体分割为各个部分（皮、肉、骨）等活动中，都贯穿着类的结合和分离这一原则。但是，上述活动尚不是思维意义上的归类运算。一般说来，真正的类的运算总是同类概念的形成一同出现的。因为，严格意义上的分类和归类活动是把某一对象纳入相应的概念之中的活动。因此，归类活动要求主体具有较明确的概念系统，主体依据它来确定该对象是否含有该类事物所共有的本质，即判定它是否从属于这个概念。由于概念系统的初步建立是类运算的基本条件，这一点决定了类运算不可能在知觉和表象阶段完全建立起来。

主体对客体特性的把握在心理发生上是存在若干等级的。在感知运动水平上，主体的因果性观念是以自己的活动为中心，不知道自己动作以外的原因，离物理意义上的客体之间的因果关系的理解相差尚远。因此，处于感知运动水平的儿童还不能把客体的特性跟与这些客体有关的主体活动的特性充分区别开来。表象性思维虽然远远高出感知运动水平，但在这一水平上，儿童还没有把外延跟内涵区分开来的能力，还不能进行真正的逻辑的类的运算。因此，表象性思维仍然未能区分出客体的主要特征，主体在认知过程中经常要受到非本质因素的干扰特别是空间因素的干扰。只是到了概念化活动阶段，主体才能稳定地区分个体和类，集合体才不再是形象的集合体，而是由没有空间完形的小群的元素所组成。

据有关学者研究，① 处于表象思维阶段的原始民族其归类活动具有以下特点：第一，对分类有重要意义的特征总是以感知到的为限。换言之，这些分类特征仅仅是事物或事件的表面特征，而不是事物的本质特征。例如，尼日利亚吉辅部落的人对某些植物，是依照它们生长的位置

---

① 以下参见 Э. M. 奥鲁德然夫和 B. C. 哈恩《论原始思维的逻辑地位》，载《哲学译丛》1986 年第 6 期。

（在小丘上或在水边）来分类的；而利比里亚的克别列人则把锅、葵花子、花生归入一类，其理由是"葵花子和花生是放在锅里煮的"。第二，原始思维的分类往往依赖分类对象的意义及对它的评价，即按事物的实用性进行分类。在原始部族中普遍存在着把异种客体看作是同一的倾向。例如，在回乔尔人那里，把玉蜀黍、鹿和希库里（一种神圣的植物）等同起来，这是因为玉蜀黍的收成和猎鹿的成功完全取决于希库里这种神圣植物的收成。"当回乔尔人由于受互渗律的影响而断言玉蜀黍、鹿、希库里和羽毛是同一的东西，这就是在他们的表象之间确定的一种分类，这种分类的指导原则是这些实体里面共同存在着的对部族来说极为重要的神秘力量，或者更正确地说，是这种力量在这些实体中间的循环。"① 由此可见，由原始思维的分类原则（表面的和实用性的原则）解脱出来，使主观思维逐步增加客观因素，按事物的客观本质关系进行分类，显然依赖于实践活动的发展，正是实践活动的发展促使人们由表象思维迈入概念性的思维。

和类运算的形成相类似，关系（概念）的运算也是随同活动一起逐步发生的。在前运算阶段，主体对关系的理解是僵死的、绝对的，看不到事物之间的相互关系。处于表象思维中的"前关系"实际是拘泥于现实关系的绝对化理解，是用一种关系排斥另一种关系，他还不理解关系的互反性或可逆性。思维之所以停留在前关系阶段，是因为作为这种思维基础的现实活动主要是单程的，如皮亚杰所说其活动多半是朝着一个目标前进而不能回过头来，因而当它们内化为心理活动时就仍是不可逆行的。

关系运算中的可逆性是逻辑运算水平上的结构特性，是人类通过实践活动的发展所获得的一种逻辑运算能力。这种能力是随同人类由情境式活动过渡为重复性活动而出现的。在情境式活动阶段，"人类还不能再造和控制这些活动形式的条件。当原始人去打猎时，他不知道：他能否遇到野兽，打猎情况会怎样，是否能获得成功等等。这些都带有偶然性。"所谓重复性活动是指在渔猎经济基础上产生的农业经济活动和畜牧业经济活动，农业和畜牧业经济的本质是经济活动条件的再生产。这

---

① 列维－布留尔：《原始思维》，第 122 页。

种生产的重复性不仅使事物间的必然联系明显化，而且为人们对过程的开端和终结的稳固联系进行仔细的考察提供了现实基础。"例如，在种子的表象中包含着种子与植物和果实的联系，在雌雄（公的和母的）关系的表象中包含着同该种的未来幼兽的必然联系。"①重复性的生产活动犹如逻辑的受纳器和核准器，使事物的必然特性以及事物之间的本质联系获得了概括的表现。关系运算中的可逆性和守恒性取决于实践活动中重复因素和不变因素所具有的比重，当原始人从主客体不分的精神迷津中走出来，建立了客体的永久性观念时，这是原始人在活动和思维中构成的第一个不变因素，但这显然还不能帮助他们摆脱前关系的束缚，只有当再现性活动把事物之间的必然联系揭示出来之后，人们才能逐渐在思维中建立起基本稳定的逻辑联系。

六　从表象思维逻辑到抽象思维逻辑

我们在上一节中集中考察的是概念思维的起源或思维中的形式运算的起源，这仅是全部思维逻辑的一个侧面，即精确思维的逻辑方面。按照传统的观点，形式逻辑主要是同抽象概念的思维相联系的。但是，史前思维或原始思维却主要是表象思维或形象思维。当人们说在表象思维阶段，还缺少稳固的完整的逻辑结构时，正是从形式逻辑角度作出这种评价的。从另一方面看，表象思维虽然尚缺乏概念思维的逻辑，并不表明它没有自身的逻辑。当人们习惯于仅从形式逻辑观点来看待原始思维时，必然要得出原始思维是原逻辑或前逻辑思维的结论。但是，这一结论不足以完满地解释原始人究竟是怎样思维的，表象思维为何和如何转化为概念思维的，以及在现代思维中，形象思维和抽象思维为什么总是相互渗透和促进的。总而言之，我们还应对表象思维的逻辑以及它与抽象思维的逻辑关系作为一个重要问题提出来，专门加以探讨。

---

① 3. M. 奥鲁德然夫、B. C. 哈恩：《论原始思维的逻辑地位》，载《哲学译丛》1986 年第 6 期。

相似律——表象思维所遵循的逻辑

原始思维最初的细胞形态或构成要素不是抽象概念，而是表象和形象观念。表象思维是在人们的思维过程中，始终伴随着感性形象，利用已有形象加工和塑造新的感性形象的认知活动。换言之，表象思维是以原有表象系列为基点，运用类比和联想原则，与新表象进行对比、融合并组织成新的形象观念的思维。在这里，已有的经验表象是思维识别事物的"相似块"，而类比和联想是相似规律在思维中的表现，它表现为输入信息与原有信息即相似块相匹配的过程。由此可见，当人们运用以表象构成的相似块进行类比和联想思维时，这时的相似块是起到同概念在抽象思维中相类似的作用的。

要揭示表象思维的逻辑特性，就要考察作为表象思维基元的"相似块"的特点以及运用它进行推理的特点。我们曾指出，存在于表象中的"类"不仅具有感性直观的特点，分类原则受其情境的制约（与分类无关的地理位置、空间距离都影响原始分类），而且受其实用观念的影响，这使得原始人对事物分类的着眼点与现代人有明显的不同，科学分类原则是依据对象的客观属性，而原始分类往往从主观目的出发，以主观需求代替客观原则。因此，作为表象思维的"相似块"并不是数学意义上的"类"或集合，而是一个不能精确定义的"类"。表象思维中的类化表象的不精确性，决定了原始思维中的类比和联想法则不是纯逻辑的推理方法，而是对事物背后的本质和规律进行相似推测或猜测的方法。就此而言，类比原则是与传统意义上的逻辑推理有较大区别的。

表象思维中的类比和联想推理所体现的基本原则是相似原则，这一原则的客观基础是自然界普遍存在着的相似关系。德国哲学家莱布尼茨很早就意识到"相似"的重要性，他指出："只要您想到了相似性，您就想到了某种不止与此的东西，而普遍性无非就在于此。"[1] 普朗克也认为，从表面看来，自然界的现象千差万别，但是在不相干的领域常常体现着相似的简单原理，如果没有这种情况，以比喻和类推为主要手段的人类去探讨自

---

[1]　莱布尼茨：《人类理智新论》，商务印书馆 1982 年版，第 582 页。

然奥秘,不知要困难多少倍。[①] 近年来,随着思维科学研究的深入,学术界对形象思维中的类比推理的哲学基础专门进行了探讨,高冼在《简论广义相似原理及其对哲学的影响》一文中明确指出:"类比推理方法是具有一定程度的逻辑性的创造性思维方法,它的哲学背景就是广义相似原理"。[②] 张光鉴在探讨相似律在科学技术和思维发展过程中的作用时指出,科学技术的发展在某种程度上讲是相似原理的发现与运用。"人们对客观事物之所以能进行分类的基础,是他们头脑中先已贮存的经验即'相似块'。人们根据这些'相似块'去对照、分析、比较、鉴别那些纷繁的客观事物属性,再把反映到大脑里来的信息进行过滤,再用联想、想象、类比的形象思维方法和归纳、演绎的逻辑思维方法来进行分类,或进行最初的分析。但不管用哪种分析方法都离不开相似原理。"[③]

很显然,相似问题是表象或形象思维的基本核心和实质。在进行表象思维时,人脑首先把外部对象加工为意象,这种意象就是人们在实践活动和后天学习过程中所积累起来的经验或知识单元即"相似块",众多的"相似块"及其组合就是表象思维中经常出现的直感和想象的基础。

自然界普遍存在的相似关系并不表明所有事物的相似度和隶属度都是相同的,思维主体的相似猜想与客观事物本质的符合程度与事物之间的相似度的高低密切相关,主观的相似思维及其推理是客观存在的相似关系的反映。这是问题的一个方面。另一方面,作为思维对象的相似度的大小又取决于思维主体观察问题的角度,人们思考问题的着眼点不同,事物之间的相似程度也不同。因此,"着眼点"是决定相似度大小的参变量。"事物相似度的大小取决于人们对事物的'着眼点',不同的'着眼点',事物的相似度不同,难以进行比较。在'着眼点' $\underline{m}$ 为有限情况下,事物可出现相似、相同、相异等特征,这是狭义相似度,……当'着眼点' $\underline{m}$ 为无限多个时,事物普遍具有相似性,只不过相似度大小不同罢了,

---

① 转引自张铁声《思维科学札记》,载《思维科学》1985 年第 2 期。
② 见《哲学研究》1985 年第 9 期。
③ 张光鉴:《相似论》,载《思维科学》1985 年第 1 期。

此时自然界不存在完全相同或完全相异的事物，这是广义相似度"①。这一点可以说是我们深入理解原始思维神秘性的突破口。

众多学者都主张从两方面来研究原始思维：一是联系生产活动来研究；二是联系巫术、神话来研究。但是，从两方面研究所得出的结论却是大相径庭的。由此，许多学者认为，"原始思维的特征是思维的理性方面和非理性方面并存（А. Ф. 阿尼西莫夫），思维的自然—实践水平和世界观水平并存（О. В. 玛斯里耶娃），思维的逻辑方式和巫术方式并存（Ю. И. 谢缅诺夫），思维的神话水平和经验水平并存（Д. М. 乌格里诺维奇）。"② 对原始思维特征的这两种划分确实反映了原始人在思考问题时的不同态度和方式。诚如许多民族学家所共同指出的，在一般情况下，原始先民在日常生活和生产范围内都能按经验去处理。所谓按日常经验去处理，是指原始思维在经验所及的范围内其思考方式并不违反形式逻辑。关于这一点，甚至列维－布留尔也是承认的。但是当经验无能为力时，原始先民往往求助于巫术和宗教。所以，在原始民族那里是存在着世俗的和神圣的两个领域的，而这两个领域的划分是以经验为界标的。

据此，我们可以提出这样的假设：所谓原始人的经验思维具有文明人思维相同的逻辑，是指原始思维在处理类内关系（经验范围内的关系）时遵循着形式逻辑，尽管这种逻辑尚处于较原始的状态，尚没有纯形式的操作。所谓以巫术和神话等形态表现出来的"集体表象"的思维逻辑明显地不同于形式逻辑，则是原始思维处理类间关系的逻辑。遵循相似逻辑的表象思维在处理类内和类间关系上，其表现大为不同。在处理类内关系上，相似逻辑就转化为演绎的和归纳的逻辑，而在处理经验范围以外的关系时，它却碰到了不可克服的困难，因而导致思维的神秘性和不可理解性。这一点当然同原始思维的局限性有关。

众所周知，原始思维是一种感性直观思维，其思维模式的核心是感性结构，其内容是实用性的经验结构，这种经验成分在日常生活中的一定限

---

① 霍明远、汪培庄：《相似度求解的一般方法与应用》，载《求是学刊》1986 年第 1 期。
② З. М. 奥鲁德然夫、В. С. 哈恩：《论原始思维的逻辑地位》，载《哲学译丛》1986 年第 6 期。

度内是有效的。当原始先民把世界划分为世俗的（能经验地加以把握）和神秘的（不可见的和非经验的）两个部分时，思维的经验模式对神秘世界的认识出现了空缺。但是为了实际生存的需要，原始先民又必须对它作出解释，这样就出现了以有限的模式去解释无限的东西的矛盾。在经验思维极为贫乏、有限的情况下，他要把这个世界统一起来，唯一的着眼点和参照系就是他自身。这就是原始意识中较早出现的"拟人观"倾向。从"自我"出发（当然这个"自我"还是被血缘关系所笼罩的血族集团），原始人得到的第一个相似度极大的"宇宙论"模型是什么呢？这就是许多研究者共同指出的"生命的一体化"意识。所谓生命的互渗感或一体化，实际上也就是人物不分、人兽不分、主客不分。所谓主客不分就是指原始人在主体和客体的关系上，其相似度达到最大，这种相似度极大的主客体观正是无意识的自我中心主义的产物。这种主客体完全类同的意识作为一个总原则支配着原始人生活的各个方面，巫术观念和图腾观念都是这个原则的表现。从传统逻辑观点看来，原始思维所包含的巫术性和神话性内容是违反客观因果性的，但它却是相似思维逻辑的最初产物，因而这种思维的神秘性也是可以理解的。

由相似逻辑到形式逻辑

相似逻辑不仅是表象思维的基本逻辑，它也是概念思维的逻辑基础。在人类思维发展的不同阶段，其思维性质的区别主要表现为对事物的相似关系的提取方式（表现为参照系的转换）和概括水平的不同。关于相似原则是不同思维形式的共同基础问题，可以从两方面来理解。从客体方面来看，自然界中的任何事物（包括关系）既不可能与其他事物完全不同，也不可能与别的事物完全相同。这就是说，对客观事物间的关系而言，相似是绝对的，相同和相异都是相对的。客观事物之间总是相互联系而又相互区别的，这种既相联系又相区别的关系就是相似关系。由于相似关系具有永恒的普遍性，所以我们可以说它是客观事物间的一种绝对关系。张光鉴认为："客观事物发展过程中，都存在着同和变异，因为只有同才能有所继承，只有变异，事物才能往前发展。所以相似不等于相同，相似就是客观事物存在的同与变异矛盾的统一。……相似现象就是客观世界物质的基本粒子在统一场作用下运动的一种和谐协调而又互相适应的一个组合形式。"①

客观世界普遍存在的相似特性必然反映到人的意识的内部，从而构成思维本身所固有的机制。人的知识不是环境赐予的，因而不是外界刺激物单独决定认识的形成，认识起源于主客体的相互作用。换言之，外界客体对认识的决定作用是通过主体的内源因素（认知模式或思维结构）实现的。这是理解人类思维机制的关键。

对人类思维机制的探讨是哲学史上或显或隐的一条主线。从亚里士多德的蜡块说到洛克的白板说、狄德罗的刻印说以及现代的行为主义的"刺激→反应"公式，由于片面强调认识的外源因素而否认了认知模式在认识中的作用。从柏拉图到莱布尼茨和康德等人都以天赋观念的形式肯定了主体思维模式的存在。现代思维心理学和认知心理学不仅继承了"思维模式论"的传统，并把它大大精细化了。心理学中格式塔学派关于视知觉的完形结构理论、现代认知心理学关于视知觉的概念驱动理论，都从不同的侧面揭示了认知主体的思维模式在认识中的能动作用。特别是皮亚杰关于认识的结构及其建构的学说，更全面地阐明了：客体的外来刺激只有通过主体认知图式的整理、分解、组合和转换，才能构成人类的知识。如果我们暂时撇开形象思维和抽象思维在结构要素方面的差别不谈，那么，上述的思维模式论、结构论、图式论等不同用语均可视为人们在认知过程中所启用的"相似块"，它们的功能都在于同化外来的刺激。所谓同化，就是把客体或来自客体的经验按已有的相似模块加以处理、纳入主体的知识系统。不同的人对同一客体所获取的信息及形成的认识之所以不同，其原因就在于人们贮存的"相似块"不同。不同的主体总是按其固有的认知模式去选择和接收不同的信息、形成不同的认识。这样，尽管在表象思维中遵循着同一个相似原理去接收和处理信息，但由于主体间原有知识单元的区别，同一客体相对于不同的主体来说就具有不同比率的可同化信息和不可同化信息。随着主客观之间"结构差"的缩小，客体的不可同化信息就转化为可同化信息而为主体所把握。所以，同化就是把新客体纳入主体贮存

---

① 张光鉴：《相似论》，载《思维科学》1985 年第 1 期。

的相似模式之中。

人类认识的发展在一定程度上可以归结为相似模块的不断积累和重新组合建构的过程。这个过程也就是主体已有的主观模式和客体结构交互作用和转化的过程。所以皮亚杰用同化和顺应两个概念来揭示认知结构由低级到高级的发展机制。同化是把客体和来自客体的经验纳入主体图式之中。图式作为物质活动结构的概括化同客体结构具有同一性，这是主体凭借思维模式同化、把握客体的唯物论基础。但是，一定的思维模式的同化作用是有限度的。当原有图式不能成功地同化新刺激，即不能有效地执行认识功能时，主体就要改造旧图式、建构新图式来顺应客体，并在新图式的基础上以新的认知方式去把握新客体。如果说，同化是主体运用已有模式在相似原则作用下去识别对象；那么，顺应则是在客体的反作用下，主体对原有相似块的改造和重新建构具有更高组织化和有序化的相似模块。

上面谈及的表象思维中的相似规律，实则建立在一个不言自明的前提上面、即一切智力均产生于以往的经验模式，而经验思维就是对同类情况的同类反应，也就是说，人们总是依据已有的知识和经验、利用已有的思维模式去认识当下的事物。这些知识、经验就是相似规律发生作用的基础单元或"相似块"。所以，表象思维中的"相似块"以及借以产生作用的相似原理不过是自然相似律在人脑中的反映。

从内容上看，从表象上升为概念是人类思维发展之必然；但从思维规律方面看，类比联想原则和演绎原则差别颇大，人类是如何从表象思维的类比原则演化发展出抽象思维的演绎、归纳原则的呢？人类各种形式的思维原则有无共同的基础呢？我们认为，各种思维原则与方法的共同根源就深植于相似思维的本质之中。

我们在上面曾论及，所谓相似关系就是事物之间既相联系又相区别的关系，相似就是客观事物本身的同与变异之矛盾的统一。因此，贯通表象思维中的相似律其实也就是同异律。表象思维的类比联想原则所体现出来的相似思维，在认识客观对象中，不仅求其同，而且识其异。皮亚杰在论及思维图式的建构机制时明确指出，主体在认识中对客体的同化本身就引起顺应，它是相似思维由低级向高级发展的内在环节。

那么，逻辑学所概括出来的基本的思维规律的本质是什么呢？傅季重认为："形式逻辑的最基本的思维规律，同一律、不矛盾律和排中律这三条规律，如果概括为一组的话，则可谓之同异律。这是事物所固有的同异关系、特性的反映。"① 既然演绎逻辑的本质也是同异律，那么我们可否把演绎推理思维也看作是相似思维呢？维斯登姆（J. Wisdom）认为，单纯归纳推理正是根据类似物进行推理得出的。不仅如此，他认为演绎推理中的情况也与此相类似，即在演绎推理的场合，我们同样也是根据类似的事例进行推理的。维斯登姆的这一说法不单是指在演绎推理中往往渗透着类比推理，而且演绎规则本身也是根据相似关系建立起来的。所以，日本逻辑学家黑崎宏才总结说："可以说，所有的推理，其结果不外乎是根据相似物或类似物进行推理。"② 我们认为，关于相似物或类似物在归纳和演绎推理中的意义正揭示了类推法、归纳法和演绎法在其深层结构中的一致性。

在认识史上某一问题的重要性是由现时问题引起之后，才受到重视并加以研究的，形象思维就是这样。近年来，对形象思维的看法发生了很大的变化。过去仅仅把它看作文艺创作的思维形式，人工智能研究的进展，日益使人们意识到，形象思维是与抽象思维相对应的普遍的思维形式。第五代计算机与以往计算机的区别之一，就是对人类智能的模拟由抽象思维向形象思维过渡，它将突破传统的形式逻辑的局限，不再单纯追求逻辑上的完备性，把不确定的经验知识纳入知识库和推理机。这是人工智能机器在工作原理上的重大突破。

长期以来，人们对思维的研究一直集中在抽象思维和形式逻辑方面，在这方面确实取得了丰硕的成果。问题在于，人类认识的发生和发展有上百万年的历史，在这段历史中的绝大部分时间里占主导地位的思维形式是表象和形象思维，而抽象思维的历史才不过几千年。在现代，形象思维是作为与抽象思维相并列的思维形式看待的，但在认知形式的发生史上，形象认知却是远远先于抽象思维的。表象和形象思维的重要性不仅表现为在

① 傅季重：《比较——思维、认识的科学方法》，载《哲学研究》1980 年第 8 期。
② 参见黑崎宏才《规范论的必然性》，载《自然科学哲学问题丛刊》1983 年第 1 期。

抽象思维形成中起重要的基础作用，而且在创造性的认识活动和科学发现中起着更为重要的作用。无论在发生学的意义上还是在现实的认知活动中，形象思维和抽象思维的互补原则都是人类认识健康发展的最重要的原则。这个原则既体现在认识的内容方面，它同样也体现在认知的形式方面和逻辑方面。正如我们在本节中所指出的，没有表象思维阶段相似思维的充分发展，没有史前时期的类际间的类推方法的发展，严格精确的类概念就不可能形成，而基于科学类概念基础上的类内的演绎和归纳逻辑也就不可能形成。究其实质，人类的演绎推理和归纳推理不过是把思维中的相似推理能力进一步规范化罢了。

五

主客体分化的历史形态[*]

考察人类认识的起源和史前认识，离不开主客体关系问题。认识和思维的结构在本质上是主体因素和客体因素的关系结构，它们构成了认识和思维结构的两极。

皮亚杰认为，认识及其结构起源于主体和客体之间的两极性相互作用，主客体之间"建立认识的联系，或更一般地说，建立认识论的联系，既不是对外部客体的简单模写，也不是主体内部预成结构的单纯展开，而是包括了主体和外部世界通过不断地相互作用所逐渐建构的一系列结构。""所以，认识在起点上，既不产生于客体，又不产生于主体，而是产生于从一开始就是主客不可分的——主体与客体之间的相互作用。"①

认识结构的建构与主客体分化相一致，认识结构就是主客体关系的不同状态在观念中的反映。主客体的分化是在两者的相互作用中实现的，从认识论角度看，主客体的分化就是指主体在思维中对客体的建构。在皮亚杰的著作中，"建构"一词是仅适用于认识论方面的概念，它的基本含义是主体在思维中把握客体或主体在思维中建立与客体结构相类似的思维结构。皮亚杰一方面认为，客体及其结构是不依赖于我们客观存在的；另一方面他又认为，客体只是通过被建构成才被发现的。从表面上看，他的这两种说法似乎是矛盾的。其实，他是从本体论和认识论两个方面来谈这个问题的。尽管客观世界是永恒存在的，但儿童的客体永久性观念的形成却表现为一个过程。就是说，认识的客体是随着儿童的活动和智力的发展形

＊　本文原载于《史前认识研究》一书的第四章。
①　参见皮亚杰《皮亚杰学说》。

成的。

　　既然人的认知和思维结构根源于实际生活和主客体相互作用关系的性质，思维结构及其功能的发展紧紧依赖于主客体关系的发展，那么，考察主客体分化和发展的历史过程就是阐明认识起源问题的重要环节之一。

影响主客体分化的因素和条件

　　原始意识不是孤立自在的系统，它的产生和发展总是有其尘世的根源。马克思说："意识形态本身只不过是人类史的一个方面。"① 因此，要揭示主客体分化的原因和历史，就必须从影响人类历史本身发展的基本条件入手。这些条件是影响人类历史的决定性因素，因而也是影响主客体分化的决定性因素，按照马克思和恩格斯的早期理解，人类历史的发生和发展是由人类活动的三个方面决定的，这三个因素是：衣、食、住等生活资料的生产、生产工具的生产和人自身的生产。"不应把社会活动的这三个方面看做是三个不同的阶段，而只应看做是三个方面……看做是三个'因素'。从历史的最初时期起，从第一批人出现时，三者就同时存在着，而且就是现在也还在历史上起着作用。"② 马克思、恩格斯在 1845—1846 年共同确认的这三个因素，在 40 年以后，由恩格斯提出的"两种生产"的理论赋予了更简明、更确切的表述。他指出："根据唯物主义观点，历史中的决定性因素，归根结蒂是直接生活的生产和再生产。但是，生产本身又有两种。一方面是生活资料即食物、衣服、住房以及为此所必需的工具的生产；另一方面是人类自身的生产，即种的繁衍。一定历史时代和一定地区内的人们生活于其下的社会制度，受着两种生产的制约，一方面受劳动的发展阶段的制约，另一方面受家庭的发展阶段的制约。"③ "两种生产"的状况正是影响并决定主客体分化的两个最根本的条件，人类的原始意识包括宗教意识在内，也是由这两种生产发展状况所决定的。

---

　　① 《马克思恩格斯选集》第 1 卷，第 21 页。
　　② 同上书，第 33—34 页。
　　③ 《马克思恩格斯选集》第 4 卷，第 2 页。

客体因素

人从自然存在物转变为社会历史的存在物，表明他是从自然界中逐步分化出来的。在这一分化过程中，环境因素在主体性质的转变中具有重要意义。按照马克思的理解，人类在最初形成的时期还是半动物式的、在自然力量面前无能为力的"自然主体"，其最初的活动仍然是"自然的"生产，因为活动的主要客观条件并不是劳动的产物，而是自然界本身。由于人的活动对其环境条件是直接依赖关系，所以环境条件作为人的活动的基本因素的差异，决定了人的活动方式和活动内容的差异。

人类生态学证明，在人类发展的较早阶段，正是环境（气候）的变化，导致人的活动的区域专业化。非洲史前史的研究向我们展现出这样一个图景，即从东非、中非到南部非洲，人们可以发现两种不同类型的文化——森林文化（桑戈文化）和草原文化（福尔史密斯文化）。生活于植被最稠密的森林地带的人们，与其食物生产群落相适应主要是采集植物和水果。由于森林地带雨量大、植物生长茂密等生态因素，出现了其他地区未有过的重型工具和大而长的双面工具。与森林文化相区别，生活于林木稀疏的热带草原的原始居民，则发展了狩猎工具，猎取草原较大的动物。环境压力（主要是气候变化）而引起的经济调整，其最终结果是导致地区性文化传统的出现。"在福尔史密斯文化和桑戈文化中，我们可发现工具系列已经开始有地区性专长，反映了适合草原地区的工具类型与适合林地和森林地区的工具类型互有不同。"① 史前文明发展的线索表明，在中石器时代出现的这种区域专业化在日后形成了不同的石器文化。考古学家在非洲、欧洲、西南亚、澳大利亚和我国的北部陆续发现了一种被称作"幺石器"的细小石器（Microlith），这种细石器是运用特殊的工艺技术而产生的小型细石核和细石叶，它们是作为装备骨、木等复合工具的石刃而专门制作的。从细石器的地理位置上看，它们绝大多数都分布在沙漠草原或高山地带，使用细石器文化的人们主要是过着以狩猎为主，以采集为辅的经

① 参见联合国教科文组织编写《非洲通史》第1卷，中译本，第374页。

济生活。① 换言之，细石器文化正是干旱草原文化的延续，而不是潮湿雨林文化的产物。

我国著名考古学家苏秉琦教授在分析我国古代文化类型时指出："如果把我国的版图分为面向内陆和面向海洋两部分的话，可以看到这样一种情况、面向内陆的部分，多出彩陶和细石器，面向海洋的部分则主要是黑陶、几何印纹陶、有段和有肩石器的分布区域，民俗方面还有拔牙的习俗。"② 这种文化相的区别显然根源于经济活动内容的不同，而产生不同经济活动的原因则在较大程度上又是受自然地理环境所决定的。自一万年前后的冰期结束，中国大陆上气候出现了新的变化，最北端形成了干旱少雨的沙漠草源地带，淮河以北年降雨量在 800 毫米以下，而长江流域则是年量超过 1000 毫米的多雨地区，气温也大体上沿这条线分南北两大区域。"气候土壤的变化决定了各种生态条件的形成，而在不同生态条件下活动的古人类走上了不同的发展道路。"③ 考古学的研究表明，中国大陆的不同地理环境导致了四种经济类型的发生，即北方的粟稷文化区，东部海岸的稻米种植文化区、南方的块茎种植文化区以及处于新疆、宁夏、内蒙古和东北一部分的游牧型经济文化区。

在人类起源和发展的不同阶段，那些与人类生活休戚相关的事物不仅决定了原始宗教崇拜的对象和内容，而且构成了最古老神话的底蕴。发生于世界各民族的洪水神话，实质上是人类水域文明的产物。水域环境不仅促使生命出现，而且推动了人类的发展。人类从产生时起，其迁移和居住范围始终受到水资源的季节性变化的调节。在人类生存的较早阶段，由于贮水困难和无法运水，限制了人类活动的范围，人类群体的季节性宿营地往往不得不靠近河流和湖泊即居住在泛滥平原上，世界上流传洪水神话的民族，几乎都是居住在大河流域的。例如，埃及人居住在尼罗河流域，印度人居住在恒河流域，古代巴比伦人居住在底格里斯河和幼发拉底河流域。中国古代华夏部族居住于黄河流域，盛传洪水神话的云南各少数民族

---

① 参见贾兰坡《中国细石器的特征和它的传统、起源与分布》，载《古脊椎动物与古人类》第 16 卷第 2 期。

② 苏秉琦、殷玮璋：《关于考古学文化的区系类型问题》，载《文物》1981 年第 5 期。

③ 参见乔晓勤《试论探讨中国古代文明起源的途径》，载《史前研究》1984 年第 3 期。

的栖息地，自古以来也是水泽遍地、江河纵横的水域环境。河流既养育了人，又给人类带来灾难。且不提人类无能力控制洪水泛滥时所遭遇的危害，即使在有能力控制河水泛滥的时期，汛期一到水患也给人们带来生命和财产的损失。这样看来，原始先民把与人类生命攸关的水患加以神化，就是可以理解的了。

任何自然现象被人类加以神化的前提，是它首先必须成为影响人类生存的重要条件。举世瞩目的太阳神话实际上是农业崇拜的产物。从亚洲到非洲，从欧洲到拉丁美洲，到处都可以找到太阳神话的踪迹。在以农业著称的中国，无论是汉民族还是少数民族，都创造了五彩缤纷的太阳神话。居住于不同地域且具有不同的思维性格的各民族之所以产生相类似的太阳神话，其根本原因是"因为各个民族不管它们的种源和地理环境如何，在自己的发展中总会碰到极端相似的物质的和精神的需要，总得为满足这些物质的和精神的需要而采取同一的生产方式。"①

太阳作为三光（日、月、星辰）之最，在决定季节和气候方面具有决定的意义。当人类由攫取型经济进入定居性的生产型经济之后，太阳对农业生产就具有更为重要的意义。它不仅给人类带来光明，孕育万物的生长，而且为人类提供热源，驱散寒冷。可以说，人类的衣、食、住等各种生活资料和能源都来源于太阳的恩惠。当然，这是仅就太阳的物理属性而言的，太阳的这些物理属性一旦被人类意识到，人类就会把这些自然属性赋予价值属性的含义，好像太阳生来就是有恩惠于人的属性。人们既不知道太阳的起源，也不明白它的朝起夕落，于是就凭借自己的想象力，把太阳的自然之力加以形象化和人格化。人类对自然现象、包括天体、天象和气象的崇拜其发生可能是较早的，但是真正把太阳作为人类生存须臾不可分离的对象加以崇拜和歌颂却只能在农事崇拜中萌芽。关于这种推测，我们可以从太阳神话的种种内涵中窥探出来。

第一，每种太阳神话在讲述太阳的起源时，都毫无例外地包含有鸟兽化变为太阳的传说。例如，古埃及的太阳神是一个"鹰头神"，即以鹰作为太阳的象征。波斯人的皇冠上也装饰着象征着太阳的翼翅，这个"太阳

---

① 拉法格：《思想起源论》，中译本，第37—38页。

鹰"的观念可以溯源于古埃及人的太阳神形象。宙斯作为古希腊人信奉的天帝，它是从太阳神和雷电之神升格为主神的，而宙斯的化身也同样表现为"鹰"和"羊"。在古代中国，太阳神已经更具有文化英雄的意味，但就其起源而言，它也与神鸟有关。所谓"日中有踆乌"、（《淮南子》）"一日方至，一日方出，皆载于乌"（《山海经》），是说太阳是靠乌鸦运行的，这与古埃及和古波斯以鹰鸟作为太阳的象征是一样的。上述事实表明，对太阳的崇拜是在氏族图腾崇拜基础上逐步形成的。根据郭沫若和李玄伯两人的研究，所谓羲和生十日，"十日并出"，实则是 10 个以日为图腾的部族①。此时的日神已从氏族的图腾崇拜发展为部落之神，即由血缘关系的象征发展为地域或城邦守护神，并最终使日神跃居为"天神长"的地位。

第二，在众多的太阳神话中，均可以发现某种或显或隐的太阳神世系的序列性组合。例如，在古中国传说时代的东夷集团，就存在着帝俊（老太阳神）——后羿（准太阳神）——羿子（第三代太阳神）的系列。此外，在高丽、日本、古希腊也都具有"三世"太阳神系的事迹的趋同性。这种现象当然不是偶然的，"这些精力充沛的男性太阳神多是父系氏族社会中后期的产物，身上多有人间的部落军事酋长的投影"②。在中国这种父系特征尤为明显，往往既是上界天神又是人间的文化英雄。炎帝（"炎帝者，太阳也"）不仅"执衡而治夏"即主管节气，而且是一位播化百谷的神农（"炎帝神农氏，人身而牛首"），他不仅改进劳动工具，以垦草莽；而且尝尽百草的平、毒、温、寒之性，给人治病，成为医伤祛病的始祖。太阳神话的父系特征正是说明对太阳的崇拜是农牧生产时代的产物。

主体因素

人类的实践活动和认识活动不仅是主体客体间作用的过程，就其主体内部构成而言，它又是一种"主体间"的活动。因此，主体间关系的发展状况是制约主客体分化的又一重要条件。

---

① 参见郭沫若《中国史稿》，人民出版社 1976 年版，第 1 册，第 139 页；李玄伯：《中国古代社会新研》，开明书店 1948 年版，第 208 页。

② 参见肖兵《太阳的子孙》，载《民间文学论坛》1983 年第 4 期。

　　根据恩格斯的"两种生产"的理论，历史上的决定因素，即决定社会制度和思想文化的根本因素，是直接生活的生产和再生产，而直接生活的生产包括物质生活资料的生产和人类自身的生产两个方面，它们同属于社会生产范畴的两个方面。它们不仅互为条件，而且相互作用和影响，共同推动社会生产的不断前进。那么这两种生产在社会发展的不同阶段确切地说在社会发展的史前阶段，其作用是否是并列和相同的呢？鉴于国内某些人始终坚持单一生产（即生活资料的生产）起决定作用的观点，我们有必要系统地考察一下恩格斯关于人类自身生产思想的缘起和发展过程，是颇为有益的。

　　众所周知，恩格斯的《家庭、私有制和国家的起源》一书，是在马克思的遗著《摩尔根〈古代社会〉一书摘要》的基础上完成的。可以说，《起源》一书是恩格斯和马克思两人多年来共同研究原始社会史的结晶。恩格斯在书中旁征博引了80几位学者的著述，此后在再版过程中，恩格斯又依据发现的新材料作了100多处的修改。因此《起源》一书绝不是像某些人所说的是"犯了一个错误"，而是一部经过深思熟虑的著作。

　　研究人类史前史不仅是马克思的宏愿，也是恩格斯早已注意的课题。早在写作《起源》一书的前两年，即1882年12月8日，恩格斯在写给马克思的信中就明确地表示了原始社会发展的特殊性。他说："为了最后彻底弄清楚塔西佗的日耳曼人和美洲的红种人间的相似之点，我从你的那部班克罗夫特著作的第一卷里作了一些摘要。这种相似确实特别令人感到惊奇，因为生产方式如此不同——这里是渔业和狩猎业，没有畜牧业和农业，那里是向农业过渡的游牧业。这正好说明，在这个阶段，生产方式不像部落的旧的血缘关系和旧的两性（sexus）相互共有关系之解体程度那样具有决定性的作用。否则前俄罗斯美洲地区的特林基特人就不可能与日耳曼人极其相似，而且，大概比你的易洛魁人与之更加相似。"① 恩格斯在这里首次明确地表明了如下两点崭新的看法：其一是生产方式在史前时代只起次要的作用；其二是在史前时期旧的血缘关系以及旧的两性相互共有关系起决定作用。正是这一发现使恩格斯对摩尔根的著作给予高度的评

---

　　① 《马克思恩格斯全集》第35卷，第120页。

价："这篇东西对于我们共同的观点，将有特殊的重要性。摩尔根使我们能够树立崭新的观点"①。那么，这个崭新的观点是什么呢？

这个崭新的观点就是："劳动的发展阶段"和"家庭的发展阶段"是划分史前时期人类生产活动的两个参照系，因而也是阐明原始社会形态发展的两个基本要素。这两个要素对人类史前社会所起的作用完全不同于正史阶段所拥有的意义。《起源》一书区别于摩尔根的《古代社会》之点在于，它是一部着重阐述史前社会研究方法论的著作，因而它的分析及其结论对于认识论的研究，尤其对人类主体结构的研究就具有重要的价值。

恩格斯指出："亲属关系在一切蒙昧民族和野蛮民族的社会制度中起着决定作用"，它"构成这些民族的社会制度的实质部分。"而且，"劳动愈不发展，劳动产品的数量、从而社会的财富愈受限制，社会制度就愈在较大程度上受血族关系的支配。"② 恩格斯在写完《起源》一书之后，曾特意对上述结论作了补充说明，他写道："生产资料在包括简单商品生产在内的先前各个时期中，同现在相比仅仅起着微不足道的支配作用，它怎样发展成像今天这样专横的支配力量，这是需要加以证明的"③。

综观史前时代人类社会发展的历程，我们可以得出如下重要结论：文明产生于人口的聚居。换言之，人口集中几乎一直是古代社会文明和生产发生重大变革的前提条件。要说明这一见解，可以举出两方面的事实。第一，物质生活资料的生产方式对社会发展的决定性影响是以劳动工具和生产力的发展为依据的。生产工具愈简陋，生产力所能发挥的支配作用愈小。人类远古祖先从使用天然的骨、牙、角工具到制造粗劣的石器在工具史上当然是一个质的飞跃。但是，不能不看到，这种最初被加工过的石器其"人化"的程度极低，几乎和天然石块相差无几，而从无固定型制的石器迈入定型化的石器则经过了漫长的时期。工具进化的缓慢是生产力在史前时代对社会发展的影响只起次要作用的基本原因。已故苏联经济学家斯特鲁米林院士曾对人类技术进步及其对生产发展的影响作过粗略计算，他

---

① 《马克思恩格斯全集》第 36 卷，第 144 页。
② 《马克思恩格斯选集》第 4 卷，第 242 页。
③ 《马克思恩格斯全集》第 36 卷，第 170 页。

认为，石器时代技术进步的速度平均每1万年只提高1%—2%；进入铁器时代，反映技术进步的劳动生产率的增长速度，平均每1万年提高4%弱；到蒸气时代和电力时代，以美国为例，产业工人的劳动生产率从1870年到1949年，平均每年增长1.5%—3%。因此，在史前时代，人类群体的力量就成为重要的经济因素。

在史前时代，人类由于近亲通婚，加之物质生活的贫乏困苦，作为主要生产力的人类群体的发展同样是异常缓慢的，有的人种（例如尼安德特人种）甚至濒临灭绝的边缘。苏联学者德·伊·瓦连捷伊的研究表明，1974年时，全世界共有人口39.33亿，每年增长可达1.93%；在新石器时代末期，5000多年前，全世界共有人口5000万，每千年的增长为40%；而在旧石器时代末期，1万多年前，全世界共有人口300万，每1000年的增长仅为8%。由此可以推测，人类的历史愈向前延伸，人口增长所遭遇的困难愈大。据贾兰坡先生对周口店山洞中40个北京人遗骨的鉴定，死于14岁以下的占39.5%，死于30岁以下的占7%，死于40—50岁的占7.9%，死于50岁以上的仅占2.6%，此外，尚有43%的北京人寿命难以确定。

这些事实表明，人类自身的生产，即种的繁衍，在人类社会生活中具有不可忽视的地位，它直接关系到人类的存亡和发展。既然人类自身的生产以及由此形成的血族关系，在人类早期社会中起着如此重要的作用，它就必然影响到人类生活的各个方面，其中包括社会制度和文化传统。当我们打开史前人类生活的画卷，首先映入我们眼帘的就是那些盛行于各原始部族的图腾意识、感生神话、千姿百态的生殖器崇拜和名目繁多的生育巫术。不仅如此，它还直接体现在原始歌舞、雕刻艺术、岩画、人体装饰以至丧葬礼制各个方面。进入文明时代之后，这些繁盛的崇拜形式虽然已成为遗迹，但它的文化内涵却延续下来，作为各民族的底层意识并渗透到科学文化的内部而历久不衰。

纵观人类原始宗教意识的发展演变过程可以看出，主体间组织结构的变化是宗教意识内容变化的基本原因之一。从功能角度看，一定的社会组织形态有其相应的自发调节机制，各种原始宗教形式（例如图腾制）不过体现了对该阶段人与人、人与自然关系的调节原则罢了。随着社会组织构成的改变，原有的宗教形式和调节原则就退居次要的地位，或者被以改变了的形式纳入新的意识调节形式之中。由前氏族组织进入氏族组织再发展为部落联盟，其崇拜的内容和形式也随之发生改变，即由无人格之力向人格之力、由自然神向部落神、由人格神向人形神的转化。在这期间，我们可以感觉到，原始崇拜内涵中主体因素或社会因素在增长。人类总是无意识地以自身组织构成及其活动水平来解释整个宇宙。所谓宇宙观，其深层结构乃是主体观。但诚如法国社会学家埃米尔·涂尔干所说，这个主体并不是表现为个体，而是社会群体，宗教是社会环境加之于人们意识的结果，因而社会是一切宗教的"实体"。这种看法曾遭到颇多的非议，究其原因，涂尔干对所谓的社会集体的理解是抽象的，因而他并未能揭示出宗教意识的主体根源。在我们看来，所谓社会这一"实体"，其实质是"主体"问题。相对于主体而言，其他一切文化形态可称之为"变体"。问题在于，这个"主体"具有"主体间"的结构，因而在不同时期，其主体间的构成形式是变化发展的。当我们把主体间关系看作是一个发展变化的过程时，实际上是把它置于一个开放系统之中，因而任何主体间关系都是在活动和运动中不断地解体、组合、再解体、再组合，从而使主体间关系处于一个不断地建构过程中。而人们的形形色色的宗教观念，就是人们对这种主体间关系的发生和发展的不自觉的反映。人类主体间的关系在自发地改变着，人们的宗教意识也在无意中发生变化，这就是主客体关系的历史分化过程，这一过程总的看是一个自然历史过程。

以往对原始意识的发生和发展的考察是单线进行的，即仅仅从物质生产方面来探究其原因，因而这种考察的结果使人很难发现原始意识与尘世根源的联系。实际上这种联系是存在的，但要发现这种联系，就需要转变立足点，由单一的物质生活资料的生产转移到"两种生产"的视角上来。唯其如此，原始意识特别是宗教意识的演变才是可以理解的。

前万物有灵观念中的主客体问题

考察史前认识和主客体的分化，如果撇开原始意识的具体演变形态，仅诉诸纯理性的思辨，那么我们所建构的图景，至多不过是一株光秃的具有零星几片灰色叶面的老树。抽象的研究其优点是能帮助我们把握事物发展的逻辑联系，但其成果只能为我们提供一个历史的骨架。从事史前认识的研究，却面对原始先民的礼制、禁忌、神话和传说一无所知，就如同进入一座宏大的图书馆而目不识丁。因此，为了使重构的历史图景清晰完整，从这一节起，我们将具体考察原始意识中的认知因素的发生和发展。

我们之所以对原始意识感兴趣，是因为原始意识作为一种历史传统，它们属于先民们的不自觉的集体表象和观念，反映了当时人们的思考方式，是对世界的一种特殊看法，因而也就是一种世界观。由于这种传统总是以人的某种概念以及人在宇宙中的地位和作用的某种观念为根基，而这种观念又必然体现在先民们对日常生活的自然解释当中，所以它总是影响和决定各种具体的文化形式——宗教、科学和艺术。所谓自然解释，是指那种同感性经验难解难分的心理意识。换言之，在原始人类的宗教礼制、献祭、禁忌、神话和传说中，就不自觉地隐含着一种宇宙论的解释。随着人类实践活动和认识活动的逐步前行和推移，人们的概念丰富了，人们据以谈论外部自然界的词汇，据以对自然界思考的规则，也就随着认识和信念的内容的发展而变化，最终导致关于世界的概念（宇宙论）以及人与世界的关系的概念的改变。所谓主客体的分化问题，最集中地体现在人类对宇宙的不自觉的假设及其改变上。

人类对宇宙的不自觉的假设和自然解释主要体现在文化的哪一部分呢？它主要表现在原始信仰的发生和转型过程中。我们的分析就从这里入手。关于宗教的起源以及最原始的宗教是什么，这是宗教学家、民族学家和人类学家历来争论不休的问题。主张最原始的宗教形式是前万物有灵论、万物有灵论、原始拜物教、图腾崇拜论等均不乏其人。有些学者虽然也承认前万物有灵观念是较原始的观念，但指出在最初只能有具体的活力论，不可能一下子就产生"非人格之力"这样较抽象的念头。莎列芙斯卡娅指出，"马那"这一概念在语法上不仅可以看作名词，也可以看作形容词和动词，含义与"超自然的东西"这一概念相当，因而依原始人的具体而直观的思维而论，是不可能产生这样抽象的概念的。约·阿·克雷维列夫也持上述观点，他认为，视"马那"等无人格之力的信仰为宗教的原始形式，这种理论是同神甫施密特的原始一神论一唱一和。他指出，考虑到原始思维的直观性和具体性的特点，宗教信仰的原始形式只能是拜物教。在原始拜物教中，除感性上被感知的自然属性以外，还把感官所不能感知的属性附会到崇拜物身上。这种观点初看颇有些道理，但仍有两个问题是无法回避的，其一，原始人的抽象能力固然有限，然而原始人既然能从物体身上抽象出超感觉的属性，却为何不能抽象出某种力来呢？实在说，事物中的活力和超感觉的属性并无多大区别。至于现存于原始部族中的"马那"概念，必然也有一个发展的过程才达到较高的抽象程度，不能以其抽象程度高就否认它原初产生时的原始性。其二，人类语言的演化规律表明，语言的发展并非只从具体到抽象，伴随认识的深化，语言的发展也存在由朦胧的抽象向具体的发展。由此我们认为，所谓"无人格之力"的抽象乃是一种朦胧的抽象，原始人对此尚不能说出更多的东西。这种笼统的感知是后来各种信仰（灵魂观念，图腾观念）分化发展的基础。从无人格的力到人格化的信仰历程是与语言的起源和发展过程相一致的。由朦胧的概括到具体的分化这一过程也表现在亲属称谓制度演化中，在以一夫一妻制婚姻关系为基础的亲属制度中，亲属称谓无论单一名称（母亲、父亲）还是共有名称（兄弟、叔叔），所标明的都是把"我"和一定个体联系起来的亲系。而类别式亲属名称却是另一回事，它不是直接标明个体之间的关系，而是标明群体之间的关系。在这类亲属称谓中，所谓"父亲"和"母亲"所标明的都是若干人。因为婚姻集团仅仅按辈份来划分，其结果，每个人不是有一个父亲（或母亲），而是有若干个父亲（或母亲）。在这里我们看到，在母系社会和父系社会中，虽然都有"父亲"或"母亲"等称谓，但它们的实质内容却有质的区别。在类别式亲属制度中，"父亲"和"母亲"虽然也抽象出来了，但它们却不是专指，而是泛指，即父亲和母亲所具有的实质内容尚未分化出来。据此，我们认为现存于原始部族中的"马那"（即无人格之力观念）概念的抽象性，并不能否定这一观念的原始性及其远古的起源。我们在这里从弗雷泽、考灵顿、马雷特等人之说，把前万物有灵论作为较原始的形式。

前万物有灵观念是原始人的较早信仰之一，万物有灵观念是这一观念的引申和发展。由于前万物有灵观念信仰的是一种充塞于宇宙之中的永恒运动的冥冥之力，实属一种无人格之力，所以它不仅构成以后诸种信仰形式的底层观念，也构成我们所说的主客体关系的最初形态。这里，我们将从前万物有灵观念的内涵、性质及其产生的主客观原因入手来阐述我们的看法。

前万物有灵观念的内涵

前万物有灵观念是原始人对外部感性世界的最初划分。这种划分不是按着科学的概念和范畴进行分类，而是以自身有限的感性经验来划分。所以，他们不是把整个世界划分为本质和现象，而是划分为可见的世界和不可见的世界两类，在这种划分中其感性原则是十分明显的。

在原始人看来，一切现存的东西都有其神秘的属性和能力；一切东西都与有形的存在一样，也有无形的存在。利普斯指出："在原始人心目中，原因和效果并不局限于物质世界的狭小领域，而是和可见世界以外的力量和现象相联系的。……他们一切行动和思想，是由可见的和不可见的世界所有事物和因素都是相互联系相互渗透这一概念中所指导的。"① 不仅如此，他们还把可见的世界看作是不可见世界的"幻影"，"可见的世界是作为不可见的世界的符号，凝固化和外壳而被认识和感知的，不可见的世界是活生生的，由永恒运动的各种力量组成。"②

原始民族对世界的这种二重划分是以自身的经验为参照系的，因而这两个世界的领域的界限不是凝固的，而是变动的。马林诺夫斯基指出，土人的行动在有限的经验范围内并无神秘色彩，篱若倒了，种若坏了，他都不找巫术，都在知识理性之下努力劳作。"因此可见土人之间，是将两种领域，划分清楚的：一方面是一套谁都知道的天然条件，生长底自然顺序，一般可用篱障耘芟加以预防的害虫与危险；一方面是意外的幸运与坏运。对付前者是知识与工作，对付后者是巫术。"③ 由此看来，可见的世界是以原始人的能力所能达到的为限，而不可见的世界则是偶然性占支配地位的领域。正因为如此，在原始人的心目中，无论是客观存在的事物，亦

---

① 利普斯：《事物的起源》，四川民族出版社1982年版，第325页。
② 《非洲通史》第1卷，《编史方法及非洲史前史》，第125页。
③ 马林诺夫斯基：《巫术科学宗教与神话》，中译本，第14页。

或事物的名称、人的肖像和影子，都是实在的可见世界的一部分。在这里，他们是以有限的经验能力为标尺，用可见的和不可见的划分代替着主观的东西和客观的东西的划分。

由于可见的世界是人的经验所能施展的世界，因而是不可怕的；不可见的世界则是人的经验无法控制的领域，因而它就变成可怕的东西了。而任何东西除了有其可以经验支配的部分之外，总还有其不可预料的幸运和厄运，所以，原始人对任何事物的情感和评价总是复杂的，是一种经验理智和神秘体验的混合物。所以，当多布里茨霍菲尔问阿比朋人："你们每天在平原上毫不畏惧地打死老虎，为什么你们对村里的那个假想的老虎反而害怕呢？这是怎么回事呀？"阿比朋人微笑着回答说："你们神父不明白这些事情。我们不怕平原上的老虎，我们常常打死它们，因为我们能够看见它们。我们害怕假老虎是因为我们既不能看见它们，也不能打死它们。"①

可见的与不可见的划分不仅适用于自然界，也适用于人类社会本身。这不仅是因为在当时先民的心目中，人和自然是一体化的，而且在人类自身的生活中确实存在着某种危险。实际上，禁忌作为一切社会中最古老的社会禁规，它的出现以不可测度的危险的存在为前提。综观原始社会的禁忌是数不胜数的，然而在这些禁忌之中的核心和本质则是为了使人们免受他们所不能觉察的危险，保障种族的繁盛。因此，在一切禁忌之中，非性关系禁规是最重要的禁规。所谓非性关系禁规是与性交关系密切相关，非性关系禁规就产生于性禁忌，起初性禁忌是暂时的、季节性的，如在生产时（渔猎季节）的性禁忌，生产时的性禁忌只是部分的实行非性关系禁规，而完全的非性关系禁规则表现为外婚制。因此，氏族内部的完全的非性关系的产生是与族外婚密切联系在一起的。"非性关系禁规在氏族社会中曾被看作预防和制止某种玄妙的、因而是特别可怕的危险的办法，这种危险高悬在人类集体之上并威胁着集体本身的生存"，"这种危险在族外婚（因而还有氏族）产生以前的时期是如此之大，以致在它消失了几千年以

---

① 转引自列维－布留尔《原始思维》，第93页。

后，人们对它的恐惧，对它重新再现的恐惧心理仍然久围不散。"① 由此可见，禁忌既然是人类群体对付这种不可测度的危险的社会力量，这就从反面说明，这种不可见的（实则是对乱婚造成的危害没有理解）东西同样也存在于社会活动之中。

"不可见世界"产生的原因及其本质

由上述可知，原始人思考的中心，以及他们在其行动（主要指巫术和禁忌）中所做的一切，主要是为了对付这无形的存在。列维－布留尔认为，对原始人来说，事物的客观属性只占次要的地位，或者只具有神秘属性的标记和媒介的意义。这种神秘的不可见的力量几乎成了事物分类的重要依据，当回乔尔人把玉蜀黍、鹿和羽毛看作是同一的东西时，"这就是在他们的表象之间确定的一种分类，这种分类的指导原则是这些实体里面共同存在着的对部族来说极为重要的神秘力量，或者更正确地说，是这种力量在这些实体中间的循环。"② 在各种不相干的事物中，我们可以发现一种一般性的因素，这就是不可见世界中的神秘之力。

在原始民族中，对神秘之力的信仰几乎是普遍流行的观念。马林诺夫斯基指出："大多数初民都信这种势力，有些梅兰内西亚（Melanesia）人管它叫作摩那（Mana），有些澳洲部落管它叫作阿隆吉他（Arunguiltha），许多美洲印第安人管它叫作瓦坎（Wakan），欧伦达（Orenda），或摩尼图（Manitu）。"原始民族对这种隐力的普遍信仰最初是由英国人种学家、传教士考灵顿（R. H. Codrington）观察到的，他指出："这种力量认为是一切东西底德能……如石、水、潮、植物、树木、动物、人类，以及风、云、雨、雪、雷、电之类……在原始脑子里面，它乃是一切现象一切周围的活动所有的主动原因。"③ 考灵顿最早揭示了这种隐力的性质，他认为这种神秘之力是一种无人格之力。马林诺夫斯基则首次对这种神秘之力与巫术中最重要的东西——巫力进行了区分，认为巫力正是原始人对付神秘之

---

① Ю. И. 谢苗诺夫：《婚姻和家庭的起源》，中国社会科学出版社 1983 年 12 月第 1 版，第 68、69 页。

② 列维－布留尔：《原始思维》，第 122 页。

③ 马林诺夫斯基：《巫术科学宗教与神话》，第 64—65 页。

力的手段。由此可以清楚地看出，所谓这种神秘之力不是别的，正是人们尚未能驾驭的自然力的总称。

人类的任何活动及其结果（无论成功或失败）实际上都是两种力量的统一过程，即人本身的力量和自然的力量的统一。加入人的活动过程的自然力在任何时候也都可以划分为两个方面，这就是人可以利用和驾驭的力量以及尚不能控制的力量。从人类产生时起，人就同自然力处于这双重的关系之中，而这两种自然力每日每时都在影响着人们的生活以至生存。应当承认，在史前时代，不可控制的自然力总是大于人们所能改造并依赖的自然力，因而自然力以非常明显的形式支配人类的生活和命运。即使那些已经被人们利用的自然力（例如，人们把动物的骨、牙、角作为工具，利用火来吓退野兽、烧煮食物等等），在一定的时期里也是知其然不知其所以然。换言之，原始先民还处于"知难行易"的阶段。至于那些不能控制的自然力，如水灾和干旱，给人类带来的灾难更是无法解释的，这可以说是对非人格之力信仰的客观原因。

对自然现象的恐惧和对自身活动后果的希望同是理性觉醒的标志，对事物与自身关系的思索和猜度是因果观念起源的萌芽形式。它的重大意义不在于原始人建立了多少真正的客观联系，实际上对无人格之力的信仰以及巫术性质的因果观念也很难说包含了多少科学的因素，但上述观念的产生却表明理性的犁铧已经刺破沉睡在生命体中的智慧的原野，而经过无数世代的耕耘，广漠的自然界终将绽开精神之花，尽管在最初这些花朵还很难结出科学的果实。

我们这种看法并不是说，对无人格之力的信仰和巫术性质的因果观念是原始人纯理智的产物。勿宁说，这种信仰是在理智的经验中没有出路的产物。马林诺夫斯基指出："巫术与宗教都是起自感情紧张的情况之下……巫术与宗教都是使在这等情况之下，这等碰壁的情况之下有所脱避；因为在理智的经验中没有出路，于是借着仪式与信仰逃避到超自然的领域去"[1]。由于巫术所根据的主要是情绪状态的特殊经验，即体验，所以巫术乃是荒古人类的天然知识和禀赋。我们知道，英国著名的民族学家和

---

[1]　马林诺夫斯基：《巫术科学宗教与神话》，中译本，第75页。

民俗学家詹姆斯·弗雷泽把巫术叫作"伪科学"，那么，科学和巫术的区别何在，或者说，科学和巫术所依据的主观因素有何不同呢？马林诺夫斯基认为："科学，就是野蛮人底原始知识所代表的科学也是根据日常生活中正常普遍的经验——人与自然为营养安全而奋斗所得的经验——而以观察为基础且为理智所固定的。巫术所根据的乃是情绪状态底特殊经验；在这等经验之中，人所观察的不是自然，而是自己，启示真理的不是理知，乃是感情在人类机体上所起的作用。"① 马氏这里所说的情绪经验实际上也就是人类机体的体验。很显然，经验和体验是不同的。科学所依据的信念，是以经验和理智为真实与可信，而巫术所依赖的体验却与情绪密切相关。体验是厄运在人的情绪上所引起的巨大震撼，以体验为本根的信仰对象并非都是真实存在的，但人们往往却把它看作实在的。由经验而来的理智和由体验而生的信仰的区别就是世俗领域与神圣的领域的区别，即可见的世界与不可见的世界的区别。因而，经验和体验的统一和斗争实则贯穿于主客体分化的全过程。可以说，在史前时代，经验理智的稚弱和情感体验的强烈是无人格之力和巫术因果观念发生的主观因素。

在前万物有灵阶段主客体关系的特质

无人格之力和巫术观念的本质是主体和客体的二重化。所谓对无人格之力的信仰，亦即把整个世界划分为可见的和不可见的两个领域，这是人把外部世界二重化的第一个形式。这种二重化的特点在于它不是依据理性的科学分类，而是一种以实用性为目的的价值划分，实际上它是以对自己的生存意义出发来对待自然界的产物。在哲学史上出现的形式和质料、实体和属性、本体和变体、本质和现象、精神和物质等对世界的划分尽管是理性思辨的产物，但这种划分的前身却可以追溯到史前时代。

如果说，对感性自然界的二重划分以隐蔽形式体现着主体与客体的最初分化（因为这种划分不过是以其对主体的不同作用关系而被区分的），那么，在由上述划分所导致的巫术观念中，主客体的最初分化就以较明确的形式表现出来。因为"巫术与巫术所用的东西之间，有个实质上的联

---

① 马林诺夫斯基：《巫术科学宗教与神话》，中译本，第74页。

系。巫术是这种东西的德能，或者更好说是人与东西之间的关系"① 这就是说，巫术实则表现了主客体之间的关系。随着对客体世界的二重划分，主体及其活动也分化了。巫术实际上是为人类所具有的特殊的力，它只有借着人类的巫术行为才能发放出去，而人类借助于巫术之力是用来对付无人格之力的，尽管巫术与无人格之力在性质上是相通的。因此，巫术是对不可见的客体所采取的特殊的行为方式。巫术与宗教的区别在于它是一种实用的技术，所有的动作只是达到控制和影响自然力的手段。因此，勿宁说，巫术是原始人对付自然界的另一种手段。实践是对可见的世界发挥作用的手段，而巫术则是对不可见的世界起作用的手段。人们不仅利用经验和技术来利用和控制外部自然力，而且还用巫术来控制和调节仅用技术尚未能控制的那部分自然力。因此，技术和巫术是原始人对待两个世界的不同方式。起初，这两种方式是统一不可分的，随着人类经验技术的增长，巫术施加作用的领域就逐步减小了。原始人明确知道那些事情是通过实际的努力就可以办到的，对这类事情他们就绝不求助于巫术。

　　当然，必须指出，由主体和客体的二重化所表现出的分化又是极为有限的，或者说，透过这种二重化的背后我们总能发现一体化的宇宙论观念。当原始人把世界划分为可见的与不可见的部分时，他们实际上是把可见的世界看作不可见世界的媒介和可感觉的符号，认为正是不可见的无人格之力是整个世界之动因，它弥漫于所有事物之中并主宰着这些事物的命运。当原始人运用巫术手段去达到他所企求的目的时，是以下述的虚妄信念为基础的：自然界中普遍存在着不可见的联系和影响，不仅自然界的事物可能会对人产生不可见的影响，反过来人也可以对其他事物产生不可见的作用。他们确信，只要采取相应的方法和手段，就能按照自身的意愿或循着自己所希望的方向去控制自然和控制他人。正是在这里表现出了原始人关于主客体相互渗透不可分离的一体化。这种观念几乎体现在原始人的一切活动中。列维－布留尔曾在著作中不厌其烦地列举了大量的事实来说明，原始人是怎样恐惧自己的名字、头发、指甲以及影子落到别人的手里。在原始人的观念中，名字和影子与生命有不可分离的关系，它们是身

① 马林诺夫斯基：《巫术科学宗教与神话》，第58页。

体的一部分。如果一个人知道了另一个人的名字以及其他物品，乃是在实际上捉住并控制了那个人。这种名与物、象征与实在、物与主的一体化观念，必然将原始人的言行组织起来，导向固定的目标——巫术。巫术作为人的实践活动的无能为力的代替行为，其思想基础就是主客体的互渗感，就是相信并确认主观的信仰与真实的行为所产生的价值一样。

爱丽西·弗勒捷尔在描写原始民族关于生命的不间断观念时指出，"他们把一切存在物和客体形态、一切现象都看成是渗透了一种不间断的、与他们在自己身上意识到的那种意志力相象的共同生命。他们把这个存在于一切东西身上的神秘力量叫做瓦康达，这样一来，一切东西都是与人联系着和彼此联系着的了。这个生命的不间断性观念也确证了看得见的东西与看不见的东西之间、死的东西与活的东西之间以及某件物品的碎片与整个物品之间的联系。"[①] 德国文化人类学家恩斯特·卡西尔也认为，原始人并不是像现代人那样，以理智和实践的眼光对待自然，而是以更低层次的眼光看待自然，"他的自然观既不是纯理论的，也不是纯实践的，而是交感的，即一体化的。这表现在如下两个方面：其一，动、植物和人处于同一层次，并不认为自己处在自然等级中一个独一无二的特权地位上；其二，各不同领域间的界限并不是不可逾越的栅栏，而是流动不定的，在不同的生命领域之间没有特殊的差异，一切事物可以转化为一切事物。"[②] 文化人类学家们在这里反复强调的"生命一体化观念"绝不是指原始民族的经验性的表层观念，因为在现实发现的生活中，原始人并不缺乏把握事物区别的经验能力，他们在具体的、客观的、谋求生计的实用领域，总是几乎与现代人一样地来感觉、推理和行动。因而生命的一体化观念实际上是指原始民族的深层的意识结构。正是这种深层心理结构规定了原始人用与我们相同的眼睛来看，但却用与我们不同的观念来感知，表现于原始人身上的特殊的感知方式及其观念的产物不过是其蕴含于意识底层的原始浑沌的世界观念的反映。当我们分析主客体关系的发生和发展时，要紧紧把握住的正是作为深层结构的主客体共生的观念。

①　转引自列维－布留尔《原始思维》，第126页。
②　恩斯特·卡西尔：《人论》，中译本，第105页。

　　要揭示原始人的这种深层观念实际上并不困难。在纷繁复杂的巫术形式中，不论是其直接的施用，如模仿、感触巫术，还是间接的施用，如通过感应和远距离的作用，总是有一个共同的东西，即相信有一个共同的巫力能加之于施了巫术的对象身上。那么这个共同的巫力表现在哪里呢？"简单一句话，那永远是咒里面的力量，因为咒才是巫术里面最重要的成分……在土人看来，所谓知道巫术，便是知道咒；我们分析一切巫术行为的时候，也永远见得到仪式是集中在咒语底念诵的。咒语永远是巫术行为底核心"。[1] 从马氏的论述中可知，人对事物施加的各种巫力总要有某种媒介，这类媒介物除了法器、仪式等之外，最要紧的则是咒语，任何巫力都要由语言来发动、申述并表现预兆的目的。语言何以有如此之威力，马氏并未向我们揭示，但是我们可以从原始部族中所盛行的言语巫术和谎言禁忌中窥见到它的神秘之所在。

　　语言的神秘性首先根源于它的非个体性。马克思曾经指出："语言本身是一定共同体的产物，正像从另一方面说，语言本身就是这个共同体的存在，而且是它的不言而喻的存在一样"。[2] 语言的这种群体性和社会性如此牢固和强大，以至于人类群体由血缘氏族转变为地域性部落之后，即由血缘为纽带的共同体名存实亡之后，语言竟成了这个共同体的唯一标识。对语言的神秘性信仰直到文明时代仍可见到它的踪影。对于个体来说，语言是共同体的宝贵遗产，语言并非由他所创造，而是由团体传授给他，随同语言一起传授的当然还有那神秘的传说以及种族起源的种种神话。正是这些传说和神话给语言又罩上了不可测度的氛围。于是便有了语言起源的神话，而这种神话就成了言语巫术的背景和权威解释，左右着原始民族的言行。因此，只要我们把握了他们的语言起源神话，实际上也就懂得了原始民族巫术观念的底层意识。

　　在原始人的观念中，语言是魔法的最高动因，是精灵力量的主要动力。在只有口语存在的社会里，一切都是语言创造的，因此，名称就是事物，"说"也就是"做"。马里箴言说："什么东西成事？言谈。什么东西

————————

①　马林诺夫斯基：《巫术科学宗教与神话》，第56页。
②　《马克思恩格斯全集》第46卷（上），第489页。

败事？言谈。什么东西能让事物和谐？言谈。"在非洲的富尔富尔德语中，"言谈"（哈阿拉）一词来源于动词根 hal，意为"给予力量"。那么，这种力量从何而来，它与整个宇宙的力量的关系如何呢？马里的班巴拉人的最大秘密盟会的传说是这样的：

库马（即语言），是从最高主宰——马阿·恩加拉自身分出的基本力量。而马阿·恩加拉本身就是不可知的"无边的威力"，他既活生生，又虚无缥缈。他首先创造了一只奇妙的九黄蛋，这个原始的蛋孵化出二十条奇妙的生命，构成了整个宇宙以及各种潜在的力量。但它们都不适合作马阿·恩加拉的对话者。于是，他从各种生命中取少许加以混合，然后给混合物吹入一种似火的神气，便创造出一个新生命，即人，并采用自己名字的一部分，给他取名马阿。由于姓名和吹入体内的神气，人便含有马阿·恩加拉的成分。马阿·恩加拉授予其对话者马阿关于创造宇宙万物的法则，并责成他监督万物保持和谐。人的言谈是马阿·恩加拉言谈的反响，因而它同马阿·恩加拉的言谈一样，能给予万物内部潜在的力量以生命，使之运动和觉醒。①

从这个传说中可以看出，宇宙万物及其潜在力量都来源于"无边的威力"之神，而正是言语赋予这些力量以生命和运动。言语作为声音的振动被看作是各种力量振动的根源，"因此，无论取何种形式的力量，其每种振动的表示都被视为它的言谈。每一事物都是具有形体的言谈，这就是宇宙万物皆能讲话的原因。"② 既然万物的力量皆是有形体的言谈，所以人的巫术行为的目的即通过言语操纵各种力量，使之恢复失去的平衡并重建和谐，这是言语起决定作用的秘密所在。伪造言词就等于割断了自身同神秘之力的联系、破坏了整个宇宙力量的平衡，这就是在史前时代"谎言禁忌"盛行的原因。与此同理，一个人的名字无异于自己的生命力和灵魂，如果自己的名字被他人知晓，那无异于自己的生死存亡就掌握在他人之手了。

实际上当我们说，在前万物有灵阶段，原始人对无人格之力的信仰，

---

① 参见教科文组织编写《非洲通史》第 1 卷，第 123—125 页。
② 同上书，第 124 页。

既是主客体的某种分化（二重化），又是一种共生的一体化，即表现为不分化，其中还有这样一个理由，原始人虽然信仰自然界中可见世界的背后存在着一个隐秘的世界，并且还受它的支配，但是人在这种隐秘之力面前还不是无能为力的，人可以通过巫术或咒语中的巫力对之施加影响，因而这种力又在一定程度上受人的支配，人可以借助于巫力对失去平衡的冥冥之力加以调节。这种观念和行为无疑地表现出"主体的自我中心主义"，这种以自身行为作为事物原因的自我中心状态，表明原始人在确立宇宙中存在某种隐力的信仰时，还把自己与客体混在一起。弗雷泽认为巫术区别于宗教之处就在于，它不是乞灵于身外之物，而是根据自信力，直接去做，这说明无人格之力并非完全是人力所不可企及的。

　　无论非宗教信仰，抑或宗教信仰，其产生的根源总是双重的：其一，信仰的对象对人有切身的利害关系，即根源于人与物的价值关系，这是人对信仰物产生情感态度的本根；其二，这一对象总是属于某种"未知的"领域，这种未知的东西既可能是虚假的、臆想的，也可能是假设性的、尚未得到证明的东西，因而从原始宗教信仰角度看，其信仰根源虽然离不开感性事物，但其信仰的对象却是超出于这个感性事物之外的某种东西，这就是原始信仰所具有的"感性—超感性"的二重化特征。原始宗教的感性特征在于，在原始人的意识中还未能把对象的自然属性和价值属性（即自然属性对人的关系）区分开来，价值属性还依附在可感觉的自然属性之上，在这种情况下，好像事物自身就拥有赐福于人或降恶于人的能力。原始宗教的超感性特征在于，原始人对事物诸种能力的臆想和猜测既然是对其价值属性的朦胧和歪曲的意识，那么无论原始人意识到与否，其信仰的对象就不是事物自身，而是人的某种观念而已。在主观和客观、主体和客体不分化的情况下，原始宗教的这种感性和超感性的东西也同样纠葛在一起而不能分离。

图腾意识中的主客体问题

　　主客体之间的关系既包括人和自然的关系，也包括人们之间的社会关系，而且这两种关系又是同一的，相互制约的。正如卡西尔所说的，在对宇宙的最早的神话学解释中，我们总是可以发现一个原始的人类学与一个原始的宇宙学比肩而立，世界的起源问题与人的起源问题难分难解地交织在一起①。如果说前万物有灵观念是原始宇宙论思想的萌发，那么图腾意识则是原始人类学思想的最初表现。

图腾制的起源及其特征

人类产生并在其意识有了一定的发展之后，就开始造出关于自己是何物或应当成为何物的种种虚假观念。可以说，图腾观念是原始先民为探索自己本身而达到的第一个较为系统的观念体系。

考古学资料表明，在旧石器时代末期，即阿齐尔文化期，就发现了为数众多的涂色砾石，这些砾石与现今澳大利亚人的"楚林噶"极为相似，而后者乃是图腾崇拜的标记。② 这表明图腾崇拜早在阿齐尔文化期即已存在。所以，民族学家推测图腾观念产生于母系氏族社会的初期就是较为可信的了。"图腾"（Toten）一词源于北美印第安人一支的鄂吉布瓦人（Ojibwas）的方言，原意为"他的亲族"，始见于朗格（John Long）于1791年出版的《印第安旅行记》一书。

图腾崇拜最初是某一氏族集团对狩猎、采集体制意识化的结果。岑家梧先生指出："图腾制是建立在狩猎生产的经济基础之上的。因为地域的固定，狩猎范围乃专门化而形成猎取一定动物的生产集团，生产集团与动物名称相连结，即产生图腾的名称。但各地区固有动物都有一定数量，久之，狩猎的对象物日渐贫乏，各生产集团间不得不赖禁止杀害图腾动物的'太布'（Taboo，禁忌）以保存猎取对象物的繁殖。"③ 这种观点同样适用于以采集为主的民族。虽然图腾观念是狩猎和采集意识的对象化，但狩猎和采集经济仅是图腾崇拜产生的经济根源，图腾观念存在和发展的社会组织基础则是当时氏族制度中占统治地位的血缘关系。所以，在有血族关系为集团生存纽带的社会中，总是可以发现图腾崇拜的遗迹。从这一点来

---

① 参见恩斯特·卡西尔《人论》，第5页。
② 参见谢亚·托卡列夫《世界各民族历史上的宗教》，中译本，第34页。
③ 参见岑家梧《转型期的图腾文化》，载《中南民族学院学报》1984年第1期。

看，图腾实则是以血缘关系为纽结的社会集团所奉行的虚幻的共同体之标志。这就可以解释为什么进入农业经济以至于文明社会的初期，某些民族仍保持着这种信仰，图腾崇拜的对象为什么不仅有动物、植物，而且还有无生物以至于人工制品，因为这一信仰赖以存在的社会组织结构仍然存在。

图腾制是史前时代各民族普遍存在的意识形态，考古学和民族学都可以为我们提供极为详尽的资料。目前，保存图腾信仰最完备形式的民族是澳大利亚土人，几乎所有的澳大利亚土人的部落都保留有图腾崇拜。他们除了氏族的图腾以外，甚至还有胞族的、婚级的、两性的甚至个人的图腾。尽管图腾的分化和个体化现象表明它已不属于远古形态的崇拜形式，但仍可以为我们展现图腾信仰繁盛时期的历史画面。例如，在澳洲东南部土人部落中的 500 个图腾中，动植物竟占了 460 个，其中又以动物为最多；在中部的阿兰达等部落 740 个图腾中，有 648 个为动物图腾。在我国国内的少数民族，尽管在解放初期其社会发展状况较之澳大利亚土人大为进步，仍然残存着对图腾的信仰。据调查，云南怒江的傈僳族迄解放初尚残存 19 种图腾（计动物类 9 种、植物类 6 种、自然现象类和工具类 4 种）；居住于云南西双版纳的克木人（人口有 2000 余人，尚未确定族称）有 25 种图腾，其中动物图腾占 22 种，植物图腾 3 种。

较先跨入文明时代的世界各文明古国，在其神话传说和史籍中，其图腾崇拜的遗迹依稀可辨。埃及在成文史的开端即已进行神权统治，但所信奉的地域神则多半是兽神。"位于南部边陲的诺姆埃莱凡廷讷，崇拜牡羊；登德拉——崇拜牝牛；喜乌特——崇拜胡狼；赫尔摩波利斯——崇拜赤鹭和狒狒；法尤姆绿洲——崇拜鳄鱼；布巴斯提斯——崇拜牝猫。远古南埃及联合的发祥地——奈亨，将鸢女神奉为守护神；与之相毗邻的奈海卜则崇拜睡莲。北埃及历次联合的古老中心——布托，崇拜所谓圣蛇；而邻近一称为'佩'的公社，则崇拜蜜蜂。"[1] 在后来的埃及人的神话传说中，许多神话人物都冠以动物形象，如伊萨斯女神，是埃及农业的创造者，其形象是牛首人身；奥斯里斯神头为双牛头；黑两史夫神为牡羊头；象征太

---

① 谢·亚·托卡列夫：《世界各民族历史上的宗教》，第 26 页。

阳光的西克美特神为牝狮子头，西伯克神为鳄鱼头等①。与埃及神话相类似，在希腊人的神话中，图腾崇拜的遗迹也历历在目，作为群神之首的宙斯，在不同时期或化为牡牛，或化为天鹅，或化为熊，其形象虽然繁复异常，均表明它脱出于某种动物；作为宙斯之天后的赫拉，显然是一牛神，即远古爱琴文明之府的迈锡尼的守护神。此外，许多神祇形象也都与某种动物相联系，"诸如，阿波罗之与牡狼、阿尔忒弥斯之与牝熊和扁角鹿、赫尔墨斯之与绵羊"，② 亦可视为图腾崇拜的反响。

在我国古籍中有关三代以前的图腾传说也是不胜枚举的。其较为可信者，如：

《左传》昭公十七年记郯子所述"昔者黄帝氏以云纪"，"炎帝氏以火纪"，"共工氏以水纪"，"太皞氏以龙纪"，这些氏族以自然物纪名，也就是以这些自然物为图腾。同书还述及少皞氏以鸟名官的制度："凤鸟氏历正也，玄鸟氏司分者也，伯赵氏司至者也，青鸟氏司启者也，丹鸟氏司闭者也，祝鸠氏司徒也，鴡鸠氏司马也，鸤鸠氏司空也，爽鸠氏司寇也，鹘鸠氏司事也。五鸠，鸠民者也。五雉为五工正，利器用，正度量，夷民者也。九扈为九农正，扈民无淫者也。"文中出现的五鸟、五鸠、五雉、九扈均表明少昊部族是以鸟为图腾的部族。我们知道，少昊氏属东夷集团，东夷与殷人同族，少皞名挚实即殷契之契。郭沫若先生指出："少昊金天氏帝挚，其实当即是契，古挚契同部"③，《诗经·商颂》称契为"玄王"、（《长发篇》），这同"天命玄鸟，降而生商"（《玄鸟篇》）所言一致。我国古文字学家于省吾先生曾对商代晚期青铜器"玄鸟妇壶"（《三代》12.2.1）进行考证，（见图8）认为"玄鸟妇三字合文是研究商人图腾的唯一珍贵史料，系商代金文中所保留下来的先世玄鸟图腾的残余。"④ 胡厚宣先生在研究商族图腾时指出，被商族尊为"高祖"的王亥，其"亥"字头上加一鸟形。仅就目前所见的甲骨八片，卜辞十条中的字形而论，"王亥的亥字，上端所从，先从鸟咼，次作崔隹。最后作佳，从祖庚到武

---

① 转引自岑家梧《转型期的图腾文化》。
② 谢·亚·托卡列夫：《世界各民族历史上的宗教》，第429页。
③ 参见郭沫若《中国古代社会研究》，人民出版社1964年10月第2版，第201页。
④ 参见于省吾《略论图腾与宗教起源和夏商图腾》，载《历史研究》1959年第11期。

乙，五六十年之间，由象形而字化，由繁而简，由鸟而佳，其发展演变的痕迹，灼然可见。……王亥之亥而从鸟，乃商族以鸟为图腾之确证。"① 这说明，和先祖契是玄鸟所生的故事一样，商族把上甲的生父王亥的头上也加上"鸟"的标记，足证商族是以鸟为图腾的民族。甲骨文中所载氏族的徽号，当然不限商人一族的标志。据已故丁山先生考证，在甲骨文中，示即氏字，是古代图腾祭之象形。据丁氏考证，在甲骨文中所见氏族"至少有二百个以上"②，由此可见，直到阶级社会初期，在许多民族的宗教仪式、神话传说以及文献史料中，仍可不同程度地发现往昔的图腾崇拜的遗迹。

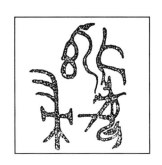

图8　商代青铜器"玄鸟妇壶"上的"玄鸟妇"三个字合书的铭文

根据我国已故学者岑家梧先生的研究，图腾制的特征可以概括为如下五点：

（1）原始民族的社会集团，采取某种动植物为名称，相信其为集团之祖先或与之有血缘关系。

（2）作为图腾祖先的动植物，集团中的成员都加以崇敬，严禁损害毁伤或生杀。

（3）男女达到规定的年龄，举行图腾入社式。图腾集团的成员，只可与相异的图腾集团结婚，即信奉同一图腾的氏族内部实行绝对的外婚制。

---

① 参见胡厚宣《甲骨文商族鸟图腾的遗迹》，载《历史论丛》第1辑；《甲骨文所见商族鸟图腾的新证据》载《文物》1977年第2期。

② 参见丁山《甲骨文所见氏族及其制度》。

（4）图腾集团中的一切家常用具、身体装饰以及住所墓地等处均绘刻图腾样式，作为标记。

（5）有种种神话和传说，说明图腾集团的起源，如图腾祖先如何产生人类等等。[1] 以上所述诸项应为典型的图腾崇拜的基本特征，其中所蕴含的内容我们在下面将逐步展开论述。

图腾崇拜中的主体——客体结构

和任何信仰一样，图腾信仰也同样具有主体—客体的二元结构。那么，这种二元结构所具有的特质是什么呢？卡西尔认为，原始人并不认为自己处在自然等级中一个独一无二的特权地位上。所有生命形式都有亲族关系似乎是神话思维的一个普遍假设，而图腾崇拜的信念就是这种假设的最典型的特征[2]。因此，我们可以说，人与动、植物生命的一体化，是图腾崇拜最显著的特质。这一特质体现在图腾制的各个方面。

这种观念在图腾神话中鲜明昭著地表现出来。凉山老彝文经典《勒俄特依·雪子十二支》记述，雪族子孙 12 种，有血的 6 种，无血的 6 种。人类和草、树木、藤子、蛙、蛇、鹰、熊、猴等动植物都起源于雪，都是红雪的子孙。同样的记载又见于《勒俄特依》的姊妹篇《古侯》（公史篇）中："兔子是白雪之子，蝴蝶是白雪之子，素素（一种木本植物）是白雪之子，麦冬是白雪之子。人也是白雪之子……"另一部老彝文经典《人类历史》记载，贵州水西彝族安氏之祖希母遮，下传 29 代至武老撮，武老撮有 12 子，其中有 11 子变成虎、猴、熊、蛇、蛙、虾、鸡、犬和其他的东西。[3] 从以上三部彝文经典的记述中可以看出，一方面，人和无血的植物、有血的动物均可以源出于同一种无生物——雪；另一方面，人类在其演化过程中也可以再度演化为其他的动、植物。在图腾神话中，人和动、植物之生命的转化不会遇到任何障碍，究其原因，就在于原始先民深信各种形式的生命在本质上是一体的、相互感应的。

---

[1] 参见岑家梧《图腾艺术史》；《转形期的图腾文化》。
[2] 参见恩斯特·卡西尔《人论》，第 105 页。
[3] 以上均引自何耀华《彝族的图腾与宗教的起源》，载《思想战线》1981 年第 6 期。

　　这种对生命的一体性或交感性的信仰还体现在种种宗教礼仪中。我们知道，图腾动物都被视为神圣的，它的生命必须受到全体族人的保护。但在全族人都参加的某些仪式上（如在祈求图腾繁殖的仪式上），却可以打破这种禁忌，通过所谓的"图腾餐"仪式，以神秘的方式来祈求图腾动植物的不断增殖。这种周期性的宰杀和分食图腾动物的仪式，一方面表明人与动物之间属于相同的血族，具有维系和强化本族人的认同作用，另一方面，由于族人和图腾的生命之一体化，图腾的繁殖也意味着源于此图腾的亲族的繁盛。人和动物之间的生命的一体化观念使原始先民确信，只要食用了动物的血和肉，就会使动物的能力转移到人身上来。北库页岛上的尼乌人在过"熊节"的时候有吃熊肉的风俗。他们说："我们吃熊不是为了果腹，而是为了使熊的力量转移到我们身上来。为什么我的孙子是敏捷的呢？因为他吃了鹿的心。现在鹿的力量转移到他的身上来了，他能迅速奔跑。而他为什么这样灵巧呢？他打死了一只狐狸并喝了它的血。狐狸是狡猾的，而他就变得这样灵巧了。"[1] 笔者于 1983 年赴云南少数民族地区考察时，曾多次发现各少数民族（如傣族、布朗族、傈僳族等）有一个共同的习俗，即对从山上打来的野兽采用生食的方式，食其肉，喝其血，尽管这些民族在其他方面早已习惯于熟食的生活方式。不仅如此，各少数民族在其节庆之日（如婚礼）也往往举行生食酒席。笔者在参加他们的这种生食庆典时曾问及生食的缘由，他们往往说：生肉好吃，这是从祖辈传下来的。据此我们推测，这种生食习俗实际上是古老的图腾餐的遗迹。

　　这样，我们就从一个侧面接触到图腾崇拜赖以存在的底层意识了，它就是万物皆生并能相互转化的观念。在非洲草原地带生活的班巴拉人和富拉尼人的传统观念中，生命被划分为三类，第一类是无生气的"哑"生命，其语言被认为是神秘的，因为常人听不懂或听不见，哑生命包括无生气的固体、液体和烟；第二类是固定生命，它们生机勃勃，但不能移动，固定生命主要指植物；第三类是有生气的活动生命，包括各种动物和人。[2]

---

　　① H. 尼基弗罗夫：《宗教是怎样产生的？它的本质何在？》，上海人民出版社 1956 年 10 月第 1 版，第 8—9 页。

　　② 参见教科文组织编《非洲通史》第 1 卷，第 131—132 页。

在班巴拉人和富拉尼人的传统观念中，第一个人的构成物取自在他之前存在的万物，是万物共同创造了人，因而否认万物具有生命是无法接受的。

在图腾崇拜阶段，人在具有生命的万物中居于何种地位呢？荣格认为，原始人不但在心理上，而且在形体上都容纳于此世界中。他与世界融合为一体，他不是世界的主宰，而是其一部分而已。例如在非洲的原始人仍然还未到达人力胜天的境界，他从未奢望自诩为创世主，在动物分类上他也不把人列为最高等，而以象最高，狮子次之，怪神或鳄鱼又次之，人及较低等的动物更次之，他从未梦想到要去统制自然。① 马林诺夫斯基在解释人类最初以动物为图腾的根由时说："动物与人相近的地方（会动，会发声音，有感情，有身体与面孔），动物较人占优势的地方（鸟能飞，鱼能游，爬虫能脱皮，能变换生命，且能避居地内），同时再加上动物是人与自然界底中间系结，既常在体力、机警、诡诈等方面超越于人，又是人底必要食品——凡此种种，都使动物在蛮野人底世界观里占到特等的地位。"② 以上所讲的是作为自然主体的人和各种生物之间的显而易见的关系，这种关系反映到原始人的头脑中就构成动物崇拜的心理因素。那么作为图腾崇拜的物质因素或经济因素的中心点是什么呢？

实际上，人类从采集，狩猎经济一直到畜牧经济，只有维系生存的食物才是人与自然联系的主要环节。一般说来，自然界是人类的食库，文明越不发展，改造自然的能力越低，人类对自然食库的依赖性就越大。但是，自然界在起初只是一个"马马虎虎的背景，站在背景以上而显然有地位的，只是有用的东西——主要是可吃的动植物。……这等被人日常追逐的东西，便是全部落底趣意、情感、冲动等要集中在上面而结晶起来的。每种这样的品类上面，都集中了一种具有社会性质的情操，而且这种情操也就自然而然地表现在民俗信仰与仪式等上面。"③ 人类与自然界之间的这种生命攸关的食物联系以及这种食物链在人的生活中所占有的重大意义只有身临其境才能充分加以把握。远古时代的情形我们已无法知道，但至今

---

① 参见荣格《寻求灵魂的现代人》，志文出版社，第 172 页。
② 马林诺夫斯基：《巫术科学宗教与神话》，第 27 页。
③ 同上。

生活于南苏丹沼泽地带的孟达乐族人的生活却为我们提供了一个极好的例子。弱小的孟达乐族只有几十个人，由于受到其他部族的排挤，他们只能远离尼罗河，过着游牧生活。正是这种独特的生活经历构筑了他们所特有的习俗。他们以牛奶为主食，以牛粪为燃料，夜晚就围坐在牛粪火堆的四周；在这个沼泽地带，牛粪灰成了孟达乐族人重要的卫生洁具。每天清晨，男人们用食指蘸着刚燃息的牛粪灰刷牙，并用牛粪灰来涂抹人和牛的身躯（在这里牛和人的待遇是相同的），以防止蚊虫的叮咬。在远离尼罗河的情况下，牛尿成了宝贵的水源，孟达乐族人用牛尿把黑发"染"成金色，也用牛尿来清洗身体。① 如果说，尼罗河被非洲人民誉为"母亲之河"，它孕育了人类光辉灿烂的文明并赋予人类以无限的生机。那么，对于孟达乐族人来说，牛才是真正的尼罗河。在孟达乐族人每天晚上围着牛粪火堆哼唱的既古老又满溢活力的牛的颂歌中，我们发现了人类早期的特殊的生命观——牛是生命之源。这样，在图腾崇拜所固有的那种神秘（包括观念和情感的）框架下面，看到的正是这种世俗生活在人的心中的积沉和显现。原始人把食物的对象（人类的供养者）看作自己生命的源泉或认为整个部族都源于这种动物，就不再是不可理解的了。

图腾崇拜的对象是作为亲族看待的动植物，以上我们侧重从动植物对人的价值关系方面论述了图腾信仰的原因。但是，图腾崇拜的产生不仅取决于客体的性质，而且取决于主体的性质。人把某种动植物作为自己的亲系来崇拜，正是氏族制度的产物，正是人类社会组织的这种形式决定了人与动物在观念上的亲族关系。那么，处于图腾崇拜时期的主体的特质是什么呢？由于图腾崇拜和氏族外婚制是紧密结合在一起的，由此我们便可以认定当时的主体构成是单系亲族群。一方面，图腾崇拜时期的主体是以群体面貌出现的，个体还没有从群体中分化出来，与图腾崇拜对象相对应的原始主体是没有分化的氏族团体；另一方面，此时的氏族是具有绝对的和完全的非性关系的联合体，即使在氏族内部存在着两个集团——男人集团和女人集团，也同样改变不了这种单系亲族的性质。因而，图腾就是上述两个方面的统一，它既是群体主体的象征，又是处于单系亲族群内部诸个

---

① 参见日本朝日电视台摄制的纪录片：《尼罗河》。

体间关系的外化形式。

我们知道，在类别式亲属称谓中，每个人不是有一个父亲或母亲，而是有几个父亲或母亲。称谓不是直接标明个体之间的关系，而是群体之间的关系。族外婚的典型特征是没有个体婚姻。所以，类别式亲属称谓反映的主要不是亲属关系，而是姻亲关系，这种类别式亲属称谓正是群婚的产物。摩尔根在谈到母系制的家族形态时指出："无论在原始时代或在较晚时代，每一个家族都是一半在氏族之内，一半在氏族之外，因为丈夫和妻子必须属于不同的氏族。"[1] 这就是说，随着氏族和两合组织的出现，两合氏族的群婚代替了以前的非规范的性关系和乱婚，单一氏族内部成了完全的非性关系的联合群体，婚姻关系取得了两个氏族的婚姻联盟形式。所谓两合氏族之间的群婚，是指一个氏族的男人集团（或女人集团）与另一个氏族的女人集团（或男人集团）发生性交关系。很显然，在这个时期，两合氏族的群婚作为人类自身生产的社会关系，最初不是作为个体与个体之间的关系被组织起来，而是个体所在的集团与其他集团之间的关系。这种分属于不同氏族的婚姻集团之间的关系最终使人们意识到本氏族群体的统一性，因而也就意识到氏族与其他氏族的区别，而"图腾崇拜的产生使每一个原始群都开始把自己与其他集团对立起来。"[2] 许多至今仍保留着两合划分的部落和民族，都拥有大量传说来证明两个胞族之间彼此存在着一系列精神上和肉体上的不同特点，尽管事实上部落内部的各半成员之间并无任何区别。例如，澳大利亚的阿兰达人认为，自己部落的一半成员是"大人"，另一半成员是"小人"，前者是长直头发的，后者是长卷发的。类似的信仰不仅在澳大利亚地区、美拉尼西亚岛屿以及西伯利亚地区普遍存在，而且可以从世界各地原始部落的神话和传说中分辨出来。

由于在群婚家族形式下，父亲血统不能确定，只有母亲方面是确定的，所以在血缘方面只能承认母系，氏族只能是由同一女祖先的若干代女系子孙所组成的血缘亲族集团。在其氏族的早期，不仅男人在生殖问题上不占重要地位，而且整个讲来，人与动植物相比，其生殖能力也远不如被

---

① 摩尔根：《古代社会》，商务印书馆 1977 年 8 月第 1 版，第 227 页。
② Ю. И. 谢苗诺夫：《婚姻和家庭的起源》，中译本，第 148 页。

神化的动植物。因此，血缘的神圣性又总是同具有神秘繁殖能力的动植物相结合，以图腾作为本氏族的假想祖先。每一氏族都有一个传自祖先（图腾）的族姓，而作为氏族的成员，个人的名称又和氏族的名称联系在一起，这已成为同一氏族出于同源的标记。例如，在我国的禄劝、武定地区彝文经典所记载的较早家支谱系中，其第一代祖先的名字往往都冠以动、植物或自然现象的表征。如埃部族中的一些氏族谱系，每一支第一代祖先的名字为：彻克卢恶、耆乌基、模阿奇、福以库、地是彻、黑阿土。这六个名字的首宇在彝语中有特定的意义："彻"为谷、"耆"为竹、"模"为马、"福"为鸡、"地"为凤凰、"黑"为河川。直到近代，当地彝族家支的名称仍保持着古代图腾名称的内容和特点。如都卑普意为蜂族、对素普意为鸟族、薄以鲁普意为虎族、阿鲁普意为鹿族、地勺普意为鼠族、阿奴普意为猴族、女馁普意为黄牛族等等。根据彝族的规矩，同普（普，汉语的意思是族）之人名都须冠以普的名称。①

图腾不仅在对偶胞族中作为单系或纯一的氏族标记具有重要意义，而且对氏族内部个体间关系具有不可忽视的认同作用。经济人类学资料表明，由前人群向原始人群的过渡是与酌量取用分配关系的产生相联系的。酌量取用分配关系是生产的社会经济关系的第一个形式，其实质在于，"一切食物不问是谁，以及怎样取得的，统统归集体所有。因此，不论是用以获取食物的工具，还是为制作这些工具而使用的一切劳动资料，全都是集体的财产。"② 至今在许多原始部族中仍然存在的共食猎获物的风俗，可以看作是这种分配关系的遗留形式。在以酌量取用分配关系占主要地位的氏族社会中，对儿童的供养单位是整个氏族，而不是家庭（因为家庭尚不能作为一个整体加入同一个氏族）。从词源学上考察，亲属称谓中的"母亲"（或"父亲"），其最初的含义就是供养者。在酌量平均分配的氏族内，"母亲"的含义也是整个一类人，而不是指单个人，尽管某个人可能与孩子有生育关系。从供养者的角度来理解亲属称谓，不仅可以解释为什么氏族内部成员把自己母亲的同胞姐妹和从表姐妹都称作母亲，而且可

---

① 参见何耀华《彝族的图腾与宗教的起源》。
② Ю. И. 谢苗诺夫：《婚姻和家庭的起源》，第 228 页。

以解释母亲的兄弟把外甥看作自己的孩子，舅甥关系比父子关系更为密切。这是因为处于对偶胞族中的男人集团虽然在生育上可能是其父亲，但这两个氏族的关系仅限于性交关系方面，并没有经济供养关系。正是舅舅才是他的供养者。笔者在云南考察期间，一位基诺族老人对"基诺"的含义作的解释是，"基诺"一词的含义即是"阿舅的后代"。舅舅在外甥（女）的婚丧嫁娶方面，具有举足轻重的地位和权力。这种氏族内部的分配关系及其供养关系，使一个人的整个一生都属于诞生他的那个集体。一个人一旦出生，就获得了他母亲所具有的同一图腾。所以，确定一个人的氏族归属，丝毫不需要追溯他的祖先，只要知道他的图腾就够了。"确定一定的氏族归属并不是由于相信有一个共同的祖先，而是由于相信有一个共同的图腾"。[①] 在这里，图腾成了识别人与人关系的第一个可感形式。乔治·汤姆逊指出，在低级的蒙昧阶段，个人还没有从他的部落的脐带上挣脱下来，他们还不能将他们彼此间的亲密关系意识为一种客观的人类关系，而只将它视为一种更广泛的关系的一个方面。在这种关系中，他们将某种动物或植物当作自己的本家。据记载，有人为澳洲南部的一个阿龙太人拍摄了一张照片，递给他看的时候所得到的反应就是："那人和我一样，也是袋鼠"。由于袋鼠是他的氏族图腾，所以他和他氏族同辈的亲戚感是用同属袋鼠的信仰来表现的[②]。

　　在氏族社会初期，以血缘关系为纽带的共同体是实体，个人不过是这一共同体身上的肢体，在人和动植物视为具有生命同源的意识水平上，图腾就是这种血缘关系的外化形式，人们以图腾为中介不仅意识到自己与氏族的血缘联系，而且也意识到本氏族与他氏族的区别。从这个意义上说，图腾崇拜是作为群体的主体意识的第一个形式。

　　闻一多先生曾论证原始的图腾观念的发展大致经历了三个阶段。第一阶段即"人的拟兽化"，是典型的图腾主义的心理。在这一阶段，人们往往断发（修剪头发）文身（刺画身体），力图通过装饰成图腾的形式并进而获得图腾的属性和能力。第二阶段则是"兽的拟人化"，这就是从图腾

---

① Ю. И. 谢苗诺夫：《婚姻和家庭的起源》，第 188 页。
② 乔治·汤姆逊：《古代哲学家》，三联书店 1963 年版，第 44—45 页。

崇拜向祖先崇拜的转变。所谓半人半兽型的始祖的出现，正是这种转形期的图腾文化，而等到全人型的始祖的出现则是图腾主义发展的第三阶段，其重心已转到较完全的祖先崇拜身上来了。涂尔干曾经认为，图腾是无人格的力量，这当然是对的。但是，我们却从图腾的转形过程中摸到了从无人格向人格的转化，这一过程也就是从群体主体逐步向个体主体转化、崇拜对象由外部对象向人自身复归的过程。

从祖先崇拜的产生看主客体分化的历史过程

如上所述，祖先崇拜是图腾崇拜的历史化产物。祖先崇拜虽然就其形式而言，是从"人的拟兽化"向"兽的拟人化"的转变，但就其内容而言，它却是对祖先神灵的崇拜。蔡家麒指出祖先崇拜形成的原因有三："第一，经历过漫长的自然崇拜和图腾崇拜的历史阶段后，从万物有灵和灵魂观念中产生出占支配地位的鬼神观念；第二，母权制衰落，父权制兴起，男子在生产生活中的作用增强，权利增大，各集团由不稳定的对偶婚开始向较为稳定的一夫一妻制过渡；第三，对人的崇拜已逐步占支配地位"。① 为此，要揭示祖先崇拜的历史内容，首先要阐明两个问题，一是灵魂观念的产生问题，一是祖先之灵何以居于人们观念的首位。灵魂观念是原始人对人的心理现象的朦胧意识，在此我们已经隐隐约约地听到哲学思维萌发的前奏曲了。

灵魂观念的产生

无人格之力是前灵魂主义，它首先表现为人对个别事物属性的崇拜（即所谓的原始拜物教），而这种个别属性的扩大化和模式化就是对笼统的无人格之力的信仰。当无人格之力由个别推及到众多事物时，就为万物有灵崇拜铺平了道路。实际上前万物有灵和泛灵论的认识论基础都是一种"拟人情欲观"。"原始人不是根据关于自然界的知识来解释自己——他们

---

① 蔡家麒：《自然·图腾·祖先》，载《哲学研究》1982 年第 4 期。

很少有这种知识——恰恰相反，他是根据关于自己的知识来解释自然界。"① 自从泰勒提出万物有灵论以来，这种宗教观就一直被指责为"唯智论"，其含义是指仅从个体心理和思维发展的角度来解释宗教的起源。如前所述，宗教信仰的对象既然是人的某种观念或信念，那么除了尘世的根源和情感的根源以外，也理应从观念自身发展的规律中去探寻，这是毫无疑问的。我们在这里仅想从观念自身的演化方面探索一下原始人是怎样从对力的信仰到对灵的信仰。

从现有的资料来看，在 70 年代初被发现的棉兰老岛的塔桑代人，恐怕是当今世界上唯一属于旧石器时代晚期的民族了②。他们集体穴居在陡峭的岩洞中，使用粗劣的石器和竹器，不狩猎，以采集和挖掘植物为生。在塔桑代人的观念中，没有灵魂的观念，人死后只是用树叶盖起来，不举行任何宗教仪式。他们虽然认为所了解的东西都是从梦中得到的，但不知道梦是怎么一回事。唯一可寻的宗教痕迹，是当他们在采集可食的薯芋时，边挖掘边向薯芋唱起感激的歌——"比京"之歌。这种向植物的致谢，实际上就是对事物的价值属性的朦胧意识。

如果说，死亡和作梦在塔桑代人那里还未引起他们的注意，那么对死和梦的追究必然导致"灵魂"观念的产生。众所周知，在民族学史上，进化论学派的代表人物泰勒、斯宾塞、冯特等人，曾在广泛收集和整理民族学材料的基础上，较全面地探讨过关于原始人的灵魂观念的起源，其论述不乏真知灼见。他们认为，原始人对下述问题的思考是产生灵魂观念的心理前提：第一，是什么使活的躯体与死的躯体区别开来？究竟是什么引起醒、睡、疾病和死亡？第二，做梦和幻想时出现的人的形象又是什么东西？对这些问题的长期思考，使原始人确信：每个人除了肉体之外，还有生命和幻影。它们都是可以同肉体分离的东西，当生命离开肉体时，人就昏睡和死亡，而幻影则可以在离开躯体的其他地方对人显现。在此之前，费尔巴哈早已对死与不死问题作过透彻的分析。费尔巴哈认为，所谓不死

---

① 约·阿·克雷维列夫：《宗教史》上卷，中国社会科学出版社 1984 年 12 月第 1 版，第 14 页。
② 参见刘达成、蔡家麒、李光照编译《当代原始部落漫游》，天津人民出版社 1982 年版，第 1 页。

的灵魂在古代不过表示死者的影像而已，"因为，一个人虽然在现实意义上，在感性意义上，不再生存了，但是在精神上，在回忆中，在尚活着的人的心目中，他还是生存着的。对活人来说，已死的人并不成了'无'，并不绝对地消灭了；相反，他似乎只是改变了他生存的形式；他只是由一个肉体的本质变成了一个仅仅被表象的本质。死人虽然不再造成物质的印象，但是，他的人格却在回忆中长存，并且对活人有所感染。"① 因此，原始宗教二元论（肉体和灵魂的分离）的产生的认识论根源，是原始人尚不能把物质和精神、主观和客观，映象和实体区分开来，他们把心中的表象同样看作是真实的、独立存在的东西。既然死者的表象仍然不时地被回忆和梦见，那么想象逝去的人的灵魂脱离肉体存在着，这比想象他根本不复存在，显然要合理得多。既然灵魂可以脱离肉体而独立存在，就没有理由怀疑它还会死亡，所以，从灵魂观念到灵魂不死观念只是一步之遥。而从灵魂不死观念发展为崇拜祖先、部落首领的鬼魂，其间显然也没有什么障碍。从典型的图腾文化到转形期的图腾文化的递嬗中，我们可以清晰地看到其间演化的轨迹。

祖先崇拜形成的社会经济条件

我们知道，图腾文化是氏族制的产物。氏族制和族外婚的出现，使人类群体第一次战胜了性本能而以非性关系为基础结成一个统一的群体。虽然氏族外婚制按其实质仍然是亚血族婚，但与族内婚比较起来，毕竟是社会组织结构的一次重大变动。恩格斯指出："氏族一旦成为社会单位，那么差不多以不可克服的必然性（因为这是极其自然的）从这种单位中发展出氏族、胞族及部落的全部组织。"② 与人口的增长、社会组织结构的扩大趋势相反，人类自身再生产的组织形式——婚姻和家庭的范围却日益缩小了。族外婚发展的结果是对偶婚和对偶家庭的出现，这是由群婚制向个体婚制过渡的重要一步，"在成对的配偶制中，群已经减缩到它的最后单位，仅由两个原子所组成的分子，即一男和一女。自然选择已经通过日益缩小

① 《费尔巴哈哲学著作选集》上卷，第256—257页。
② 《马克思恩格斯选集》第4卷，第92页。

婚姻关系的范围而完成了自己的历史使命，在这一方面，它再也没有事可做了。"①

如果说，在群婚时代，血缘关系及其自然选择的生物规律在早期人类社会中起着主要的决定作用，那么随着对偶婚和个体婚制的出现，在文明时代起决定作用的生产关系和财产关系此时也日益发展起来，并最终炸毁了原始的血缘关系的纽结。这是人类由自然主体转变为社会主体的历史标记。众所周知，在族外婚（两合氏族的群婚）时期，对后代的供养及其财产的继承是在母系氏族内部进行的。因此，实行婚媾的两个半边集团的关系是纯粹的性交关系，作为性交关系的双方也没有任何权利和义务。一旦氏族内部的产品有了剩余，处于两个半边集团的男、女双方就出现了礼品交换关系。当剩余产品转化为婚媾关系中的礼品交换以后，原先的纯粹性交关系也就具有了经济关系的性质，从而产生了超越氏族范围的权利和义务，产生了真正意义上的个体婚姻。而个体婚姻的出现，"意味着由丈夫、妻子和妻子的孩子组成的基层供养单位的产生，也就是对偶家庭的产生。"② 从一定意义上说，家庭关系是与氏族内部的关系相对立的。个体婚姻是一个男人和一个女人的经济联盟，"个体婚姻并不单单是两性关系的社会组织，而且是两性关系的社会经济组织。社会经济关系成了性交关系的调节者。"③ 随着家庭的产生，氏族内部的财产继承关系被家庭内部的继承关系所代替。它要求以父系氏族代替母系氏族为前提，由氏族主体分化出个体主体。从社会关系结构方面看，就是从群婚演化出对偶家庭和一夫一妻制家庭。在对偶制家庭中，男女双方劳动分工是平等的，经济上也是平等的。但是家庭经济的出现，或迟或早要使男子扮演唯一供养者的角色。随着私有制的出现，妇女劳动被排斥在社会生产之外，导致只把男子包括在分配关系体系中的事实得以确立，父亲成为子女的唯一供养者。这时，主体结构就由氏族主体逐渐转化为男子个人为主体，这一过渡是由母系制向父系制转化的必然结果，也是祖先崇拜得以发生的社会经济基础。

---

① 《马克思恩格斯选集》第 4 卷，第 48 页。
② Ю. И. 谢苗诺夫：《婚姻和家庭的起源》，第 238 页。
③ 同上书，第 274—275 页。

随着人类自身生产关系以及经济关系的改变，其意识形态也随之变化，尽管其原先的观念也以某种方式保留下来。在知母不知父的图腾制时期，人和动物是同族的，人就是某种动物，而且从某种意义上说，个体、祖先和图腾也是合而为一的。而进到父亲血缘关系能够确认的时期，图腾对象就从普通生物中区分出来而变为人首兽身的神秘生物。例如，生活于哥伦比亚的一个"水獭"部族的成员解释说：他们"虽然相信他们的远祖是水獭，但他们并不认为是像现在生存的那种水獭。作为他们的远祖的水獭是一些水獭人，而不是动物。"① 此种转形期的图腾文化在先秦典籍中不胜枚举。仅以《山海经》的"五藏山经"（写于战国）为例，书中所载神灵360多个，其中人首蛇身、人面兽身、人面鸟身者近250个，占2/3以上的神灵为半人半兽形象。从"人的拟兽化"到"兽的拟人化"的观念转变中，我们依稀看到人类正一步步从动物王国中提升出来。直到文明社会的初期，人类虽然还对动物有某种眷恋感，但动物的地位早已失去昔日的威严，它们仅仅成了人类实现表现某种目的（人与神灵交往）的媒介和工具。例如，占卜用的动物骨骼和布于各种祭器上的动物纹样，即表现了古代人以动物来通民神的意识。

由群体主体向个体主体过渡的历史形式

从氏族群体主体分化出个体主体，首先是在氏族和部落首领身上实现的。在远古时代，人类群体内部的划分是依照性别、年龄来进行的。古代典籍中描述的"女子国"、"小人国"等等，正是氏族内部的女人集团和儿童集团的反映。在以两性而"分级"的氏族社会中，老人居于重要的地位，各个群体的主事者或首领，一般都是从老年人中选出。老人既是婚姻分配和交换生产品的主持者，也是神话传说的讲述者、各种仪式的主持人，以及对犯罪成员的处罚的执行者。随着首领权力的扩大和巩固，首领的权威性和优越地位日益显著。在转形期的图腾文化中，首领往往居住在村落中间，氏族所崇奉的图腾祖先已成为首领个人的保护者或象征。首领的最显著的特征是对图腾柱的占有，在北美印第安人的组织中，"图腾柱

---

① 参见列维－布留尔《原始思维》，第88页。

竖于首领门前的较一般成员为多。特林次斯人的图腾柱，又只竖立于部族首领的门前。图腾柱的顶端，必雕刻首领的形象，或首领个人的图腾记号。"① 据丁山先生考证，氏即示字，"示"乃图腾柱之象征，所谓同一宗氏，即以同一图腾祭为中心所组成的氏族②。起初，氏族以图腾的名称作为标记，所以它既是氏族的名称，也是每个成员的名称，氏族名称的作用就是使凡拥有此名称的人即作为同出一族的证据。到后来，氏族的名称就逐渐为首领个人的名称所代替。正如摩尔根所指出的："世系转变为男系时，或在此以前，氏族的动物名称即被废弃，而代之以个人名字。随着社会的进步，随着财产私有权的扩大，个人地位将越来越突出，以致用祖先中的某位英雄来命氏族的名。"③ 当图腾动物的神威转移于首领个人时，就出现图腾动物的人格化。"兽的拟人化"是同图腾的个人化和父系化联系在一起的。此时的图腾信仰便连结于首领身上，以增加首领的神圣性。从古代典籍中可知，商族最初只有图腾和始祖妣，此乃母系制之反映，商人以玄鸟为图腾，以简狄为祖妣，而始祖的出现则意味着氏族的父系化，作为商人的始祖契，则是始祖妣与图腾交合的产物。此时的玄鸟图腾就不是与全体商人有关，而只与契发生关系。图腾与族人的关系已经以始祖即首领为中介了。

如果说，祖先崇拜起源于野蛮阶段后期的父权制家族，那么父权制的主要特征是什么呢？摩尔根认为，父权制家族的核心及其得名之由来在于父亲具有生杀其子女、后裔和奴仆的权力，以及支配其成员的财产的权力，"在这个时期中，曾经湮没在氏族之中的个人的个性开始高于氏族"④。这一点从仰韶文化、龙山文化期的墓葬中的随葬品的多寡中就可以看出来。在大汶口文化遗址中，约占墓葬总数的一半的随葬器物只有几件，但有些墓却随葬了大量器物，多至五六十件，甚至多达180余件。这后一种墓，形制也较大。很显然，这种形制大，随葬贵重的象牙、骨雕制品的墓葬应是氏族首领的。在当时剩余产品有限的情况下，只有占据特殊

---

① 岑家梧：《转形期的图腾文化》。
② 参见丁山《甲骨文所见氏族及其制度》，第4、35页。
③ 摩尔根：《古代社会》，第344页。
④ 同上书，第469页。

地位的人物才能办到。

氏族首领随着经济地位不断提高，政治权力也得到加强，因而对氏族的影响也越来越大。氏族成员对其首领的崇拜是随着社会组织的完善和首领权力的扩大而逐步加强的，到了后来，首领则完全成了群体命运的化身。如果说，图腾崇拜是血族崇拜的产物，这种崇拜从根本上说还是对人们之间的自然关系或生物关系的崇拜；那么，对首领的崇拜则是对支配者们的社会力量的崇拜。恩格斯指出："一切宗教都不过是支配着人们日常生活的外部力量在人们头脑中的幻想的反映，在这种反映中，人间的力量采取了超人间的力量的形式。在历史的初期，首先是自然力量获得了这样的反映，而在进一步的发展中，在不同的民族那里又经历了极为不同和极为复杂的人格化。……但是除自然力量外，不久社会力量也起了作用，这种力量和自然力量本身一样，对人来说是异己的，最初也是不能解释的，它以同样的表面上的自然必然性支配着人。最初仅仅反映自然界的神秘力量的幻象，现在又获得了社会的属性，成了历史力量的代表者。"① 盛行于原始民族中间的对其首领的种种禁忌，则从反面证明了首领往往具有超乎常人的神秘力量。原始部族不仅相信首领在生前决定着本氏族的命运，而且认为他们死后也能佑护并保障氏族的昌盛。所以，祖先崇拜实际上是对亡故了的氏族首领的神灵的崇拜。

原始部族所崇拜的首领多是具有奇才异能的人，所以他们往往也是本部落的文化英雄。"圣王之制祀也，法施于民则祀之，以死勤事则祀之，以劳定国则祀之，能御大灾则祀之。"（《国语·鲁语》）这就是说，被崇拜的祖先神是对本氏族的发展有贡献的人。所谓"炎帝于火而死为灶，禹劳天下而死为社，后稷作稼穑而死为稷。羿除天下之害而死为宗布"（《淮南子，泛论》），就是对文化英雄的怀念和供奉。需要指出的是，随着氏族向部落的发展，许多氏族通过联姻或武力组建部落，而各部落之间迁徙和战争（如文字记载的蚩尤与黄帝的涿鹿之战、黄帝与炎帝的阪泉之战）又促成了新的人类共同体的形成。原有的血族关系被打破，为地域组织所代替。至此，除了祖先崇拜以外，又出现了对自然神的信仰。此时的

---

① 《马克思恩格斯选集》第 3 卷，第 354—355 页。

自然神崇拜与农业和畜牧业的产生和发展密切相关，主要表现为地域崇拜（山宗和水宗）和天体崇拜（日、月、星辰以及雷电等）。流行于世界各地的太阳神话和月亮、星辰神话，多是这一阶段的产物。愈到后来，天体崇拜和祖先崇拜联系就愈紧并最终合而为一。起初，属东夷集团的商族是信奉鸟图腾的民族，商族的男始祖契就是女始祖简狄与其图腾感应而生的，直到上甲微的父亲王亥时为止，其"亥"字头上尚加一鸟图腾的标志。上甲微是商代先公先王中第一个以日为名的人，殷人统治者以日为名的系谱从上甲开始。① "甲"在甲骨文中作"田"，其中"口"为"日"或太阳的象形，"十"为测日之表，表示殷之先世上甲微是殷代第一个用"十"测日影以定时刻的先王。② 这应是当时历史上的一件大事，所以以甲为先王的尊称，也含有表彰先世功德之义。这样，信奉鸟图腾的殷人又成为太阳的子孙，"降而生商"的玄鸟此时也就进入日轮变成了太阳鸟——阳鸟或三足乌了。

至此，我们想给这一章作个简单的总结。主客体分化的问题在意识的领域内就是主客观的分化。我们可以用自我意识和对象意识的分化和统一的程度来作为考察主客观分化的具体内容和指标。所谓自我意识，就是把自我当作对象来看待的意识，因而它是对象意识的特殊形式；而反过来，对象意识则是把对象作为自我看待的意识，因而它又是自我意识的特殊形式。从形式上看，自我意识离不开对象意识，对象意识也离不开自我意识，它们实际上是一个问题的两个侧面。人之所以是认识的主体，恰恰在于他有自己的对象；他不仅把外在客体看作自我的对象，而且把自我也转化为认识的对象。因而人总是同对象发生双重的认识关系，即把客体看作是"客体—主体"关系，而把主体看作是"主体—客体"关系。动物之所以没有"自己的"对象，是因为它自身不是主体，动物是和它的生命活动直接同一的，它没有自己和自己的生命活动之间的区别。动物既然没有自我意识，它也就不能形成对象意识。

---

① 参见胡厚宣《甲骨文所见商族鸟图腾的新证据》。
② 参见温少峰、袁庭栋《殷墟卜辞研究——科学技术篇》，四川省社会科学院出版社1983年版，第10—11页。

　　现代人通过思维和理性可以把自己的表象和概念自由地与自然界区别开来，并能将外在客体作为自己意识和意志的对象与自己的主体性统一起来，从而能够在观念和实践领域的较高水平上实现主客体的统一，这种统一是以分化为前提的。史前人类处于由动物向文明人类转化的过渡点上，处在由主客体的直接同一向主客体的分化（统一）的转变时期，因而在自我意识和对象意识上还带有文明时代所没有的特点，这就是原始人的拟兽化的自我意识和拟人化的对象意识，或者干脆就把它称作拟人化的世界观。因为，图腾意识一方面是氏族主体的自我意识，是把血族关系对象化的产物；另一方面，图腾意识也是一种对象意识，不过其中包含着氏族主体的情感和拟人化的成分罢了。图腾是自我意识和对象意识的同一，它是建立在群体主体不分化以及人和动物生命一体化的基础之上的。主客观的分化以及自我意识和对象意识的分化是以主客体现实关系的分化为前提的。当人类集体组织从母系本位的氏族过渡到父系本位的氏族社会，人们之间的关系纽结由血缘到地缘（即由氏族公社到农村公社），血族主体为个体主体所代替，以血族崇拜为特征的图腾崇拜就逐渐为祖先崇拜所取代。祖先崇拜是主客体分化的产物，正是这种分化使人们把眼光从动物王国转移到人的身上。如果我们把祖先崇拜看作是人的自我意识的一种形式，那么与祖先崇拜同时出现的天体崇拜（日神、月神以及后来对上帝的崇拜）则是自我意识的外化形式——对象意识。正如郭沫若所指出的，原始时代起初是"人知有母而不知有父"的时代，由母系社会转化成父系社会，才生出父子的关系来。所以在社会历史上，父是由子产生的，就是先有子而后有父。同样的道理，天父（天体神和上帝）是由天子产生的。[1]这就是说，没有地上的君主，天上的上帝就永远不会出现。我们应当感谢语言学大师索绪尔，他考证出"上帝"一词的词根原来是酋长或首长一词。[2]上帝是君主时代的主体所崇拜的对象，就此而言它是该时代主体的对象意识。但这一对象的产生却带有主体的希冀和情感，是主体的移情思

---

[1]　郭沫若：《中国古代社会研究》，人民出版社 1964 年 10 月第 2 版，第 66 页。
[2]　费尔迪南·德·索绪尔：《普通语言学教程》，商务印书馆 1980 年 11 月第 1 版，第 315—316 页。

维方式的产物，因而它又是处于君主时代主体的自我意识。人类认识自己的本质，就是意识到自己的实际社会状况。这一点，在史前时代显然还做不到。但是，从原始宗教的演递中，从动物到人，从人的拟兽化到兽的拟人化过程中，不是仍可以看出自我意识和对象意识的交互作用和螺旋式发展吗？当人能在思想上把自己的意识和意志同客观事物的主观映象及其对主体的意义区分开时，就是人类的文明时代的到来。到原始社会末期，它已如躁动于母腹中的婴儿，即将诞生了。

六

原始思维的基本特征[*]

我们在前面各章分别考察了认识的起源、逻辑的发生和主客体的分化诸问题，从不同方面分析了人类认识发生发展的机制。为了使人们对史前认识有较完整的把握，我们现在转入对原始思维特征的考察。应当指出，目前国内对原始思维的研究，大多侧重于对其特征的分析。对思维特征的提取与研究角度有关，研究角度不同，对其特征的理解也不完全一样。如有人提出原始意识的三个特征是：感觉能力强，概括能力弱；互渗思维能力强，理解思维能力弱；集体意识强烈，个体意识薄弱。另一些人则认为，原始思维的主要特点是互渗性、象征性、形象性、神秘性和直觉性。实际上，如果把原始思维和现代思维比较，还可以觉察一些新的特点，如原始思维所特有的实用性和情感性等等。因此，有必要对上述特征进行系统划分，找出一些涵盖面较大的特征，把某些次要特征作为主要特征的构成部分或因素。如神秘性、互渗性与象征性关系密切；而情感性和实用性（功利性）又有关联。我们在前几章中对认识发生过程的考察已经涉及特征问题，为了避免重复以及对未涉及的内容有所深化，我们准备重点研讨如下三个问题：原始思维的具体性、象征性和情感性。

原始思维的具体性及其成因

当我们面对原始思维的史料时，一个显而易见的特征是它的具体性。

---

*　本文原载于《史前认识研究》一书的第五章。

对这一特征的研究已积累了大量的资料，我们的任务是对这些资料进行整理，并侧重揭示它存在的主体因素和形成机制。要达到这一目的，我们不应当随便找出一些材料作为论据，而应当考察原始思维中的基本的逻辑观念，如空间、时间、数量观念等，它们构成原始思维的基本框架并体现在人类的认识活动、神话传说和宗教礼仪中。这些观念在康德的认识论体系中被称作先验的直观形式，也有人把它们看作是前感类概念。由于篇幅所限，我们只能选取数量观念、空间观念和时间观念作出概略的说明。

原始思维中的数量观念

原始人的数量观念极为贫乏，他们不能像现代人那样自由地运用抽象的数字来表达数目的多少，因而在计数时总是不脱离具体的事物。在对原始部族的实地考察中，经常会碰到这样的情况，当询问他们的家庭人口或村寨中有多少户时，他们一般都不能用抽象的数字来回答，而是用熟练地背诵一大串名字来作答。解放初期，曾有一位云南省西盟县的佤族青年向解放军报告敌情时，从口袋里抓出一把草秆，表明草秆的数目就是他见到可疑的人的数目。[①] 这样的例子是很多的。几年前，我们曾赴云南少数民族地区调查，从调查中知道，许多民族（独龙族、佤族、拉祜族等）在日常生活中还采用往竹筒中丢豆子、刻竹和刻木等形式来帮助计数。列维－布留尔曾指出生活于澳大利亚和新几内亚的土人部落利用手足和身体的其他部位来帮助计数的例子，而在秘鲁人和印加人那里我们可以发现极为发展的结绳记数的方法，所有这些具体的计数方法正表明原始民族缺少抽象的数词。民族学资料表明，在许多较原始的民族中，用于数的单独的名称只有很少几个。例如，澳大利亚中部的阿兰达部落只有一和二两个数字，三以上就得用组合数字来表示。马来半岛的塞芒人仅有 3 个数字，非洲的

---

①　李根蟠、卢勋：《浅谈原始思维的若干特点》，载《哲学研究》1984 年第 11 期。

布须曼人有 4 个数字，塔斯马尼亚人和南美洲的火地人有 5 个数字。[①] 只是在较发展的民族中，才逐渐地发展出 10 以内的数字。印度洋上的安达曼人可以从 1 数到 10，10 以上用"很多"来表示。在数的观念的发展中，"10"以内的数词是一个发展阶段，"10"以上的概念，即 10 进位的概念，是在后来发展起来的。这就是说，10 以下的数都有独立的名称，10 以上的数是以 10 为基底用组合原则构成的。在古英语中，10 以上是用 10 以内的数字组合来表示的（即用"10 还剩几"或"10 加上几"来表示）。俄语中的数词也与英语类似，"在俄语中，从 11 到 19 的数词就读作 1 加（Ha）10，2 加（Ha）10，3 加（Ha）10，等等。小品词 Ha 表示加，表示应当在 10 上放置某些东西，向 10 补充某些东西。"[②] 这样，10 以内的数字就成了标准数，其余的数字基本上是由标准数组合（借助于加法或减法形成）而成的算法数。在标准数和算法数还没有完善形成的时候，即在缺乏真正的抽象数词的情况下，原始人正是采用种种具体的方法来实现数数和计算的。例如，在澳大利亚的墨累群岛的土人，虽然只有一和二两个数词，但他们借助于身体的各个部位可以数到 31，"数时从左手小指开始，接着转到各手指、腕、肘、腋、肩、上锁骨窝、胸廓，接下去又按相反的方向顺着右手到右手小指结束。这可以数到 21，用脚趾数，再得 10。"[③]

除了数概念与具体事物相联系之外，有关度量衡观念也表现出具体性和个别性。长度概念是同以手为量具、以手指和手臂作长度单位相联系的。古代埃及曾以"前腕"作为计算长度的单位，一前腕等于由手肘到伸直的长指尖之间的距离。据测量，金字塔的底边等于 500 个前腕，其周长为 2000 个前腕。我国古代中原地区也曾以手指、手臂等作为计量长度的

---

① 美国数学家 T. 丹齐克认为，人和动物都具有某种原始数觉，人的计数能力就是由此发展起来的。但是，人的视觉和触觉数觉的范围极为有限，很少能超过四。世界上的各种语言，几乎都带有这种早期局限性的痕迹。"英文的 thrice 和拉丁文的 ter，同样的有双重意义；三倍和许多。拉丁文的 tres（三）和 trans（超过）之间有着可信的联系；而法文的 tres（甚）和 trois（三）也是如此。"——参见他所著的《数，科学的语言》，商务印书馆 1985 年第 1 版，第 3 页。

② A. M. 列乌申娜：《学前儿童初步数概念的形成》，人民教育出版社 1982 年 1 月第 1 版，第 383 页。

③ 列维 – 布留尔：《原始思维》，第 179 页。

单位。《大戴礼记·主言篇》载："布指知寸，布手知尺，舒肘知寻"，由此可见手在古代形成长度概念时的重要作用。这种"度用手"的办法在少数民族中至今犹存。例如，西盟佤族以拇指和小指伸开的距离为一"丁特"，以手的中指至肘关节的距离为一"所"，以两臂左右伸长的长度为一"托普"。其换算为：一"托普"等于五"所"，一"所"又等于两"丁特"。这种长度计量法在各少数民族中普遍存在，差别仅在于名称方面。在度量衡中，体积概念的形成往往先于重量、面积概念，这是因为把自然物分成堆以及用容器盛舀物品是最方便易行的。"农作物等固体往往以大小不等的筒、箩、斗、别、克、桶、束、驮、挑计；酒、油等液体以碗、罐、瓶计；牛、猪、马等家畜以拳计。都很少以重量计算。"[①]清代文献《苗防备览》中说："苗民入市与民交易……牛马以拳数多寡定价值，不任老少。"计算方法是用绳或竹篾量出牛的颈围长度，然后以拳头量之；余者再以指量之，即得知该牛的大小。水牛一般以16拳为大，黄牛以13拳为大。量马是以木棍从地上量至放鞍处，高至13拳为大。这种"拳牛比马"的办法，直到解放前后，在云南等地一些少数民族中还继续使用着，只是量的部位各有不同罢了。值得指出的是，不仅重量概念要以体积测量来体现，而且面积概念最初也是通过容积和体积来折算的。云南境内的景颇族和阿昌族，就以撒播多少容器的籽实作为计算土地面积的标准；而广西的瑶族，则以收获量的多少来测度土地的面积。随着牛耕的出现，"人们计算土地面积的办法，就从容器计算法转换到了牛力换算法，即以一架牛一天所耕的土地，作为计算面积的标准。"[②]

　　众所周知，数是集合类的量的标志，因而是类的概念。但在表象思维阶段对类的划分还具有某种实用的性质，所以这种原始的分类并不是数学上可以严格定义的类，基于原始分类基础上的数概念也是原始的，它总是同事物的质的特征相联系，这种同事物属性相联系的数概念是具体的，它还没有作为各种事物的共性被抽象出来。解放初期，当调查者问一位独龙族人："家里有几口人？"时，他搬手指计算，每搬一个手指都要费一些时

　　① 胡起望：《从民族学资料看数量观念的发展》，载《民族研究》1982年第1期。
　　② 胡起望：《从民族学资料看数量观念的发展》。

间，他必须把每个人的形象与手指对应起来，然后才能往下数第二个指头。当第一只手用完以后，只有把两只手紧紧靠在一起，他才能继续计算。内蒙古额尔古纳河畔的鄂温克人，对自己的每头驯鹿的名称和性格、大小等特征了如指掌。但是他们却数不出和说不出驯鹿的数字。尽管如此，只要有驯鹿丢失，他们就会立即察觉出来。他们不掌握数的抽象概念，是如何发现事物的多与少呢？"在人发展的早期阶段，认识集合与其说是根据数量的指标，倒不如说是根据集合元素的不同的质量。数量是以集合及其元素的质量、特性的综合体的形式出现的。……在这个阶段，数量还没有从集合本身和它们的质量特性中区分出来。"① 这就是说，当原始人不能抽象的计数时，他们是根据集合元素的质的特征来计数的。放牧者依据质的特征很容易判断出，今日的畜群是等于还是少于昨天的数量。

人类的数概念起源于不同集合的比较。那么，在史前时期人们是如何比较集合的呢？许多民族学家都惊异地发现，许多原始部族只有极少的数词，但他们却可以同外地人进行大量的物品交换，而不怕被外地商人所欺骗。他们懂得，只要把双方的物品并置在一起，一对一地进行交换，这样就可以确保物品的等量交换。这种一对一原则或配对原则是从古至今计数的基本原则，也是数概念产生的最初萌芽形式。苏联心理学家列别金采夫在实验研究的基础上指出，幼儿 5 以内数的最初概念是在区分物体集合的基础上产生的，而且是完全不按自然数列的顺序的。认识由两个物体组成的群并用数词二对它命名要早于用数词一对一个物体的命名。② 列别金采夫的实验研究也证明了数量观念的发生是从两个类的对应原则开始的。实际上，这种配对原则是原始部族在缺少数词的情况下进行比较集合的唯一方法。在有些少数民族地区至今仍可看到这种原始的计数方法的使用。例如，在云南边疆的一些圩场上，有的佤族妇女卖柑子时（1 角钱两个），只能一份一份地数给你，不能一次付清。我们还碰到这样一件事，一个傣族老人面前摆放 7 堆香蕉，当我们把 7 份的钱数（7 角）统一给她时，她却不接受。于是我们把手中的钱分放在各堆香蕉上，当她发觉每堆香蕉都

---

①　A. M. 列乌申娜：《学前儿童初步数概念的形成》，第 379 页。

②　同上书，第 5 页。

对应一角钱时，才露出了笑容。

　　上述事实就是在原始部族中曾经盛行过的原始的比较集合形态的遗留形式。所谓原始的比较集合形态，也就是简单的比较集合形态。人们还不会计数时就已经在和各种集合打交道，就学会了辨别生活中所需要的集合。人们在打猎前和狩猎后总要检查自己的猎狗，如果少了一条，人们就会呼唤它。人们所以能发现猎狗的丢失，是把猎狗现有的集合与存在于心理表象中的集合加以对比的结果。

　　在原始的比较集合中，各种集合的比较是个别的、偶然的。由于原始部族的人们缺少精确的数字观念，反映到物与物的交换上，并没有严格的等价观念，往往只追求形式上的相等。例如，碧江县加车村的怒族，他们生产的土锅（陶罐）远近闻名，在以土锅和邻近的村寨交换粮食时，往往以换出的该土锅为量器，实际上小土锅的制作比大土锅更费时费事，但换回的粮食却比大土锅少得多。① 由此可见，在简单的比较集合形态中，显然还不存在标准集合即一般集合。这是因为，在有限的、具体的比较集合形态中，集合的数量方面与特征还没有分开。数是集合的本质，在简单的比较集合中，一个集合的数量表现在另一集合上，这只是使数量方面与它自身的质的特征暂时的、偶然的区别开来。换言之，在简单的比较集合中，一个集合的质的特征成了另一集合的量的个别等同形式。随着人类活动和思维能力的演进，人们处理和比较集合的范围也扩大了。由简单的比较集合发展到扩大的比较集合时，就出现了标准集合。

　　标准集合是数概念形成的直接基础，标准集合的出现是使事物的数量方面较之质的特征方面逐步占优势的起点。所谓标准集合是指人们对事物数量的认识正从具体特征的综合体形式过渡为统一的替代物。标准集合是可以同任一集合相比较的一般集合，在标准集合产生以后，人们就可以把所有其余的物体的集合同它进行比较。这样，尽管标准集合在起初仍以某种具体事物的群的形式来充当，但这个群已作为"数量群"从其他事物中分离出来，这是导致人类产生数的概念及其名称的最重要的一步。正如我们前面已经讲过的，最先充当标准集合即计数工具的就是人体特别是手

---

① 李根蟠、卢勋：《浅谈原始思维的若干特点》，载《哲学研究》1984 年第 11 期。

指。一只手就成了由五个物体组成的集合的数量标志，两只手则成了由十个物体组成的集合的数量标志。只是当手算不再能满足人们的需要时，人们才转而求助于石头、草棍、粮食等作为计数工具。

标准集合的出现一方面说明原始人对数量的认识已从事物的具体特征中解放出来，另一方面又说明原始人尚不能在脑子中进行抽象的计算，他们仍要凭借一种可感触到的替代物才能实现计数和记忆。"在他们的概念中，如像在儿童的概念中一样，数这是具体之物；当他们说2、3、5时，他们要看见2、3、5个指头，石子或者不论其它的任何东西；在许多野蛮民族的语言中最初的5个数都带有5个指头的名称。"值得指出的是，不仅数词的名称而且数字（书写数码）的起源也与人类的手算方法密切相关。曾通行一时的罗马数字就是这种原始的计算方法的回忆："I是指一个指头，II是指两个指头，V是指一只手的中间两个指头张开而大拇指、小指和无名指曲下的形状；X是指两只交叉的手。"[1]

如上所述，数概念是人长期地进行实际计数活动的产物。最初的计数纯粹是在各种具体的集合之间实际地建立一对一对应，并以此确定两个集合的相等和不等。这种一一对应的方法从古至今支配着全部数学的发展。第二阶段的计数活动是带有实物性质的标准群（集合）的出现。这时，物体群中的一个变成了其他群的尺度，成了测定它们的标准。标准群一旦从普通群中分离出来，它和其他物体群比较所具有的数量意义就显露出来，在这个基础上就逐渐产生了数的概念和它的名称。现代自然数列是在标准群的基础上形成的，自然数列和标准群的区别在于，利用自然数列进行计数，是把具体集合的元素和自然数列的各项之间（序数）建立一对一的对应，这样与最后一个元素相对应的数词（基数）就是具体集合的总数。在自然数列中的"数"有量（基数）和序（序数）两种意义，这两种含义为人类从计数到计算奠定了基础，而这两种含义在标准群时期还未显露出来。

---

① 保尔·拉法格：《思想起源论》，第65、64页。

思维的具体性：生态时空和结构时空

在史前时期，还不存在抽象的和普遍的时空观念，所有的时空观念都是与具体事物相联属的。物理时空或生态时空往往涉及各种自然现象，而结构时空则主要与人们的社会活动相关。

从空间观念的形成来看，所有的方位观念在起初都是与自然现象和环境相联系而产生的。以太阳的升落定方位是各原始民族所共有的特征。在我国的裴李岗、半坡等新石器时代早期文化遗址中，房屋的朝向是一定的；在氏族墓地上，墓穴和尸骨的头部也都朝着一定的方向。这表明，当时的人们已经有了方位的概念和确定方位的方法，这个方法首先是以太阳的出没来定方向。因此，较早出现的方位概念是东方和西方。东方和西方这两个概念，在基诺语中为"鸟都"和"鸟格老"，哈尼语为"能多"和"能伽"，拉祜语为"布岛"和"布盖"，佤语为"里斯埃"和"里吉斯埃"，鄂伦春语为"猪勒勒"和"西温提托布啊"，所有这些称呼统统是"日出"和"日落"的意思。① 空间观念的这一古老起源在纳西族的象形文字中也得到了真切的反映。与东—西方位以太阳出落作为标志相区别，南、北方位观念的产生却和每个部族居住的自然地理环境直接相关。在纳西语中，北方为"哥履"，意译即"上方"；南方为"蒙履"，意译即"下方"。所谓北、南方位，实则上方和下方之谓也，这显然是对当时所居住的地方的地势所作的概括。② 由于纳西族所处地势为北高南低，其间又有江水自上而下流过。所以，在纳西族的象形文字中是用"水"来标识南、北的，即把象形文字"水"（ᘉ）截为"水头"（ᘍ）和"水尾"（Ψ）两部分，以"水头"（上方）代表北方，以"水尾"（下方）代表南方。这种以地势和河流作为基本方向的轴线的做法，普遍存在于各民族之中。很显然，基于地貌、地形的方位观念是极为具体的，每个民族的方位体系都因地而异。"以部分地势起伏来决定某个地区方向的地方，它的方向是

---

① 参见《中国天文学史文集》第二集，第 10、69 页。
② 参见李国文《从象形文字看古代纳西族空间观念的形成》，载《云南社会科学》1983 年第 3 期。

按照各种起伏特点作相应改变的，在这里'顺流'是向西，在那里则是向北；在这里去顶峰是向东，在那里则是向西。"①

　　同空间观念相类似，原始部族的时间、岁时观念也依据具体事物来记述。众所周知，许多民族由于缺乏抽象的数量观念，大多都弄不清自己的年龄，或者以草木荣枯纪其岁时。"在苏丹的热带大草原上，传统的非洲宗教信徒常常用雨季来计算年龄。为了表示一个人已到垂暮之年，人们说他已经过了多少雨季，或者更干脆一些说，'他已经喝了许多水'。"② 实际上这种以雨季来纪时是热带地区的基本纪时方法。如地处西南边疆的傣族，虽然在傣语中有"腊都闹"（冷季）、"腊都良"（旱季）、"腊都缓"（热季）和"腊都奋"（雨季）四个季节名称，但实际上只按常识分为旱、雨两季。从傣历12月中开门节开始至6月泼水节为旱季，从泼水节到开门节为雨季。由此可见，泼水节是迎接雨季到来的节日，过了泼水节，雨季和农忙时节也就到来了。

　　经营原始农业的民族，都有根据当地物候来定农时的成套经验。许多民族都把"布谷鸟又叫了"、"攀枝花又开了"、"旱谷又收成了"视为一"年"。台湾高山族以粟之收获周期为一年，古代藏族以麦熟为岁首。商代甲骨文中之"年"字，象人背禾之形，本义为"谷熟"或收获。牧民逐水草而居，牧草的荣枯标志着牧业生产的一个周期，所以牧业民族正是以"草"来纪岁时的。古代鞑靼人、女真人均以草一青为一岁。问其年岁，则回答说："我见过几次草青了"，或径直说；"我几草了。"在渔猎民族中，"年"的观念是同猎物的活动周期相联系。台湾耶美人把飞鱼回游周期作为一年，而世居乌苏里江的赫哲族则以鲑鱼回游作为一年。"可见不论经营何种经济类型的原始民族，最初形成的'年'的概念，总是指生产上的大致周期，亦即自然界变化的大致周期。它是不计日数的极其粗略的时间概念。"③

　　如上所述，原始民族的时间观念，从一方面看，它是指自然界的变化

---

　　① 联合国教科文组织编写：《非洲通史》第1卷，第113页。

　　② 联合国教科文组织编写：《非洲通史》第1卷，第38页。

　　③ 邵望乎、卢央：《天文学起源初探》，载《中国天文学史文集》第二集。

周期；从另一方面看，它又是人们从事生产活动的周期，正因为这两个周期从总的看是同步的，所以自然界的变化周期在原始民族的观念中才有了纪岁时的意义。由此我们可以得出这样一个结论，即原始民族的时间观念是某种实用的时间观念，唯其是实用的，才是具体的。实际上，每个民族都是根据人类活动或循环的社会活动来划分时间单位。在以物候和其他自然现象为标志来划分时间的场合，其背后起作用的仍是该社会集团的脉搏跳动和呼吸节奏，这就是人们所常说的结构时间和社会时间。例如，以狩猎为主的鄂伦春族凭借物候来安排生产，依鹿茸生长（打鹿茸）、母鹿怀胎（打红围）、雌雄交配（鹿尾期）、鹿茸老化（打干叉子）、大雪降临（打皮子期）等来安排狩猎活动。在这里，时间的划分是和人类活动合拍的，或者说就以人的主要活动来称呼相应的时间。在布隆迪这个畜牧业发达的国家里，时间就根据畜牧生活来衡量，每个小时都由具体的活动来规定，例如，"阿马卡马"是挤奶时间（上午 7 时），"穆图鲁卡"是开始放牧的时间（上午 8 时）等等。英国民族学家 E. 埃文斯－普里查德仔细地考察了生态条件和社会条件对人们形成空间和时间所具有的意义。他认为，埃努尔人的时间观念，与其说是决定于昼夜和年份的时间交替（"生态时间"），不如说决定于经济作业和社会关系（"结构时间"），即在一个昼夜和年度季节内经济活动的连续性。而对于更长的时间，则决定于社会事件，小孩举行的成年仪式和世代的交替。同样，努埃尔人的空间观念，与其说决定于物理距离（"生态空间"）不如说决定于氏族部落关系（"结构空间"），"一个努埃尔人村庄可能距两个其他村庄一个同等的距离，如果其中之一属于另一部落，而另一个属于本部落，那末头一个村庄在结构上则较第二个村庄为远"[1]。我们知道，古代中国（殷代）、古希腊和古罗马的最初历法，是将一年划分为春秋两季，尚无冬夏季节的划分。这是因为，春季和秋季对古代居民而言是比冬夏更为重要的季节："春天的时间泰罗（Thallo），它的名字意味着发绿、开花，和秋天的时间卡尔波（Karpos），它意味着果实。"[2] 由此可见，原始人的时间观念是活动的和作业的

---

① 参见 C. A. 托卡列夫《外国民族学史》，第 320 页。

② 参见拉法格《思想起源论》，第 93 页注②。

时间观念，这是史前时代时间观念具体性（实用性）的主要内容之一。在这里，我们又一次看到活动本身对人类观念的影响。这种影响存在的根据是因为在原始社会中，几乎不可能把人做什么与人知道什么区分开来。人们知道的只能是亲手做过的，思维还无法摆脱实际经验来进行纯形式的思考。

另一方面，由于时间观念来源于社会集团的呼吸节奏，即循环的社会活动，所以在原始人的眼里，时间并不是均质的、连续的，有许多事例可以说明古代时间观念的这种特性。不少民族对昼夜时辰的划分，其规律是对白天的划分优于夜晚。由于白天是人们活动的时间，所以划分较详（除了经济作业的内容外，对吃烟、吃饭的时间也划分出来），而夜晚的活动较少，所以划分较略。有的民族甚至不对晚上这段时间进行划分。换言之，不进行活动的这段时刻就空白了，似乎人不活动时间就停滞了。在这方面一个突出的例子是独龙族老人对年龄的计算方法。当调查组问年约 60 岁的老人困哥多大年纪了，他说："大约 8 岁了"。实际上，数字"八"是他参加砍种同一块水冬瓜树地的次数，由于独龙族实行轮歇耕作制，一片林地砍倒烧光，种上一两年后，至少要抛荒几年到十几年不等，然后再次砍种。独龙族老人把砍种的次数作为自己的年岁显然是不恰当的，因为砍种次数（包括物候特征在内）本身并不是时间概念，之所以出现这种回答，恰恰说明了时间观念起初是与人的活动节奏密切相关的，是活动节奏之间的结构关系，但对于两个节奏之间的时间间隔或时段却正是由此而被忽略了。

原始语言和文字意识的具体性特征

语言和文字是表达和记录思维的物质形式，就语言形式同思维内容相联系而言，语言的历史也可以看作是思维的"自传"。原始思维的具体性除了表现在逻辑范畴的形成方面，还较充分地表现在原始语言中。列维 - 布留尔曾经指出，原始语言的一个最触目的特征是它。"特别注意表现那些为我们的语言所省略或者不予表现的具体细节"。[1]

---

① 列维 - 布留尔：《原始思维》，中译本，第 132 页。

在表象思维阶段，语言学的特征是具体词汇的丰富性和抽象词汇的贫乏性形成鲜明的对照。这一点首先表现在动词上。在原始语言中，动作的方式、状况、目的、手段、人称、性和数等都表现得淋漓尽致。例如，在埃维语中，为了表达各种走法和不同的步态，一个动词"走"要接连33个副词来表示。阿留申语的一个动词甚至可以有400多种词尾来表示式、时、人称，还不算借助助动词构成的时间。为了表示那些微不足道的动作细节之间的差别，原始语言使用着极其繁多的前缀和后缀。由于这些差别是无穷无尽的，又由于原始语言总是力图对这些细节严加区别，其结果是造成了动词的数量增大。在耶更人的语言中，动词有1万多个，造成这种情况的直接原因是同义词的数量极大。有趣的是，表现同一个动作或同一种情况的若干动词，在我们看来应该叫做同义词，但在原始部族的人看来却不是同义的，[①] 这种注重细微差别的观念应是原始语言中缺乏泛指动词的重要原因之一。

在原始语言中，不仅有花样繁多的动词表示法，而且名词也是一样。英国语言学家 L. R. 帕默尔认为，一切名称起初都是专名，它仅仅指一件实物而不用于其他实物。在南非巴文达族语言中，每种雨都有专门的称呼；在卢舍人的语言中，用于蚁名的有10个词用以表示蚁的各个变种，不同的篓子有20个特定的词；拉伯人的语言中有20个词代表不同的水，有11个词表示不同程度的冷，有41个词指称各种形式的雪，但他们却很少或竟没有泛指"冰"、"冷"、"雪"等的抽象概念。尽管在原始部族的语言中可能存在着某些抽象的术语如"手"、"眼"、"足"等，但这些术语仍与我们的不一样。事实证明，一般的术语在原始语言中从来不单独使用，它永远与物主代词连用，手或足永远是某个特定的人的手或足。巴西的巴卡伊利人不是简单地说"舌头"，而总是加上物主代词说：我的舌头，你的舌头。这条规则也适用于表示亲属关系的词如父亲、母亲等，没有表示"父亲"或"母亲"一般概念的词，这个词永远是作为复合词的一部分来使用，并用于一定的人称。[②] 由上述可知，思维的具体性不仅表现在

---

① 参见列维 – 布留尔《原始思维》，中译本，第138—150页。
② 同上书，第162—163页。

语词（没有类名词）上面，而且也表现在原始的语法结构之中，一般的术语在原始语言中只是作为复合词的一部分（此时它就成了特殊性的东西）才起作用的。

原始思维的具体性，特别明显地表现为原始语言缺乏抽象的形容词，只能采用"具体的"借喻来说明事物。众所周知，形容词表示事物的性质，它的产生标志着人们在思想上把事物的性质从事物本身中分离出来。由于在表象思维阶段，人们还不能自由地思维对象的属性，只能思维现实的对象。所以，某些事物最突出的属性，由于它在人的感官中引起最强烈的印象而成为比较词和标准词，以它来说明与之类似的事物性质。例如，塔斯马尼亚人不能抽象地表示硬的、软的、热的、冷的、圆的、长的、短的等性质，为了表示"硬的"，就说像石头一样；表示"长的"，就说像大腿一样，表示"圆的"，就说像月亮一样。在俾士麦群岛，没有表示颜色的专有名称，"颜色永远是按下面的方式来指出的：把谈到的这个东西与另一个东西比较，这另一个东西的颜色被看成是一种标准。例如，他们说：这东西看起来像乌鸦，或者有乌鸦的颜色。"久而久之，乌鸦这个词就成了黑色的代名词。① 拉法格认为，借喻是抽象思想借以钻入人脑的主要方法之一，因为正是在借喻中，对象的属性是在同另一事物（标准事物）比较中表现出来的，这是对象同其属性开始分化的起点。

实际上，由具体思维向抽象概念的思维的过渡是一个漫长的历史过程，其过渡的下限从语言学来说一直延续到由图画表意向象形文字的过渡时期。这一时期思维的具体性特征，不仅可以从图画文字中看出来，而且在象形文字的创立时期也可以看到它的遗迹。众所周知，文字就其本质而言，它是有声语言的视觉符号，文字符号主要是指称语音的。但在起源阶段的文字却与语音较远，而与意义较近，古今中外，概莫能外。任何一种文字的发展总是形先音后，即先有"形"字，后有"音"字。例如，我国纳西族的东巴文是一种形式很古老的文字，这种文字从一定角度看已经是一种象形文字（尽管图画成分尚多），但其音韵尚处于低级阶段。

由图画演化出象形文字是文字起源阶段的共同规律，其字形的泛化、

---

① 参见列维－布留尔《原始思维》，中译本，第 164 页。

简化和字母化，都是较晚近的事情。早期的象形文字确是各有专形，望形可生义，使人有书画同源之感。拉法格指出："人是从象形文字开始；他用物象的描写来代表物：狗表现为狗的图画。而后他过渡到象征的文字，全身只用它的某一部分来表现：用动物的头来表现它的全身。"① 在我国古代的甲骨文、金文中，有大量的象形字，其形体繁简不一，繁的象实物，极为逼真，简的则象征作用占很大比例，这正说明文字是由绘画蜕变来的，其繁者当是承袭着绘画而来的未变者，其已变者则日益与语音单位接近或已形变为声符。② 这种图画与文字杂用的现象，不是仍可透露出文字始创阶段思维（包括文字意识）的具体性吗？

　　草创时期的文字兼有绘画和象形方面的特征，是有其主观原因的，因为文字本身的发展以人类思维的发展为前提，它的产生正处于人类思维由具体向抽象的过渡时期，因此这方面特征就在它身上反映出来。文字意识的萌发本身就标明人类思维力图摆脱实物而符号化的倾向，但在初期它却无法摆脱具体形象的特点。这是因为，文字作为有声语言的符号，它对语言的关系是从属的、附丽的。我们知道，一定的声音符号（词）与它们所指称的事物是通过思维（词义）联系起来的。虽然文字的本质在于不是用它来表示概念（图画符号就直接表示概念），而是用它来代表相应的词的声音，但正如我们在前边指出过的，草创时期的文字往往却是离语音远，而离意义（概念）近。此时词的"意义"是什么状态呢？一般而言，词的意义总是表现为两种状态或两个方面，即词的形象意义和词的理性意义。很显然，形象意义是具体的，而理性意义则是抽象的。在某种程度上说，在文字形成时期，词的形象意义一统天下，理性意义尚孕育在形象之中未脱胎出来。换言之，文字作为有声语言的书写符号，其产生过程也反映着词义本身所包含的抽象和具体的矛盾。当人类的认识处于表象思维阶段时，作为思维符号的语言（词）也必然具有指物性即具体形象性。因此，词义的指物性对草创时期的文字有重要影响③，它使人们只能创造出

———————

① 保尔·拉法格：《思想起源论》，中译本，第58页。
② 参见姜亮夫《古文字学》，浙江人民出版社1984年4月第1版，第13—15页。
③ 这是文字意识处于较低阶段的必然结果，只是到了由会意字（受形的节制）过渡到形声字（受声的节制），文字意识才从具体到抽象，即真正意识到文字只是与语音有关的东西。

具有指物性和直观性特征的文字来。例如，"埃及的象形文字最初是作为庙宇的工具使用的，那时基本上还是一种图画文字。这种文字就像达荷美的象形文字一样，尽可能参照形象化的东西。它是一种有意造得像实物一样的文字，旨在用最具体和最真实的方式把有生命的东西、物品和思想形体化，就像是把它们的自然特性贮藏或保存起来一样。"① 埃及的古文字是这样，以形为主体的汉字、苏美尔人的楔形文字在其始创阶段也都是这样。因为只有当文字以逼肖其形的写法来表征着大家所习见、所目睹的事物时，才能有效地传达彼此之间的思想感情。可以说，这一阶段文字的象形是与人类思维发展的水平相适应的。唯其如此，它才能成为记录和传达思想的工具。当人类的思维由表象进入抽象阶段之后，文字的形象功能逐步被削弱，其形象特征就失去了认识的意义而被简化、变形。这一过程同样是伴随着人类抽象思维的发展而必然出现的。

思维具体性之根由

以上我们从三个方面探讨了原始思维具体性的诸种表现，并在某种程度上探考了所举事例产生和存在的原因。如果我们从上述分析中再提升一步，就会得出一些更富于启发性的看法，这些看法将更接近于原始思维的结构和性质，使我们对这个问题的把握更全面更深刻。

第一，具体性作为思维活动的功能特性，它的原因应当从思维结构和要素中寻找。如前所述，史前思维是有象思维，表象和形象成为思维赖以进行的最基本的要素。这一点决定了史前人类只能以"象"来认识、以"象"来表意。从语言学角度看，所谓原始名词和专有名称，都是指明具体事物的词，名称和词义都以事物形象为基础。至于指明性质的词（形容词）虽然它已经从原始名词中分化出来，但也离不开形象，是以某些形象作为"标准"推衍出来的，例如，古伊朗语"红色的"，其词根是"火"，"烧燃"；俄语"粉红色的"，来自"玫瑰"一词，它们都是从实物的形象转化而来的，因而都具有相同的词根。拉法格曾指出："令人惊异的一个事实是：一个同样的字往往被用来既表示抽象思想，又表示具体事物。"

---

① 联合国教科文组织编：《非洲通史》第 1 卷，中译本，第 184 页。

那么这种抽象意义和具体意义的相互关系如何呢？他认为，词的意义的相继发展的历史"给我们指出具体的意义往往先于抽象的意义。"① 这一点从上边的例子中也可以看出来，由名词和动词转化为形容词的过程本身就伴随着由特殊向一般的转化。

以表象和形象为元素的思维总是力求把认识和表述向具体物象结合起来，特别是当人们思考那些较为抽象、没有形质的对象时就更是这样。对我们而言，"灵魂"观念是只能用抽象概念加以把握的对象，但对原始先民而言，"灵魂"却是具有实在形象的东西。希腊语"灵魂"一词最早见于荷马史诗《伊利亚特》和《奥德赛》②。在这两部史诗中，希腊人表述了两种灵魂观念。第一种灵魂称之为普塞克，此种灵魂可以离开肉体而存在，因此也叫做独立灵魂，它的产生与做梦和幻影有关。考古学资料向我们表明，古希腊的灵魂观念可以追溯到克里特文明时期，在古代的克里特，死者的灵魂通常以死者的肖像（即人们供奉的对象）来表示。古希腊人的第二种灵魂观念称为狄莫斯，它与人的呼吸有关。呼吸灵魂其实就是早期希腊人关于"意识"的观念。要理解狄莫斯为什么与呼吸有关，这可以在后来的古希腊哲学传统中得到解释，也可以从古代埃及的图画文字中找到证据。古代埃及人画一个以右手指着嘴巴的半跪着的人表示吃、喝、想、说话等意义，并以此为"词根"，进一步构成描述心理活动（喜、怒、爱、记忆等）的各种概念。古代埃及人最初认为思想与口有关，正如后来古希腊人认为狄莫斯（意识）与呼吸有关是基本一致的。十分有趣的是，在我国史前半坡遗址中，曾多次发现埋葬儿童多用瓮棺，这种瓮棺（盆或钵）的底部中间，都留有一小孔，以便让灵魂自由出入。这显然与古希腊人的独立灵魂观念相接近。至于与意识观念相近的呼吸灵魂观念，在中国古代也有类似反映，据古文字学家康殷的考证，在商代甲骨文中，与心理活动有关的字多从口，以心表示心理活动的字只是在晚周以后才多起来。

---

① 参见保尔·拉法格《思想起源论》，中译本，第56—57页。
② 参见陈甫金《从荷马史诗看古希腊神话时代的灵魂观》，载《宗教·科学·哲学》，河南人民出版社1982年8月第1版。

如上所述，观念表述的具体形象性与思维的要素有关，因而与思维的性质和水平有关。尽管众多的研究者都一再强调在原始思维中起作用的是概括的表象或类化表象，但从总体上看，这种思维是不脱离生活、不脱离实践的，因而是以分析性为主而不是以概括为主的思维。"表示的具体方式是由分析的主导作用所决定的，而这种主导作用产生自原始人的生活方式……原始生活情况要求原始人首先要了解环境的细节。"①

第二，思维的具体形象性特征除了同思维的要素以及物质活动水平密切相关以外，是否还有别的原因呢？要回答这个问题，我们不应忘记史前思维的时代特征，即原始思维属于口头文化的范围，是口头文化的产物。从口头文化的特质入手来探讨两者之间的关系，是考察原始思维特征的重要视角。

口头文化首先是一定阶段的思维的产物，但口头文化一旦形成，它本身作为客观化的成果又反作用于思维本身。因此，原始思维又可以说是口头文化的结果。口头文化以及由口头文化所滋生的语言神秘性观念造成了只存在着口语的社会的两个最重要的心理特征，即高度发达的记忆功能以及所谓忠实于事实细节（即否弃概括）的信念。

不存在书写的社会里人的记忆力最发达。列维－布留尔在著作中曾列举了大量的事例向我们反复提出了这一点。研究古代非洲帝国和非洲文明的著名学者 A. 哈姆帕特·巴，为了撰写《马西纳富拉尼帝国史》，曾耗费 15 年时间，在非洲大陆广泛收集有关该帝国的历史传说，记录了至少1000 个人的讲述。他得出的结论是："我发现，整个说来，这一千位陈述人尊重了事实真相。历史的主线处处相同。"更加令人惊奇的是，当他把这些传说与半个世纪前收集的同一传说相对照时，竟然只字未变。"概言之，非洲人的记忆记下了史实的整个实况：环境、人物及其言谈，甚至衣着，直到细微末节。"

上述情况虽然与非洲人惊人的记忆力有关，但与口头文化社会所流行的下述观念也不无关系：讲清事实原委及其细枝末节是讲述真实性的保证。对于事实而言，细节和主干同样重要。如果要求他扼要地讲述一件

---

① 3. M. 奥鲁德然夫和 B. C. 哈恩：《论原始思维的逻辑地位》，载《哲学译丛》1986 年第 6 期。

事，这就等于要求他去抹煞事实。根据当时的传统，他无权这样做。对于历史传说，要么全部讲述，要么就不讲述。对活生生的事实加以概括和提炼是仅有口头文化的民族所不能接受的。"传统主义者不能对故事加以概述，或者要经历千辛万苦才能对事件加以概括，原因就在这里。"① 由此可见，原始思维具体性的原因固然是多方面的，但口头文化的固有传统也为这种思维的合法存在提供了合理的解释。换言之，原始思维和口头文化在不会书写的社会里是相互制约着的。

原始思维的象征性

我们在前面几章中曾把原始思维称作直观思维或表象思维，为了强调感性经验结构在思维中的作用，又把原始思维称为经验性思维和相似思维。为了较全面地揭示史前思维的特征，我们在此提出"象征思维"的概念，从象征性问题的角度对原始思维作进一步的考察。那么，什么是象征思维呢？所谓象征就是意指其他事物的形象或符号，它既可以意指某种可见的事物，又可以意指某种不可见的事物。象征思维就是以某种感性的符号来表达主体所意会的观念，或者说，主体把某种观念意义寄寓在一种感性符号中。从这个意义上说，直观思维和表象思维均可称之为象征思维。皮亚杰在考察思维的个体发生时，就把信号性功能产生以后的思维（如象征性游戏、模仿和绘画等）叫作象征性思维。原始人的巫术性仪式、歌舞、绘画、雕刻以及各种崇拜形式（如自然崇拜、图腾崇拜）都是象征思维的表现。

从广义上说，在抽象思维产生以前的思维都可视为象征性思维。但是，象征性思维还是有一些自身的特点需要加以研讨。

如前所述，史前思维是有"象"思维，思维的过程和产物都离不开"象"。这里的"象"，一是指思维的元素为表象和形象，二是指原始思维所依赖的借喻、象征等表意手段。作为史前思维元素之"象"与作为思维表达的象征手段之"象"是密切相关的，这是史前思维的经验性和神秘性

---

① 参见联合国教科文组织编《非洲通史》第 1 卷，中译本，第 121—149 页。

相互渗透的原因之一。当思维中的某种表象和形象不仅是客观事物的映象，而且成为对原始人有某种意义的符号时，作为思维要素的物象也就转化为一种象征。

这样，表象和象征就出现了区别。它们的区别表现在，表象是对事物的形象反映，是只能存在于思维中的个体符号，而象征则是表达某种意义的社会符号：表象与其对象有某种性质的共同性，而象征则涉及它自身之外的某物。象征就其自然属性而言，虽然有时也与具体事物的形象有关，但这些物象一经人点化，便不再是一般的物象，而具有了新的表意功能。同时，我们还应看到，表象即是思维的形式，又是思维的内容，它本身就是具有内容的思维元素。象征性符号却在形式和内容上发生了分离，由于象征性符号所具有的意义不是物象本身具有的意义，所以尽管它在形式上是自然的，是对外物的反映，但内容却是社会的、主体赋予的。这样，象征性符号同表象的区别在于它有两种意义，它作为事物的符号而具有的表面意义以及它被主体所赋予的意义即隐蔽的意义。而只有后一种意义才构成象征物的真正的意义。当我们说到象征时，其形式无论是写实的还是抽象的，其意义迥然不同于作为一般思维元素的表象，因为它的意义已超出了物象本身所具有的内涵。列维－布留尔在论及原始思维的特征时指出："在原始人的思维的集体表象中，客体、存在物、现象能够以我们不可思议的方式同时是它自身，又是其它什么东西，它们也以差不多同样不可思议的方式发出和接受那些在它们之外被感觉的、继续留在它们里面的神秘的力量、能力、性质、作用"。① 由此我们可以体味出象征思维与表象思维的区别。象征思维中的符号及其所代表的对象之间的关系实际是一种借喻和隐喻的关系，原始人总是在心里呈现现实映象的同时，呈现另一幻想的神秘意象，史前的象征思维是物象和观念、映象和幻象的无意识的互渗。

原始思维中的神秘性与象征性密切相关。对超自然神秘力量的信仰是史前思维的重要特征。但是，史前思维的神秘性不是以抽象的形式来表现的，而是以具体的形象表现出来。原始人总是借用某些具体的事物来隐喻某些特征上相似或相联系的观念。许多研究者所指出的史前思维与现代思

① 列维－布留尔：《原始思维》，中译本，第69—70页。

维的不可通约性的原因之一，即在于我们面对史前的图形和符号却缺少阅读它们所需要的密码。因为一个图形或符号不仅是某个事物的符号（这方面是容易辨认的），而且是对当时的人们有某种意义的图形和符号。换言之，这些图形和符号对原始人而言象征着某种含义。因此，研究原始思维，就不仅要明了这些图形和符号的表面意义，而且要解释它们所传达的暗号意义。按现代术语来说，就是要透过语句和语义层面揭示出它的隐义层面来。但是，当我们把象征性作为开启史前思维的一把钥匙时，却遇到了一定的麻烦，这就是现代人和原始人对待神话、巫术、图腾观念的价值取向的差别。我们知道，当研究者把神话里的人物和事件当作某种东西的标志和象征来考察时，他实际上是把神话看成是一种虚构。但是，在神话产生之时和流传之处，却被奉若真理。这样一来，当把象征作为了解史前思维的重要视角时，无意中是把自己的个人意识（认为神话是纯属虚构的意识）代替了史前的神话意识（把神话内容视为真事的意识）。那么，从象征入手来研究史前思维在何种程度上是合理的？由于这个问题直接涉及研究方法问题，所以有必要专门探讨一下。

真实与象征

苏联神话学家斯杰布林—卡明斯基指出，尽管研究神话的学科很多，有关神话的资料也浩如烟海，但关于神话的一些基本问题仍然是个谜。关于神话，比较一致的看法是：神话是这样一种故事，不管它多么荒唐悖谬，在它产生和流传之处，却对它信以为真。既然这种故事一眼便可看出其荒唐可笑，为什么还会被人奉若真理呢？他认为，这一问题实际上是理解"什么是神话？"的关键。

要提出的问题是：如果对于原始人来说，神话中所说的人物和事件都是真事，就像客观现实中的人物和事件一样，是实实在在的，那么，神话中被认为真实的存在物就不可能同时被看作是某种东西的符号和象征，亦即看作是臆想的东西。这就是斯杰布林－卡明斯基所提出的问题。在此之前，卡西勒和冯特也已表述过类似的看法。卡西勒不赞成把神话看作寓意、象征、形象或者符号。他认为，在神话中形象并不描绘事物，形象就是事物，符号与意义构成直接的同一。对卡西勒来说，区分符号与意义之所以必需，是因为在宗教的后期，神话发生了质变，神话实际上已经变成了象征，从而神话本身也分成意指和意义两部分。在卡西勒之后，著名德国心理学家冯特进一步明确提出了神话与象征的关系。他指出，神话与象征是宗教发展的开端和结尾，因为只要神话存在，它就是现实，而不是宗教思想的象征。

卡西勒等人的看法是符合于史前人类对待口头传说的基本观念的。众所周知，口头文化和文字文化对待语言的态度是有差别的，在口头文化社会里往往盛行言语巫术和谎言禁忌，他们往往赋予言语以神秘的力量。这是因为，在口头文化社会中，言语不仅是日常的交流手段，尤其是保存先人智慧的手段，这种智慧藏在基本的言语即口头传说中。任何神话和传说都是一部集体回忆录，是一代人用口头方式传给下一代人的口证。J. 旺西纳说："一个想研究口头传说的人首先必须完全了解并接受口头文化对语言的态度。"[1] 这就是说，要研究神话和口头传说，就要知晓口头文化的特性，懂得口头文化的社会是如何思维的，然后才能对神话和传说作出正确的解释。哈姆帕特·巴在论及口头文化的特质时指出，口头传说的特点就是完整地复活存留的事件或故事，并且再现其发生现场，把过去的事变成现在的事（故事的时态总是现在时），让每个人——故事讲述者和听众——都参与其事。这种做法实际上是让故事讲述者和听众都成为历史事件的活着的积极的新证人，这是传说真实性的保证。[2] 所有史前文化学家所披露的事实和结论都反复强调了这样一个观点：在现代人看来不过是荒唐的虚构的传说和神话，在原始民族那里却奉若真理。说到底，口头文化的特性就是神话意识，即相信神话中所说的都是真事。但是，这些事实是否表明口头文化的特性与象征表现形式是不相容的呢？我们的回答是否定的。

事实上，在神话研究中，把真实与象征对立起来是忽视了如下事实：原始人相信符号、象征同真实的事物之间存在着神秘的联系，因而原始人总是把符号、象征同事物等同起来。在神话和传说中，原始人把幻想的联

---

① 联合国教科文组织编：《非洲通史》第 1 卷，第 104 页。
② 同上书，第 146—147 页。

系等同于 真实的联系，在主体与客体、主观与客观、幻想的与真实的东西之间的融合和互渗，正是象征性思维赖以存在的基础。例如，作为言语巫术基础的是这样一种观念：语言和它所代表的事物是一个东西。这种古老的巫术信仰不仅认为染触巫术可以奏效，而且感致巫术或模仿巫术也能产生魔力。如所周知，模仿巫术所信奉的同能致同的观念，实际上就是在象征和事物同一观念的支配下，认为用象征性表现手法就可达到真实的目的。如果说巫术观念就是把幻想的联系（象征）和真实的联系等同起来，那么这一结论也适用于神话，因为神话说到底是巫术和原始宗教的理论体系。古埃及有一个神话明显地体现了巫术的因果观，这个故事大意是，有一个凡女伊西斯精通巫术，她想凭借太阳神拉的名字的神秘力量而主宰世界。拉的名字很多，但其统治诸神的大名则藏在心中。伊西斯就收集拉的口水和唾液，和着泥土制成一条毒蛇来攻击太阳神拉，结果太阳神拉无奈只得把自己的名字告诉她。伊西斯掌握了拉的名字也就掌握了拉的力量，从而成了神界的女王。[①] 这则神话是极普通的巫术神话，讲的是名和实的同一性，有了名也就抓住了实。而名字不过是事物的标志、符号、象征而已。如果说，原始人对神话信以为真，这只是表明他们对名字和事物之间的神秘联系确信无疑，而这种确信不正是以事物和象征的同一为前提的吗？

实在说，思维的象征性功能是与信号性功能同时产生的，不管史前人类是否意识到，神话和传说正是象征性思维的产物。研究非洲的口头传说专家 J. 旺西纳从起源方面揭示了传说和象征的联系："传说总会把事情理想化，尤其是诗歌和故事。于是形成深孚众望的模式。整个历史都倾向于制造一种典范，结果历史就变成虚构的，无论其内容是所谓'真的'还是假的。这样我们就能找到理想行为的范例，找到价值观念的范例。"[②] 事实证明，任何神话和传说的功能都是多方面的（包括解释、证明、支持等作用），所有这些功能如果脱离了神话和传说中的象征性意义就不复存在，更不要说离开了象征形式神话和传说是否会产生了。

---

① 参见李安宅编译《巫术与语言》，商务印书馆 1936 年 11 月初版，第 18 页。
② 联合国教科文组织编：《非洲通史》第 1 卷，第 112 页。

不仅神话和传说的理想化倾向依赖于象征性功能来实现，而且宗教仪礼也要借助于丰富的象征来进行。人类学家特纳曾专门阐述过宗教仪式中的象征问题，他指出，恩登布族仪式的本质和关键在于许多仪式格局中反复出现的象征物。例如，一种砍后会流出白色乳液的木蒂树，这种树可用于几个仪式中，代表范围极广的许多东西；包括生理的（母乳、哺育）、社会的（母子关系，母系继嗣关系）、抽象的（依赖、纯洁）等一连串相关的意义。实际上，一个仪式程序并不只涉及一件象征物，而是涉及一系列的象征物，所以仪式的"意义"并不总是简单明了的。①

原始宗教与象征的不可分离还与信仰对象的特点有关。宗教信仰总是以某种超自然物作为对象，这是只存在于意识而不存在于现实中的臆想的对象。这就是说，成为信仰对象的并非现实的事物，而只是人们对该事物的某种观念和想象。现实的事物和崇拜形象不过是其观念和想象的象征物而已。原始人之所以把超自然物看作是比经验世界更客观的实在，一个重要的原因就是被崇拜的观念（其实是自己的希望和夙愿）总是投射到一定的象征物上，使虚幻的观念体现在具体的可感觉形式之中。

综上所述，远古神话和传说的产生必须具备一定的特殊心理条件，而这些条件的出现是只有在意识发展所处的那个特定阶段才是可能的。这个特定的阶段就是把神话当作客观真实的时代，从心理角度说，也就是主客不分、物我不分的时代，这是把早期象征性思维的产物（神话和传说）奉若真理代代相传的心理条件。史前人类对神话和传说信以为真即他们本身并不把神话理解为寓意或象征，这丝毫不能否认神话思维是象征性思维这一本质特征。正是由于这个原因，尽管从事神话研究的人都知道神话在当时被认为是可信的，但仍然把神话里的人物和事件当作某种东西的标志、符号或象征而作出解释，这一点更突出地表现在从纯粹符号的角度来进行研究的宗教符号学方面。

符号和意义

历史科学之父维柯曾对人类思维的起源问题进行了数十年的研究，并

---

① 参见北晨编译《当代文化人类学概要》，第 223—224 页。

由此得出一个重要的结论：处于神话时代的原始人的智慧是一种诗性的智慧，表现这种诗性思维的语言手段是诗性的词句，即隐喻和象征。这种诗性的语言不是按照每件事物的自然本性来直接给它们命名，而是运用一种比喻性的语言来表达和证明。维柯把比喻称作诗性的逻辑，以此区别于形式逻辑。"比喻……其实都是一切原始的诗性民族所必用的表现方式。"这种情况是由原始人的心智水平所决定的，因为在那时原始人还"没有把形式或特性从主体中抽象出来的能力。按照他们的逻辑，他们须把一些主体摆在一起，才能把这些主体的各种形式摆在一起"，即通过比喻才能表达出事物的属性。①

所谓象征性思维，就是借用某一事物来表达具有类似特征的另一事物。因此，象征也就是借喻，借用已知的事物和现象来象征性地解释未知事物的思想形式。从这个观点来看，在远古时代被崇拜的一切自然现象，其实就是渗透着原始人的某种观念和情感的象征物。因为，无论是实物崇拜还是偶像崇拜，目的都不是实物或构成实物的材料，而是以实物或其材料为象征，其中隐含着某种主体因素（情感、意志和愿望），这种主体因素才构成象征性符号的意义。在此，我们并不想详细列举象征思维的各种具体表现，而是想通过分析典型案例来揭示象征思维的若干规律性。

在世界各地普遍存在过太阳崇拜和太阳神话。对太阳崇拜的普同性显然与各民族迈进农牧时代有最紧密的联系。因为太阳具有抚育万物的功能，各民族尽管其生存环境不同，但太阳作为农牧业生产的重要条件却是相似的，除此以外，太阳作为原始民族的崇拜对象，也是史前人类关于灵魂不死的观念的反映。如所周知，古代埃及的冥世崇拜居于世界之首，古埃及人相信人死后生命还会继续下去，正是这种观念把人和太阳联系起来。太阳尽管每天沉入西天，但次日又从东方升起，这种永恒的循环使原始人形成了太阳死后再生的观念，太阳成了不死和再生的象征。埃及法老自称是太阳的子孙，太阳是死而复生的，法老的命运和太阳一样也是不死

----

① 维柯：《新科学》，中译本，第182页。维柯所说的"主体"一词是指属性的载体即事物，而不是指人类主体。在维柯看来，形式和属性只是变体，只有它们的载体即事物才是属性的本体。当人们还没有把属性和载体区分开时，只能借用另一事物来表示一个事物的属性，例如，坚如石、圆如月，就是借用石头和月亮来表示"硬的"和"圆的"属性。

和永生的。作为法老陵墓的金字塔就象征着太阳升起之山，所以金字塔是太阳的象征。在金字塔的旁边总是建有供奉太阳神的庙宇，法老作为太阳的伴侣，每天黎明就苏醒和再生。布列斯特在叙述最古老的金字塔祷文时说，祷文从头到尾主要的和起支配作用的符号的意义就是执着地甚至激烈地反抗死亡，"我们一遍又一遍地听到的是这种不屈不挠的信念：死人活着。"与此相类似，写在纸草上并放置在木乃伊的躯体上的《死者书》中有一节诗这样歌颂太阳："我是光明的主宰，自生的青春，原始的生命的'初生'，无名的事物的'初名'。我是'年岁'的王子；我的躯体是'永恒'"。正是在对太阳的歌颂中，我们看到了古代人对生命的不可毁灭的观念的信仰。

把人的永生和太阳的西降东升比附在一起并非古埃及人独有的观念。德国大生物学家海克尔曾在孟买亲眼见到虔诚的拜火教徒崇拜太阳的盛况："他们在日出日没之际站在海边或跪在地毯上，向旭日和夕阳表达其崇敬之心"。印第安人也普遍认为太阳是生命的来源，当旭日东升时，他们通常举行迎接日出的仪式。德国人类学家利普斯指出："灵魂国土的位置，时常与太阳运行直接联系。太阳神是引导死者灵魂去他们新居的向导。在所罗门群岛上，灵魂是和落日一起进入海洋；这一观念和太阳早晨升起就是出生、黄昏落下就是死亡的信仰是有密切关系的。……玻利尼西亚人有一个神话和这种思想相联系，即认为太阳神'毛拉'不死，在它之后的人类也不会死亡。"[1] 在古代中国，殷人是有案可察的崇拜太阳之民族。殷人的图腾虽是玄鸟，其实玄鸟不过是永生于太阳里的踆乌，因而也是太阳的象征。在殷墟卜辞中已发现有大量的出日、入日之祭："乙巳卜，王宾日"（佚存872）、"出入日，岁三牛"（粹编17）。郭沫若、陈梦家等人根据卜辞材料，断定殷人对太阳有朝夕迎送的礼拜仪式。还有，殷人祖先有以日为名的惯例。天有10日，以甲为首。殷人统治者从上甲开始以日为名，甲在甲骨文中是太阳和测日之表的含义，所以甲就是太阳的象征符号。商建立的第一个王是汤，汤阳古音同；汤的名字又叫天乙，也就是"太一"，含义也是太阳。殷之先王死后虽然没有建立象征太阳的金字塔，

---

① 利普斯：《事物的起源》，中译本，第341页。

但后人为其修建的"甲"形墓和"亚"形墓，实际上也是象征太阳的符号。商朝末代统治者殷纣王兵败自焚时毫无惧色，并扬言："呜呼！我生不有命在天?!"（《尚书·西伯戡黎》）也是把命运和天联系在一起，希冀其太阳祖先来庇护他不死或死后再生。

如上所述，世界各地普遍存在过把不死观念和太阳联系起来的信仰，或者说，是用太阳的西降东升来解释人的不死和永生。那么，这种象征性的思维具有哪些特点呢？首先，人们总是借用某些具体物象来暗示某些特征上相似或相联系的观念，这是象征性思维最突出的特点。在古代人看来，太阳是创造万物的存在物，是生命的永恒的源泉。尽管它每天都要堕入西方，但次日又会复苏升起。正是太阳的永恒循环与初民们的永生观念表现出一致性。在我国各少数民族中都产生过对葫芦的崇拜和以葫芦为题材的神话（例如洪水神话）。闻一多先生认为，洪水神话实为造人故事，造人是整个故事的核心，而葫芦又是造人故事的核心。在几十个洪水故事中，葫芦一是避水工具，一是造人素材。流传极广的两个神话人物伏羲、女娲皆为葫芦的化身。把人类始祖比喻为葫芦，实为子孙繁盛的最妙象征。[①] 由于葫芦囊内多籽，外形有如两个圆球，因而它最有资格成为"巨腹豪乳"的母体的象征。由此也就不难理解为何众多的洪水故事中均把葫芦作为造人的素材了。在象征及其意义之间的某种类似性是象征思维赖以发生的基础。

其次，在象征和所要表达的事物之间的相似性的提取，并不是推理的产物，而是想象的产物。任何想象都是注入主体的因素，都是把主体的希望和意志注入象征符号之中。原始象征思维不同于现代艺术思维之处在于，原始人由于分不清客观对象和主观幻象，往往把具有主观价值的幻象也看作是实有的东西。澳大利亚土人信奉人与图腾之间存在相互感应之力，为了祈求族人的繁盛，他们往往举行本族图腾的"繁殖礼"，其仪式是模拟图腾动物的出生和成长过程。据信，经过繁殖礼后的图腾即能增殖繁衍。既然人与图腾存在着血亲关系，图腾的繁衍必然带来族人的繁盛。所以，在图腾繁殖仪式中凝集着人们自身繁殖的愿望。

---

① 参见《闻一多全集》第1卷，《神话与诗》，第3—68页。

在现代人看来，原始思维的不可理解性或神秘性在于，被原始人拿来比附的事物之间很少有真实的联系，现代人很难从原始象征中逻辑地推出它们所包含的原始意义。那么，原始人是通过什么手段在互不相干的事物之间找出相似性的呢？维柯在研究神话思维时指出："人类心灵按本性就喜爱一致性。"当原始人还没有能力去形成事物的可理解的类概念时，他们就只能建立想象的类概念，即想象中的相似点，"对尚未发达的心灵，只要提供一个类似点就足以说服它们"。为了实现这一目的，人类已经具有这种能力和方法，这就是维柯所一再强调的人类心灵的两种生来具有的能力：第一，"每逢堕在无知的场合，人就把他自己当作权衡一切事物的标准。"第二，"人对辽远的未知的事物，都根据已熟悉的近在手边的事物去进行判断。"① 在维柯看来，这是人类心灵工作的两条公理。可以说，这两条公理为我们理解原始思维提供了钥匙。因为最初的比附和象征，都是来自这种诗性的逻辑。所谓诗性的逻辑就是拟人化的逻辑，就是"赋予感觉和情欲于本无感觉的事物。"② 而一旦通过拟人法使一些物体（例如太阳）成为具有生命的东西，那么事物之间的比附所需要的同一性（生命的一体化）不是在无形中就具备了吗？实在说，各种巫术观念、图腾崇拜和万物有灵观念，都是这种诗性逻辑的最初产物。

拉法格在谈到神话研究的人类学意义时指出："神话既不是骗子的谎话，也不是无谓的想象的产物，它们不如说是人类思想的朴素的自发的形式之一。只有当我们猜中了这些神话对于原始人和它们在许多世纪以来丧失掉了的那种意义的时候，我们才能理解人类的童年。"③ 因此，透过原始象征来把握那久已散失了的原始含义，就成为理解原始思维的重要课题。

象征——从具体进入抽象的思维形式

研究原始思维的特征，目的是揭示它的本质，从而阐明它存在的必然性和发展的趋势。在上一节中，我们曾指出，具体性思维是抽象思维的胚

---

① 维柯：《新科学》，中译本，第102、103、189、82—83页。
② 同上书，第98页。
③ 拉法格：《宗教与资本》，中译本，第2页。

胎形式，它将事物的一定特征包括在形象性之中，为思维日后向抽象形式发展提供了前提。如果说，思维的具体性侧重揭示了原始思维的实用性、与实践经验的不可分离特性，那么思维的象征性则揭示了史前思维的想象特征，这种幻想性实际上是对直观具体思维的超越。在象征思维中，人们是以幻想的形式来反映对之无能为力的现象，是妄图通过象征手段来探求事物本质的一种努力。

那么，史前的象征思维的本质是什么呢？我们认为，象征手段在本质上是一种借喻，而借喻是从已知进入未知的思维形式，尽管它是一种以迂回曲折的方式来接近事物本质的形式。闻一多先生在《说鱼》一文中指出，兴象、意象、象征都是同类的东西，而用文学术语来说，实在都是"隐"。隐和喻相通的地方，在于两者都是借另一事物来说明一事物。所谓"隐喻"似乎是一壁在喻，一壁在隐，表面上是隐，实际上是喻。因此，所谓隐喻实际上也就是借喻。闻一多先生认为，借喻和象征在古人的生活中，几乎是难以想象的广泛。① 拉法格的《思想起源论》一书是专门探讨意识起源问题的重要文献，他在探讨抽象思想、善的思想以及灵魂观念的起源问题时，发现人类的头脑通常在工作中都采用同样的方法，即原始人总是靠借喻或象征来思想。

原始人总是借用具体的东西来表达抽象的东西。起初，在原始人的语言中还没有表现抽象概念的词，每一个词对于原始人来说都是专有名词，事物的属性还没有从具体物中分离出来，因此具有这种属性的事物也就成了这种属性的代名词。但是，原始人逐渐地把专有名词从已知的事物身上转移到那些具有类似性质的对象上去，此时具有个性特征的专有名词就"变成抽象思想的象征性的用语，代表与为之编造该词的实物有类似之点的物群。"② 在美洲，印第安人借用狮子来表示战士的勇猛，一个人眼光锐利则被说成像一只鹰。在埃及的象形文字中，人们起初是借用兀鹰来作为母亲和母性之道的象征。不仅善的抽象观念的起源要通过借喻和象征阶段，作为人类对自然规律的掌握和运用的空间观念、时间观念和数量观念

---

① 参见《闻一多全集》第一卷，《神话与诗》，第117—119页。
② 拉法格：《思想起源论》，第61页。

等，也都是通过借喻手段获得的。"一切的度量都是借喻。当人们说一件东西有三尺二寸长，这就是说它的长度等于三脚和两只大拇指。"①

借喻和象征不仅是从已知进入未知的思维手段，也是由具体进入抽象的思维形式。如上所述，原始人起初并没有表示一般思想的用语，所有的只是实物的形象以及标志这些实物的记号，那么作为抽象的观念是怎样进入人的头脑中去的呢？语言是记录思想轨迹的机器，世界各民族的语言普同现象向我们暗示出人类的知觉和思维的普同模式，因而从语义的演变中可以理出思维发展的关键性线索。例如，希腊文的 ta agatha，起初作财货、财富解，后来演化出 to agatho 作善解；拉丁文的 bona，起初作财货、财产解，后来演变出 bonum 作善解；英文 goods 作商品、财货解，the good 则作善解。与此相类似，希腊文的 orfthos，拉丁文的 rectum、西班牙文的 derecho、英文的 right 等等，都是既表示位于直线上的东西，后来又用来表示法、正义等含义。以上各个名词的词义和状态在历史发展中都发生了转换。我们知道，在词和客观事物之间起中介作用的是人类的思维活动，因而词义的每一转变也就记录和包含着人的思维活动的发展。词义的分化是历史的产物，起初专有名词作为实物的记号，仅仅充当抽象观念的象征性的用语，随着人的抽象能力的上升，原先来源于具体事物的词义就逐渐脱离这些事物，专门用来表示某种抽象思想了。拉法格在总结词义由具体过渡到抽象的历史过程时指出："假如在借喻的和象征的文字中某种物质的东西的描画成为某种抽象思想的象征，那末就应当懂得，一个词创造出来以表示一个实物或它的某一属性最终便会用来表示抽象思想。"②

人的认识由具体（个别）到抽象（一般），不仅表现在由专有名词向类名词的发展上，而且表现为形容词从原始名词的分化上。马克士·穆勒认为，抽象的词即形容词的产生，就是事物的属性被从事物中抽象出来的过程，这个过程正是靠借喻来完成的。借喻是抽象思想借以钻入人脑的主要方法之一。所谓借喻，就是拐个弯，用别一事物来说明此一事物。这一方法正是把对象和它的属性加以分解（即形容词产生）的关键一步。当原

---

① 拉法格：《思想起源论》，第 61 页。
② 同上书，第 60 页。

始人用"石头"来表示一个物体的硬度，用"月亮"来表示圆的东西时，他就是借用另一对象的特征之一来说明这一对象的特征。当两个个别物体由于某一点相似而被加以比较时，当已知物体的特征被用作象征性用语来描述另一物体的特征时，个别特征就转化为一般，逐渐从个别中分离出来成为多个物体的特征，因此借喻是个别特征向日益概括的一般特征过渡的转化器。在语言的发展中，原始名词转化为类名词的过程也就是形容词从原始名词中分化出来的过程，其结果是形成了两个基本的概念系列，即表示一般对象的种概念和表示事物抽象的质的概念。这两个概念系列是人以借喻和象征为手段，通过脑力的蒸馏，把事物群和质群加以分离和抽象的产物。

原始思维的情感特征

我们在上一节考察象征思维时，曾有意撇开了神话思维中的情感特征。原始思维的具体性、象征性和情感性是有机统一的，说到原始思维的起源，一个重要方面是要揭示它的社会学和心理学意义上的推动力，即原始人的思维动机问题。在民族学史上，许多民族学家都提出原始宗教和神话并不是纯智力的产物，他们批评万物有灵论和前万物有灵论的提出者均未超出狭隘的唯智论的局限性，这种指责是有道理的。他们指出，在原始意识的产生中有着举足轻重的作用的，与其说是理智和推论，毋宁说是情绪、激情以及无意识的冲动行为，而观念则是继之而生的现象，是施之于业已司空见惯的种种激情和行动的某种领悟。① 因此，即使我们强调原始意识与思维的区别，由于原始思维并没有独立的起源，原始意识的情感因素必然渗透并表现于原始思维之中，使情感性成为原始思维的一个重要特征。

神话和宗教中的情感因素
原始宗教是童年时代的人类把握世界的一种特殊方式。宗教是关于这

---

① 参见托卡列夫《世界各民族历史上的宗教》，中译本，第14页。

个世界的总的理论，是它的包罗万象的纲领。宗教是"通过人民的幻想用一种不自觉的艺术方式加工过的自然和社会形式本身"①。因而它较为集中地保存并体现出史前人类最初的精神风貌。宗教产生的思维手段是想象，而它的基本内核却是情绪和情感，这后一方面充分地表现在原始宗教的诸种形态中。

巫术是人类众多信仰形式中较早发生的一种，按弗雷泽的看法，巫术是伪的科学、不成的艺术。从很早的时候起，人类就寻求某种法则使自然界服从自己的需要，巫术就被认为是人们对付自然现象的有效控制方法之一。因此，巫术区别于宗教的地方，在于它是人们凭借自己发明的方法去直接控制自然。

构成巫术仪式过程的两个基本要素是表象和情感的爆发。马林诺夫斯基认为，巫术的"第一件事是清楚的像，是所希求的东西底像，是所怀恨的人底像，是所畏怖的危险或鬼怪底像。每一个像都与相当的情绪混合起来，使我们不能不对于这个像发生动的态度。及至情绪到了爆发点，使人不能用理智来支配自己的时候，所说的话，所有的盲动，都使生理的紧张情形到这时奔放泛滥而不可遏。"概而言之，巫术就是"纯粹用主观的意象、语言、行动而宣泄了的强烈情感的经验"②。巫术行为的核心是情绪的表演，例如巫师要杀死某个人，就用泥木等物制成敌人的形象，用利器刺进象征物的心窝，并反复在心窝处搅动，然后猛撼一下，将它拔出。在这里表演出来的，就不仅是暴烈的刺击，而且有狂剧的情感。

巫术仪式、巫术原则和大多数的符咒与巫术用物，都与情感经验紧密相连。由于巫术是巫术所用东西的效能，因此二者之间有一种实质性的联系。所以，巫术所用的器物同样是情绪的表现，"巫术所用的匕首，尖端可以伤人的东西，气味难闻或者有毒的东西；恋爱巫术所用的香料，花，醉人心脾的刺激品；以及经济巫术的贵重品：主要都是要与巫术所要达到的目的用情绪来联在一起"③。

---

① 《马克思恩格斯选集》第 2 卷，第 113 页。
② 马林诺夫斯基：《巫术科学宗教与神话》，中译本，第 68 页。
③ 同上书，第 55 页。

　　禁忌和巫术是名异而实同，或者说，禁忌是消极的巫术。禁忌的对象具有两个方面的含义，其一是指崇高的、神圣的；其二是指神秘的、危险的。这两方面的意义在起初并未加以区分，它们所共有的特质仍然是情感的，即与它们接触的恐惧。伍恩特（Wundt）把禁忌看作是人类最古老的法律。禁忌是针对人类某些强烈的情感和欲望而由外部所强迫遵守的原始禁制。因此，禁忌的实行和遵守便仰仗于情感的强化。对首领的禁忌是普遍存在的禁制形式之一，这种观念认为，首领身上具有危险且神秘的力量，这种力量能够杀死任何不带有这种力量的人们。所以，接触过首领所用之物的人就由于精神的恐惧而必死无疑。"有一次，一盒毛利族酋长的火绒匣就曾经杀死了好几位人民：因为，当这盒遗失的火绒匣被捡到的族民利用来点烟斗时，他们发现了匣子的所有人，竟然便都惊恐而吓死了。"①

　　在人类社会的史前时代，生活条件异常艰苦，死亡、疾病、饥荒、干旱和洪水灾祸时刻在威胁着人们。对史前人类来说，世界充满了不可预料、反复无常和意外的灾难，这只有靠宗教对人的种种焦虑给以解释和慰藉。当人们尚不能用简陋的石器主宰世界时，唯一的办法是借助神灵去主宰世界，神灵不过是人的情感和愿望的化身。格尔茨在谈到宗教的作用时说：原始宗教"在人间建立起一些遍存的、有力的、持久的情绪和动机，并且在这些概念上面加上事实的根据，使得整个情绪和动机看起来特别有真实感。"② 对古代人而言，人的行动的成败，都与超自然的神灵有关，都是预先注定的。所以，任何宗教活动从内容方面看，均可划分为祈求和庆祝两大类。前者洋溢着对神的赞美和期望，后者充满着对神的感激和信仰。人们往往把失败归咎于对神的不恭，为了平息神的震怒，人们就选择最好的礼物向神献祭，以人为牺牲来祭神灵的习俗由此而生。据维柯的考察，古代的腓尼基人、西徐亚人、希腊人、古日耳曼人、高卢人每逢战争、饥荒和瘟疫之类大难临头，首领们就要牺牲亲生子女去平息天怒。迦太基人惯用自己的子女作牺牲，在他们被阿迦陀克勒斯打败之后，竟杀了

---

① 参见弗洛伊德《图腾与禁忌》，志文出版社，第60页。
② 参见北晨编译《当代文化人类学概要》，第215页。

两 200 个贵族子女来酬神愿。此外，在许多民族中以人牲来祭农神的典礼是定期举行的。"当非洲的黑人不能靠祈祷来停止连续的旱灾时，他们就把自己的国王拖到祖先的坟墓去祈雨；假如雨还不来，他们就狠狠地把国王痛打一顿，甚至杀死他"[1]，这与我国古籍记载的商"汤祷于桑林"完全一致。这一幕幕令人惨不忍睹的悲剧正是宗教所掀起的狂热情感造成的。

宗教的对象是虚幻的超自然物，构成宗教信仰的心理要素是想象、情感和意志。任何信仰都是人对某种事物的 一种特殊态度，这种态度只能是一种情感的态度。苏联学者乌格里诺维奇指出："在我们称之为信仰的那种个人态度中，情感起着重要的（在许多情况下是主要的）作用。因为信仰对象引起人的关切，而这种关切首先在情感上表现出来，形成某种程度积极的感觉和感受，这些感觉的范围不论在内容上还是在强烈程度上都可能极不相同，但应当强调的是，对信仰的对象没有情感的态度，就不可能有信仰。"[2] 因此，可以把宗教定义为人的一种特殊的情感态度，情感态度是衡量宗教信仰程度的可靠标志。在史前时代，原始宗教作为人们对宇宙的总的纲领，它是与人的强烈情感体验共存亡的。

和巫术、禁忌等原始宗教的本质相类似，神话的基质也是情感的，而不是理智的。卡西尔对神话学中的自然学派提出批评，认为自然学派想从纯粹的自然现象中找出神话的起源，把神话看作是自然因果关系的反映，企图以一种理智还原的方法来使人们理解神话。实际上，把神话看作是典型的因果论的观念是不适宜的。他认为，神话是以一种与经验不同的方式感知世界的产物，正是这种独特的方式使原始人对各种现象作出独特的判断和解释。这种独特的感知方式就是情感思维的方式，它构成神话的内在生命力和动力学原则。

情感原则是我们开启神话世界秘密的钥匙。因为，既然神话是情感思维的产物，那么神话的逻辑就是情感的逻辑而不是理智的逻辑，或者如卡西尔所说的，神话内容的统一性是情感的而不是推理的："神话和原始宗

---

[1] 拉法格：《思想起源论》，中译本，第 125 页。
[2] Д. 乌格里诺维奇：《非宗教信仰与宗教信仰》，载《世界宗教资料》1986 年第 1 期。

教决不是完全无条理性的，它们并不是没有道理或没有原因的。但是它们的条理性更多地依赖于情感的统一性而不是依赖于逻辑的法则。这种情感的统一性是原始思维最强烈最深刻的推动力之一。"①

　　一年四季的周而复始，农作物的秋收、冬藏以及来年春季的发芽和生长，这本来是自然界的客观逻辑，但在史前人类的眼中，却变成了自然界本身的"死亡"和"复活"。世界各地的植物之神和丰饶之神，无一不是死而复生之神。无论是古埃及的奥西里斯、古希腊的安东尼斯，还是巴比伦的坦姆兹、腓尼基的阿蒂斯，均具有死而复生的特性。各古代民族正是通过这些死而复生之神话来解释自然界的四季变化和植物的枯荣。流传颇广的苏美尔神话《杜姆兹和印安娜》即是一例。这个故事说丰饶之神杜姆兹和储备女神印安娜在秋季相爱结婚，后因杜姆兹被冥间神夺去生命，结果大地草木凋枯、生机全无。由于印安娜下地府与冥神达成默契，每年定期让杜姆兹复返阳界，届时大地回春、万象更新。这则神话惟妙惟肖地描绘了植物春荣秋凋的原因和起源，整个故事情节生动，然而从科学角度看却是不经之论。很显然，这则神话是用情感的逻辑曲折地表现了自然界寒暑交替的客观逻辑。

　　卡西尔指出："神话是情感的产物，它的情感背景使它 的所有产品都染上了它自己所特有的色彩。"② 无论起源神话还是英雄神话，贯穿于故事中的统一性都是情感法则而不是逻辑法则，即这类神话多半是合情却不合理，"在原始传说中，说法愈合理，照例是离原始形态愈远"。③ 在人类起源神话中，无论是抟土作人、洪水造人，还是图腾繁殖人类，实际上都是原始人类朴素地把自身的情感愿望投射到周围事物之上，神话中的拟人化原则其实是不折不扣的情感思维原则。英雄神话也不例外，举凡英雄神话，其内容大抵是善与恶，光明与黑暗、美与丑、勇敢与怯懦之间的对立和斗争，并以善战胜恶，光明战胜黑暗、美战胜丑而告终。这种结局正是史前人类的情感需要的体现，而它并非一定符合逻辑的法则。

---

① 恩斯特·卡西尔：《人论》，第104页。
② 恩斯特·卡西尔：《人论》，中译本，第105页。
③ 闻一多：《神话与诗》，第57页。

情感表现的其他领域

和原始人的具体思维相联系，原始艺术是表现原始思维最娴熟的领域之一。维柯认为原始人都是用诗性语言说话的诗人；普列汉诺夫说原始狩猎者都是感情热烈的画家和雕刻家。下面我们就从原始艺术入手来展开我们的论述。

在众多的艺术起源理论中，引人注目的有艺术起源的巫术说和情感说。尽管这两种学说从整体看并非尽善尽美，但前者至少说明艺术在起源阶段是与功利目的相联系的，后者则揭示了艺术与情感的相互渗透的关系。原始艺术所内在包含的功利性和神秘性，使它成为表现人类情感的独特符号和手段。

正如上节所指出的，巫术的基调是情感的。在史前的洞穴绘画和岩画往往都具有巫术的意义，或者说，没有一种原始艺术的形式不或多或少受到巫术原则的影响。在众多的洞穴绘画中，明显的具有以下几个特点：第一，许多洞穴壁画往往绘在洞穴深处，选择这样黑暗和狭窄的地方作画需要冒生命的危险，因此，很难说是为了展览，除了有某种神秘的巫术目的之外，其他解释很难有说服力。第二，某些地方的岩壁往往被一画再画，几乎毫不重视形象的轮廓是否清晰。据考察，这种专门挑选某一地方来作画的习惯有时在一个洞穴中时间长达千年之久，这种现象显然和预期某种巫术效果有关。第三，动物和猎器画在一起是壁画具有巫术动机的最有力的证据。在许多洞穴壁画中，有的绘画显现出野牛处在十数支飞去来器的包围之中，有的绘画表现出野牛的胸腹胁下已多处中箭，有的把猛玛象画成已陷入了陷阱，有的画出一只即将毙命的熊，口和鼻子都喷着鲜血。此外，据考察，许多动物形象身上还存有被长矛和棍棒戳刺或打击过的痕迹。第四，许多洞穴壁画经考古学者的仔细辨别，发现不少壁画的上端绘有戴着动物面具作法的巫师形象，这一发现对于确定壁画的巫术意义具有直接的价值。①

许多民族学资料对巫术艺术提供了重要佐证。据调查，我国西南边

---

① 参见朱狄《艺术的起源》，第142—144页；利普斯：《事物的起源》，中译本，第271页。

疆的佤族出猎前，都要在动物壁画前跳舞并表演围猎和进攻的动作；独龙族猎手则用荞面和玉米面捏塑或在树上画出各种动物，在狩猎前进行试箭。有时做狩猎准备仪式所耗费的东西，远远超过打到的野兽的价值。这种巫术绘画作为静的符号总是和动的符号结合在一起，更能体现出这种巫术绘画所具有的情感意义，独龙族在狩猎前，总要在动物模型前洒酒祷告：

> 司野兽之神啊！
> 请听我们祷告吧！
> 我们带着酒和面做的诸兽献上。
> 请你收下吧！
> 我们是来打猎撵山的，
> 我们用上述诸物和你换取野兽。
> 熊换熊、虎换虎、野牛换野牛，
> 一点也不亏你呀，
> 求你快快放出野兽吧！①

由此可见，史前绘画无论是作为狩猎巫术的对象，还是作为临战猎手试矛练枪的目标，均充满了强烈的情感。这种情感显然根源于原始人把巫术艺术作为满足生存需要不可或缺的手段。正如威廉·范隆曾指出的："史前人，例如只有一点点农业知识的游牧民，他每天的食物完全要依靠狩猎，如果他没有捉到雄鹿、野猪或熊，他就没有东西可吃，当他挨饿，而妻儿也同样挨饿之时，他整个的生存哲学，整个的宗教，就会围绕着这些野兽旋转，这些动物也就是他们留给我们的绘画形象，这些动物不是吃他就是被他所吃，因此，这些动物就在他的生活中起着举足轻重的作用。"② 原始艺术的巫术和情感倾向建立在如下一种普遍的假设上，即动物的肖像和模型同真实的动物一样是有生命的、实实在在的东西。原始人相

---

① 参见李根蟠、卢勋《浅谈原始思维的若干特点》，载《哲学研究》1984 年第 11 期。
② 转引自朱狄《艺术的起源》，第 137—138 页。

信，狩猎前对动物形象的巫术意义上的占有会导致事实上狩猎的成功。所以，狩猎前的准备仪式总是庄重而热烈，猎手们把自己的全部希冀和祝愿都容纳于动物形象之中。李泽厚说："后世的歌、舞、剧、画、神话、咒语……，在远古是完全揉合在这个未分化的巫术礼仪的混沌统一体之中的，如火如汤、如醉如狂，虔诚而蛮野，热烈而谨严……。想当年，它们都是火一般炽热虔信的巫术礼仪的组成部分或符号标记。它们是具有神力魔法的舞蹈、歌唱、咒语的凝冻化了的代表。它们浓缩着、积淀着原始人们强烈的情感、思想、信仰和期望。"①

不仅表现狩猎巫术的绘画是人类情感凝冻了的符号，对母系氏族社会具有重大影响的各种动植物图案和雕刻，作为图腾标记和宗教信仰的象征物，同样凝聚着人们的情感。图腾作为人类血亲崇拜的标记，在母系氏族社会具有重大的意义，它不仅表明成员的身份，便于协调整个氏族的行动，而且在族外通婚和血亲复仇中也有极重要的意义。因此，图腾标记作为母系社会意识的"对象化"，包含着极为丰富的观念内涵。这种图腾意识的炽烈不仅表现在氏族成员以"断发纹身"来效仿图腾祖先的行为上，而且创造出种种图腾神话和传说，在各种宗教仪式上反复吟诵、历久而不衰。此外，雕刻艺术作为宗教仪式的特殊部分，同样浸透着史前人类的某种宗教情绪。某些雕刻作品可以上溯到旧石器时代晚期，奥地利温林多府洞中的石灰石女雕像，法国南部拉塞尔洞发现的女神浮雕，均对女性特征做了夸张性的渲染。我们透过那巨腹、肥臀、豪乳的女性特征，仍依稀感受到史前人对人类繁殖力的渴望和祈求的强烈情感。

如果说，史前人类的造型艺术——无论是洞穴壁画、树皮绘画、岩画还是有关动物或人体雕刻，是人类情感的凝聚，而在原始舞蹈中，我们却可以直接感受到情感的震撼和冲击。格罗塞在其《艺术的起源》一书中，把原始舞蹈看作是原始人的情感最直率、最完美、最有力的表现。19 世纪末期斯坦莱关于在赤道非洲原始部落战争舞的记述可以使我们了解这动人心弦的一幕：

"每一行列由 33 人组成的 33 个行列同时跳起来，又同时匍伏在地

---

① 李泽厚：《关于中国古代艺术的札记（三则）》，载《美学》第 2 期。

上。……1000 个脑袋仿佛是一个脑袋似的，起初他们同时仰起来，显出昂扬的气魄，然后同时低垂下去，发出凄切的哼叫声。……他们的心灵影响了在场的人们，这些在场者站在周围，眼睛发亮，充满热情，摇动着高举起的右手的拳头……当跳舞的战士一面低着头，伏倒在地上，一面发出如泣如诉的歌声，我们的心由于难以表达的忧伤而紧缩起来，我们仿佛经历了战败的惨状，遭受了劫掠和杀害，我们仿佛听到了伤员的呻吟，看到了孤儿和寡妇在遭到摧毁的茅舍和荒芜的田野上哭泣……"。①

史前思维中的情感特征不仅表现在原始宗教领域和原始艺术领域，而且表现在文字起源阶段的记词手段和造字方法上。正如恩斯特·卡西尔所指出的，语言最初并不是用来表达思想或观念，而是用来表达情感的。到了文字起源阶段，文字虽然已不仅仅用来表达情感，但情感因素在造字方法上却仍然表现出来。我们知道，我国纳西族的东巴文字是介于图画文字和象形文字之间过渡形态的文字，同汉古文字相比，东巴文字处于更为原始的阶段。古文字专家董作宾先生在比较东巴文字和甲骨文字时指出："在文字的演变过程中，么些文算是童年，而今日所能看到的汉文古象形字，已到了少年时代了。"② 东巴文字与甲骨文的区别之一，就是使用黑色字素来造字。汉文古象形字，无论是甲骨文或是金文，在记词时所用的虚实笔或涂朱现象都失去了表意和别意的功能，但在东巴文字中，书写时却运用涂黑方法来表达和区别意义。因而，东巴文字中的黑色，可以看作是一种表意字素，王元鹿据此提出"黑色字素"的概念。③ 我们认为，纳西族东巴文字的黑色字素表现出情感因素对造字方法的影响。

分析东巴文字的涂黑现象可以发现，黑色除了表"黑"义和表与"黑"同音的词或词素以外（我们认为，黑色在东巴文字中起声符作用，就文字意识的发展而言，应是后起的现象），往往都用于记录含贬义的词或词素（如"鬼"、"毒"、"恶"、"坏"、"下流"、"苦"等）。"黑"一词在东巴经中，有"黑"、"毒"、"苦"诸意，如"巨毒"一词写作在一

---

① 转引自普列汉诺夫《论艺术》，中译本，第 102 页。
② 董作宾：《么些象形文字字典·序》，载李霖灿《么些象形文字字典》，第 5 页。
③ 王元鹿：《纳西东巴文字黑色字素论》，载《华东师范大学学报》1986 年第 1 期。

朵黑花旁加一黑点；"毒鬼"写作人有黑而尖之头；东巴经典中说鬼地一切皆黑，天地日月尽为黑色，以此与人间之白日白月相对。因此，东巴文字中黑色字素的运用，就不仅是用来表意，而且也是用来表示情感的。

"黑""白"观念是贯串于东巴经书的基本观念，从东巴经书《古事记》到《懂述战争》（即《黑白战争》），都表现了白生善、黑生恶，白战胜黑、善战胜恶的观念。以白为善、以黑为恶的观念源于原始先民崇尚光明，惧怕黑暗的传统心理。以白代表光明和以黑代表黑暗是原始先民对自然物的直观类推得出的概念，而以白示善，以黑示恶则是原始先民以其功利经验的观念对社会事物的直接类推，[1] 因而总带有情感的特征。

如果说，黑色字素与贬义事物的联系同纳西族褒白抑黑的传统心理有关，那么，从原始图画向图画文字、象形文字过渡时，黑色字素作为原始图画中色彩运用的孑遗，就是不可避免的。现已查明，在原始图画中和秘鲁人的结绳记事中，均有以色别义的现象，而在比东巴文字更为原始的尔苏人使用的沙巴文字中，竟用六种颜色来表义。[2] 可以说，以色表义是原始文字的一个重要特征。

严格说来，以色表义有别于以形表意，以形表意已跨入意音文字的范畴，而以色表义则是图画文字的特征。如果说，原始绘画是原始先民表达情感的重要手段，那么原始文字中的以色表义和别义现象的存在，恰恰说明了情感因素对文字意识的制约和影响。

情感思维的认识论根源和社会根源

原始思维中的情感特征曾一再引起人类学家的关注。我国文化人类学家林惠祥认为，在史前时代，情绪的高涨和艺术的发达，构成了原始意识和文化的大部分内容。克洛特（F. Clodd）说："我们人类做感情的动物已经有几十万年了，做理性的动物还不过昨日才开始。"[3] 列维－布留尔认为，在原始思维中，情感和运动因素是集体表象的组成部分和灵魂，客体

---

① 参见杨福泉《纳西族东巴经中的"黑""白"观念探讨》，载《世界宗教研究》1986 年第 2 期。

② 参见王元鹿《纳西东巴文字黑色字素论》。

③ 林惠祥：《文化人类学》，第 373、24 页。

不是简单地以映象的形式被感知，客体的映象总是被淹没在原始人的情感之中。上述说法都肯定了原始思维中的情感因素占有颇大的比重，那么，这类情感因素赖以存在的根由何在呢？

原始思维中的情感特征首先和思维发展的感性阶段密切相关。现代神经心理学已经证明，个体儿童大脑皮质在形态结构上的不成熟，导致儿童在认识方面的高情绪性，这是学前儿童必不可免的年龄特征。同理，处于童年时期的人类思维，按照维柯的观点，是一种诗性思维。诗性思维的本质是感性思维，它不同于后来产生的哲学思维或理智思维。所以，维柯说："诗人们可以说就是人类的感官，而哲学家们就是人类的理智。"① 这就是说，情感性作为原始思维的重要特征，正是史前思维阶段固有的产物。

从心理学角度看，情感概念显然包含着不同的心理现象，从感觉、知觉起一直到心境、情绪、激情等复杂的心理机制。但是，感觉论原则却是情感这一多层次的心理过程的基础。按照吉塔连柯的观点："感性知觉也有其派生的情绪方面，感性知觉与它不可分。……换言之，感性知觉一开始，在下意识中就具有把人的周围现象分为肯定和否定两方面的机制。"② 因此，对事物的情绪评价和体验总是和感性知觉融合在一起。在史前认识阶段，人类的认识致力于感性的主题，局限于事物的具体特征之中，"对于这些浑身是强烈想象而少有或简直没有推理的人们来说，感觉都是尖锐、生动和强烈的。"③ 这就是说，当诗性思维把整个心灵都沉浸到感官里去，都沉浸到事物的具体特征中去时，人们的情绪和情感就只能受感性知觉的支配，使情感受到理智的制约的时代尚未到来。

如所周知，从外部事物到感觉的形成，一般要经历三个主要阶段，即物质客体经由观测环境和观测手段的中介变为认识客体；认识客体通过分析器的选择和过滤呈现为物理映象；物理映象借助于主体因素的加工才转化为感觉映象。前两个阶段主要表现为感官与外部对象的相互作用过程，

① 维柯：《新科学》，中译本，第152页。
② А. И. 吉塔连柯：《情感在道德中的作用和感觉论原则在伦理学中的作用》，载《哲学译丛》1986年第2期。
③ 维柯：《新科学》，中译本，第364页。

以及由此引起的在神经系统内部传递信息的过程，后一阶段是人对物理成像的再感知、观照过程。因此，感觉是将信息传达到脑的活动和主体对物理成像释译出信息的活动的统一。无论是古代人还是现代人，在感觉的物理过程和神经生理过程上基本是一样的，区别仅在于视觉心理过程。在由物理成像到视觉映象的过程中，主体的经验、习惯、情感、意志形成一个坐标系，它使同一对象（同一物理成像）在不同人的视觉中大不相同。对于原始人来说，外部对象首先是需要、企求的对象。易言之，原始人不是认识对象，而是希望对象，不是探求对象"是如何"，而是希冀对象"应如何"，这一点鲜明地表现在行动前的占卜、打猎前的预演，对各种现象的崇拜祈求等方面。正如马克思所说的，在原始人的眼里，有用性是事物本来就具有的。

因此，把情感性仅仅归结为思维发展的感性阶段是不够的，这其中必有更深刻的原因。这个原因就是原始思维的实用性。换言之，在史前阶段，认识和价值因素没有分化是认识的情感性特征的重要根源。正是原始思维的实用性使原始人往往赋予感觉和情欲于本无感觉的事物身上，把它们看作是有生命，有善恶倾向的灵体。所以，原始思维与现代思维不同，思维过程总是认识过程和投射过程，事物映象和主观幻象交织在一起，这一点有点类似于现代人的艺术思维。

当我们把目光转向社会生活领域时，情感思维的社会根源就立即表现出来。史前社会组织的最重要特征是以血缘关系为核心的氏族人群，血亲关系不仅是维系社会统一的主要纽带，而且是组织物质生产、维持种的繁衍的基本手段。在人类社会初期，当极为简陋的石制工具，不能满足人们维持生存的最低需要时，以血族关系为纽结的群的力量则成了人同自然界斗争的最重要的保证。个人不能脱离氏族母体的脐带而生存，个人只有在氏族集体之中才有安全感。在史前时代最严酷的惩罚莫过于把个人逐出氏族。图腾崇拜和血亲复仇正是当时人们的血缘亲族感情的反映，正如列维－布留尔所说的："在原始人那里，没有任何东西比情感更社会化了"。①

与史前社会性质相适应，氏族组织对其成员的要求，对青少年的培养

---

① 列维－布留尔：《原始思维》，中译本，第103页。

和教育的基本手段是情感教育。哈姆帕特·巴认为，现代教育的主旨是传授知识，而口头文化传统教育的作用却是塑造人的本性。他说："口头传说作为一个整体，不能归结为故事或某种知识的传授，……它产生并造就一种特殊类型的人。"① 现代教育与口头文化社会的教育分野就在这里。极端困苦的生活条件，要求氏族的每个成员必须能忍受长时间的疲劳和困乏，它要求氏族成员从小就要接受严酷的训练，因而"英雄教育"贯穿于人的整个一生。维柯曾经指出，在拉丁语中，教育和训练是同根词。英雄时代的教育包括两个方面，即精神教育和身体训练。民族学资料证明，英雄式的少年教育是极为严厉、粗野和残酷的，受教育者都要经受可怖的宗教灌输和残酷的肉体惩罚，其目的都是培养受教育者刻苦耐劳、不畏艰难的精神和情操。

盛行于所有原始部族的"成丁礼"（亦称献身仪式）是原始教育的重要形式，从始至终充满了情感教育的色彩。许多原始民族认为，从婴儿到青年是天使，是可以不负责任的。只有参加成丁礼之后，才被接纳为部落的一员并享有成人的特权。为了获得这种权力，孩子必须"死去"，成年人必须"出生"。因此，参加成丁礼仪式是一个人在肉体上脱胎换骨、在精神上起死复生的过程。许多原始民族的成丁礼延续数年之久，在这期间，他们要忍受饥饿的折磨、远离亲人独居的苦痛，被强迫接受各种体罚（敲掉牙齿、在皮肤上划出伤痕，在篝火上熏烟以及各种鞭打和恐吓），有的甚至要出外冒险去猎取一个人的头皮，以证实他们已具有了男人的勇敢。在整个仪式中，由于体罚的残酷，有的人终身致残或死去。可以说，成丁礼的深刻含义就是使参加者在经受种种的肉体折磨和情感考验之后，使他们具备部落所特有的道德和宗教意识。这种教育既是物质的，又是精神的、心理的。它对人的整个一生都留下不可磨灭的印象，从而影响到他对整个世界和人生的认识。

---

① 联合国教科文组织编写：《非洲通史》第 1 卷，第 135 页。

附　　　录

一

关于皮亚杰发生认识论的几个问题[*]

　　皮亚杰是瑞士著名的心理学家，长期从事于儿童心理发展的研究，发生认识论是他数十年研究成果的概括和总结。他的发生认识论的宗旨是通过对儿童心理的分析，研究各种认识的起源；探讨的中心问题是"新认识的建构"问题。因此，发生认识论是运用发生学的方法来考察概念和运算的心理发生和发展。

　　皮亚杰的发生认识论作为思维心理学无疑具有重要的认识论意义。近年来，他的一些著作在我国陆续翻译出版，他的某些观点已经在国内学术界引起反映和争论。正确分析和评价皮亚杰的研究成果，在理论上和实践上都是一项有意义的工作。本文主要是对皮亚杰的理论作一些哲学方面的探讨。

关于心理发展的生物因素和社会因素

　　探讨皮亚杰的发生认识论，首先要对他的心理发展因素的见解作出评价。皮亚杰把心理发展归结为四种因素的相互作用，这四种因素是：机体的成熟、通过活动而习得的经验、社会经验的传递和自我调节的平衡。尽管四因素理论是在《儿童心理学》的结论部分提出的，实际上却是皮亚杰阐述全部理论的基本前提。在这里，我们仅就生物因素和社会因素在认识中的作用问题谈一些看法。

　　—————————————
　　* 本文发表于《人文杂志》1985 年第 2 期。

皮亚杰关于认识发生的生物因素的分析主要有两个方面。一个是成熟，即机体的成长和神经系统的成熟。他认为，心理生长与机体生长是分不开的，理智上的运算是神经协调的表现，而神经协调作用是随机体的成熟而发展的。由此，皮亚杰提出"心理发生只有在它的机体根源被揭露以后才能为人所理解。"（《发生认识论原理》，第58页，下引此书只注页码）另一个是婴儿的原始图式（如吸吮反射，抓握反射等），它是通过遗传获得的，因而是预先就存在的，这不同于认识图式。主体的认识图式不是预成的，作为生物遗传的本能图式是智力运算的生物学前提。皮亚杰指出，尽管对心理发生的生物学根源的揭示会使认识结构的形成问题更加丰富，但是不能把主体运算结构的形成还原为生物学的根源或前提，因为认识结构的必然性仅仅是发展的结果，并不是作为前提预先就存在，它不涉及任何先行的遗传程序设计。（参见第106、63页）在这个问题上，他用自己的构造论同还原论和预成论相对立。皮亚杰认为，机体和神经系统的成熟、由遗传获得的本能图式只是提供了认识的可能性，要变可能性为现实性，还要有个体的经验和社会生活等条件。

我们认为，皮亚杰关于认识发展的生理基础的论述基本上是正确的。苏联神经心理学的主要奠基人鲁利亚指出，大脑的额叶在活动的有目的选择中起着重要作用，它保证人的心理调节活动。这说明，儿童活动的协调不仅依靠经验，而且依赖大脑额叶部分的成熟。（参见 A. P. 鲁利亚《神经心理学原理》，第113、96—105页）随着神经心理学的发展人类心理活动的大脑机制将日益被揭示。但正如皮亚杰指出的，机体根源的揭示可以使人深入地理解认识发生问题，但却不能把认识发生归结为它的神经生理基础。

关于认知的社会因素，皮亚杰指出："'社会的'这一词，在认知意义上指儿童同成人的关系，它是文化教育和语言传递的源泉"（《儿童心理学》，第87页）。他认为，知识的社会传递是促进认知发展的必要因素之一，行为的情感方面、社会性方面和认知方面这三者之间事实上是彼此不能截然分开的，特别是在儿童的情感的发展中，社会因素的作用尤其显得重要。在社会因素中，皮亚杰特别强调人与人之间的协调。认为它是逻辑运演结构的客观性和普遍性的条件（第72页）。但是，传递知识的成功并不仅仅依赖成人，因为儿童接受知识的过程实质上是重新进行同化，但化，并不单纯是将事先准备好的智力营养加以吸收就行了。儿童要接受知识必须有接受知识的工具，但是这种工具却是不能习得的，而是一种内在的活动（参见《教育科学与儿童心理学》第 42 页）。这就是说，具有同化作用的逻辑运算不能通过社会传递来实现，它是主体活动建构的结果。正是基于这种考虑，皮亚杰积极主张改革教育方式，即以儿童活动为中心的方式去代替在学校中占统治地位的直观教学法。

应当指出，皮亚杰是把社会因素作为认知结构发展的前提条件来看待的，对于研究个体心理发展的课题来说，作为前提阐述也是适宜的。皮亚杰一再强调的"幼童自我中心主义"，并不是否认认识过程的社会制约性，而是赋予它一种认识上的含义。他关于社会经验的传递通过儿童自身的认知结构的思想，也是合理的。但是，他把社会传递作用仅限于文化知识和语言，忽视甚至否认社会传递同儿童智力结构形成的本质联系，妨碍了他对认知结构形成的社会机制的揭示。实际上，儿童的认知结构同社会传递的关系是双重的：一方面，社会传递对心理发展的影响要经过儿童的认知结构的同化；另一方面，这种认知结构本身也是社会传递的产物，是通过社会提供给他的条件形成的。

如果我们承认儿童的认知结构起源于动作结构，而儿童的动作结构虽然以身体器官的机能逻辑为起点却又不归结于它，那么，带有智力性的动作结构，即皮亚杰所谓的实践性的智力是怎样产生的呢？他认为，从本能到智力的过渡根源于机体与环境的相互作用中的平衡机制，而平衡是同化和顺应的协调。问题在于，儿童同化和顺应的究竟是什么？儿童从出生时起就生活在社会环境中，正是这种社会条件保证了"个体发生"在极短的时间内就走完了"系统发生"所经历的漫长历史过程。从本质上说，儿童的认知心理结构只是人类历史形成的逻辑的再现，是人类认识史的逻辑积淀为儿童的心理结构，要实现这种积淀和转化离不开具体的社会环境。离开一定的社会条件，要完全揭示认知结构的形成机制是不可能的。

众所周知，人类实践活动的基本特点是工具性的，而工具正是人类活动经验的凝聚，是某种动作程序的规范化和普遍化。作为儿童认知结构基础的动作结构同样离不开工具，只有符合工具性能的动作才能成为有认识论意义的动作。儿童的心理发展过程表明，在前语言的智力阶段，儿童只是凭借成人的协助才能进行对象性的活动，儿童正是通过操作对象的活动形式来复制和掌握积淀在对象中的社会历史的经验。苏联心理学家加里培林把儿童最初的实物操作分为两个阶段。在第一阶段，儿童用手操作对象，对象的"逻辑"服从手的逻辑。例如，儿童在最初使用汤勺时，并不懂得必须使勺子保持水平位置。这一时期的儿童对工具的使用仅是一种形式上的模仿，这种不顾及对象客观逻辑的主观动作并不具有认识论的意义，也不构成日后逻辑运算的基础。在第二阶段，情况发生了变化，儿童的手的逻辑顺应对象的逻辑。儿童从身体器官的机能逻辑向符合于对象的客观逻辑的动作的转化，就是皮亚杰所谓的由本能到智力的转化。儿童的动作逻辑的形成是一个自然历史过程，就动作由简单到复杂，从模仿转化为技能逐步按阶段发展来看是自然发生的，就儿童凭借社会提供的对象来把握社会历史经验来看又是历史地形成的。社会历史经验对儿童动作逻辑和认识逻辑的发生发展并不是外在的东西，两者之间存在着内在相关性，这就是历史的东西转化为逻辑的东西。以工具或对象为中介的社会经验的传递方式正是每一代人心理结构和认识结构形成的社会机制。

在人类认识的起源阶段，实践活动的动作图式都是操作工具的图式，工具的结构决定着主体活动的结构，工具结构的改变意味着人类活动方式的改变。从这个意义上说，工具是物化的活动结构。儿童正是以这种物化的结构（工具或对象）把历史发展的过程结构转化为自身的认识心理结构的。从这个意义说，人们的思维结构同样是以社会为中介传递的。皮亚杰把社会传递仅仅理解为知识和语言的传递，认为吸收知识的工具（即认知结构）是不能传递也无法习得的，这就在认识问题的最重要的方面否认了社会传递的作用。究其根源，正在于皮亚杰对实践范畴的生物学化的理解，即把实践活动仅仅理解为单个主体的抽象的物理动作，把构成实践活动本质的工具化结构抛在一边。

发生认识论中的活动范畴作为认识发展基础的活动范畴在皮亚杰的理论体系中占有中心的位置。他有时把动作作为活动的同义语来使用，因为动作是活动的组成单位，动作从属于活动。关于皮亚杰对活动范畴的阐述，可以从以下三个方面来把握。

（一）活动是主客体关系的中介。经验主义和先验主义都承认主客体之间有中介物，但他们对中介物的理解是大相径庭的。经验主义认为这个中介是知觉，先验主义则认为这个中介是概念，皮亚杰从发生学的角度提出主客体的最初中介是活动，而不是知觉和概念。知觉论是客体作用论，概念论是主体作用论，只有活动才是主客体相互作用论。他引用大量材料证明，人们只有作用于对象并改变对象时，才能认识对象。因而"主体只是通过自己的活动（不仅仅是通过知觉）来认识现实"（第 92 页）。从更根本的意义上说，活动既是客现实发现在分化为主客体的联接点，又是思维和宇宙同一性的基础（第 23、56、70 页）。

（二）活动是主体形成逻辑运算的基础。皮亚杰有一个著名观点，即"逻辑数理运算来源于行动本身，因为它是从行为的协调中抽象出来的结果，而不是从对象本身抽绎出来的。……人们只有通过行动本身所固有的秩序才能认识到客观的秩序。"（第 107 页）从这个总观点出发，皮亚杰把儿童思维的发展大致划为四个阶段：感知运动阶段、前运算阶段、具体运算阶段和形式运算阶段。感知运动阶段是实践智力阶段，儿童处于以"自己的动作为中心的认识图式"的水平，即此时思维保持着外部运动过程的形态。在前运算阶段出现了模仿和表象等象征性符号，就是说行动已内化为表象。上述两个阶段的逻辑水平还没有达到逆行运算阶段，其根本原因是此时儿童的行动是单程的，即动作是朝着一个目标前进而不能回过头来，如实践性智力（属感知运动）内化为表象时就是不可逆的。在具体运算阶段，运算仍和实物动作联系在一起，还没有涉及命题或语言的陈述，其活动的内容和形式方面还没有完全分化。形式运算即形式思维，此时儿童不仅对客体应用运算，而且在没有客体条件下能用命题进行思考，从纯粹的假设得出结论。皮亚杰认为，逻辑运算就是内化了的动作，也就是对事和对人采取行动，"逻辑运算就是在实际上或想象中对这些对象采取行动时组织起来的"（第 118 页）。

（三）皮亚杰揭示了活动和其他认识因素对思维（智力）发展的不同作用，从而表明活动是比其他因素更为基础的东西。

从概念同知觉、活动的关系看，经验主义的一个基本命题是概念的内容来源于知觉，概念的形式是经验的抽象和概括。皮亚杰不同意这种看法，他认为概念并非单纯地由知觉产生，理由是：（1）知觉虽然居于相应的概念之前，但概念和知觉的发展是有区别的，到一定年龄以后，儿童的知觉下降，而概念则继续发展。（2）知觉是概念的"先形"，指的是两者的构成相类似，但两者是旁系的关系而非因果的关系。知觉的常性机制和运算的守恒机制之间也具有一种结构的相似性或部分的同型性，但二者性质是不同的。知觉的常性的形成比运算的补偿大约要早七年。这是因为在知觉常性情况下，物体实际上并不变化，在守恒情况下，物体实际上是改变的，要理解它在哪些方面并未改变，就有必要在运算方面构成一个由补偿作用产生的变换体系。（3）逻辑—数理概念含有一系列的运算，它们是由动作抽象得来，而这些动作的图式是无法被知觉的，主体也利用这些非知觉的内容来丰富概念。

从表象同知觉、动作的关系看，过去曾经认为，表象是通过简单抽象和概括从知觉演化而来。皮亚杰认为，这一点已使人难以相信。心理表象虽然同知觉相似，但不足以证明表象直接由知觉派生。因为表象所遵循的定律比较接近于概念化的定律，而非接近于知觉的定律，而且表象的发生只是在信号性功能出现时才开始。实验表明，表象记忆与动作图式发生联系，而与所知觉的原型不发生联系。皮亚杰还认为，知觉和表象是思维的影像，同属于认识过程的造形方面；动作则相当于认识过程的运算方面，"思想的影像方面总是从属于思想的运算方面的"，"记忆的结构与继续保持是行动图式与运算结合在一起的"（第37页）。

思维和语言的关系问题是哲学和语言学历来有争议的难题之一，而这个问题的难点之一是思维和语言是否同步产生？皮亚杰认为，语言同思维特别是逻辑运算的关系问题，只有从发生学角度考察才能给予解决。语言虽然能在广度和速度上增强人的思维能力，但逻辑—数理结构在本质上并不是语言学上的问题。"语言并不能说明运算的形成。语言能无限地加强这种运算的力量，而且能赋予它一种用别的办法得不到的机动性和普遍性，但是语言绝不是这种协调作用的根源。"（第119页）皮亚杰论证的根据是，智力是先于语言而存在的，儿童的前语言的智力已经包含着与活动格局的协调相关的逻辑。因此，逻辑决不仅仅是语言的形式化。

依据上述分析，皮亚杰认为儿童的感知运动活动既是知觉及其表象的共同来源，也是思维的基础，这就比较明确地揭示了活动同知觉、表象、记忆、概念的本质联系。他的这些看法，对于认识论的深入研究无疑具有重要的参考价值。但是当我们梳理皮亚杰的上述思想时，深深感到他在著述中过于强调逻辑运算与知觉、表象的区别，而对它们之间的有机联系重视不够。

皮亚杰认为，知觉和表象仅属于认识过程的影像方面，动作才属于认识的逻辑运算方面。否认知觉、表象、概念之间的因果关系，把概念特别是逻辑运算的形成归结为对动作图式的抽绎，知觉等却对这些动作图式无能为力（即不能为主体所知觉），这就把知觉、表象同动作图式对立起来，把知觉和表象在逻辑运算形成中的作用排除在外。这种观点显然忽略了知觉和表象在由物质活动向观念活动转化中的中介作用。

我们认为，广义的逻辑（物质结构及其规律）为客观世界所固有。物质世界的客观逻辑是以自在的形态存在着，只有当人产生以后，自然界的客观逻辑才第一次达到自我意识。思维逻辑的形成是人类认识和改造自然界最辉煌的成果之一，从此以后，人类不仅依靠感性实践，而且凭借手中的逻辑工具认识自然，并通过各种逻辑的格把认识成果记录下来。思维逻辑是和人类认识一起发展起来的，它以概括的形式反映着人类认识的生成和发展过程，因而研究逻辑形式的起源对于认识发生论的研究具有独特的意义。但是，思维形式并不是脱离思维的内容独立发展的，逻辑结构也不是一下子从活动的动作结构演化出来的，它和思维内容的发展过程一样，经历了由感性到理性，由具体到抽象的发展过程。皮亚杰的理解不能说明人类的抽象能力是逐步发展起来的，它不可能超越知觉、表象阶段，直接从动作结构过渡到形式思维。

现有的人类学和儿童心理学资料表明，物质活动内化为观念活动，其间经历了直观动作的思维、直观表象的思维和抽象的逻辑思维等阶段。直观动作思维是人认识客观世界的简单形式，其思维的内容和形式都表现在动作中，相对独立的思维活动还不存在，即还不能在物质活动之外实现。人类操作对象的动作本身有一个发展过程，对于同一组作业来说，动作程序是否趋于稳定、简化，都可以透视出动作本身的逻辑水平。随着活动的发展和动作的熟练，原始人（或儿童）的操作动作逐步简化、概括，从而在主体身上形成了熟练运用动作的技能，这种技能正是对活动动作的概括形式。但是技能的获得总是同知觉相联系。一方面，人的实践活动规定着知觉的方向性和选择性，表现出知觉具有概括性；另一方面，知觉总是反映外部动作的主要因素，在知觉中保留下来的只是活动的外部形式的必要因素，而那些烦琐的偶然发生的动作则被过滤、舍弃了。由直观动作思维发展到直观表象思维，表明主体对活动的把握建立了新的心理形式，即物质活动的一部分已内化为表象。当儿童不再诉诸直接的实物动作时，操作动作正是凭借表象进行着，即同实物对象的活动已被同表象的活动所代替。由此可见，知觉和表象并不单纯是反映客体的映象，它们同时也是对活动和动作结构的概括形式。它表明以往的实际操作已被主体在知觉和表象的水平上所把握，尽管这一点对原始人和儿童来说可能是不自觉的。由此我们认为，逻辑—数理结构作为思维的形式只能从具体中一步步地抽绎出来，形式思维不可能脱离知觉和表象而凭空产生。

关于皮亚杰对反映概念的批评

皮亚杰曾多次批评"反映论"而强调构造论。深入探讨皮亚杰对这个问题的具体论述，对于坚持和发展马克思主义认识论具有重要意义。

皮亚杰在 1965 年写的一篇文章中认为，如何发展儿童的智力以及选择何种教学方法的问题，都是伴随着认识论的根本问题的不同理解而产生的。"认识论的根本问题就是要确定认识是什么。认识是对现实的描摹，还是相反，把现实吸收到转变的结构中去。"他的观点是："智力在一切阶段上都是把材料同化于转变的结构，从初级的行动结构升华为高级的运算结构，而这些结构的构成乃是把现实在行动中或在思维中组织起来，而不仅是对现实的描摹。"（《教育科学与儿童心理学》，第 29、30 页）如果仅就字面上看，皮亚杰对认识是反映的观点持否定态度，这一点是毋庸讳言的。但是，他对反映论的批评都是在论述某一具体问题时作出的，就是说他对反映论的批评都是有所指的。仔细分析起来，皮亚杰是在下述三种意义上批评反映概念的。

一　皮亚杰把反映概念等同行为主义的刺激→反应（S→R）公式。

行为主义把刺激与反映的关系只看成一种单向关系，有机体只受外部作用的影响。皮亚杰认为，有机体不是消极地反映环境，而是同环境处于复杂的相互作用之中。因此，要保留刺激—反应这一术语，就要对这一概念进行彻底的革命，把S→R公式改写为S（A）R，其中A是刺激向某个反应格局的同化，而同化才是反应的根源。他认为，这个修改涉及认识发展的中心问题，只有这个公式才能揭示认识发展的机制（第60—61页）。需要指出的是传统的反射弧的图式已不能完满地解释行为结构中的所有因素，它已被反射环和反射圈图式代替。在反射圈图式中，决定行为的不仅是外部刺激，而且包括反馈机制在内的更为复杂的因素。皮亚杰对行为主义的刺激—反应公式的批评是中肯的。

二 皮亚杰把反映概念等同于经验主义主张的直观反映论认。为经验主义者把知识看作是对现实的一种复写，而理智则是单独由知觉派生，他们忘记了活动在智力发展中的作用。实际上无论物理知识还是逻辑数理知识，都是从改变对象的行动中获得的，并不是单独对客体作出形象上的描摹。

三 皮亚杰批评反映论的另一个理由是反对直观教学法。他认为认识一个对象就采取行动，这是教育所不能忽视的一个根本事实。为此，他提出了活动教学法，用于反对形式教学法和直观教学法。直观方法能为学生提供视听再现的过程，它同纯粹口头教学法或形式教学法比较起来，肯定是一种进步，但这种视听的再现不能使儿童真正掌握运算能力。皮亚杰通过实验证明，仅仅借助于成人的演示并不比儿童的简单的知觉好多少。因此，最好的方法是让儿童自己做实验，只有通过活动才能真正体现和发挥儿童在认识过程中的主动性，达到好的教育效果。

从皮亚杰对反映论的三种表现形态的批评中可以看出，他反对的仅仅是忽视活动的、消极的反映观点及其在教育学上的表现——直观教学法，并不是一般地反对反映论。

因为他在阐述经验的发生时，明确表示客体及其结构是在主体之外存在的。物理经验是通过活动对客体特性的抽象，逻辑数理经验直接起源于活动，间接起源于物质世界，他在活动的基础上，多次强调了逻辑数理结构和客观现实、客观因果性的符合、一致；尤其是皮亚杰在论述知觉和表象的性质时，明确地使用了"影像"、"形象"等术语，这类词语实际上同反映论使用的"映象"、"模写"、"摹本"等术语，并没有什么严格的区别。

上述现象说明皮亚杰批评的仅仅是某种具体的反映论观点。但这既不能使我们满意，也不能使读者解开疑团。因为皮亚杰明确表示认识的本质是建构，而不是对现实的描摹。我们认为，皮亚杰对认识本质的这种观点有其更深刻的思想根源，弄清它既有助于揭开皮亚杰在反映问题上的前后矛盾的秘密，也是确切把握皮亚杰对反映论的真实态度的关键所在。

我们知道，皮亚杰把主体的认识的发展划分出两个部分，即认识形象方面与运算方面。知觉、模仿、表象等属于认识过程的形象方面，而动作及其图式则相当于认识过程的运算方面。从一定的意义上说，皮亚杰的整个理论都是研究和解决思维的形象与运算两个方面到底何者占主导地位的问题，即必须确定究竟造形的因素（如表象及知觉等）是否预先形成了某些运算的结构，还是它依赖于外部因素（例如运算的因素）的帮助而发生演化（《儿童心理学》第55页注释）。在皮亚杰看来，思想的影像方面总是从属于思想的运算方面的（参见《教育科学与儿童心理学》，第37页），智力的发展应主要归结为逻辑运算的建构过程。他批评直观反映论的种种表现，其目的和宗旨是想指出智力的发展主要不是影像的发展（因为知觉到一定年龄后就停止发展），而是智力的实体部分即运算的发展，不能把智力的发展简单地归结为对客体作出形象上的描摹，因为这在儿童的早期阶段就是极容易做到的。智力发展的关键在于运算结构的形成，这一点恰巧被直观反映论所忽视，或者根本就没有看到。皮亚杰指出，把智力的发展归结为思想形象的发展的人认为，"处理具体对象的活动只是一种象征过程，换言之，这种活动只是把有关的对象在知觉中或心理影像中产生一种正确的摹本。这样，人们便忘了，认识和一个人对现实所作出的一个形象的摹本并不是一回事。"（同上书，第74页）从这段话可以看出，皮亚杰并没有否认知觉和表象是对客体的摹本和影像，而是在分析认识过程的形象和运算两方面关系的基础上，强调不能把智力等同于认识过程的形象方面的发展。这一指导性的观点几乎贯穿在皮亚杰的所有著作中。

应当承认，皮亚杰在批评直观反映论和阐述自己的观点时的表述并不是很准确的，我们应当从他的全部论述把握他的观点，他是在反对先验论和经验论的总原则下论及反映问题的。他反对先验论，说明他的基本观点坚持了反映论的原则；他反对经验论的反映观点，说明他不赞成直观反映论；他批评把认知的发展等同于对客体的简单描摹，只是为了说明逻辑运算的发展比心理影像（知觉和表象）更重要。皮亚杰的错误在于他把影像和逻辑运算的对立绝对化了，强调了逻辑运算的建构的属性而忽略了其反映的属性，在主体的逻辑运算能力的起源问题上存在着把活动和反映对立起来的倾向，尽管他有时也谈到主体的运算技能来源于物理世界；在具体论述中他却没有把直观反映论和科学的反映概念区分开来。

实践和反映是马克思主义哲学的两个基本概念，是马克思主义认识论得以建立的两块基石。它们相互补充，分别执行着不同的方法论功能。旧唯物主义坚持了认识的本质是反映这一基本前提，但他们仅限于从知识的内容方面，而不是从形式方面去研究这个前提，不了解实践在认识过程中的决定作用，其反映具有消极的、直观的性质。马克思主义科学实践观的创立导致了历史观和认识论的一场革命。马克思主义的实践概念是建立在物质第一性、意识第二性这一原则基础上的。只有把握马克思主义对哲学基本问题的阐述和立场，才能正确把握科学实践概念的本质。实践概念不仅没有代替或取消反映概念的科学价值，而且赋予它一种科学的含义，使之更丰富更完善了。马克思主义对反映论的科学贡献是在实践的基础上揭示了反映的能动性和创造性，指出不仅认识的内容是主体对外部世界的反映，而且认识的形式也是对客体及其关系的反映。当然，马克思主义的反映论是为我们理解客观向主观转化的一般原则，在目前情况下，我们既要坚持这一原则，又不能躺在这一原则之上止步不前，重要的任务是揭示客观世界及其发展规律向思维内容和形式转化的具体环节。西方某些哲学流派把马克思主义哲学归结为"实践一元论"哲学，认为实践取消了主体与客体、精神和物质的对立，把实践和反映对立起来，否认物质世界是实践活动的前提和条件，把实践看作是一种无条件的创造活动。对于这一点，我们应当有足够清醒的认识，坚持实践与反映原则的统一，坚持哲学基本问题上的原则立场，是我们坚持和发展马克思主义认识论的首要前提，也是我们分析和探讨皮亚杰发生认识论原理应遵循的重要指导原则。

二

评皮亚杰的活动—认识理论[*]

　　活动范畴是皮亚杰的发生认识理论的逻辑起点和中心范畴。在他的理论体系中，有关主体与客体的关系问题、认知的本质问题、思维与存在结构的一致性、物理经验和逻辑数理经验的一致性、个体心理发生与人类认识史即逻辑和历史的一致性等问题的考察，都是建立在对活动范畴的独特理解的基础上。可以说，发生认识论就是活动认识论。这一理论在教育学上的推广，就是他一贯主张的活动教学法。活动问题既是他半个多世纪以来从事儿童心理实验研究所得出的总结论，同时也是他从事这一工作的总的指导思想。

　　现代心理学证明，人的感知和智力过程的本质是活动。心理活动是人的活动的特殊形式。把人的意识、心理作为活动来理解，这是 20 世纪 20 年代以来在心理学研究方面取得的最重要的成果之一，而皮亚杰在这方面的成就是独具特色的。这不仅表现在他赋予活动一种发生学的性质，而且表现在他对活动和认识关系的研究比别人大大地前进了一步。概括起来说，就是他从心理学角度重新确立了以活动为核心的知识源泉观。主要表现在以下三个方面。

一

　　皮亚杰揭示了人的感性认识形式的根源和基础是活动。他关于知觉和

---

　　* 本文发表于《社会科学辑刊》1985 年第 6 期。

表象的见解突破了我们以往对这个问题的理解。行为主义把知觉单纯看作外部刺激的产物。皮亚杰对此提出了更深一层次的看法，他指出："感知运动的活动乃是相应的观念与知觉的共同来源"。为了说明活动是知觉记忆的根源，皮亚杰曾做过一个实验：有三组儿童要记住许多小正方块是怎样集合在一起的。第一组儿童只看到集合在一起的一堆小正方块；第二组儿童则亲手把它们搭配起来；第三组是成人搭配而让儿童在旁边看着。比较的结果表明，第二组儿童的知觉记忆最好。成人的演示并不比儿童的简单知觉好多少。皮亚杰由此得出结论：知觉记忆的保持是同行动的图式结合在一起的。①

皮亚杰对表象的形成也提出了崭新的看法。通常认为，人的心理表象是由知觉派生的，是知觉的保持和再现。皮亚杰对此持否定态度。他的理由是：（1）从神经学上看，一个人在想象一个躯体的运动时，与身体上执行这个运动时，无论在脑电图或肌电图方面，都伴随着同样的电波型式。这说明，一个运动的表象仅仅是这个实际运动的缩影。（2）从发生学上看，如果表象仅仅是知觉的引申，那它在儿童出生时就应出现。但是，在感知运动阶段并没有观察到这方面的任何证据。事实证明，表象的发生只是在信号性功能出现时才开始。因此，心理表象虽然同知觉相似，但它却不是单由知觉所派生的。（3）对于同一组对象来说，其心理表象的水平由静态的或不连续的性质发展到运动的和预见的表象，依赖于儿童本身活动的发展，这一事实恰恰证明，表象的形成和发展并不是和知觉的原型发生联系，而是同动作图式的发展有关。

二

活动是认识主体思维运算的基础。我们知道，皮亚杰是把人的认识成分划分为两个方面，即认识的形象方面和运算方面。知觉、表象属于认识过程的形象或造形方面，思维动作及其图式则相当于认识过程的运算方面。可以说，皮亚杰理论的主要贡献在于揭示了理性思维运算的起源的

---

① 参见《教育科学与儿童心理学》，第37页。

机制。

以往我们对理性思维同实践的联系的理解是以感性认识为中介的。既然理性认识来源于感性认识，而感性认识又来源于实践，不言而喻，理性思维也是来源于实践的。长期以来，由于我们满足于这种解释而没有把认识深入一步。

皮亚杰揭示了活动同知觉对思维发展的不同作用，从而表明活动是比知觉更为基础的东西。经验主义的一个基本命题是概念的内容来源于知觉，概念的形式是经验的抽象和概括。皮亚杰不同意这种看法。他认为："概念并非单纯地由知觉产生"[①]。理由有三：（1）知觉虽然居于相应的概念之前，但概念和知觉两者的发展有区别，即到一定年龄之后，儿童的知觉下降，而概念则继续发展；（2）知觉和概念的构成是类似的，但它们之间的关系是旁系而非因果的关系。换言之，知觉的常性机制和概念运算的守恒机制之间具有一种结构的相似性或部分的同型性，但二者的性质有区别，知觉的常性的形成要比运算补偿的形成大约早七年；（3）逻辑—数理概念含有一系列的运算，它们是由动作图式抽象出来的，而这些动作图式是无法被知觉的，主体不仅利用知觉，也利用这些非知觉的内容来丰富概念。

人的思维结构最初起源于实际活动的结构，这种实物的动作结构后来就凭借表象和语言逐步内化为观念动作的结构。内化过程就是外部活动和内部活动的分化过程，因而也是观念和思维活动逐步增强的过程。思维本身的发展可以用其结构的强弱来说明，皮亚杰认为，在思维结构演化的"阶梯式体系中最简单的结构又总是最弱的结构"。"更强的结构只能跟在它以前的结构之后出现"[②]。因此，由前运算发展到具体运算再到形式运算，表明主体思维能力的大幅度跃迁，表明主体的思维过程日益远离物质活动过程。但是，绝对不应把这种"远离"看作是彼此脱离。这是因为，不管看起来是多么抽象的思维活动，不仅在其起源阶段都以某种物质的、实践的形式存在过，而且在思维演进的各个阶段，物质活动的发展仍然是

---

① 《儿童心理学》，第37页。
② 《发生认识论原理》，第76页。

思维发展不可缺少的形式。尽管随着人类思维能力的发展，思维活动所凭借的物质支撑点会越来越少，但它同物质活动的联系是永远也不可能完全割断的。例如，皮亚杰指出，在感知运动阶段的活动虽然借助于符号功能内化为心理的活动。但是这种内化了的动作还是不可逆的，即主体并未达到逆行运算水平。这是因为，此时主体的外部动作本身还是单程的，动作只能朝着一个目标前进而不能回过头来，因而当它们内化时就决定着思维活动的不可逆行的性质。在具体运算阶段儿童为什么只能处理客体面不能处理假设呢？这是因为，这一阶段儿童的动作仍和具体事物联系在一起。由具体运算过渡到形式运算的基础是儿童动作技能的形成，动作技能是一种概括性的动作系统，它对各种情境具有广泛的适应性。因此，动作技能的形成使儿童有能力处理假设而不局限于现实客体了。上述事实表明，思维运算水平的高低是紧密地同儿童的实际活动水平相联系的。

三

　　皮亚杰从活动范畴出发，对语言和思维的关系问题作出了自己的回答。语言和思维的关系是历来有争议的难题之一，争论的焦点是思维和语言是否同步产生？持同步观点的人其论据是思维过程必须有物质载体。问题在于，思维的最初载体是否一定是有声语言？皮亚杰认为，语言和思维的关系问题只有从发生学的角度才能给予解决。他认为，智力是先于语言而存在的。语言虽然能在广度和速度上增强人的思维能力，但语言并不能说明运算的形成。"语言能无限地加强这种运算的力量而且能赋予它一种用别的办法得不到的机动性和普遍性，但是语言绝不是这种协调作用的根源。"① 最近，国内心理学界为了验证皮亚杰关于思维相对地独立于语言的论点，进行了双语儿童概念获得的实验研究。在实验过程中，儿童以一种语言（或方言）获得的概念，可以有效地以另一种语言（或方言）表达出来。这一测试结果表明，概念相对地独立于借以获得这种概念的语言，

---

　　① 《儿童的心理发展》，第119页。

概念在很大程度上是不以语言为转移、不受语言支配的。①

　　对思维的符号系统可以从不同的角度进行分类，皮亚杰把儿童认知符号系统划分为两类，即个人符号和社会符号。他认为，幼儿在没有较高的社会化之前，除了语言之外，他还需要另外一些比较属于个人的和比较具有"机动作用"的记号系统。这些记号系统就是延迟模仿、象征性游戏、初期的绘画、心理表象和表象记忆等等。这些记号系统同语言是彼此独立、各不相干的，但它们同语言一样，对幼儿的认知发展具有十分重要的意义。皮亚杰关于思维先于语言以及早期思维符号的多样性的见解是较为符合实际的。人类和个体的早期思维的主导方面是形象的具体的思维，与思维的这一水平相适应，其思维的载体和工具也不能不具有形象的、直观的、实物的特征。考察人的早期思维如果仅限于言语思维，实际上是忽略了早期思维的特点。

　　综上所述，皮亚杰关于智力来源于行动、认识就是在实际上或想象中转变为现实的理论是同马克思主义的实践观点相通的。

　　皮亚杰关于知觉、表象、概念同活动之间的关系的论述尽管很新颖别致，但从科学角度进行评价，这些论述还不能算是定论，还需要通过一系列的实验研究来加以订正和补充。通观皮亚杰的理论体系，我们感到他对人的感性认识的作用估计偏低，他有时为了强调活动对思维的决定作用而把活动和知觉对立起来。实际上，儿童在一定年龄阶段知觉下降和概念继续发展这种"矛盾"现象，并不能否定知觉对概念形成的意义，而只是证明在相应阶段儿童理性概括能力的增强，它表明此时儿童的概念发展同知觉相比具有更重要的意义。

---

　　①　《双语儿童概念获得的研究》，载《心理学报》1983 年第 2 期。

三

评皮亚杰的《发生认识论原理》[*]

1970 年出版的《发生认识论原理》一书，是瑞士著名心理学家和哲学家皮亚杰的一部影响较大的关于发生认识论的著作。这部著作比较集中而系统地体现了皮亚杰和由他领导的"日内瓦学派"几十年来的研究成果。这个学派把认识论和儿童心理学的研究结合起来，采用发生学的方法，做了多方面的实验研究，积累了大量实验和统计资料，使其认识论的研究带有实证科学的性质。

近年来，皮亚杰的一系列著述陆续在我国翻译出版，已在国内学术界引起反响和讨论。我们认为，对于像皮亚杰这样在国际上有较大影响的学者的理论观点，应坚持实事求是的原则，取客观、全面的分析态度，作出慎重的、尽可能恰当的评价，引出必要的结论，以促进我们的理论探讨。本文试重点围绕《发生认识论原理》一书的基本内容，对皮亚杰的认识论思想作扼要的哲学分析，以就教于理论界的同志们。

一 对该书基本观点的分析和评价

在《发生认识论原理》中，皮亚杰阐发了认识发生的基本理论原则以及他思考这个课题的指导思想。这就是：从认识的心理发生入手，进而追踪认识发生的机体条件（生物发生），在此基础上将微观考察推广到宏观

---

[*] 本文发表于《哲学研究》1985 年第 3 期，与夏甄陶、刘奔合著。

考察，从发生学的角度解答古典认识论的若干问题。这就使该书在容量上远远超出了心理学的研究范围，牵涉一系列带根本性的认识论问题。从这些问题的解决中可以看出皮亚杰认识论研究的基本倾向、主要成绩和缺陷。

（一）关于认识发生的机体因素和社会因素。

应当承认，皮亚杰对认识发生的生物学根源的揭示，其基本方面是合理的。他关于认知活动的协调依赖于神经协调，神经协调依赖于机体成熟的推断，已为现代神经心理学的研究成果所证实。他坚决反对把认知结构的形成归结为生物的生理基础，特别是遗传本能。他对柏拉图的理念论以及行为主义、新达尔文主义、天赋论的驳斥，确实比较有说服力地揭示了这些错误观点的无能为力。同时，他也注意到了认识发生的社会前提。他认为，"'社会的'这一词，在认知意义上指儿童同成人的关系，它是文化教育和语言传递的源泉"；知识的社会传递是促进认知发展的必要因素之一；行为的情感方面、社会性方面和认知方面这三者事实上是不能截然分开的；在儿童的情感的发展中，社会因素的作用尤其重要。在社会因素中，他特别强调人与人之间的协调，将其看作是逻辑运演结构的客观性和普遍性的一个不可缺少的条件（参见《儿童心理学》，第87、72页）。这些见解对于研究个体心理发展的课题来说，基本上是合理的。对于这些合理因素，是不应随意否定的。问题在于，他对认识发生的生物因素和社会因素之间的关系问题的处理是否严格、科学。这也正是我们要着重分析的。

我们认为，在总的倾向上，皮亚杰对人的认识发生机制的考察，是过分强调了生物机体根源，而忽视了社会机制。尽管他注意到了社会因素的作用，但并没有将其置于应有的重要位置上。特别是在《发生认识论原理》这本带有总结概括性质的著作中，认识发生的社会根源问题几乎没有什么位置，而其生物机体根源的地位显然是不适当地突出了。这对皮亚杰来说并不是偶然的，而是反映他思想路线方面的一个严重缺陷。

首先，在其发生学的考察中，过于注重了低级形式和高级形式之间的连续性、它们之间功能上的类似性及其"共有的一般机制"，而忽略了连续性的中断和质的差异，也即高低级形式之间尤其是生物机体反应和人的认知结构之间质的区别。既然发生认识论是以人类认识发生为研究对象，而且正像他一再强调的，认知结构不是预成的，又是必然出现的，那么全部问题的关键就在于探求这种必然性出现的机制。应当承认，皮亚杰并没有回避这一点，但他对这一问题的解决却显得软弱无力。其根本原因就在于他忽视了对认识发生的社会机制的考察。特别是当他把认识发生的课题推及人类认识的起源时，这种忽视必然会给他的理论带来致命的弱点。因为人类认识何以发生的问题，归根到底同人类社会何以发生的问题紧密地联系在一起。在物质世界的发展中实现的这一伟大变革，当然有生物进化史的自然前提；这一前提之所以成为前提，是因为在遗传组织和自然环境之间插进了一个社会因素。这样一来，探讨就超出了生物进化的范畴，而进入了社会学的范畴。为此，仅仅求助于不同水平结构的功能上的相似性或生命的自我调节机制，或像皮亚杰那样只是非常一般地注意到社会的因素，就远远不够了。比如，他认为逻辑运演结构是对动作"反身抽象"的结果。所谓"反身抽象"，无非是主体活动的自我对象化，体现在意识方面就是人的自我意识机能的实现。为了说明自我对象化的机制，就一定要牵涉人的活动的社会性质以及在活动中展开并制约着活动的人们之间的社会关系，只有这样，才能找到从生物本能的自我调节到人的有意识的自我调节之间的"通路"。因而，人的技术就不仅仅是"依靠生物发生学"的中介，更重要的是依靠社会发生学的中介"而发源于物质世界的"。至于他对还原论、预成论的批判，可以说是在生物发生学的范围内尽到了最大的努力，而且是有成效的；但要彻底驳倒并严格避免还原论和预成论，就要超出生物发生学的范围，因为认识的发生在本质上是社会的现象。

其次，皮亚杰在个体发生的考察中虽然注意到了社会因素的作用，但在社会因素和其他因素的关系的理解上也存在一定的混乱。例如，他说："从感知运动性行为过渡到概念化的活动不仅仅是由于社会生活，也是由于前语言智力的全面发展，同时也是由于模仿活动内化为表象作用的形式。没有这些部分地来自内部的先决条件，语言的获得、社会性的交往与相互作用，就都是不可能的了：因为不具备这个必要的条件。"（《发生认识论原理》，第30页。以下凡引此书只注页码）这种说法如果指的是社会生活和交往不是概念化活动形成的唯一因素，是有道理的。但即使这样，也应指出：社会生活同智力发展等因素并不是同一层次的因素，前者应视为决定性因素，没有这个决定性因素，那些所谓"先决条件"也就不起作用了。皮亚杰似乎在这里也要找出过渡的连续环节，但是在这种场合下，连续环节也只能是恩格斯称之为由猿到人的"巨大杠杆"的"社会本能"，而前语言智力正是和"社会本能"相适应的。

再次，皮亚杰把社会的传递作用仅限于文化知识和语言，忽视了社会传递同儿童智力结构形成的本质联系，这也妨碍了他对认知结构形成的社会机制的揭示。实际上，二者的联系是双重的：一方面，社会传递对心理发展的影响要经过儿童的认知结构的中介作用；另一方面，这种认知结构本身也是社会传递的产物，是通过社会提供给他的条件形成的。如果我们坚持儿童的认知结构起源于动作结构，而儿童的动作结构虽然以身体器官的机能逻辑为起点又不归结于它，那么，带有智力性的动作结构（即他所谓的实践性智力）是怎样产生的呢？他认为从本能到智力的过渡根源于机体与环境相互作用中的平衡机制，而平衡是同化和顺应的协调。问题在于，儿童同化和顺应的是什么？儿童从出生时就生活在社会环境中，正是这种社会条件保证了"个体发生"在极短的时间就走完了"系统发生"所经历的漫长历史过程。因此从本质上说，儿童的认知结构只是人类历史形成的逻辑的再现，这种再现是通过儿童生活于其中的社会环境作用的结果。脱离具体的社会条件，要完全揭示认识发生的机制是不可能的。

（二）关于发生认识论的活动范畴和马克思主义的实践范畴。

作为认识结构的基础的活动范畴，在皮亚杰的理论体系中占有突出的地位。活动就是主客体之间复杂的相互作用过程。对活动过程中主客体关系的解决方式，反映了皮亚杰解决哲学基本问题的一般倾向。

我们知道，关于人类知识的客观性问题，或者说，人的知识何以同客观现实保持一致的问题，是哲学史上争论不休而且至今还在争论的问题，也是皮亚杰始终考虑的问题。在哲学史上，除了不可知论者以外，哲学家们都力图找出主客体之间的中介物，来说明主体认识和客体的一致。例如，经验论者认为这种中介物是感觉或知觉，他们仅仅满足于证明一切知识的内容都应当来源于感性经验，而无法回答思维的形式的起源及其跟现实的关系问题。唯理论者认为这种中介物是概念，但由于他们舍弃了联结理性思维和客观现实的感性经验，有些人陷入了天赋观念论或先验论。皮亚杰并没有简单地否定知觉和概念的中介作用，但他认为，活动同知觉、表象、概念等因素相比，是更为基础的东西。知识的客观性固然和这些因素有关，但从根本上说，这种客观性必须以"消除自身中心化"和"客体的建构"为前提。在主客体完全不分化的原始本能状态中，根本谈不上客观化，而造成这种状态的根源恰恰就在于各种活动尚未整个地协调。在感知运动的活动阶段，由于在实物性动作水平上实现了动作的协调，才第一次爆发了导致主客体分化和"消除自身中心化"的"哥白尼式的革命"。正是活动的进一步协调和主客体的进一步分化，产生了主体对动作的结果、意图和机制的有意识的觉知，产生了对动作的"反身抽象"和对实际客体的"具体运演"，并进而增强了运演的可逆行性和守恒性，促进了活动的形式与内容的区分及其相互转化。最后在"具体运演"的基础上建构起"对运演的运演"，"对关系构成关系"，实现了内化于头脑的概念化思维，也即逻辑运演结构的构成，因为概念化思维所赖以实现的逻辑数学框架就是活动的结构形式的内化。由于内化的是对客体所采取的行动，因此当把客体"同化"到这些框架中去的时候，就能不断地"接近"客体。又由于对客体的这种建构是一个不断地进行的过程，所以客观性是作为过程而不是作为一种状态而出现的。

因此，在皮亚杰看来，在逻辑结构的形成中，人的知识和客观现实的符合一致就在于：第一，客体及其结构是在我们之外预先独立存在的，"客体的建构"必须以在主体的头脑中建立起不以他自己观察的角度和参照系统的变化为转移的客体的客观恒常性为前提；作为主体的人不是物理世界的异在，就其机体和物理动作而言，也是一种物理客体并服从这个世界的规律，因而主体结构是通过机体的内部原因而不仅仅是借助于经验而与物理现实的结构发生关系（见第69—70页）。第二，"客体的特性"和"主体活动的特性"是有别的，逻辑并不是直接起源于客体的特性，而是起源于主体活动的特性。但主体的活动不是凭空产生的，他只有同对象发生联系时才能有所行动，因而客体的"物理系统决定了运演技术的初级形式"（第 70 页）。这样，皮亚杰实际上就是把物理客体本身的客观结构作为建构活动的前提，而主客体相互作用的活动本身又成为运演结构的基础。这也就能够证明，他为自己的研究确立了基本上符合唯物主义路线的哲学倾向。这个具有一定程度的辩证思想的基本倾向，使他能够对大量的实验材料做出比较深刻、细腻的哲学分析，从而有助于弄清我们的认识和客观现实不但在内容上，而且在形式上取得一致的机制。由于他善于把儿童认识发生进程中每一新特性的创建都和科学史上的重大变革联系起来（见第三章），这就使他在经验论、先验论和天赋论面前处于一种居高临下的优势地位，也为进一步研究主客体分化、主客体相互关系的具体形式以及认识过程的各种因素的辩证联系等认识论问题，提出了一些具有启发性的见解。

皮亚杰的活动范畴很容易使人想到马克思主义的实践概念，甚至会因为二者在形式上相似而简单地把它们等同起来。皮亚杰自己在《教育科学与儿童心理学》一书中也明确表示赞同马克思主义的实践概念。但我们认为，这二者之间存在着不可忽视的原则区别。当然，从最一般的意义说，心理学的活动范畴（就其是科学的心理学范畴而言）并不等同于，也不应等同于哲学上的实践范畴。前者包括了人类劳动、儿童游戏、学习活动等等；后者则是指人们改造世界的感性物质活动。但是同样明显的是，二者有着密切的联系。因为，实践构成了活动范畴的最本质的内容，儿童游戏可看作是人类实践活动的雏形，学习活动则可视为人类实践活动总体的一个环节。因此，马克思主义的实践观点对于研究心理学的活动范畴，具有方法论上的指导意义。

按照马克思主义哲学的观点，实践是人的对象性活动。从上面分析可以看出，皮亚杰实际上也是把活动理解为对象性的活动。但是实践之作为对象性活动，其最本质的特征在于其工具性。由于工具的制造和使用，才使人和对象世界发生最深刻的关系，这一点构成了人类活动和动物的自然生命活动的最本质区别。活动的协调和系统化，活动中手段和目的的分化，主客体的分化，主体在活动中的对象化以及活动的内化，无不与活动的工具性结构密切相关。正是人类活动的这个最本质特征被皮亚杰忽略了。这进一步反映了他对认识发生和发展的社会机制的忽视。

人类活动的实践性质对认识发展的制约作用，首先就在于：实践的手段即工具是人类活动经验的凝聚，是动作程序的规范化和普遍化。正是制造和使用工具的活动，开创了人类独有的进化方式。人类文明的传递和进化，首先是通过工具在一代一代人手中传递和改进来实现的，其次才是语言、文字、教育等等。工具的传递同时也就是传递着工具的使用方式和技能以及物质文化生活的方式，工具的变革同时也带来生活方式和包括认识活动在内的整个精神生活的变革。作为儿童认知结构基础的动作同样离不开工具，只有符合工具性能的动作才能成为有认识论意义的动作。儿童的心理发展过程表明，在前语言的智力阶段，儿童只是凭借成人的协助才能进行对象性的活动，儿童正是通过操作对象的活动形式来复制和掌握积淀在对象中的社会历史的经验。苏联心理学家加里培林把儿童最初的实物操作划分为两个阶段。在第一阶段，儿童用手来操作对象，对象的"逻辑"服从手的逻辑，例如，儿童在最初使用汤勺时，并不懂得必须使勺子保持在水平位置上。这一时期的儿童使用工具还仅仅是一种形式上的模仿，这种不顾及对象客观逻辑的主观动作并不具有认识论的意义，也不构成日后逻辑运算的基础。在第二阶段，情况发生了变化，这时儿童的手的逻辑顺应对象的逻辑（参见 П. Я. 加里培林《人的工具和动物的辅助手段的心理学区分》）。儿童从身体器官的机能逻辑到符合对象的客观逻辑的动作的转化，就是皮亚杰所说的由本能到智力的转化。社会历史的经验对儿童动作逻辑和认识逻辑的发展并不是外在的东西，两者之间存在着内在的相关性。以工具或对象为中介的社会经验的传递方式，就是每一代人心理结构的形成的社会性机制。

皮亚杰对工具化结构在认识发生中给予思维结构的决定性影响的忽视，正表现在他把社会传递仅仅理解为文化知识和语言的传递，没有看到以工具为中介的动作结构的传递。在人类认识的起源阶段，实践活动的动作图式都是操作工具的图式，工具的结构决定主体活动的结构，工具结构的改变显示出人类活动方式的改变。从这个意义上说，工具是物化的活动结构。儿童正是以这种物化的结构把历史发展的过程结构转化为自己的认知心理结构的。

其次，皮亚杰忽视了活动的社会形式。马克思主义哲学认为，在社会实践中展开的不仅仅是人对自然界的对象性关系，还形成和发展着人们之间的社会关系。因此活动的客观性质不仅表现为它受物理客体自身结构的制约，而且受客观的社会关系的制约，并使活动具有社会的形式和社会性质。在皮亚杰看来，思维的逻辑结构作为活动的内化，内化的仅仅是主体对物理客体所采取的"物理动作"，他没有看到在这同时也内化了活动的社会结构形式，正是这种社会形式决定了认识的社会性质。例如，他正确地谈道："解除自身中心化，这不仅是从童年到成年的过渡所特有的现象"，也是在科学史上不断发生的现象。随后举出"天文学的整个历史"（第92—93页）作为例证。其实，如果我们把这个认识推广到社会认识方面，这种"解除自身中心化"的"系统发生"的例子就更多了，然而这能够仅仅从物理动作的"反身抽象"得到解释吗？很显然，费尔巴哈对表现在基督教中的"自身中心化"的"解除"，马克思对商品、货币、资本拜物教的识破，既不能从物理动作的内化得到解释，也不是仅仅"通过机体内部原因"所能实现的。

再次，也正是由于这种局限性，如果说在考察"个体发生"时忽视了动作的工具性结构对于认识的制约作用，那么当他考察"系统发生"时就导致对人类最基本的实践活动即生产活动的作用的忽视。他往往仅限于从"心理发生"和"生物发生"的角度去分析科学史上的认识论问题。例如，他在回答"为什么物理学的发展同数学的发展相比在时间上是如此严重的落后了"的问题时，他只限于从"运演的协调"和"现实的构成"之间的差异来说明。但要彻底解开这一历史之谜，就必须考虑到生产实践的实际需要对科学发展的制约作用和提供的必要条件。而问题的这个方面，却在他的视野和"论域"之外。

（三）关于发生认识论的同化概念和马克思主义的反映概念。

是否承认人的认识是反映，是认识论上的一个原则问题。马克思主义哲学认为，认识在本质上是人脑对客观现实的反映。皮亚杰却拒绝使用反映概念。当然，他也曾用"影像"、"形象"、"摹本"之类的术语来论述知觉和表象的性质。但他明确地讲过："智力在一切阶段上都是把材料同化于转变的结构……而这些结构的构成……不仅是对现实的描摹。"（《教育科学与儿童心理学》，第31页）怎样解释和评价这种情况呢？

从我们读到的皮亚杰的论著来看，他对反映论之所以持这种态度，大概有这样几个缘由：其一，他把唯物主义的反映概念等同于行为主义的"刺激—反应"（S→R）公式中的反应概念，认为要改造这个公式就必须强调用同化来说明引起反应的机制；其二，他不满意经验主义的直观反映论，因为它忘记了活动和动作在智力发展中的作用；其三，是出于反对直观教学法的需要，论证他自己提出的活动教学法。同时也可看出，他所强调的是：不能把认识的一切因素都归结为"影像"和"摹本"，尤其不能把认知运演结构的形式归结为是一种"临摹。"

这些情况说明，他不接受反映概念主要是出于反对行为主义和经验主义，他也确实抓住了行为主义和经验主义的要害。但是，以此作为拒绝唯物主义反映论的理由，毕竟是不能成立的。因为第一，唯物主义的科学反映概念并不等同于行为主义的反应概念；第二，直观教学法并不是坚持反映论的必然结果，它仅仅和旧唯物主义的直观反映论相联系；第三，也是最重要的一点，强调主体的能动作用，强调认识是主客体相互作用的产物，并不需要否定反映概念。马克思主义哲学的反映概念，已根本不同于抹杀主体能动作用的旧唯物主义的消极、直观的反映论。在马克思主义哲学看来，反映本身就是主客体相互作用的过程，作为反映结果的关于客观现象的观念映象，"不外是移入人的头脑并在人的头脑中改造过的物质的东西"；认识不仅反映客体的现象、形象方面，而且反映客体的本质和规律；不仅反映客体的现状，还能反映它的过去和未来，因而它本身就是创造性的活动过程。正如列宁所说，认识作为对客观外界的反映，"并不是简单的、直接的、完全的反映，而是一系列的抽象过程"，不仅知觉、表象是反映，逻辑的形式和规律也同样"是客观世界的反映"（《列宁全集》第38卷，第194、192页）。上述情况可以说明，皮亚杰对马克思主义的反映概念确实存在着严重的误解，或者根本就不理解。

在皮亚杰看来，只有同化、建构的概念才能揭示认识过程的本质，特别是运演结构形成过程的本质。同化就是"把给定的东西整合到一个早先就存在的结构之中，或者甚至是按照基本格局形成一个新结构"（第25页）。很明显，这样来解释认识过程，并没有比反映概念揭示出更多的东西。因为在马克思主义哲学看来，所谓把客体"同化"到既已存在的结构中，无非就是通过概念的逻辑形式的中介去"折射"客体，而"折射"本质上就是反映；无论是从既定结构"同化"客体，还是新结构的形成，都是反映的过程及其结果。而且进一步地看，就其能否深刻、精确地揭示认识过程的本质而言，同化概念并不是严格的科学概念。当然，反映和同化等术语，都具有借喻的性质。但借喻可以是科学的，也可能是不科学的。唯物主义认识论是以承认客体在主体之外并且不依赖于主体意识而独立存在为根本前提的。承认认识是反映，是坚持这一前提的唯一可能的选择。反映、摹写、摄影这类借喻的重点是在于强调：主体认识同客体之间的一致性正在于认识对于客体本来面目的符合；而不是相反：让客体屈从于主体的认识。皮亚杰也认为客体及其结构是建构活动的客观前提，并一再强调认识结构和客体结构的"同构性"。但是，用从生物学那里借用的同化概念来说明这种"同构性"，如果不加上额外的说明，就很容易把认识和客观现实的一致理解为客体对认识的符合。导致取消客体对主体认识的客观制约性。毫无意义，如果没有相应的逻辑结构形式，人就无法认识客体的本质。但是，既然这种逻辑结构形式也有其客观来源，那么这个以逻辑结构形式为中介来认识客体的过程，在本质上就不能是主体对客体的同化。皮亚杰曾声明：发生认识论"引起我们对主体活动的注意但又不流于唯心论"（第19页）。他拒不接受反映概念，又不愿"流于唯心论"，这就使他的理论体系不能不蕴含着深刻的矛盾，使他在解释主体认识和客体的一致方面不能不面临巨大的困难，使他不得不过分地求助于"机体内部原因"（即生物根源）来说明这种"惊人的符合一致"。事实上，机体原因只能说明这种一致的可能性，而实现这种可能性的机制，恰恰是存在于反映的过程中以及反映所赖以实现的实践活动中。我们知道，皮亚杰把认识的发展划分为形象方面与运演方面，前者包括知觉、模仿、表象等，后者则相当于动作及其图式。他研究的重点在于强调运算方面在认识发展中占主导地位，强调不能把运演结构简单地归结为或等同于知觉和表象。这对弥补直观反映论的缺陷是有意义的。但这里需要明确的是：第一，知觉、表象并不仅仅是反映客体的形象方面，它们同时也是对活动和动作结构的初级概括形式；第二，思维的逻辑结构的形成同样也经历了从感性到理性的过程，不能缺少知觉和表象的作用。皮亚杰的错误在于，他把影像和逻辑运演的对立绝对化了，强调了逻辑运演的建构性质而忽略了其反映的属性，在运演结构的起源问题上存在着把活动和反映对立起来的倾向。

实践和反映是马克思主义哲学的两个基本范畴，是科学的认识论得以建立的两块基石。实践概念不仅没有代替或取消反映概念在认识论中的地位，而且赋予它一种科学的意义，它克服了旧唯物主义直观反映论的弊病，使这个概念更加丰富和完善了。背离了反映原则，实践概念的认识论意义就会丧失，认识论的研究就会走偏方向。皮亚杰对反映概念的误解或不理解，表现了他在哲学上坚持唯物主义路线的基本倾向是不够彻底的。

二 主要的启示和教训

《发生认识论原理》一书尽管有缺陷，甚至有错误，但仍不失为一部有重大学术价值的著作。其中提出的问题和对问题的分析和解释，是富有启发性的，值得进一步研究。但使我们更为感兴趣的，是该书在方法论上提供的启示和教训。这至少表现在如下三个方面。

（一）认识论的研究应当揭示认识"自己构成自己的道路"。

皮亚杰对认识论的研究成果之所以具有启发意义，重要原因之一是在于他有较强的历史感和发展的观点。他认为，所有科学，包括高度发展了的科学，都是以处于不断发展之中为其特征的。而传统的认识论只顾到高级水平的认识——只顾到认识的某些最后结果。这种局限于认识的现成结构的方法，并不足以揭示认识过程的本质和机制。认识论的分析只有"获得一种历史的或历史批判的高度和广度"，才能完成这个任务，因为"科学史是对科学作哲学理解的不可缺少的工具"（第13页）。因此，他给自己确立的研究目标是，回答"认识的成长问题：从一种不充分的、比较贫乏的认识向在深度、广度上都较为丰富的认识的过渡。"（第18页）简言之，是要对认识进行发生学的考察。从该书的阐述可以发现，当皮亚杰对认识作发生学的考察时，始终考虑的是如何解决现实的科学认识问题。这种通过对认识发展的历史考察来回答现实的科学认识问题的方法，值得我们重视。

黑格尔说：只有沿着认识"自己构成自己的道路，哲学才能够成为客观的、论证的科学。"（《逻辑学》上卷，第 5 页）列宁认为，这里的"关键所在"就是："'自己构成自己的道路' ＝ 真实的认识、不断认识、［从不知到知］的运动的道路。"（《列宁全集》第 38 卷，第 84 页）这也就是说，认识论的研究必须坚持：（1）客观的观点，如实地把人类认识看作是"自己构成自己"的客观历史过程，承认有其内在的客观规律性；（2）发展的观点，如实地把现成的认识结构看作是历史形成的东西，承认有自己的起源和发生过程。因此，科学的认识论应该从认识发展的真实历史过程中而不是从研究者的头脑中引申出来，应该以逻辑的形式再现认识发展的历史过程。当然，弄清现实的认识结构，无论从理论上还是从实践上，都是最重要的事情。但是这个现实结构是同过去和来来密切联系着的"现实"，只有弄清了它的历史发生和发展，才能真正理解它的现在。就以目前我国学术界还在争论的主体和客体、认识和实践、认识发展的阶段等问题来说，如果注意使我们研究的每一步都具有发生学的性质，我们的探讨无疑会不断获得新的进展。为了弄清现存结构中并存的各种因素的横断联系，需要分析这些因素的形成过程及其历史顺序。另外，把现成的结构为历史形成的东西来加以考察和推断，揭示认识发展的逻辑一贯性，找出它的"原始的方程式"，把握这个历史过程中将过去、现在和未来联系起来的一以贯之的东西，这不但有助于从历史的观点更好地理解现实的东西，从现实的高度更深刻地理解它的历史，而且能抓住预示未来的征兆从而科学地预测未来。把马克思倡导的这种"必然包含着历史考察之点"的方法［参见《马克思恩格斯全集》第 46 卷（上），第 458 页］，运用于认识论的研究，将大大提高我们研究工作的理论价值和实践意义。

这里需要指出，皮亚杰的历史考察方法也有其局限性，即他片面强调研究"个体发生"对研究"系统发生"的意义，而忽视后者对前者的指导意义。不能否认，由于"个体发生"是"系统发生"的缩影，"个体发生"的研究成果有助于克服研究"系统发生"时遇到的难题。然而，如果没有"系统发生"中那些基本问题的不断解决，"个体发生"的研究将始终面临无法克服的难题。从这个角度说，研究"系统发生"的最重要的意义，就在于它能从总体上为"个体发生"的研究提供方法论的启示，保证对"个体发生"的大量资料作出尽可能科学的解释。如果皮亚杰能充分注意到这一点，他的探索将会是更加富有成效的。而对于我们来说，这正是一项艰巨的但却是大有前途的工作。

（二）认识论研究的跨学科性质。

皮亚杰强调，发生认识论的一个特点是它的"跨专业性质"，发生认识论的任何研究，"都以所研究的科学认识论中的专家们的合作为先决条件，即以心理学家、科学史家、逻辑学家、数学家、控制论专家、语言学家等的合作为先决条件。"（第 18 页）我们也确实发现，经常关注各学科之间的"会聚点"、"交叉点"上发生的认识论问题，正是他方法论的一个特色。他还说，任何一门科学，"只能在一种诸学科协作的气氛中生存和兴旺起来"（《现代心理学发展中的几个基本理论问题》，第 9 页）。我们认为，这也完全适用于认识论这个学科。

恩格斯早就提醒我们，在不同学科之间的"接触点"上"可望取得最大的成果"。在科学发展日趋分化并整体化的今天，这个指示显得尤其重要。在不断增多的这类"接触点"和横断联系上，确实有许多认识论的新课题在不断"发生"，因而也就更加显示了发生学的方法的认识论意义。当然，我们应当比皮亚杰更多地关注社会科学各学科之间以及社会科学同自然科学的相互渗透中产生的富有认识论意义的新课题。

（三）要重视历史唯物主义对认识论研究的指导意义。

皮亚杰在谈及各学科之间的联系时，曾提到马克思主义经济学对心理学研究可能具有的影响，但他声明，他不准备议论这个问题，"因为那会使我们离题太远，而且特别是因为我们将会由此面临仔细分辨意识形态的并非毫无意义的作用和一切辩证方法所包含的丰富内容的难题。"（同上书，第 16 页）依我们看来，他所以感到这是"难题"，主要在于缺乏历史唯物主义的观点。他的这本专著的自然主义倾向以及由此产生的缺陷也恰好说明了这一点。对我们来说，历史唯物主义和认识论的关系，首先不是相邻学科的关系，而应特别强调前者对后者在世界观和方法论方面的指导意义。关于这一点，许多同志都强调过。但也毋庸讳言，这个原则在实际研究中的贯彻，还不能令人满意。例如，大家都强调认识的社会性质，但对社会性的理解和解释往往比较抽象和空泛。要真正具体而不是抽象地说明认识的社会性，就必须揭示社会经济生活、社会变革、意识形态、社会心理、价值观念等社会因素同认识的相互作用与渗透的机制，这就牵涉到历史唯物主义的基本原理。而在这方面，我们的注意力和花费的精力都不够。从更根本的意义来说，认识作为一种历史过程，并不是一种绝对独立的实体的运动，它是整个社会生活的一个侧面；不通晓历史发展的客观规律，就不可能深刻地揭示认识发展的机制和规律。当然也不难理解，以历史唯物主义的观点加强认识论的研究，也将促进历史唯物主义的研究工作。

四

发生认识论述评[*]

皮亚杰是瑞士著名的心理学家和哲学家，长期从事于儿童心理发展的研究，发生认识论是他数十年研究成果的概括和总结。他的发生认识论的宗旨是把传统的认识论问题移入儿童心理学，运用发生学方法来考察科学思维的心理发生和发展。皮亚杰的学说在国内外引起了巨大的反响和讨论，对它的评议分歧也较大。我们认为，对于像皮亚杰这样在国际上有较大影响的学者的理论观点，应坚持实事求是的原则，作出慎重的、尽可能全面的评价，以促进我们的理论研究。在此，我们仅从哲学角度就发生认识论的基本观点作简要的分析和评价。

一 发生认识论的活动范畴

皮亚杰的发生认识论属于活动认知理论，活动范畴是皮亚杰学说的逻辑起点和中心范畴。在他的理论体系中，关于主体和客体的关系问题、认识的本质问题、思维与存在的一致性、个体心理发生与人类认识史即逻辑和历史的一致性等问题的考察，都是建立在对活动范畴的独特理解之上的。因此，对活动范畴的理解反映了皮亚杰解决认识论问题的一般倾向。

在哲学史上，哲学家们都力图找出主客体之间的中介物，来说明主体的认识和客体的一致。经验论者认为这种中介物是感觉或知觉，他们

---

[*] 本文发表于《"辩证唯物主义和历史的唯物主义原理"辅导》一书，中国人民大学出版社1991年出版。

仅仅满足于证明一切知识的内容都来源于感性经验，而未能回答思维形式的起源及其跟现实的关系问题。唯理论者认为这种中介物是概念，但由于他们舍弃了联结理性思维和客观现实的感性经验，有些人陷入了天赋观念论或先验论。皮亚杰并没有简单地否定知觉和概念的中介作用。但他认为，从发生学角度来看，主体和客体的最初中介物是活动，活动同知觉、概念等因素相比，是更为基础的东西，主体只是通过自己的活动来认识现实的。行为主义把知觉单纯看作外部刺激的产物。皮亚杰对此提出了更深一层的看法，他指出，感知运动的活动是知觉和相应的观念共同的来源。为了说明活动和知觉记忆的关系，皮亚杰曾做过一个实验：有三组儿童要记住许多小正方块是怎样集合在一起的。第一组儿童只看到集合在一起的一堆小正方块，第二组儿童则亲手把它们搭配起来，第三组儿童是成人搭配而让儿童在旁边看着。比较的结果表明，第二组儿童的知觉记忆最好，成人的演示并不比儿童的简单知觉好多少。皮亚杰由此得出结论：知觉记忆的保持是同行动的图式结合在一起的。皮亚杰对表象的形成也提出了新的看法。通常认为心理表象是由知觉派生的，是知觉的保持和再现。皮亚杰却认为，知觉与表象（包括概念）之间不是直系的派生关系，而是一种"旁系的关系"，因为二者都以活动为基础。对于同一组对象来说，其心理表象的水平由静态表象发展到运动表象和预见表象，依赖于儿童本身活动的发展。在此基础上，皮亚杰又揭示了活动对思维运算的基础作用。以往对理性思维（包括逻辑）同实践的联系是以感性认识为中介加以解释的。皮亚杰把人们的认识成分划分为两个方面，即认识的形象方面（感性认识）和运算方面（思维的逻辑），直接揭示了思维运算起源于活动的机制。他认为，人的思维结构（图式）起源于实际活动的结构，这一过程首先从外部的感知动作开始，个体形成外部动作的图式，然后外部动作图式逐步内化为相应的思维操作图式。在内化过程中，事物被符号所代替，而活动则被这些符号的运演所代替。随着活动的发展，内化了的图式也不断协调、发展，使思维经历前运算、具体运算，最后达到形式运算阶段。

皮亚杰早在50年代就指出："卡尔·马克思的一个根本社会学命题就是：人为了生产而作用于自然界，但同时也为自然界法则所制约。在对象的特性和人类的生产之间这种相互作用也在认知心理学中为我们所发现。我们只有作用于对象并改变它时，我们才认知对象。"① 皮亚杰在另一部著作中还写道："马克思曾经充分地强调行动（或实践）的作用，他曾十分正确地把知觉本身当作是感觉器官的一种'活动'。此外，这种实践的作用曾经一贯地为苏联的心理学家所证实；在这个题目上，他们曾发表过很多出色的著作。"② 与此同时，皮亚杰关于逻辑运算根源于和对象发生相互作用关系的活动的看法，也与列宁关于思维的逻辑起源于人类实践的逻辑的观点相近似。在哲学史上，休谟把全部认识论问题局限在主观经验范围内，从"印象之外，一切都不可知"的原则出发，根本否认人类认识因果关系的可能性。恩格斯明确指出，单凭经验不能充分证明必然性，必然性的证明是在人类活动中、在实践中。皮亚杰的贡献在于，他从思维逻辑的角度论证了认识形式所具有的普遍性的活动基础。如上所述，皮亚杰的活动范畴很容易使人想到马克思主义的实践概念，甚至会因为二者在形式相似而简单地把它们等同起来。但我们认为，这两者之间存在着不可忽视的重要区别。第一，尽管皮亚杰多次讲到客体及其结构是不依赖我们而客观地存在着，但在他的整个理论体系中，客体实际上是处于陪衬的地位。在人的活动中，客体不过是供摆弄的材料，动作的铺垫而已。他片面强调思维的逻辑来源于活动，而不是来源于客体。殊不知，活动的逻辑并不是固有的，而是物质世界客观规律的表现，因而归根结底，思维的逻辑是来源于物质世界的客观逻辑。活动结构之所以能成为由客观逻辑转化为主观逻辑的中介环节，其根本原因在于人的活动的合乎客观规律的属性，正是这一点被皮亚杰忽视了。第二，在皮亚杰的学说中，他对活动的理解是抽象的，活动和动作是等同的、可以互换使用的。但是，人类实践的最本质的特点是制造和使用工具的活动。实践的手段即工具是人类活动经验的凝聚，是动作程序的规范化和普遍化，正是制造和使用工具的活动，开创了人类独有的进化方式，工具的变革引起整个存在方式和包括思维方在内的整个精神生活的变革。作为儿童认知结构基础的动作同样离不开工具（即

---

① 《儿童的心理发展》，山东教育出版社 1982 年版，第 151—152 页。
② 参见《教育科学与儿童心理学》，文化教育出版社 1981 年版，第 69 页。

对象），也只有符合工具性能的动作才能成为有认识论意义的动作。皮亚杰的最终目的是要探讨人类认识的起源，但由于他把实践等同于活动，又把活动简化为动作，撇开人类活动的技术构成这一本质因素，使他的活动认识论显得十分脆弱。

二　发生认识论的图式理论

皮亚杰作为独树一帜的结构主义者，他的认识图式理论既不同于康德的先验图式论，也不同于格式塔学派的完形理论。在认识图式问题上，皮亚杰的中心思想是把结构主义和建构主义结合在一起。

动作图式概念是发生认识论的最重要的概念。按照皮亚杰的理解，儿童起初以本能动作为起点逐步获得了动作的经验，这些习得的经验形成了动作图式。动作图式是动作在多次重复后所保留下来的共同的成分。所以，图式是指动作的组织或结构。图式首先是主体外部动作的结构，它以符号等形式内化在头脑中，就成为主体思维操作的结构，即认识图式。皮亚杰认为，任何认识都没有一个绝对的开端，它总是被移植在先前的图式上。认识和知识不是主体对外部刺激的简单应答，而是通过以往的经验或图式对其同化而得到的。他用"S（A）R"公式取代了行为主义者的"S—R"公式，其中的（A）就表示某种刺激被主体图式所同化。这样，皮亚杰就表明，人的知识和认识并非仅靠外界客体一方来保证，而且也靠主体的能力结构即图式来保证，认识在本质上依赖于主客体的相互作用。认识在起点上产生于主体与客体的相互作用，它比客体独立所能提供的东西更丰富，这是皮亚杰的核心观点。这一观点不仅是指在活动中主体和客体物质地相互作用这一层次，也包含着认识对象和主观图式之间的相互作用层次。图式作为人的认识能力在形式上是主观的，并且外界客体只有通过观念图式的过滤才能被主体所把握。那么，认识的客观性是如何实现的呢？为此，皮亚杰提出了主观和客观、主体和客体相互补偿的理论，即同化和顺应逐步平衡的理论。具体说来，主要有以下两点。

1. 图式的同化本身决不能离开其对立面——顺应而存在，具有同化功能的图式总是被其同化的对象引起变化即图式顺应客体。当同化大于顺应时，思维只能在自我中心，甚至我向思维范围内发展；当同化离开顺应时，它所取得的知识就将是主观的、任意的，就会出现"同化错失"即客体被主体歪曲地同化，客观事物的映象因同化过错而造成变形。因此，认识过程不仅是信息的同化，它也是一个需要不断解除中心化的过程，这一过程是知识客观性本身的必要条件。这就是说，认识除了一个内部结构和图式以外，还需要外部世界的作用。

2. 同化和顺应是知识的主观和客观相互作用的两极，智力总是使自身同时适应了相互作用的两极而得到发展。一般说来，同化和顺应之间这种渐进平衡是认识发展的基本过程，这一过程能够用中心作用和解除中心作用来解释。所以，主观和客观、同化和顺应不是相互敌对、水火不相容的，它们在认识中既对立又统一。认识总是沿着两个互相补偿的道路前进，全部知识既顺应客体又同化于主体，从自我中心到客观性就是知识和认识进化的规律。

内化问题是儿童心理发生研究中最艰难的问题之一。除了皮亚杰以外，苏联的列昂节夫和加里培林也认为思维运演是由活动内化的产物。列昂节夫等人强调外部活动的社会历史性，指出人的活动是以工具为中介的三维结构，这是他们高出皮亚杰的地方。但是，列昂节夫等人在论述内部心理活动是由外部活动以内化机制产生时，基本上不考虑主体的内部因素在图式发生、发展中的作用。由于离开了主体的内部过程来讨论外部活动的内化，结果把内化理解为外部活动向内部机械输入的过程。皮亚杰的重要贡献是把外化建构和内化建构统一起来，把活动的内化看作是与主体内部原有图式发生联系并实现协调、整合的过程，这是难能可贵的。大家知道，皮亚杰是从生物学研究转向心理学研究，探讨认识发生的机体根源是他的学说的重要内容。应当承认，皮亚杰从认识的心理发生入手，进而追踪认识的生物发生，其基本方面是合理的。但由于他过分强调生物机体反应与认知性反应机制的共性，力图找出从生物学到认识论的过渡的连续环节，使发生认识论带有生物学的倾向。皮亚杰反复强调智慧就是适应。在他看来，生物机体不仅在生理水平上要适应环境，而且在心理水平上和认识水平上也要适应环境，智慧是生物适应的直接延伸，即是一种最高形式的适应。他在论述图式的功能时所采用的概念，如同化、顺应、自我调节、平衡等也是从生物学引进的。尽管他认为在个体认识的发生过程中，社会因素是一个不可缺少的条件，但从总的方面看，他为了强调生物体自身的积极性而对社会因素的作用有所忽视，人们普遍认为他不重视教育、语言等问题，其思想根源就在于此。此外，皮亚杰把认识的内容和形式的区分引入了心理学，把逻辑思维作为基本的研究对象，认为一切智慧和思维都有一种逻辑结构，这种逻辑结构不是与生俱来的，而是发生发展的，从而把逻辑引进心理学，建立了一种具有心理学意义的发生逻辑学，这无疑是对逻辑学的一种革新。但需要指出的是，皮亚杰关于儿童思维由前运算到具体运算并终止于形式逻辑运算的看法只具有相对的意义。心理学实验证明，即使思维已经处于形式运算水平上的被试在遇到新课题时，也往往采用非形式的方法（例如启发法）来解决问题。问题表征及其解决不仅是命题的（逻辑的），而且更重要的是类比的。皮亚杰把认识图式仅仅归结为形式化的逻辑结构一个方面，显然是过高地估计了思维形式在认识活动中的地位和意义。

三　关于反映与建构的关系问题

　　皮亚杰曾多次批评反映论而强调建构论，确切地把握皮亚杰在这个问题上的基本观点，对于坚持和发展马克思主义认识论具有重要意义。

　　皮亚杰有明显的唯理论倾向。为了同经验论、行为主义划清界限，他选择了把反映论和建构论对立起来的原则立场。他认为，认识的本质究竟是现实的反映，还是把现实同化到思维结构中，这是认识论的根本问题。他坚决反对把知识当作实在的被动摹本。但是，皮亚杰在论述知觉和表象的性质时，又明确地使用了"影像"、"形象"等术语，它们同反映论使用的"映象"、"模写"等术语，并没有什么质的区别。尤其是，他曾多次承认作为认识的极限的客体的存在、主张主体的认识要与客体相一致、相符合。如何解释这种矛盾现象呢？我们认为把握皮亚杰关于认识内容的划分及其关系的论述是至关重要的。我们知道，皮亚杰把主体的认识的发展划分出两个部分，即认识的形象方面与运算方面。知觉、模仿、表象等属于认识过程的形象方面，而动作及其图式则相当于认识过程的运算方面。

从一定的意义上说，他的整个理论都是研究和解决思维的形象与运算两个方面到底何者占主导地位的问题。在皮亚杰看来，思想的影像方面总是从属于思想的运算方面的，智力的发展应主要归结为逻辑运算的建构过程。皮亚杰认为，知觉（形象）方面的因果观念根源于人的活动，运算方面的因果观念也根源于人的活动，而不是以知觉为其根源的。尤为重要的，知觉等形象因素只是对物体的静态的仿制，知觉作为状态只是智力运演的结果。所以，知觉归根结底是受智力运演所支配和决定的。他批评直观反映论的种种表现，其目的和宗旨是想指出智力的发展主要不是影像的发展（因为知觉到一定年龄后就停止发展），而是智力的实体部分即运算的发展，不能把智力的发展简单地归结为对客体作出形象上的描摹，因为这在儿童的早期阶段就是极容易做到的。智力发展的关键在于运算结构地形成，这一点恰巧被直观反映论所忽视，或者根本就没有看到。皮亚杰并没有否认知觉和表象是对客体的摹本和影像，而是强调不能把智力等同于认识过程的形象方面的发展。这一指导性的观点几乎贯穿在皮亚杰的所有著作中。皮亚杰是在反对先验论和经验论的总原则下论及反映问题的。他反对先验论，说明他的基本观点与反映论的原则有共通之处，他反对经验论的反映观点，说明他不赞成直观反映论；他批评把认知的发展等同于对客体的简单描摹，只是为了说明逻辑运算的发展比心理影像（知觉和表象）更重要。皮亚杰的错误在于他把映象和逻辑运算的对立绝对化了，强调了逻辑运算的建构的属性而忽略了其反映的属性，在主体的逻辑运算能力的起源问题上存在着把活动和反映对立起来的倾向，尽管他有时也谈到主体的运算技能来源于物理世界；在具体论述中他却没有把直观反映论和科学的反映概念区分开来。

实践和反映是马克思主义哲学的两个基本概念，是马克思主义认识论得以建立的两块基石。它们相互补充，分别执行着不同的方法论功能。实践概念不仅没有代替或取消反映概念的科学价值，而且赋予它一种科学的含义，使之更丰富更完善了。马克思主义对反映论的科学贡献是在实践的基础上揭示了反映的能动性和创造性，指出不仅认识的内容是主体对外部世界的反映，而且认识的形式也是对客体及其关系的反映。皮亚杰仅仅承认认识的形象方面是对外部世界的反映，否认思维的逻辑结构的反映属性，并把反映和建构对立起来，这是他的学说的不可克服的矛盾。坚持实践与反映原则的统一，坚持哲学基本问题上的原则立场，是我们坚持和发展马克思主义认识论的首要前提，也是我们分析和探讨皮亚杰发生认识论原理应遵循的重要指导原则。

五

实践和思维主体的形成[*]

考察实践和认识、思维的关系，不能撇开主体这个环节。人既是实践活动的主体，又是认识和思维的主体。实践和认识、思维的相互联系始终以主体为中介，其相互作用的结果又总是复归于主体。因此，实践对认识的影响不仅表现在具体认识过程和内容上，而且表现在认识主体本身的发展上。从发生学的角度看，实践活动对主体形成和发展的意义更为深远。具体地说，人作为认识和思维的主体，要有三个基本条件——思维器官、思维能力、思维形式，它们是构成思维主体的三要素。这三个要素是历史地形成的，是与劳动活动的发生和发展紧密相关的。撇开主体因素及其形成问题来考察实践和认识、思维的关系，必然会由于缺乏历史观点而影响我们对问题本质的理解。本文围绕实践怎样使人成为认识、思维的主体问题，谈点不成熟的看法，向同志们请教。

一 实践的发展与人脑的进化

实践对思维主体的三个基本要素之一——认识器官（主要是人脑）的影响，是实践对认识影响的一个极为重要的方面。要理解这个问题的重大意义，就要揭示心理的东西与神经生理的东西的相互关系。瑞士著名心理学家皮亚杰认为，心理生长与机体生长是分不开的，人的思维逻辑的形成是神经协调的表现，而神经的协调作用是随着有机体的成熟而发展的。正

---

* 本文发表于《人文杂志》1985 年第 5 期。

因为如此，他强调指出："心理发生只有在它的机体根源被揭露以后才能为人所理解。"（《发生认识论原理》，第58页）

众所周知，人和动物的心理都是对内外环境的反映。但是，人的反映较之动物有着无可比拟的深度。人不仅能反映外部世界，而且能理解、把握和描述它。人类特有的认知方式的生理基础在于人有一个发达的脑。因此，要揭示实践与思维的本质联系，首先应当考察实践活动与脑的进化的关系，而考察劳动实践对大脑影响的最佳时期是在人类早期形成阶段。这是因为：这个阶段是人的形态结构逐步确立的时期；实践对脑的影响只有通过相当长的历史时期才能显现出来。人类的形成，从南方古猿到新人，其间经历了数百万年的历史。劳动实践与大脑进化之间的历史性联系，表现在如下三个方面。

（一）在进化过程中脑量的变化。在生物进化的不同梯级上，脑的重量和大脑皮层厚度的增长，是同物种的活动的发展、智力经验的增加相联系的。因此，脑科学历来都采用脑的重量对身体重量比例的变化作为脑发展的指标。哺乳动物的脑要比在体积上与其类似的现代爬虫动物的脑重10—100倍；灵长目动物平均脑重量比相同体重的非灵长哺乳目动物重2—20倍。按相同体重比较，人的平均脑重比类人猿增大了好几倍。就体重而论，脑重最大的生物是人。但是，人并非从一开始就拥有这样硕大的脑，人的脑量是在进化过程中逐渐增大的。有人作过统计：在距今三百万年至一百五十万年之间的人类，其脑量平均为六百至八百毫升；在距今一百五十万年至一百万年之间的人类，脑量平均为八百或九百毫升，到了距今一百万年至七十万年之间的人类，脑量平均数为一千毫升；至距今大约五十万年以后，人类的平均脑量才逐步达到现代人的变化范围，即一千四百毫升左右（《人类历史的童年》，第13页）。上述数字表明，在人类进化史上，在二百五十万年内人脑重量比其祖先增大了近二倍。

（二）人脑的进化不单单表现为量的增加，而且表现出质的变化。更确切一点说，人脑的量变实际上是新质的扩张。美国学者麦克莱恩把人脑划分为三个层次，最古老的部分是R复合体，即爬虫复合体，它是我们从爬行动物那里继承来的；围绕着爬虫复合体的是边缘系统，这一部分是从哺乳类动物遗传下来的；最后就是覆盖在脑的其余部分之上的堆积物——

新皮质（参见《伊甸园的飞龙——人类智力进化推测》，第39—62页）。由动物祖先向人的转变过程中，脑的组织结构发生了重大的变化，这种变化主要表现在以下几个方面。

（1）在进化过程中，与处于皮质下的组织相比较，皮质的比重大幅度的增加。这就是说，人脑的容量和重量的巨大增长不是同脑的较老的部位（爬虫复合体和边缘系统）的增长相联系，而是同大脑两半球及其主要部分——皮质的发展相联系。

（2）人脑皮质的各个区域在进化过程中不是均衡发展的。在低等哺乳动物的脑中，新皮质刚刚显现出来，居优势地位的是皮质的古老部分；在人脑中则相反，是新皮质占绝对优势（95.9%），旧皮质只占很小的部分（4.1%）。

（3）大脑皮质是调节行为的最重要的器官。大脑皮质按其复杂程度可以区分为三个等级，即第一级皮质区、第二级皮质区和第三级皮质区（最复杂的皮质区）。大脑比较解剖学资料表明，在刺猬和老鼠的大脑皮质中，第一级区和第二级区的分化刚刚表现出来，完全没有皮质的第三级区；狗的大脑皮质与此相近似；只是到了类人猿阶段，脑皮质的第二级区和第三级区才表现出来。从类人猿向人的过渡，脑的发展主要是与最复杂的第三级皮质区的面积增大相联系，第一级区和第二级区皮质的面积实际上并未扩大。从人脑本身来看，脑皮质第一级区占据着不大的地位，它受到非常发达的第二级区的排挤。而脑的顶—颞—枕叶（认知联合区）和额叶皮质（调节活动的联合区）第三级区，在人脑中成了最发达的系统，占据着大脑两半球皮质面积的67%，它是接受加工和储存信息的联合区。由此可以看出，在人脑皮质中有多么巨大的区域是分配给认知区和拟定行动程序、调节和控制活动的器官。

（4）在考察大脑皮质结构的变化时，还应注意到一个事实，即细胞体群（神经元）和细胞物质群（神经胶质）之间比例的变化。现在已经查明，在复杂的神经过程的实现中起决定作用的不仅是神经细胞体，还有围绕着神经元的神经胶质。神经胶质指数的增长，表明脑的个别区域机能可控制性的提高。随着动物的进化，皮质的神经胶质与神经元的比例数越来越大，人脑比低等猿猴增长了四倍，比高等猿猴增长了两倍。

　　脑结构的重组在人类起源阶段表现出循序渐进的性质。古人类学关于早期人脑化石的颅骨内部铸模的研究表明，南方古猿的脑已经开始按人脑的某些特殊式样进行重组，这一点同制造最粗笨的石器相联系。在直立猿人时期获得最重要增长的脑区是下顶区，"要求在空间中具有高度发展的定向能力的狩猎生活条件，组成了这一发展的基础。"（A. P. 鲁利亚：《神经心理学》，第32页）在古人或尼人时期得到迅速增长的是下额区，这是同有声语言的产生和发展联系着的。最后，在新人或克罗马侬人时期，人脑中最重要的前额区急剧地发展起来。由此看来，大脑皮质分层次的结构，是长期历史发展的产物，它同人类生活条件和活动的复杂化息息相关。

　　（三）伴随着人脑在质与量方面所发生的结构变化，人脑表现出三条重要的结构功能规律，它们从一个侧面揭示了人脑的组建同劳动活动的联系。下面我们以认知联合区为例来分析这三条规律。第一和第二条规律是皮质区的分层次结构规律和功能特异性递减规律。这两个规律揭示了人脑认知联合区的结构和功能的基本特征。我们可以把这一联合区的脑皮质按其组织成分划分为三个等级，它们分别是：第一级区——投射区；第二级区——认知区；第三级区——重迭区。构成第一级区的是高度分化的神经元，它们只对特定感觉模式发生反应；第二级区是联络神经元占优势，因而模式特异性显著减少；构成第三级区的是多模式神经元，因而在一定程度上具有超模式的性质，就是说，其模式的特异性消失了。"一般而言，初级区可能与感觉有关；而第二级区则与知觉或认识有关。"（k. w. 沃尔什：《神经心理学》，第46页）第三级区是人的抽象思维的脑组织。模式特异性递减规律表明，随着由低级区向高级区过渡，皮质的综合能力逐步增强，这一点保证着人由感觉过渡到知觉，然后向较为一般的、抽象图式的综合反映推进。鲁利亚指出，以上两条规律"保证了脑的工作的最复杂形式的可能性，而这些形式，乃是人的认识活动最高形式的基础，这种高级形式从发生学上说是与劳动联系着的，而从结构上说则是同语言参与心理过程的组织联系着的"（A. P. 鲁利亚：《神经心理学》，第105页）。

　　第三条规律是大脑机能的渐进性侧向化规律，即随着从第一级区向第二级、第三级区的过渡，机能明显地同一定的脑半球相联系。大脑两半球的第一级区是同等的，因为它们都是对侧投射，谈不上这一半球对另一半球第一级区的优势。在过渡到第二级区、第三级区的场合下，情况就不同了。随着右手优势的产生，脑左半球逐渐成为占优势的半球。它不仅实现着语言的机能，而且也是一系列高级心理活动形式，如范畴知觉、逻辑思维、智力运算等过程的脑组织。脑功能的侧向化递增现象在动物那里是不存在的，人类优越于动物的理智能力在相当大的程度上归功于优势半球，尽管这种优越只是相对的，两半球在心理机能上是互补的。优势半球的形成与右手优势有关，而右手优势的产生是与劳动相联系的，由此可以看出劳动活动对脑的进化所起的重要作用。神经心理学证明，身体的各个部分在脑皮质投射区中的投影面积（机能定位）的大小，是按照机能原则实现的。也就是说，这个或那个器官被使用得越多，它在脑皮质中的代表区域也就越大。如果把猿脑和人脑运动皮质层的功能区域图解加以对比，可以看出，在猿类大脑皮层运动区，管理上、下肢的比例是相等的；在人类大脑皮层运动区，管理上肢的区域则比下肢大许多。在人脑中，那些与手和脑部（嘴唇和舌等）的活动有关的区域扩展得特别大。在手的投射区域内，第三和第四手指在皮质中的投射较小，而拇指和食指运动的投射则是相当大的。从中可以看出工具制造和使用活动对脑的进化的重要意义。

以上三个方面的分析表明，劳动实践是促使猿脑转变为人脑的最主要的推动力，以致在某种程度上可以说，正是劳动实践给了人类一个健全的脑。在这个脑中只有很小一部分是从其动物祖先那里继承下来的，其中的绝大部分或者说是构成人类理性最重要条件的脑器官，都是在数百万年，实践的推动下重建并形成了人所独有的脑结构功能规律。这就奠定了理性思维发生和发展的生理基础。

二　劳动引导人类踏上实践性思维的道路

劳动实践不仅赋予人一个完善的脑及其思维的功能，而且教会人按新的方式——实践的方式进行思考。恩格斯在阐述人的思维的本质时说："自然科学和哲学一样，直到今天还完全忽视了人的活动对他的思维的影响；它们一个只知道自然界，另一个又只知道思想。但是，人的思维的最本质和最切近的基础，正是人所引起的自然界的变化，而不单独是自然界本身；人的智力是按照人如何学会改变自然界而发展的。"（《马克思恩格斯选集》第 3 卷，第 551 页）人的思维的本质特征是实践性的。换言之，人类的思维方式是实践式的。现代科学思维的能动性和抽象性模糊了思维活动和实践活动的源流关系，因而要揭示二者之间的真实联系，就必须追溯思维的历史，把历史的镜头对准思维萌发的曙光。概括地讲，人类的逻辑思维大体经历了三个阶段：直观动作的思维、直观表象的思维和抽象概念的思维。在这三个不同阶段上，思维结构的基本要素分别是动作、表象和概念。考虑到论题的需要和篇幅的限制，我们重点考察直观动作的思维。

直观动作思维是人类理性思维的最初阶段。马克思在论及人类思维的起源问题时，提出了两条重要的原则：人和外部世界的关系首先不是理论关系，而是实践关系；思想、观念和意识的产生，最初是直接与人们的物质活动交织在一起的，并且是这种物质关系的直接产物。我个人认为，这两点对起源阶段的思维特征做了高度的概括。那么，这一阶段的思维具有哪些基本特征呢？

首先，这种直观动作思维表现在活动本身中，它只能借助于实际动作才能实现。换言之，实践性思维先于观念的思维，观念的思维起初就表现为实际活动的思维，并在实践性思维中逐步成长分化出来。皮亚杰说："实际上，如果我们能够重复进行某一个动作并能把它扩展到一个新的情境中去，那么这个动作就可以被视为一种具有感知运动性质的概念。"（《儿童的心理发展》，第 30 页）所谓运动的或行动的概念，是指儿童通过使用工具的活动来把握工具的本质和运动规律。就其在动作上反映了工具的功能特性这一方面，可以说是形成了某种"概念"，但这种反映和把握并不是观念性的、思维过程本身的东西，它并不是以观念的形态存在于头脑中的，而仅仅存在于运用工具的物质动作中。因此，活动的或行动的概念并不是严格意义上的概念，它还仅仅停留在动作本身，并没有实现由动作向观念思维的转化。因此，皮亚杰又认为，在前运算阶段的思维具有"实物性质"，"换言之，感知——运动智力的格局还不是概念，因为它们还不能在思维中被运用，它们之起作用仅限于实践上的和实物上的应用。"

（J. 皮亚杰：《发生认识论原理》，第 27 页）

其次，直观动作思维只能实现在具体情境中，同具体物体的作用和联系是这个思维的主要形式。直观动作思维不同于后来的借助于模仿的表象性的思维，离开了具体事物，思维随即停止。这种情境思维的重要特征是动作和对象的不可分离，二者是彼此交织在一起的，也就是说，没有对象就没有动作。原始人或儿童的动作只能由相应的对象来引起和调节，还不能用其他信号物（如手势、表象、语言）来引起。心理学界试验结果表明：对于年龄在一到二岁，处于直观动作思维阶段的儿童来说，对象和操作对象的活动还没有分离，没有相应的对象也就不发生有关的活动。

再次，实践性思维是对事物的功能属性进行原始概括的思维。实践性智力从一开始就高于自然进化的动物智力。这是因为，实践活动是制造工具、改造外部世界的活动，它同动物的本能适应活动有原则区别。动物的本能活动的有效性，依赖于它的特化了的感官，凭借这种感官，它能迅速、准确地反映周围环境的外部感性特征。改造世界的实践活动为人类提供了新的认识方式，当远古人类通过实践活动掌握了同各种对象的特殊作用方式以后，人类的认识就不再停留在事物的外部感性特征上，而是上升为对事物功能属性的认识。人的感觉不同于动物的感觉，人的感觉是人体器官和体外器官（工具）共同武装起来的。人对外部世界的探索总是假手于物，工具不仅增强了人的感性反映能力，而且为人提供了一种新的方法系统，这种方法系统后来就成长并独立出来，构成现代科学的仪器观察和测量活动。实践活动是人类从功能方面区分外物的基础，马克思在论及人类概念的形成过程时指出，由于实践过程的重复，客观事物"能使人们'满足需要'这一属性，就铭记在他们的头脑中了，人和野兽也就学会'从理论上'把能满足他们需要的外界物同一切其他的外界物区别开来。在进一步发展的一定水平上，在人们的需要和人们借以获得满足需要的活动形式增加了同时又进一步发展了以后，人们就对这些根据经验已经同其他外界物区别开来的外界物，按照类别给以各个名称。"（《马克思恩格斯全集》第 11 卷，第 405 页）这说明，劳动实践是事物功能属性的测量器，实践性思维既然是使用对象的思维，那么思维过程必然就是对事物功能的概括过程。

直观动作思维的上述特征现在仍能从儿童的语言思维中观察到。二岁左右的儿童在学习语言时，总是不由自主地改变词，千方百计地把所学到的词同化到他已有的图式中，以便使这些词能直接地反映动作。例如，当儿童看到面包时，他不说"面包"，而说"吃吃"，同样地，他不说"凡士林油"，而说"擦擦"；不说"小锹"，而说"挖挖"。在这些语词中，对象的主要功能和主体的动作（二者总是交织在一起）被提到首位，仿佛每一对象都是为某一确定的功能和动作而存在。这说明，儿童最初对事物本质属性的把握正是通过实际动作实现的。动作的成分以及对象的功能特征在儿童的思想上明显地占据优势。儿童总是把他接触到的一切事物都力图同化到他的直观动作思维的结构中，儿童对成人语言的自发性改变，正是他直观动作思维水平的反映。

儿童的智力发展和语言习得的过程，以简要的形式再现了人类智力和语言发生的历史过程。最近，国内有人就语言起源问题提出了一个值得注意的假说——"关于原始动词的假说"，认为原始动词是人类适应劳动的需要而产生的最早的词。原始动词有两个特点：从词汇学角度来看，它的意义中不但包含有行为，而且包含着整个的情境和画面，因而也内在地包含着行为的主体、客体、方式、工具、时间、地点等等；从语法学角度来说，原始动词是最原始的语法结构，其他句子成分（主语、宾语、状语、定语等），是逐渐从其中分化出来的。在各民族的远古语言中，都有动词和静词（名词）界限不甚分明的情况，这是因为在远古时代，动词和静词常常可以相互转化的缘故。动词可以比较自由地转化为名词，是词类分化的前提条件。表示行为的动词转化为名词以后，就可以转指行为的主体、客体、工具、方法、结果、原因、场所、时间等等（张今、陈云清：《英汉比较语法纲要》，第332—338页）。依据这一假说，在儿童的语言习得过程中出现的静词（名词）向动词的转变，可以认为，是以特殊的形式折射出远古时代动词和静词的源流关系。关于原始动词的假说不仅揭示了实践活动对思维和语言产生的决定作用，而且也从语言学的角度揭示了远古时代人类直观动作思维的特征。

综上所述，直观动作思维是人类理性思维形成的最初级的阶段，外部的物质活动是人类主体把握现实世界的最直接的形式。由此我们可以得出两点结论，第一，在认识和思维的起源阶段，外部的物质感性活动不仅仅是内部的观念活动的辅助方法，而且是观念活动本身形成的一个阶段。不管看起来是多么抽象的思维活动（如数学计算、逻辑运演等），在其起源阶段都以某种物质的、实践的形式存在过。"外部的物质活动不仅是思维在起源阶段的基本形式，同时也是思维演进的各个阶段，如由直观动作思维进入表象性（前概念）思维，由表象性思维进入具体运算思维等阶段不可或缺的形式。由外部物质活动向观念活动的转化是一个漫长的历史过程，尽管随着人类思维能力的发展，观念活动所凭借的物质支撑点会越来越少，但观念活动和物质活动的联系是永远也不可能完全割断的。人的观念活动不是一个独立的实体，它只有不断地和实际活动接触，才能取得活跃的、富于创造性的源泉，才能永葆其青春活力。第二，抽象概念的思维作为人类理性的宠儿，不是把感性作为垫脚石而发展起来的，它本身就是在感性形式中孕育、萌芽、脱胎而出的。"就是说，在人类认识的起源阶段，观念的东西表现为物质的形式，理性的东西直接表现为感性的形式，抽象的东西直接表现为具体的形式，人类的理性思维及其文明成果，正是通过数百万年的感性物质活动哺育出来的。以上两点，无论就认识的系统发生还是个体发生来说，都是适用的。

三　思维逻辑结构形成中的实践因素

人是靠逻辑来理解自然、揭示自然的奥秘的。人的理智和思维都内在地包含着逻辑因素，人的认识过程及其成果是通过并借助于逻辑的群集形态存在着。可以说，思维逻辑的形成是人类在认识和改造自然界的活动中取得的最辉煌的成就之一。那么，人的思维逻辑结构是从何起源，又是如何形成的呢？

众所周知，广义的逻辑，即物质世界的形式、关系、结构及其发展的规律性，是客观存在的物质世界发展的客观逻辑，构成人的思维逻辑的客观原型，而且自然界本身也存在着逻辑转换的客观基础。其转换基础有两个方面，一是各种物质形态普遍具有反映的属性；二是诸种事物本身的组织结构具有传递、接受和存储外界信息的功能。所谓结构转移，就是一个系统的结构特征在另一个系统中映现出来。在反映过程中，反映体受到客体的作用后，自身的内部状态发生相应的改变，客体的结构特征在反映体的组织结构中表现并保留下来，使反映体在形态变化中形成某种有序性和组织性。这种有序性和组织性同被反映体的结构特征存在着某种对应关系。这种对应关系表明，在物质客体的相互作用中所发生的结构和形式的变换具有某种相似性和不变性。

生命的出现使自然界的结构转移现象具有了新的意义和新的形式。维也纳大学动物学家 R. 里德尔认为，生物体的神经系统和感觉运动器官的形成是外部世界物理化学规律长期作用的产物。所以，进化的过程既是生物体不断演变的过程，也是生物体不断把世界的规律表现出来的过程。可以说，随着生命的出现，无机界的发展运动的逻辑第一次转化为有机体的形态逻辑和活动逻辑。当然，生物的活动逻辑在本质上是机能的或本能的逻辑。皮亚杰在谈到本能的逻辑时指出："其实它就是身体器官的逻辑，那就是说，只是运用有机体本身天赋的技能而不是运用由万能的智力所构成的技能的那么一种逻辑。"（《发生认识论原理》，第65页）在人产生以前，无机界的发展运动逻辑和生物的活动逻辑都以自在的形态存在着和发展着，只是当人产生以后，自然界的客观逻辑才第一次达到自我意识。这是因为，外部世界的形式结构以人的实践活动为中介获得了观念的反映，使这种自然形态的逻辑具有了主观的意义。总之，客观逻辑向思维逻辑过渡的自然基础和前提是自然界本身所固有的结构转移现象；实现这种过渡的现实基础则是人所独有的实践活动。要揭示思维逻辑结构的起源，只能到人的实践活动本身中去探求。

逻辑因素的性质和水平同活动的性质和水平密切相关，人的思维逻辑正是他自身高度发展的活动逻辑的产物。人的实践活动不是凭空出现的，从一定意义上说，它是自然界客观逻辑的产物。实践的产生是合乎逻辑的，并且它本身就包含着逻辑。实践的逻辑不同于动物的机能逻辑，虽然人的实践活动总是包含着机体器官的机能逻辑，但是它又高于这种逻辑。实践是物质运动的社会形式，它所体现的逻辑必然具有社会历史的特点。实践的逻辑的主要特点是：第一，在实践活动中人和外部世界的关系以工具结构为中介。人在按照对象的客观逻辑改造对象的同时，也把客观逻辑以物化的形式纳入工具结构之中。因此，工具的每一次改进都体现着人类对客观逻辑认识的深化。工具的改革使人类比在自然选择干预下改变机体形态能更有效地适应和改造自然。在工具活动条件下，身体器官的机能逻辑就让位于或发展为体外器官（工具）的活动逻辑。第二，人的活动是实现一定目标的活动，目的性体现着活动的程序性和逻辑性。自然界的逻辑借助于人的意图、目的等环节，把自身贯彻到实践活动中并转化为实践的逻辑。因此，人的活动逻辑不再是某种自发的本能逻辑，而是自觉改造对象的逻辑。如果说工具的逻辑是物化的逻辑，那么实践的目的就是观念的逻辑。第三，马克思曾多次指出，人类的实践活动是创造形式的活动，基于实践基础上的人和自然的物质变换是物质形式的变换。实践的产品的形式结构正是物化了的活动过程的结构，所以，不仅人的实践过程体现着外部世界的客观逻辑，而且实践活动的结果又以新的形态再现出客观世界的逻辑。总之，实践的主客观因素都是客观逻辑的自觉反映和体现。实践的逻辑根源于自然界的客观逻辑，但又不同于客观逻辑，它是变换了形态的客观逻辑。唯其如此，实践才有资格成为由客观逻辑向观念逻辑转化的中间环节。

列宁在《哲学笔记》中曾以高度概括的哲学语言揭示出实践的逻辑内化为思维逻辑的机制和途径。他说："对黑格尔说来，行动、实践是逻辑的'推理'，逻辑的格。这是对的！……人的实践经过千百万次的重复，它在人的意识中以逻辑的格固定下来。这些格正是（而且只是）由于千百万次的重复才有着先入之见的巩固性和公理的性质。"（《列宁全集》第38卷，第233页）请注意，列宁在这里两次强调了"千百万次的重复"这句话是有其特定含义的。由实践的逻辑转化为思维的逻辑为什么要经过千百万次的重复？我们认为，这句话是对亿万斯年自然界的逻辑转换以及人的思维逻辑形成过程的概括和总结。说到底，实践活动的重复性实质上是客观逻辑重复起作用的形式和途径。客观逻辑的重复性首先是生物界的机能逻辑形成的进化机制之一。苏联著名的生理、心理学家 П. К. 阿诺欣专门探讨了生物体机能逻辑的形成过程，他认为，世界时空结构的最本质的特征是顺序性和重复性。生物有机体反映外部世界时空结构的能力就是在其重复作用下实现表现的（《对现实的超前反映》，载《哲学问题》杂志

1962 年第 7 期）。

重复实践具有重要的逻辑意义。

（一）实践的重复性是由观念逻辑所反映的对象决定的。人的思维的逻辑范畴、规律和方法，以高度概括的形式反映着客观世界最普遍的本质和关系。因此，作为观念逻辑原型的客观逻辑，指的不是各种现象形态的具体形式，而是自然界的最普遍的形式。要把这种一般形式从各种事物的具体形式中提取出来，不是单靠一两次实践活动所能办到的。

（二）任何实践活动总是现实而又具体的，它总是创造一定的价值物以满足某种需要的活动。从实现某项目标来看，人类的实践活动总是一种创造性的活动；但它作为人类社会存在的永恒的自然条件，又是带有重复性的活动。按照皮亚杰的理解，人的逻辑数理运算能力来源于人的行为动作，它是从人的行为动作的协调中抽绎出来的。首先，实践活动的重复改变了行为动作的性质，为逻辑数理运算能力的形成准备了条件。动作是构成实践的形式结构的基本要素和单位。起初，任何动作都是为实现某种特定意图而发生的带有具体内容的动作。随着实践活动的重复，这些特殊动作就逐步丧失它借以产生的有关的具体诱因和对意图的依赖性，某种普遍性的动作程序就会从具体活动情境中分离出来。这种普遍化的动作程序反映普遍存在着的那些联系和关系。就是说，实践的重复性使其动作失去个别性，显露出一般性。如果说个别、具体的实践对应的是客观世界的具体存在形式，那么在重复性的实践中所形成的"动作一般"就对应着客观世界的最普遍的形式。人类思维由具体到抽象、由个别到一般的演进，正是通过无数次实践活动所积淀下来的"动作一般"实现的。其次，当我们说思维运演结构是物质活动的内化时，内化为思维运算的并不是活动的内容，而是其形式方面。因此，思维结构的完善化就在于把活动的内容和形式区别开来，用皮亚杰的话说，就是把形式从内容中解放出来。活动的内容是个别的东西，活动的形式是一般的东西，一般的形式就寓于特殊的内容之中。随着活动的重复，一般的形式方面就会随着活动内容的变化流逝逐渐沉积下来，它一方面转化为主体活动的技能，另一方面则积淀为主体的思维心理结构。

（三）从动作技能的生理机制来看，重复性的实践导致动力定型的建立，为人的心理意识功能和思维逻辑的形成提供了必不可少的神经机能系统。所谓动力定型是指大脑两半球中神经过程的程序性。谢切诺夫和巴甫洛夫认为，这种机能不是生来就有的，而是后天一点一点形成的。在外部实践活动的重复作用下，神经过程的规律性与刺激物的信号特征、顺序特征、时间特征相适应，神经系统过程的"程序性"就是由此产生的，它具有稳固性并趋向于重复再现。

我们知道，人的外部活动及其动作的顺利进行，依赖于大脑皮层的外导冲动和内导冲动的协调。人的动作技能的形成和熟练过程，从生理机制上说，就是在大脑皮层上有关的运动神经细胞（传出的）同感觉神经细胞（传入的）之间建立起来的一种复杂的暂时神经联系系统。这种暂时神经联系系统在生理学上称为动力定型。因此，大脑皮层动力定型的建立，是在动作的重复作用下，由于脑组织的一定调节区域总是经受按一定程序出现的刺激物的作用而形成的暂时神经联系。换言之，动力定型是主体经过无数次的动作重复，逐步建立起来的。动力定型的建立，对于实践的逻辑内化为思维的逻辑，具有直接的意义。因为这种动力定型不是死板的、单一的，而是一种概括性的普遍性的机能系统。它使人的操作技能对各种情境具有广泛的适应性，动作技能的广泛适应性恰恰是人的思维逻辑形成的条件。此外，动力定型不仅是人的物质活动的生理机制，同时也是人的一切观念性运动（包括思维的逻辑程序）的生理机制。现代神经生理学的资料表明，一个人在想象一个躯体的运动时与他在身体上执行这个运动时，无论在脑电图或肌电图方面，都伴随着同样的电波型式。这个事实再一次证明，人的观念性活动和外部活动一样，都遵循着同样的程式，具有某种相同的生理机制。我们这里仅仅强调的是这种生理机制不是生来就有的，它是在人的全部生活过程中逐步建立和完善的。

（四）从心理学角度看，逻辑转换问题所涉及的正是人的活动动作结构和认知心理结构（或图式）的关系问题。由于人的认知心理结构是外部活动的动作结构的内化，因而二者在形式上具有同构性。问题在于由动作结构向心理结构的过渡不是即刻实现的，它有一个或长或短的过程。苏联著名心理学家 П. Я. 加里培林把从外部的物质活动到内部的思维活动的形成，划分为五个阶段，这五个阶段是：活动的定向阶段；物质或物质化活动阶段；出声的外部语言活动阶段；不出声的外部语言阶段；内部语言活动阶段。实际上除了第五个阶段以外，其余几个阶段都程度不同的表现出思维过程和主体动作的直接联系。由外部动作向观念思维过渡的缓慢性是动作本身的不完善性决定的。从种系发生来看，人的动作技能是伴随着工具的制造、更新逐步获得的。人体器官的动作技能是依靠体外器官（工具）的日益完善发展起来的，个体发生具有与系统发生相类似的情况。心理学一般是把儿童动作的发展大致划分为两个阶段，即模仿阶段和动作技能形成阶段。在模仿阶段，动作本身的逻辑水平较低，主要表现为动作迟缓，动作形式的正确性较差，动作间不够协调，不善于把各个分解动作联结成整体，有时还杂有多余的动作。显然，这是由于个体尚未建立清晰而稳定的动作调节系统，活动的结构还没有程序化的表现。由动作的模仿到动作的熟练，可以明显地看到动作本身逻辑水平的提高。所谓动作的熟练或动作技能的形成，是指形成起来的活动方式对各种变化了的条件所具有的高度适应性，它是随着行为动作的概括化和系统化而实现的。因此，只是到了动作的熟练阶段的主体才真正把握了动作技能，动作才显现出自主性和自动化，为向高一级的心理结构的过渡准备了条件。

综上所述，从发生学的角度探讨实践和思维主体形成的关系，可以给人许多有益的启发。从科学认识论的观点来看，起源阶段的实践和思维的关系，既有现阶段实践和认识、思维关系的共性，又有其特殊性。换言之，我们越往前追踪人类认识的历史，实践和认识的联系就越是明显、密切，有时二者甚至就是一个东西。实践和认识的这种特殊联系，对于我们深刻理解马克思主义认识论的一般原理显然是十分重要的，它为我们认清认识的实践本质提供了一个发生学的和历史的根据。从思维的起源到现在已经过去了漫长的岁月，今日的科学思维已非昔日原始思维所能比拟。但是不应忘记，人类的理论思维是个历史的范畴，只有弄清人类思维的发生和发展，才能使我们更自觉地把握现代科学思维的特点及其今后发展的趋势。这就是本文探讨这一问题的宗旨所在。

六

论认识论中的"相似"范畴[*]

　　近年来，认识论研究的深化表现为从客体转向主体，从宏观过程转向微观机制，这在很大程度上得益于认知结构和图式概念的引入。最近，思维科学界又提出了一个"相似"概念，认为人的已有知识和经验按其意义构成相似模块，认知过程离不开对相似信息的检索，一切识别和推理过程都是以相似性为基础的。很显然，相似信息在认识中起着与认知图式相类似的作用。但是，相似概念和图式概念又存在着差别，图式概念侧重于从认识形式和结构方面来研究认识的发生和发展，尽管这种形式因素是由内容转化、积淀而来的；而相似概念却着眼于内容方面来探讨认识的生长。揭示图式在认识中的作用是对认识机制研究的重要方面，但如果撇开认识的内容及其生长的"基质"，那么对认识机制的把握仍是不全面的。从结构和形式方面转入对认识的内容和基质特性的研究，应是认识论深入发展的生长点，这是我们探讨"相似"概念的目的所在。

一　作为哲学意义的"相似"范畴

　　相似问题有着广泛的科学和技术价值，因而成为众多学科考察的对象。从哲学角度来看，相似范畴主要有以下几方面含义：（1）自然相似律，指自然界普遍存在着相似关系和相似类别，这是各学科探讨相似理论的本体论依据；（2）作为认识内容的相似概念，主要指相似的知识单元和相似信

＊　本文发表于《人文杂志》1990 年第 1 期。

息，它是认知和识别活动的类比系统；（3）基于相似性的思维和心理学原则——相似联想、类比推理等。很显然，"相似"作为哲学范畴是这三层含义的统一，即认识的对象、观念手段和思维能力的统一。

自然世界相似规律的存在是众所周知的，由自然科学所编织的物理世界图景的相似特性日益明朗化。世界在基元成分及其结构上的统一性是自然相似律最深刻的根源之一，世界上的物质客体归根结底是由三种基本场及其相应的量子通过四种相互作用力构成的系统。日本著名物理学家汤川秀澍认为在自然界的最底层有一种看不见的模子，他的这一见解就是指的物质基元成分和结构的统一性，但是，自然客体不是由基元成分直接构成的，这些基元成分是按照某种层次结构规律逐级构成形态各异的事物和现象。因此，各个层次物质客体的属性和存在状态的相似性还要由相互作用机制来进一步加以说明。在自然界中表现出来的同态关系、对应关系和同构关系，同事物的普遍相互作用有关。众所周知，自然界的物质普遍具有反映的属性，在事物的相互作用过程中，总是伴有物质、能量和结构的转移，这就是广义的反映和复制现象。由于这种反映和复制总是相互的，这就使得各种物质现象除了类的相似之外，还广泛存在着不同种类不同层次现象之间的相似。所以，自然相似律存在的微观机理是构成事物的基元成分和结构的统一性，从宏观方面看，它是物质世界长期交互作用和信息融合的结果。随着自然界的惰性物质向生命物质的演化，自然相似律又以新的形态在生命过程（遗传密码和自我复制）和社会过程（经验、理论及其逻辑形式）中表现出来。

人脑中的相似信息或相似组块是客观的相似关系和相似特性的观念反映，两者具有某种对应关系。自然界的事物间存在着普遍性程度不等的相似性，按相似度大小进行划分，相似性可分为类内相似和类间相似两个系列。类内相似是指构成该类事物本质的东西，就此而言，类内的相似性即事物的规律性，这种相似性是该类事物中相对稳定的、不变的东西。民主德国的约翰·埃本贝克教授在《现代心理学的哲学问题》一文中，提出对人的认识过程用数学的不变量理论进行研究的可能性。他提出，人们总是试图在外界现象的变化中，甚至在思维过程和思维结果中发现相对来讲是不变的、重复的事物。一切认知过程都可以被理解为不变量形成的过程，寻求不变量是一切认识的一个基本的原则。对现象变化中的不变量特征的发现是任何概念形成的前提并且是用语言表征概念的前提。[①]

从上面的论述中可以看出，认识就是发现客体中相对不变的东西，不变量形成过程即概念形成过程。这里的"不变量"原则主要是针对同一类客体而言的，对同类客体来说，相似性和不变量是等值的。但是，相似概念要比不变量概念宽泛得多，相似是相同和相异的对立统一，它不仅包含同类客体的不变量，而且包括不同种类客体的不变量，提出"相似"概念的意义就在于此。模糊逻辑的创始人 L. A. 扎德首次提出相似内涵时，就是着眼于一种不能精确定义的"类"。逻辑学上类比推理之中的"类"，就是仅具有相似关系而不能严格定义的类。类比推理和相似推理之所以具有创造性，就在于它打破了已有的类别，建立了未曾想到过的新的类别。与同类客体的不变量相比，不同种类客体中的不变量是更高等级中的不变量，新的不变量的发现意味着以新的方式重新划分了世界。波兰数学家斯·巴拿赫曾经这样说过："一个人是数学家，那是因为他善于发现判断之间的类似；如果他能判明论证之间的类似，他就是个优秀的数学家；要是他竟识破理论之间的类似，那么，他就成了杰出的数学家。可是，我认为还应当有这样的数学家，他能够洞察类似之间的类似。"[②] 这就是说，在原来认为不相同或无关的事物之间觉察到相似性，不仅会形成一个新的概念等级，而且会促使形成等级的等级，即形成一个高度概括的理论体系。控制论、信息论、系统论等总体概括性学科的出现，正在于人们发现了不同领域各种结构所表现出来的相似性。

发现相似性并把它转化为相似信息、依据头脑中的相似块去发现并解决新等级中的相似性问题，要求主体具有创造性的思维能力。因此，作为认识论的相似范畴，其内涵还应包括人的相似思维的原则和能力。美国心理学家 S. 阿瑞提在《创造的秘密》一书中指出，捕捉相似性是人的创造性思维和其他精神活动中的共同指导原则；识别相似性是个人创造力的主

---

① 《现代心理学的哲学问题》，《哲学译丛》1989 年第 4 期。
② 参见周昌忠编译《创造心理学》，第 15 页。

要过程之一；"人类最终的兴衰就是依赖于对相似性所做出的不同反应。"① 热衷于研究创造性理论的汤川秀澍也指出，创造性思维的表现可能是多种多样的，但其中最重要的、最能体观创造性本质的就是类比，类比就是把一个领域中形成的关系应用到另一个不同领域中去。在类比中，基本的东西是叫做"等同确认"的那一种智力功能。所谓等同确认或确认同一，就是某种高度敏感地从不似中识别出相似性（同一）的能力。他认为，等同确认两件事物为基本相同的能力在人类智力中具有决定性的意义。就此而言，人类智能的发展可以看成等同确认能力的一种进化。② 几乎所有研究创造性思维的心理学家、科学家都把发现相似性看作是创造性思维的基本过程，越来越倾向于把人的等同确认的认知能力看成是理解世界（包括人类）本性的一条重要线索。这种趋向一致的见解，是很值得我们思考的。

二 等同确认何以可能

等同确认能力是一种理解力，是从两个或更多不完全相同的事物中把一种隐蔽的性质和关系识别出来的能力。汤川秀澍以"模式识别"的直觉过程为例指出，所谓等同确认，是指以知觉认识现存的物体时，它会再生出过去的记忆。所以，等同确认就是确认现时知觉与过去记忆的同一，创造性就存在于现时的知觉和以往记忆的重叠之中。③ 知觉心理学认为，知觉本身就是识认过程，只有当对象的特征与经验记忆高度相似时，知觉才会发生。人总是借助于已有观念的帮助，才能把不甚明显的关系和式样识别出来。可见，以往的相似信息或经验记忆是实现等同确认不可缺少的条件。

确认同一就是发现新事物与已有经验的类似，经验记忆是主体识认过程的相似范型，新事物则是相似范型的"推衍物"。识别相似性的过程也

---

① 《创造的秘密》，中译本，第 526 页。
② 《创造力和直觉》，中译本，第 94 页。
③ 《关于什么是创造性的对话》，《自然科学哲学问题丛刊》1986 年第 2 期。

就是依据头脑中的相似信息进行检索的过程。显而易见，识别相似性的能力，等同确认的能力，并不是某一种心理要素所独有的，而是人对任何一个等级的认识材料的处理模式，等同确认的能力以各种形式出现在人的不同等级的智力因素和智力机能中。人对事物的相似特性的提取能力体现在知觉构成、经验记忆、模式识别、学习、观念联想等一系列心理水平上。其中，知觉构成具有至关重要的作用。由于知觉处于人的认知系统的底层，植根于人与外界的天然相互作用的联系之中，客体的不变性总是首先反映在知觉结构中。因而，知觉结构是人的不同认识水平的共有基础和通用内核。换言之，人的等同确认能力从一开始就植根于知觉特性中。那么，人的知觉经验在哪些方面保证着人的等同确认的能力呢？

知觉的构成具有一种张力，是个性和共性的对立统一。传统观念认为，任何知觉都是对个别事物的知觉。这种看法只有一半是对的。实际上，知觉不仅是对个别事物的认识，它也是对一类事物的认识。亚里士多德说过，知觉作为一种能力，是指对这类事物的知觉，而不仅是对这一个别物的知觉，正由于此，知觉才有一种判别能力，如果感官只涉及特殊事物，就不存在判断问题，也就不可能会发生错误。阿恩海姆也认为："我们总是在个别事物中知觉到事物所属的种类和它们的一般性质，而不是它们的个别性质。"① 知觉的这种能力与它自身的张力有关，即人的知觉总是具有两种倾向，知觉既有保持对象个性特征的倾向，又有一种简化和普遍化的倾向。知觉的抽象不同于逻辑学意义的抽象，它不是从无数个别事物中抽取其共同特征的过程，而是直接对事物的形状和结构的抽象。知觉的内容中所包含的个别和一般的张力既是概念抽象的基础，也是感性直观得以发生的条件。

如上所述，知觉反映事物的结构特性，对事物结构特性的把握是一切认识的基础。首先，作用于感官的刺激物不是个别的要素（光点、纯音），而是要素的组合结构，这是形成知觉结构和概念空间的客观基础。其次，格式塔心理学所揭示的知觉的完形倾向表明，人的视觉系统具有连续地组合事物的能力。如果人的视觉不是连续地处理外部物体，那漫画家就麻烦

---

① 《视觉思维》，中译本，第52页。

了，在我们看到一张富于表情的面孔的地方，不过是漫画家勾画的几根线条而已。模式或结构反映是动物和人的基本能力之一。从信息加工的角度看，反映过程是信息的编码、贮存和提取过程。任何编码都是把信息纳入一种关系和结构之中，因为只有"组织编码"和结构记忆才具有最大的生物学意义和认识意义。动物心理学的资料表明，甚至动物的本能反应都是对事物的结构特征的反应，当人工刺激符合自然刺激的拓扑结构时，就可以代替自然刺激并能强化动物的本能反应。

20世纪50年代以来，神经心理学关于侧抑制的发现和视觉感受的研究成果，对知觉的结构和模式提取功能提供了强有力的证明。所谓侧抑制，是指相邻神经元之间的相互制约和彼此抑制的现象，其重要功能是突出图像边缘反差，有利于模式的识别。视觉感受野的研究表明，视觉通路上的单个视觉细胞都对应着一小片视网膜区域，视觉信息是通过各种形式的感受野来进行编码和处理的。视觉皮层各类神经细胞的感受野是图形特征的检验器，分别对各种图形的参数进行严格的筛选，如图形的位置、形状，角度、方位等。由于不同层次的神经细胞对模式的几何特征具有不同的反应能力，从而保证了视觉系统对物体几何模式的反映和提取。[①]

人的知觉结构不是僵死的，它具有某种拓扑特征。就是说，人对事物结构的知觉把握是拓扑性的。阿恩海姆指出，人脑和机器在解决类似问题时采取的方式和策略不同，人在图形复制时，再现性的图形只集中于它的拓扑性质和关系，而不太注意图形结构各部分的具体量度和尺寸的绝对值。对于人脑来说，把握事物的拓扑特征是它的特长。我国学者陈霖通过一系列实验研究，进一步发展了模式识别的拓扑学理论。他指出："视觉系统的功能具有拓扑性，注重整体性质而忽略局部性质。""视觉系统的一个基本的和一般的功能是对大范围拓扑性质的提取。"[②] 人的视觉功能的拓扑性质早在幼儿时期就显示出来。皮亚杰曾发现，幼儿的最早空间是拓扑学的，幼儿无论是画正方形、长方形，还是椭圆形都是以一个封闭的曲线来表示，这些同胚的图形正是幼儿拓扑直觉的表现。

① 参阅肖静宁《脑科学概要》，第130—139页。
② 转引自彭聃龄《认知心理学关于模式识别的研究》，《北京师范大学学报》1986年第1期。

总之，人的知觉加工的张力特性、摄取事物结构的特性以及它对事物拓扑样相的提取功能表明，知觉过程总是指向某一类模式。由于这一类模式具有一定的普遍性和容易识认性，所以它就为日后进行类比和识别提供了基础。

三 相似思维的实质和机制

现代心理学的研究表明，人的不同水平的心理活动都遵循着三个基本的操作样式，即相似样式、接近样式和局部代表整体样式。其中，相似样式居于核心的地位。所谓相似思维是通过揭示事物间的相似关系而达到理解的思维。当主体意识到一个新事物和他已理解的另一事物的相似之点时，他通过将两者比较就可以理解这个新事物。类比是搜寻和运用相似性来解决疑难问题的集中表现。其实，等同确认两个事物相似的能力是人人都具有的能力，人们为理解困难事物所做的一切本质上都是寻找它同已理解的事物的相似，正如汤川秀澍所指出的，当我们运用数学公式、画表或寻找相应的语言来描述未知事物时，都是把它比喻成某种别的东西，确认此一事物与其他知识形式的同一。[①] 可见，相似思维不仅表现在类比过程中，也表现在人的智力机能的其他形式上。

作为相似思维基础的相似块是主体已有的信息和概念，这些观念是人在长期的实践和认识过程中获得的经验和知识单元。所以。相似思维和类比思维就是运用已有的知识作为处理系统的思维。心理学中辨认"两歧图形"的实验清楚地显示出既成观念对视知觉的影响。这个实验证明作用于眼睛的同一刺激模式却产生着不同的知觉，这一点清楚地说明对物体的知觉从开始起就超出了纯感觉的范围，知觉并不是由刺激模式单一决定的，对物体的知觉还包括其他信息来源、包括由过去的经验所产生的对事物的知识，知觉就是面对有效的刺激模式能动地寻找最好的解释的过程，即在头脑中进行相似检索的过程，皮亚杰曾形象地把认知图式比喻为索引夹，其含义也在于此。外界事物总是以多种形式作用于主体的感官，任何一个

---

① 《创造力和直觉》，中译本，第107页。

视网膜的映象严格说来都是多义的、都有无数个可能的解释，但人的思维只考虑那些最有可能的解释，是什么东西保证着人的选择的可靠性？就是以往的经验和知识。人们从来不是仅仅依靠当下获得的信息看世界。而是通过把一个对象纳入或排除出一个类别或等级系统来识别它。所以，人的视觉能够揭示其他动物看不到的东西，尽管许多动物拥有比人更为复杂的眼睛。

我们经常谈论的经验对知觉的影响、认知图式对认识过程的影响，本质上归属于哲学基本问题，即心理与脑的关系、意识与物质的关系问题。如果意识对物质（脑）确实有反作用，那么它就不仅表现在心理对物质活动的调节上，也必然表现在对认识活动本身的影响上。很显然，传统意义上对认识成果的静态研究就应转向知识参与认识过程的动态研究，认识的主体性问题就提到日程上来了。

任何认识都没有一个绝对的开端，它嫁接在以往的图式或格式之上。这就是说，已有的知识是主体反映现实的起点，它同其他心理因素（情感和意志）一起构成一种心理定势，在认识过程中表现为某种假设和期待，并为主体获取的信息提供解释的范型。那么，它在人的认识过程中的功能机制到底是怎样的呢？为了简明地解答这一问题，我们想集中分析"图式"的作用。不过，不能把图式仅仅理解为纯形式的"逻辑的格"，它还应当包括经验和概念，后两者构成图式的主要部分。在这个意义上，图式有点像认知心理学中的"知识"一词（它包括数据型知识和程序型知识）。在一般情况下，认知图式是以概念为核心包括知觉和表象等经验成分在内的参照系统，因而是一种分类系统。

皮亚杰较早地意识到相似性是图式起作用的基础，他认为图式是"在同样或类似的环境中，用于重复而引起迁移或概括"而形成的。不仅如此，他甚至概括地提出了图式起作用的基本公式——同化和顺应。皮亚杰认为，所谓智慧就是同化和顺应（"同化于己"和"顺应于物"）的平衡或综合。同化是把客体信息纳入主体图式之中，因而同化是图式固有的功能；顺应则是认知图式的更新，是改变旧图式建立新图式。同化和顺应的理论也就是"将结构主义和建构主义紧密地连接起来的理论"。

英国艺术理论家 E. H. 冈布里奇集中探讨了传统观念和风格对艺术创

作的影响，即图式在模写现实中的功能机制。严格说来，绘画、雕刻等艺术形式属于再现性活动，它与人的知觉活动并不等同。但是，就其摹仿和"写真"的功能来看，真实的知觉过程和再现过程又有类似之处。艺术史是围绕视觉真实问题而展开，并随知觉模式的变化而变化的。所以，冈布里奇才指出了如下事实："真实的知觉过程是以和我们所发现的支配再现过程的'图式与修正'相同的节律为基础的"。① 这就是说，支配知觉过程和再现过程的规律是一致的，都是"图式与修正"。那么，"图式与修正"的含义是什么？

冈布里奇认为，传统观念或图式具有高于编年史之上的控制力，艺术中的惯例、模式具有顽强的拉力。这是因为，如果没有一些起点，没有一些初始图式，我们就永远不能把握个别事物。这一点已经在两歧图形和双关图形中突出地表现出来。甚至在认识和摹写"无意义图形"时预成图式也是不可缺少的。当我们面对一团墨迹或不规则色块时，我们总是对它分类，使它适合于某种熟悉的预成图式。比如说，墨迹是一个三角形或看上去像条鱼。选择了这样一个大致上适合于那个形状的初始图式后，就开始调整它，例如注意到三角形上面是圆的，或鱼后面拖了一条辫子。由此可知，摹仿是通过预成图式和修正的程序进行的。相似块作为认识和识别活动中的预成图式，它是主体已经把握了的东西，是在活动开始时就起作用的处理范本。个别事物和预成图式的关系是一种相似关系而不是等同关系，所以在运用预成图式"同化"对象时，范本本身也被修正，逐渐精确化，直到适合于打算再现的事物形状为止。修正就是顺应，预成图式和修正几乎就是皮亚杰所说的"同化和顺应"了。但是，要进一步把握"图式和修正"的深层含义，我们还应联系冈布里奇的另外两个命题，即"制作先于匹配"和"创造先于参照"。

按冈布里奇的意见，艺术家在摹仿自然时，一方面有来自绘画媒介的限制，另一方面有来自艺术创造过程的心理的限制，即风格、图式等等。每个艺术家在他能够创作之前先得熟悉以往的传统或建构一个预成图式。任何创作形象的尝试都不能逃避预成图式和修正的规律。所谓"制作先于

① 《艺术与幻觉》，中译本，第253页。

匹配"和"创造先于参照"的含义，不仅是指摹仿自然之前有个预成图式，更重要的是在于强调：画家在从事创作时，不是从视觉印象开始，而是从观念或概念开始，把某一概念运用到个别对象上，个别的视觉材料，即对象的独特特征仿佛被纳入一个先存的框架和程式中。就此而言，图式是研究现实、对付特殊性的手段，它是为后来适应自然面貌而进行修正和调整的起点。绘画的"逼真性"或对自然的准确描绘是对预成图式逐步修正的最终产物。制作和创建所要匹配和参照的是自然事物，由于任何创造和制作总是从预成图式开始，所以在创造中图式先于所要参照和匹配的对象起作用。但是，一件对自然准确描画的艺术品总是对预成图式修改并使之与对象匹配的最终结果，所以冈布里奇又说，制作先于匹配，匹配战胜了制作。即主体从图式开始进行修饰，使之愈来愈接近实际外貌，从而达到对外貌的最终发现和匹配。

这样，主体在最初对事物的解释（摹写或释读）是图式解释，这种预成图式就是头脑中的相似块。如果这种图式或相似块不是封闭性的，而是开放的可变通的，那么它们对于人的认识就不是一种障碍，而是一种必不可少的帮助。由此出发，我们可以把目前有关创造性研究的两种对立观点统一起来。一种观点突出强调类比在创造性思维中的作用，这显然是抓住了事物间的相似关系的重要意义；另一种观点是强调逆反思维、逆向思维即求异思维。表面上看这两种观点既相互对立又各有其根据。其实，它们在本质上是统一的，不过是把"预成图式和修正"的规律分解为两个独立的思维过程了。"预成图式和修正"是相似思维的基本规律，所谓相似是相同和相异的统一。从看似不同的事物中发现相似性是一种创造性，从看似相同的事物中发现相异性也是一种创造性，因为两者都发现了某种前所未有的东西。但无论如何，相同和相异都不是绝对对立和分离的，相异总是对相同而言，相似也总是对相异而言。相似性本身包含着相同和相异两个方面的同时发现，正是这两个方面构成了"预成图式和修正"的统一思维公式。

四 相似思维的语言学机制

语言同思维密切相关，因而研究相似思维不能撇开语言问题。首先，就言语思维而言，表述本身就是一种重要的思维活动。这就是说，思维的质量在某种程度上是由问题表示法决定的。其次，语言问题还同逻辑有着不可分割的联系。现在，愈来愈多的逻辑学家倾向于认为，逻辑学（形式逻辑）不是以现实思维为对象，而是以语言为对象，逻辑规律不过是语言中的一种最基本而又严密的用法规则，即涉及命题真假的语言规则。形式逻辑（三段论）所研究的语言规则是有限的，是理想条件下的语言规则。最后，语言拥有既成规则和超越规则的两种表示法。在日常生活中，人们除了按语言习惯来表达思想外，还常常采用"异变语言"，即违反语言的实用功能和固有规则来表达和思考，这就是语言的比喻功能。在人们的符号行为中，比喻是通过破除语言的既成体制而创造新的意义的基本手段。上述三方面是我们探讨相似思维的语言结构的出发点。

比喻是类比思维的语言表达式，比喻就是揭示一个词或概念和另外的词或概念"相似"。因此，比喻的运用同样以相似性为基础。由于类比不是以本质特性的相似而是以结构特性的相似为基础，所以给相似性下定义必然超出"类"的界限。换言之，当两个事物同属于一个类时，它们固然是相似的，但当我们用"类"来定义"相似性"时，却总有某些东西不能包容在"类"中。相似性不仅包含用类所指称的东西，还包括用类所不能指称的东西，即类与类之间的相似。因此，相似性具有比"类"更广泛的相像。这似乎给人们一种启发：要完全解开相似性及其语言学机制之谜，单靠逻辑手段是不够的，应从逻辑领域进入更广阔的心理领域。正是在后一领域我们看到，动物和人的心理归档系统要比逻辑上的"分类"系统宽泛得多。难怪类比思维的结论不具有逻辑上的必然性，因为它具有明显的心理因素和心理色彩。

众所周知，人的心理是从动物心理发展进化而来的，从动物的模式活动中可以窥见到人的类比活动的某些秘密。如果有人从海鸥窝里拿走一只蛋放在附近，它会重新找回它；如果蛋被其他动物吃掉了，它也会找回其他球形的东西，如鹅卵石和土豆等等。对于海鸥来说，像蛋一样东西的纲比我们关于蛋的纲要大，它的归档系统和分类范围也宽一些。和动物相比，人的分关系统具有理性的特征，在必要的情况下，人甚至能分辨出原物与逼真的假冒物之间的区别。但是，这决不等于说，人只具有一种理性的分类系统。事实证明，人对事物的心理分类有时要比逻辑分类（概念）宽泛得多。例如，当我们谈到橡心、果肉、桌腿、椅背等词语时，这里的带点词显然是从人体中借用来的，它们早已超出了原有含义的范围。人们之所以这样使用并能有效地传递信息，是因为原意和转意之间有类似性，因而能引发类似的反应。比喻和相似思维是互为表里的，相似思维的创造性必然在语言的比喻功能中表现出来，那么这种创造性是如何可能的呢？

众所周知，词语在一般概念的形成中具有决定性作用，词好比绳子，把世界上的同类现象捆扎起来，语言的实用功能就是揭示事物的功能并对事物分类。这一点是由一系列语言规则来加以保证的。语言的比喻功能具有创造性的根本原因在于，它打破了语言的既成体制的框框。利科认为，比喻和隐喻在两个方面打破了语言体制，第一，比喻变动了语形和语意的原有连接，在比喻中词脱离了它的固有用法；第二，比喻和隐喻是在字词和句子两个层次间起作用，在句子中词语从一个意义系统移入另一意义系统，它通过把不同的意义系统连接起来创造新的意义。这表明，语言的比喻功能在理解方式上是同实用功能对立的。在实用功能中，语言运用固有的意义；在比喻功能中，语言产生了新的意义。由此可见，比喻的基本功能是揭示了不同的词或概念的相似，这意味着它打破了已有的类别，建立了未曾想到过的新类别。正如思维本身存在直觉的和推理的形式一样，语言也有既成规则和超越规则的表达方法。语言的既成规则保证着它的一般功能的实现（对事物分类），语言的比喻式运用则是通过对原有规则的破坏来建立新的意义。如果我们把形式逻辑看作是语言规则，那么创造性思维则是对这种规则的超越。这种超越也必然改变语言的固有模式。比喻的创造意义的模式从一个方面揭示了创造性思维的结构。

事实证明，相似思维的语言学结构根源于语言本身的基本性质和发展规律。那么，语言的比喻功能是语言发展的常规还是特例？如果是后者，那么我们对相似思维的看法就要大打折扣。许多著名语言学家都指出，人类的词语多半是比喻性的，语言本身就是通过取之于专门和具体词汇的比喻而发展起来的。帕默尔说，词的"意义扩展的最丰富的源泉是词的比喻性应用"①。语言的比喻性质不仅是词的多义性的根源，也是词义由感性实在（具体意义）到非感性实在（抽象意义）的手段和途径。语言中的比喻和借喻不单是为了表述思想的方便（一种新的科学发现，最初是一些还不知称谓的事物，因而要运用比喻），而且是人们思考和表述抽象事物的唯一可行办法。科学和理论用语具有比喻性质，其根源与抽象观念起初都是从感性具体中引申出来有关，感性具体成了人们把握抽象事物的相似块。现代认知心理学证明，每个人对内部信息的表述都是将当前信息同另外的信息加以比较。这说明，比喻功能的普遍性正是根源于人所固有的类比能力。

综上所述，形式逻辑是人们按语言的既成规则进行思维的规律，而相似思维则是打破或超越语言规则的思维形式。创造性思维是通过打破语言的既成体制并进而突破了形式逻辑的规范而实现的。但是，遵循规则和打破规则之间不是绝对排斥的。正如语言的既成规则是比喻功能实现的条件一样，形式逻辑的规范也是创造性类比的条件。形式逻辑与类比的逻辑之所以是相通的、互补，是因为形式逻辑的规律本质上也是同异律，即相似律。无论是演绎还是归纳都同类比一样，都是根据相似物进行推理。这样，相似性成为心理归档系统和逻辑分类系统的共有基础，成为语言的规则体系和超越这种体系的两种表征的共有基础。当人们询问什么样的逻辑体系能最好地描述思维过程这个问题时，我们的回答只能是基于相似性的逻辑体系才能揭示真实的思维过程，尽管这一体系内在地包含着形式逻辑的推理结构。

---

① 《语言学概论》，中译本，第71页。

七

认识·图式·客观性[*]

认识不是从空白处开始，人们总是从已有的经验和观念出发来把握未知的东西，事物只是通过图式的中介作用才被认识的。在图式的帮助下，我们对句子的理解总是比它所表述出来的东西要多；同样地，我们对物体的认识也不再局限于感官所能提供的东西。不过，正如认识不能单由客体来决定一样，认识也不能单由图式来说明。图式虽然能帮助我们观察和思考，启用预成图式可以使人对事物作出迅速的理解和反应，但它本身并不能决定真伪问题，即不能保证认识与对象的相符性。图式的功能包含着内在的矛盾，这一矛盾推动我们去兼顾思考图式的能动性和认识的客观性及其关系问题。本文不是对这一问题的全面论述，而只想就此谈几点感想。

一

一门学科的进步与发展，有赖于对它的研究对象和方法的理解的深化。就此而言，运用当代符号学的观点来考察认识问题，对认识论的研究可能会引出某些重要结果。

现代符号学提出了两个重要命题，它们显然都与认识论问题有关。第一个命题："文化是语言（一类的东西）。"这就是说，和语言类似，文化性对象对人而言也是具有某种意义的东西，尽管文化性对象的媒介不是语言，它也具有类似语言的功能。意义、表征、传达的统一是语言符号的最

　＊　本文发表于《哲学研究》1990 年第 1 期。

基本的特征。因而，除了通常意义上的语言符号以外，我们可以把那些不像是符号而又具有上述特征的东西称为"文化符号"。一个明显的例子是当我们考察原始部族时，会自觉不自觉地把该部族的各种文化现象（包括他们的工具、住所、服饰以及宗教仪式、图腾、风俗习惯）作为具有特定含义的符号来看待，从中探求它们所蕴含的意义和功能。第二个命题："语言是精神，精神是语言。"这一命题的含义是，从语言到各种文化对象都是人类精神的产物；语言典型地体现了人类的精神活动，精神活动在语言的结构和功用中得到了具体的再现。换言之，人类的一切精神活动都是某种类似符号的活动，都具有类似语言和符号的结构原理，因而可以对认识活动进行符号学的分析。

从"文化是语言"的命题中我们可以引申出"认识对象是语言（一类的东西）"的新命题。认识对象包括文化对象和自然对象。文化对象是人创造出来、对人来说直接有意义的东西，这一点比较好理解。自然对象同文化对象稍有不同，它们对人类的意义不是自明的，是需要人去加以探究的东西。认识某一对象，就是把它作为符号形式，解释它的内容。人类不光在语言方面，而且在一切领域中与"有意义的东西"打交道。其区别仅在于，对于语言这一理想的代码来说，符号和符号功能是密不可分的统一体，而对其他非语言符号来说，则常常是符号功能优先于符号。正如池上嘉彦所指出的，许多事物是"通过人类的主观判断解译意义而'符号'化——事物由于包含着这样一个过程，就可以被看作'符号'，这个范围，事实上是无限的。所有的事物都可在这一过程中变成'符号'"（《符号学入门》，国际文化出版公司1985年版，第155页），符号是在某事物代表、指示某事物的关系中产生的，当某事物作为另一事物的代替物时，它的功能就是符号功能，承担这种功能的事物就可称为符号。作为符号的形式和内容的两个事物之间的关系既可能是规约性的，即彼此有相似关系和因果关系，也可以是非规约性的，即任意的。语言符号的基本形态或其本质是非规约性的，就文化对象和自然对象来说，其符号形式和符号内容之间却是规约性的。

任何语言都具有潜在的意义作用。当我们承认在语言以外的其他事物有意义作用时，也就自然承认它的类似语言的作用。承认对象的符号功能意味着承认通讯过程和认识过程是同一个过程。当我们把认识作为信息的接收、加工和存储的过程来考察时，就是把认识过程比喻为人与物、主体与客体之间的通讯过程。通常所说的"信息"，其实是符号的另一种说法。如果说符号的本质是它的表意性或表征性，那么信息的本质也同样如此。自然信息所表征的事物的属性和内在联系，也可以说是事物本身所固有的含义。同样地，从语义三角关系可以知道，语词是通过揭示事物的属性来给事物分类、命名，而属性即语义的形成过程就是人的认识过程，词的意义不过是以语言符号形式凝结的认识成果。符号学的产生，预示着除了语言以外的文化对象和自然对象都变成了广义的"语义系统"，从而指出了认识过程和通讯过程的同一性。这样，我们就可以从通讯的角度进一步把握认识的性质。

按符号学观点，可以把通讯划分为两类，第一类是传达的通讯，它的基本特征是依赖代码。代码是语义学和句法学的统一。从语义学角度看，代码是符号形式和符号内容相互配合的规定。在传达的通讯中，代码是发讯者和接收者必须共同参照的规定。因此，这类通讯完全受代码法则的支配。传达过程是固定信息随着固定代码在通讯双方往返流动。通常，把这种仅仅依靠代码法则进行的通讯称为"理想的通讯"。理想的通讯总是以发讯者为中心，因为收讯者参照同一代码本就能把发讯者按代码编进的信息解译出来。因此，在这种"授受"行为中，主导地位属于发讯者。通讯的另一种形式是解释的通讯，它的基本特征是通讯过程脱离或超越了代码的规定。在现实生活中，发讯者一方不可能只说代码范围以内的话，当传来的信息脱离了代码的规定时，收讯者就要参照"语境"来体会发讯者的意思。很显然，这种依赖语境的通讯是以收讯者为中心来进行的，因为他要推断发讯者在编制信息时所采用的新代码，相当于收讯者本人也参与了发讯时某些新代码的创造。

当我们把认识比喻为通讯过程时，重要的是对认识作为通讯的特殊本质进行认识论的分析。显然，认识并不是那种理想的或传达的通讯，而是一种解释的通讯。当认识的过程具有解释的性质时，主客体双方都有着一系列特殊的规定性，并使图式的功能发生若干变化。

首先，认识对象作为有意义的符号与语言有重要区别。在一切符号中，只有语言是以表现、传达意义为其功能和目的的，因而它是某种会"说话的符号"，而绝大多数变化对象和自然对象则是"不说话的符号"，这一点对认识活动有重大影响。这就是说，自然物所发出的信息并不是真正意义上的"语言的信息"。自然物并不是按人所建立的代码"说话"，而是按它自己的代码说话。自然信息是以客体的属性和规律为内容，以属性和形态变化来起表征作用的。因此，在主体与客体之间不存在双方通用的"代码本"，自然信息实际上是需要我们创造代码加以解释的密码信息。对此，维纳曾指出："科学的发现就是为了我们自己的方便而对存在系统作出解释的，但存在系统之被创造出来时丝毫也没有为我们的方便着眼。结果是，世界上最经久的、适于保密的并受复杂信码系统保护的东西就是自然界的规律。"（《人有人的用处》，商务印书馆1978年版，第100页）

其次，在认识活动中，人除了接受那些符合既成代码的信息，还要从事主动破译密码的信息活动。因此，认识作为非理想的或解释的通讯，总是带有假设和推理的性质。很明显，在两类通讯或认识活动中，认识图式（代码本）虽然都起作用但所起的作用并不相同。在理想的通讯和再现性认识活动中，主体依靠已有的图式就可以作出判断和预测；但在非理想的通讯或在假设性推理过程中，主体靠预成图式无法对事物作出准确判断，因而图式就不能完全支配人的知觉和理解。在假设性推理中，是代码和语境、图式和客体相互补充、共同起作用。假设性推理是根据规则来推断事实，但这种由图式所提供的规则只具有可能成立的特点。假设性推理是依据图式又参照"语境"（客体）的推理，因而是认识图示对认识对象的同化和顺应的统一。实际上，图式在理想的通讯或再认性活动中的功能只是某种特例。图式和对象的关系是普遍性和特殊性的关系，图式的普遍性虽然是把握个别对象的手段，但个别性不可能完全包括在普遍性之中。这是图式无法单独起作用的原因。主体在忠实地反映外界客体时，认识图式和客观对象的相互作用形成一种互补结构，这一结构不仅是认识的能动性和认识的客观性统一起来的基础，也是人利用旧图式来把握新事物的条件和途径。

人的假设性推理涉及认识图式的一种重要功能。过去对图式功能的理解主要局限在它的同化对象方面，按这种理解，人的知觉过程就是利用已有图式对刺激物进行辨认和识别的过程，知觉就是经验图式的激活，认为刺激物与已有图式的相符是反映的前提，把图式仅仅理解为对熟悉事物的再认机构。这种看法在原则上是对的，但它并没有涵盖人的认识的全部特点。例如，类比和假设作为探索未知的重要思维形式就与主体的图式有着密切的联系。实际上，人们并非只对事先熟悉的某一事物做出反应，即便是遇到既成代码范围内不能理解的新事物，也要试图解释其意义。尽管这种解释有其或然性，但当它们被验证，即具有充分的事实根据时，就会被编入已有的代码系统，有时还能取代原有的代码。片面地强调图式的同化作用，既不能解释认识中何以会遇到反常现象，也无法说明人为何在没有先例的情况下会作出创造性的新发现。

符号学认为，同动物仅仅依靠机体内遗传性质的代码不同，人是创造和使用文化代码的主体，人类创造文化代码的本质是给自身所处的外部世界赋予意义和价值，使之代码化和秩序化。但必须指出，任何文化代码的形成和发展的基础都是人类的实践活动。语言符号作为其他文化符号的最发展的、典型的形态。研究它的结构和动能可以为我们理解其他非典型化的代码以及认识活动提供理想的钥匙和样板，但同样不能忘记语言相对于其他文化对象和认识活动而言所具有的派生性。

<h1 style="text-align:center">二</h1>

如上所述，人在同环境的信息变换中要始终依赖自己的"代码本"，这个代码本也就是认识论意义上的认识图式。图式是人们从事认识和表述知识的方式，是认识中所投入的知识体系的概括性范本，它是人们已有经验、知识以及传统观念的最集中的体现。图式概念不仅揭示了认识诸要素的关系结构和功能效应的整体性，而且指出了认识存在和发展的基本途径和主要特征。鉴于图式功能的论述较为常见，这里侧重谈谈图式功能的内在制约因素，它将有助于我们对图式转换机制的理解。

（一）当我们把认识图式作为深入思考的对象时，会碰到许多棘手的问题。首先遇到的一个问题，是对图式的理解不同。例如，皮亚杰是把图式理解为思维的运转结构，偏重于图式的逻辑推理方面；而认知心理学和人工智能的创始人西蒙（Herbrt A. Simon）却把图式理解为数据结构，即包含特定内容的知识，而不是指程序性知识（参见《人类的认知》，科学出版社 1986 年版，第 102 页）。这一理解显然与皮亚杰的观点不同。其次，在我们接触到的有关图式形成的文献和图式功能的文献之间存在着某种不协调的情况。在皮亚杰理论中，图式的最终形态应是形式化的思维框架，但在论述图式功能的诸多著作中，所谈的往往是具体知识对认识的规范和制约作用。引人注目的是，即使同一位学者，在谈到图式的不同问题时，前后解释也有较大出入。如上所述，皮亚杰所关注的是逻辑结构的建构问题，为此他甚至把思维的映象方面和运算方面严格区分开来，而把运算结构作为思维的本质方面。但是，他在论述图式的同化和顺应问题时，实际上又离开了自己对图式的规定。因为，图式作为思维的逻辑推理结构发展到形式化阶段后，就很难再谈到顺应问题了。所谓顺应是顺应于物，只有把图式理解为知识构成时，才易于理解图式的顺应问题。按皮亚杰的观点，图式起源于主体的活动结构，而不是客体给予的。那么，图式顺应客体就比较难于理解了。此类问题均说明，要全面地把握图式的规定性，必须对图式的构成问题进行系统的分析。这里，我想仅从知识系统这一侧面对图式的构成作些分析。

众所周知，科学哲学对科学发现的逻辑的研究集中在知识系统方面，这其实是对认识图式的狭义研究，尽管他们所使用的术语同认识论和心理学有所不同。因而，对认识图式功能层次的思考应借鉴其研究成果。当我们把认识图式作为知识系统考虑时，人的认识图式和科学哲学所研究的知识体一样，也可以区分为三个层次，即经验层次、理论层次和元理论层次。对人的知识系统作如是观，既反映了图式的形成和发展过程，即由感性经验层次出发由下而上的升华过程，又把经验层次作为图式存在的组成部分，而不仅仅把它视为图式发展的一个阶段。与认识图式的知识构成相对应，图式的功能也显示出层次性。元理论层次作为图式的最高层次，它控制并调节着理论层次和经验层次，正是这一层次决定着认识图式的本质。不同图式的区别虽然也在另外两个层次反映出来，但只有元理论层次才是图式的质的规定因素。元理论层次是知识系统的深层结构，而理论层次和经验层次则是表层结构。如果说，对客体的识别和解释是经验和理论的功能，那么元理论则提供理解和解释的框架。元理论层次是元指令，它规范着知识的发展变化，制约着新知识的产生和表征，并为认识的选择、组织、解释提供最高层次的合理性标准。总之，元理论层次由人们对世界的基本观念所组成，它是人们认识世界的最一般模式，为主体提供一种适应世界变化的可能性的反映模式。它的变化将导致整个理论格局和经验格局的改变。这种最一般的认识模式不是指思维的某种形式规定（如数理逻辑结构），而是受时代和历史所制约的人们观察问题的角度和方式。就此而言，它其实就是通常所说的思维方式。思维方式作为在一定时代和历史时期起作用的文化世界的精神结构，它的影响往往具有超出编年史的意义，但它不是独立自存的，它总要内化为个人的认识图式而发挥作用。

如果说认识模式是隐含在一定知识系统中的深层结构，那么理论和经验则是认识模式的表现型模式，即它的功能层次。理论模式的认识功能是众所周知的，它集中地表现在观察渗透理论这一论断中。面对同一个对象，物理学家所看到的和化学家所思考的东西之间的差异，根源于他们在同一对象上应用了不同的专业知识，正是把不同的理论知识投射到对象上造成了对它的不同分类和理解。理论层次相对于经验层次而言是相对稳定的，它既有经验层次的支持，又受到元理沦层次的保护。当一种理论同时具有实用合理性（经验层次的合理性）和信念的合理性（由元理论原理所决定的合理性）的内核时，它就会因受到上下两个层次的强化而具有更强的解释功能。

经验层次处在知识系统的外围，植根于主体和客体的相互作用过程中，因而是皮亚杰所说的内化建构和外化建构的主要场所之一。经验层次随着人的实践活动的发展永远处于不断变动之中。尽管经验层次受到理论的指导和制约，但从发生学角度看，它却是人的知识系统的出发点。一方面，经验层次因其与实践的天然联系具有产生语义知识和逻辑程序的通用内核；另一方面，认识图式总是以经验层次为中介同环境进行动态的相互作用而得到发展和修正。对异域文化的认同和不同文化之间的可理解性，也是基于人类在实用理性方面的类似性，即处于不同生活方式条件下的人们具有颇多相似的日常感性经验。

上述分析表明，在不同学科领域中所使用和理解的"图式"概念总是因其专业性质而异。认知心理学研究的模式识别问题，主要属于经验层次；科学研究方法论中的"溯因法"和"中流原理"所涉及的主要是理论的功能，而"蓝图理论"侧重强调的则是元理论层次的功能意义。对图式的认识论研究，首先要考虑到各种图式理论具体所指的知识层次，并应从总体上进行综合考察。

（二）图式的功能及其转换机制还表现在另一方面，即心理因素和逻辑因素的非对称性问题。人类的知识不仅有其层次性，而且有着种类的划分。科学哲学家波普把人类的知识划分为两类：主观意义的知识和客观意义的知识。前者归属于心理学，后者则属于逻辑学。他认为，客观意义的知识是没有认识者的知识。因而，波普的客观知识理论，其目的是为了绕过大脑和躯体并进而越过心理过程来揭示人类理性的本质。相对于人的心理过程而言，由语言和文字组成的知识体系具有更高的规整性和严密性，揭示这种知识体系的逻辑结构较少随意性，也较易形式化，这是对客观知识体系进行逻辑分析的长处所在。但是，波普在此却犯了一个不容忽视的错误。我们知道，对科学发现的认识论研究，不能把赌注全押在对认识成果的逻辑分析以及人的认识的形式化的能力上。对认识的发生发展来说，这不是个纯形式的问题，而是包含着极为复杂的思维心理过程。正是基于这种考虑，皮亚杰不赞同把知识和心理学对立起来。他认为，知识问题是不能离开思维的发生、发展来单纯考虑的。任何认识论，即使它把主体因素降到最低限度，也都要暗中求助于心理学的帮助。这样，皮亚杰就把研究的重点从认识的结果转向认识过程，把心理学和逻辑学结合起来，企图建立一种具有心理学效用的关于心理运算的逻辑。

毫无疑问，有关逻辑和心理的关系的争论肯定还会持续下去。我们感兴趣的是哲学家和心理学家为什么会发生这种争论，心理的东西和逻辑的东西的区别和联系在哪里，在认识过程中它们各自的功能特点是什么？我们认为，深入研究这个问题，对理解图式的功能机制同样是重要的。

如果仔细考察，我们会发现，心理归档系统和逻辑归类系统是两种功能型的分类系统。首先，它们对事物分类的范围宽窄不同。众所周知，人的分类能力源于动物的区分能力，由于区分能力以本能为基点，所以动物对模式的识别范围是极为宽泛的。当有人从海鸥窝里把蛋拿走后，它会找回其他球形的东西，如鹅卵石或土豆等来代替。对于海鸥来说，像蛋一样的东西的纲比我们关于蛋的纲要大。和动物相比，人的分类系统具有理性的特征。必要时，人甚至能分辨出原物与逼真的假冒物之间的区别。但这并不等于说，人只具有一种逻辑的分类系统。事实表明，人对事物的心理分类有时要比逻辑分类（概念）宽泛得多。当我们谈到橡心、果肉、桌腿、椅背等词语时，这里的带点词都是从其他范围借用来的，它们早已超出了词语的原有含义。人们之所以这样使用并能达到传递信息的效果，是因为所谈的事物与另一事物间具有类似性，并能引发类似的反应。换言之，人们的日常用语和理论用语往往具有类推的性质，其含义往往超出了词典的意义，是该类含义的延伸和扩大。其次，它们的表征形式不同。逻辑表征多半是命题性的，而心理表征则主要是类比的。同样是用语言来表达，逻辑思维要求我们运用一种数学般的精确语言来表达，并且要遵循一套消除词语歧义性的程序和规则。然而，类比思维却要求我们超越类的界限，从不同的事物中发现相同的东西。帕默尔指出，在使用比喻性语言的地方，"要求助于类推能力（这也许是人脑的最显著的禀赋），即在不相似的实物或情景之中看到相似的性质或关系的能力。这一点构成了称为比喻（隐喻）的心理基础。"（《语言学概念》，商务印书馆 1983 年版，第 72页）

　　这样看来，人就拥有两种语言表征方式，或者说是语言的两种运用模式。它们在思维中的意义和作用很不相同。对于"中国人是中国人"这样一句话，从逻辑上讲是一个信息量为零的表征，但从心理上讲，其中重复了两次的"中国人"并不是作为等价项来使用的。人事实上具有两种分类方法，逻辑的分类法是侧重于同一客体或同类客体在不同条件下的同一性，而心理分类原则却是强调不同客体的等值性，倾向于把不同的东西结合起来。心理因素和逻辑因素的非对称性并不表明它们是彼此分离，水火不容的，它只是提示我们应从更高的层次上来研究这两种因素的相互关系。就此而言，我十分看重近些年来不同学科领域所共同提出并加以探讨的"相似"范畴的方法论意义。这一范畴较好地把心理和逻辑统一起来。所谓"相似"就是"虽不同却相同"，它包含着比"类"更为广泛的相象。这就是说，当两个事物同属一类时，它们固然是相似的，但我们却很难用"类"来定义相似范畴。模糊逻辑的创始人 L. A. 扎德首次提出"相似"内涵时，就是着眼于一种不能精确定义的"类"。心理与逻辑的结合使我们对"类"的把握模糊了，从而使人获得了把握相似关系的能力。汤川秀树把这种能力叫做"等同确认"或"确认同一"的能力，这种能力就是把一个领域中形成的关系应用到另一个新领域中去。很显然，这种能力就是认识图式发挥作用的基础。

正如大脑两半球在功能上的非对称是人的形象思维和抽象思维形成互补结构的基础一样，人的心理功能和逻辑功能的非对称性也构成一种互补结构。这种互补结构对于我们理解图式在认识中的功能特性有重要的价值。首先，图式对认识客体的"同化"（包括选择、解释、假设、投射等形式）并非指图式和客体是完全等同关系，而仅是一种相似关系。说到底，不仅人的类比推理，包括演绎、归纳以及假设性推理都是依据相似物进行的。其次，从符号学角度看，逻辑和心理的对立是意义的两极对立，逻辑的东西处于语义系统的中心地带，而心理的东西则处在该系统的边缘地带。中心地带受完整的代码控制，它是人的理性充分确立的部分；边缘地带则具有脱离代码的倾向，其秩序化是不完整和不稳定的。很明显，这两种倾向使人的精确思维和模糊思维处在某种张力之中。逻辑的东西和心理的东西作为认识图式的内在制约因素是主体的两种能力，从逻辑领域到心理领域，我们可以看到人的思维从收紧代码到放松代码的转变，这就是通常所谓的"收敛式思维"向"发散式思维"的转换过程。逻辑的和心理的对立统一及其往返流动是语言符号发展的创造性结构，也是创造性思维的基本构成因素。人是代码的创造者和使用者，人既能服从代码，同时也能改变代码。由此可以得出结论，这两种因素的共存是推动人的认识和图式进化的内在机制之一。

三

深入研究和探讨图式在认识中到底是如何起作用的，人怎样从主观图式达到认识的客观性，这是认识论所面临的一个重要问题。

众所周知，皮亚杰是明确提出认知图式理论的心理学家。他认为，任何认识都没有一个绝对的开端，它总是被移植在先前的图式上。认识和知识不是主体对外部刺激的简单应答，而是通过以往的经验或图式对其同化而得到的。他用"S（A）R"公式取代了行为主义者的"S—R"公式，其中的（A）就表示某种刺激被主体图式所同化。这样，皮亚杰就表明，人的知识和认识并非仅靠外界客体一方来保证，而且也靠主体的能力结构即图式来保证，认识在质上依赖于主客体的相互作用。

认识在起点上产生于主体与客体的相互作用，它比客体独立所能提供的东西更丰富，这是皮亚杰的核心观点。这一观点不仅是指在活动中主体和客体物质地相互作用这一层次，也包含着认识对象和主观图式之间的相互作用层次。图式作为人的认知能力在形式上是主观的，并且外界客体只有通过观念图式的过滤才能被主体所把握。那么，认识的客观性是如何实现的呢？为此，皮亚杰提出了主观和客观、主体和客体相互补偿的理论，即同化和顺应逐步平衡的理论。具体说来，主要有以下两点。

（一）图式的同化本身决不能离开其对立面——顺应而存在，具有同化功能的图式总是被其同化的对象引起变化即图式顺应客体。当同化大于顺应时，思维只能在自我中心，甚至我向思维范围内发展；当同化离开顺应时，它所取得的知识就将是主观的、任意的，就会出现"同化错失"即客体被主体歪曲地同化，客观事物的映象因同化过错而造成变形。因此，认识过程不仅是信息的同化，它也是一个需要不断解除中心化的过程，这一过程是知识客观性本身的必要条件。这就是说，认识除了一个内部结构和图式以外，还需要外部世界的作用。

（二）同化和顺应是知识的主观和客观相互作用的两极，智力总是使自身同时适应了相互作用的两极而得到发展。一般说来，同化和顺应之间这种渐进平衡是认识发展的基本过程，这一过程能够用中心作用和解除中心作用来解释。所以，主观和客观、同化和顺应不是相互敌对、水火不相容的，它们在认识中既对立又统一。认识总是沿着两个互相补偿的道路前进，全部知识既顺应客体又同化于主体，从自我中心到客观性就是知识和认识进化的规律。

这样，关于图式在认识中的积极作用和消极作用就被皮亚杰揭示出来了。问题是这一理论是否科学，同化和顺应作为一条心理学规律能否在社会文化层次上得到反映和证实？

　　无独有偶，皮亚杰所发现的这条心理规律，被艺术史的事实所证实。英国著名学者冈布里奇通过潜心研究艺术进化的历史也同样发现了这一重要规律。他发现，在一张描绘 16 世纪泰伯河冲决罗马城堤岸的地志画上，尽管画家尽力去描绘罗马的圣安吉罗城堡，但人们看到的不过是一个城堡的图式而已，二者差别极大。17 世纪著名的、技术高超的地志画画家马萨斯·梅里安在画巴黎圣母院一画时，把窄而尖的哥特式窗画成了大而圆的窗，把一边七扇窗、另一边六扇窗画成两边对称的四扇窗。在 19 世纪英国地志画艺术全盛时期出版的一幅夏特勒圣母院的铜版画，也不是一份忠实于原物的视觉记录。画家确实提供了大量关于这幢著名建筑的精确资料，但他也没有超出传统给予的限制。他将夏特勒教堂画成带尖拱券的哥特式结构，而没有画西边正立面的罗马式圆形窗，在他的图式领域中根本没有后者的位置。上面几位画家所出现的差错均不是技术原因造成的，而是与当时的传统和画家的图式有关，如果有人向画家指出他的错误，他能修改他的作品。所以，冈布里奇得出结论说："这些似乎不太重要的文献确实提供了大量关于要为一个独特形式制作真实记录的艺术家的程序的材料，他不是从视觉印象开始而是从观念或概念开始：那个德国画家运用了——也是他所能运用——城堡的概念到一个个别的城堡上，梅里安从他关于教堂的观念开始，那个铜版画家则从他的一种教堂的固定模式开始。"绘画与现实的"匹配常常是个一步一步进行的过程，这个过程有多长、多么困难，将依赖于对适应一幅画的目的的最初图式的选择"（《艺术与幻觉》，湖南人民出版社 1987 年版，第 69 页）。上述事例是历史传统和图式对再现性艺术施加影响的绝好例证。

　　图式在认知和再现性艺术中的作用已如上述，其难点在于阐明图式起作用的机制。如所周知，皮亚杰虽然在总体上提出了图式的功能机制（同化和顺应）理论，但他研究的侧重点是图式的发生和发展。所以，他的结构主义（图式）是同建构主义紧密地连接起来的理论，而对图式在认识过程中的机制和转换论述较少。就此而言，冈布里奇提出的"预成图式和修正"的论断则比"同化和顺应"的关系式大大前进了一步。

　　冈布里奇指出，支配知觉过程和艺术再现过程的是同一个规律，即

"图式和修正"。他认为，主体对事物的解释（包括摹写和再现）总是图式解释，如果没有一些初始图式，我们就永远不能把握个别事物。心理学中讲到的两歧图形和双关图形就根源于主体主观经验图式的差异和转换。甚至在对无意义图形的识别时预成经验图式也是不可缺少的。当人们面对一团墨迹或不规则色块时，总要使它适合于某种熟悉的观念图式。比如说，墨迹是一个三角形或看上去像条鱼。选择了这样一个大致适合于那个形状的初始图式后，就开始修正它，比如注意到三角形上面是圆的，或鱼后面拖了一条辫子。由此可知，认知是通过预成图式和修正的程序进行的。由于图式和对象的关系是一般和个别的关系而不是全等关系，所以在运用图式"同化"对象时，图式本身也被修正，直到适合于打算再现的事物形状为止。

很明显，这里说的"修正"就是图式对外界客体的顺应。"预成图式和修正"以一种新的表示法再现和印证了皮亚杰的"同化和顺应"的关系式。冈布里奇的贡献在于他提出了"制作先于匹配"（或"创造先于参照"）以及"匹配战胜了制作"这样两个新命题上。在他看来，任何形象的制作或创造都不能逃避图式和修正的规律，但图式和修正在形象制作过程中的地位是不同的。"制作先于匹配"就是强调观念模式的先导性。图式既是探究现实、对付特殊性的手段，也是主体为适应客观对象而进行修正和调整的起点和框架。由于任何创造和制作总是从预成图式开始，所以图式先于所要参照和匹配的对象起作用就是理所当然的事了。人的知觉过程和艺术形象的制作当然要和它所描绘的自然事物相匹配，而匹配的过程正是通过图式与修正的程序进行的，知觉和艺术再现的"逼真性"即客观性是这一过程的目的和最终产物。因此，冈布里奇又认为，一件对自然准确描绘的艺术品表明"匹配战胜了制作"。这样，从一般图式开始，通过逐步修正和调整，直到主体真正实现对特定对象的观念把握，就是图式先于匹配、匹配战胜了图式的完整过程，它具体地阐明了人的认识是怎样从自我中心到解除中心作用、从主观性走向客观性的道路。它再一次表明，任何新认识的产生都是主体对原有图式的觉醒和更正的结果。在人类历史上做出伟大发现的科学家和艺术家的最宝贵的品质，就是敢于并成功地克服了历史传统和习惯图式加给他的限制，实现了观念图式的更新。

　　有人会问：上述的图式与修正（制作先于参照和匹配战胜制作）是人的整个认识图式的运行规律吗？我们的回答为：也是也不是。上述所讲的主要是经验图式的作用机制，至于理论层次和认识模式的修正和转换较经验层次远为复杂和艰难。图式更新的部位和类型与问题所在的知识层次直接相关，重大理论问题的解决与理论模式的修正相关联，只有元理论原理的更新才真正触及到认识模式。有些专家甚至认为，相对论的提出仅仅是对经典力学理论层次的更新，只有量子力学的出现才标志着经典力学在元理论方面的变革。这说明，认识模式并非如通常理解的那样经常处于变动之中、随便就可以变革和建构的。

八

时代的发展与认识论的课题[*]

　　哲学的发展既是时代的需要，也是时代的产物。哲学与时代的关系是双向的。一方面，时代作为孕育哲学精神的母体，不断地向哲学提出新的需要、课题，为哲学的发展提供思想动力和思想资料，这是时代对哲学的推动作用和规范作用；另一方面，哲学汲取时代的精华，反映时代精神和文明发展的特点，发挥它在社会生活中的导向功能，服务于人类和时代，这是哲学对一定时代的反作用。世界范围内的科技革命和社会改革运动构成了现时代的基本内容，为马克思主义哲学的丰富和发展提供了广阔而深厚的历史背景和实践基础。其中，科学、技术和生产三个环节变革的相互结合，自然科学、社会科学和思维科学的相互渗透，以及由这两个系列一体化趋势所引起的思维方式和知识价值的变革，概括地反映了现时代的主要特色。从当代科技发展和社会实践所提出的具体问题上升到哲学层面并转化为哲学研究的课题，是一个艰巨而光荣的任务。从根本上说，对现实问题进行哲学思考是一个从已知进入未知、从世界观的高度把握时代本质的过程。哲学研究面向社会生活的困难之处也在这里。70 年代初，科普宁在谈到现代科学技术的特点及其向马克思主义哲学所提出的新任务时，把现代科学认识的主要趋向概括为八个方面。20 多年来，这些特征和趋势并未消失，而且还有了很大的发展。限于篇幅，我们想就其中的主要问题谈几点看法，求教于学术界的同行。

---

　　* 本文发表于《天津社会科学》1991 年第 5 期。

一　当代社会实践的发展要求我们重新审视和探讨主客体关系理论

当代科技革命的成果首先影响到客体的结构成分的变化。

当代自然科学在近代科学探讨物质和能量的基础上引进了信息概念，从而使"软科学"在传统科学中占有越来越大的比重。与此相联系，当代科技革命的重要特征是智能革命，知识、信息、情报等智力因素在生产和社会发展中起着日益显著的作用。随着传统产业由资本密集型和劳动密集型向科学、技术、知识密集型过渡，产品日益成为真正的物化知识。生产和社会发展日益依赖于信息和知识的增长。知识的重要性决定了精神生产和思维活动的重要性，它日益增强知识价值和知识分子在历史进程中的地位和作用。知识、信息作用的增长使知识普遍成为劳动对象。尽管以知识作为劳动对象的情形并非当今时代独有的现象，但是知识产业的出现却意味着以知识为对象的劳动成为一种普遍的社会活动，这一点正是物质生产和精神生产发展到现阶段的产物。主体的能动性及其发展，是借助于客体类型的变化表现出来的，作为人的实践和认识活动的客体不仅包括自然物，而且包括人造物，尤其是作为科学文化的知识。在现代社会中，第四产业即知识产业和信息产业，正在形成一个庞大而又复杂的、日益重要的独立产业，它在国民经济发展中起着越来越重要的作用。通常所说的技术革命，既包括硬件技术（技术设备），也包括软件技术（技术知识），技术知识的生产已成为知识生产的一个重要门类。技术知识的本质是为人类直接提供如何改造事物的知识，因而是以科学知识（即认识事物的知识，如基础理论知识）为对象的知识再生产活动，它通过对科学知识陈述进行加工整理，为人们提供某种具有实际使用价值的知识，为改造世界提供方法和手段。不难发现，随着知识产业的兴起，知识本身日益成为劳动对象，与以往生产方式相联系的劳动主体也将随着技术基础的改变，由体力型劳动者、技术型劳动者向智能型劳动者的方向发展，这是当代科技革命对主客体关系结构影响的最重要的方面。

科学技术的发展不仅增加着活动客体的新类型，而且正在改变着主体间的关系。随着信息科学和微电子技术的发展，人与人、人与社会关系的性质发生着重要的变化，这是由大众传播新媒体的出现引起的。计算机终端普及的结果，使电视功能日益多样化，电视已成为家庭的"第五壁"。大众传播不仅给人们提供必要的社会信息，而且它本身就构成一种新的生活环境，使人们的工作、学习几乎全在新媒体中度过。在这种环境中，人们的购买行为，问安和交际行为都可借助媒体手段在瞬间完成。这虽然便利和加强了人与人的信息联系，但人与人的情感联系、直接交往成分在人际关系中的作用却减弱了。新媒体的发展及其作用，使人与人的关系更多地表现为人与媒体的关系，人与社会的关系更多地表现为人与信息环境的关系。研究在新媒体中产生的人与物、人与人关系的变化，是主客体理论面临的重要课题。

马克思主义早就揭示了，对客体的认识要以主体对客体的影响和改变为前提，当代科技革命进一步揭示了认识论意义上的主客体相关律。近一个世纪以来，哲学的研究有一种主体化的趋势，这是自然科学成果在哲学认识论方面的反映。20世纪初以来，自然科学一系列重要发现同对以往传统概念的反思密切相关，其研究成果，也往往具有超越经验的性质。例如，狭义相对论的坐标系选择原理、量子力学的测不准原理、现代宇宙学的人择原理，以及心理学中的认知结构功能原理，都具有同一种倾向，即都或多或少指向主体和客体的相关性，为认识论审视和研究主客体理论提供了新的视角。自然科学所揭示的现象对时空参照系的依赖性、现象对观察仪器的依赖性以及知觉的形成与人的感官和神经结构性的联系，虽然并没有否认认识对象的客观性和自然界的本原地位，但却表明，人作为认识活动的一个基本前提，他的种种特性总要以各种形式参与到认识活动中去。在认识活动中，主体所使用的物质工具和精神手段，直接影响和决定认识的结果，主体因素已成为认识过程中不可排除的一部分。有的研究者明确指出，作为认识的微观客体实际上是"复合"的，它由微观客体和仪器的作用两部分组成，仪器作为物化的智力，已经将主体因素对象化。这样，在微观领域，作为认识对象的既包括微观客体，也包括认识的方式。这表明，人在认识客观对象时，并非是被动的直观，思维也不是空空如也的白板，而是在主客体的相互作用、转化、渗透中接近客体的本质。当然，主体属性（他的思维方式、实验手段）作为社会历史的规定性参与认识活动并不具有任意性，在一定历史条件下总是一定的。因此，人的认识总是历史的，而认识的客观真理性也具有相对性、历史性。

指出认识的主客体相关性并不是否认认识客观真理的可能性。而是说，我们对认识的某些限制条件（包括主体因素）了解得越清楚，才越能够有效地实现超越这些限制的认识水平。我们揭示认识的主体性特征不是要把人类改造成其他的物种，而是为了更好地按照人类的要求去创造未来。这就是说，我们不仅要重视研究客体及其类型的变化，承认外部世界的优先地位，还要重视研究人、研究主体自身。没有对主体的深刻研究，就很难谈到认识外部世界的自觉性，就很难按照主体的要求去把握和改造客观世界。要真正理解人和世界的关系，最难的也在于对人自身的理解和认识。我们认识外部世界，最终目的还是为了人本身。因此，哲学不应该离开人类去研究所谓纯粹的、把人的因素排除出去的客观世界。研究主客体的关系，人和外部世界的关系，归根到底，就是真正把握人的尺度和事物的客观尺度的对立统一关系，使人们在处理自己同外部世界的关系的活动中，能够最大限度地争取主动、争取自由，建立起人和世界的和谐发展的关系。

深入探讨主客体关系的紧迫性还与人类所面临的"发展困境"这一情况有关。

现代科学技术革命一方面给人类带来了巨大的利益，扩大了人类赖以生存的范围，为人类的未来发展创造了极其广阔的可能性，这无疑是一种十分显著的主体性效应，另一方面也产生了一系列的反主体性效应。现在人们普遍关注的诸如环境污染、生态危机、自然界再生产能力被破坏等全球性问题，破坏了人和自然界的和谐，正在威胁着人类的生存和未来发展，表明在人和自然界之间存在着一种反主体性的紧张关系和状态。这种反主体性效应，就其表现来说，是外部世界对人掌握和控制它的活动的抗拒和报复，但同时也是人类通过自己的活动向自己提出的挑战。人类向自己提出的挑战，表明在人类处理自己同外部世界的关系的活动中存在着内部冲突：一方面通过自己的活动不断地向外部世界摘取胜利果实，另一方面又通过自己的活动给自己造成与外部世界发生关系的困境。这种冲突在现代具有普遍的、尖锐的性质，严重地威胁着人类的持续生存和全面发展。如何应付这种挑战、解决这种冲突，是现代人类也是现代哲学所普遍关注的中心问题之一（参见夏甄陶《现代人类活动向哲学提出的挑战》，载《湖南社会科学》1989 年第 1 期）。

　　主体和客体关系的二重性反映了人和世界关系的深刻矛盾。一方面，人总是从人的角度观察宇宙，把自身作为世界坐标系的原点，虽然科学不断地扩大自己的势力范围，不断加深对客观世界本质的认识，但它却无法超出人的"视野"之外。科学研究中有所谓观察者的参照系和对象的参照系这样两种观察角度，但无论何种角度都不能完全消除人的因素的影响。另一方面，客观世界总是走着自己的道路，相对于人的活动而言，它的优先地位和客观规律是不可超越和违背的。因此，人所面临的发展困境，归根结底要从人类自己方面去寻找原因，这是人类主体在经历了漫长的历史发展之后才逐渐领悟到的颠扑不破的真理。主客体之间的相互影响和双重指向要求哲学根据人类实践活动的现代特点，对协调人与世界的关系作出总体性的考察和论证，从哲学本体论、实践论、认识论和价值论的统一中来把握主体和客体的关系，按照真、善、美的统一来处理人同外部世界的关系。实践、认识和价值是人类的三种基本活动形式，它们代表了人与外部世界的三种关系类型，体现了人的全面发展的要求。但是，要处理好人和外部世界的关系，提高人的主体地位，就要首先把握人和世界的本体论前提。从根本上说，探讨本体论或形而上学等问题，是从哲学层次上考察人与世界总体性关系的根本出发点，是人类充分发挥主体优势去认识和改造、协调外部世界的根据和前提。在当代，由于科学技术革命所引起的人与现实世界的正负两种效应，从正反两个方面说明加强本体论或形而上学问题研究的必要性。

二　从形式和内容的关系入手研究现代认识的特点是当前认识论研究的重要课题

　　思维和存在的关系问题在现代突出表现为认识的内容和认识形式的关系。认识以存在为对象和内容，而认识的形式则涉及逻辑和语言问题。

主观和客观的矛盾既包括认识内容和客观对象的关系，也包含着认识形式与外部世界的关系，包含着思想和思想表达方式之间的关系。纵观人类认识的发展，思维的进步在一定程度上取决于语言和符号系统的发展，帕默尔说："符号好比是梯级，思维沿着梯子从具体的印象一级级地上升到最抽象的概念，去和象在数学中出现的那种纯概念打交道。符号把我们辛辛苦苦得来的思维内容固定下来，并且为向更高处攀登提供了稳固的立足点。因此，思维的进步取决于符号系统的效能，这句话可以说是具有普遍意义。"（《语言学概论》，商务印书馆1983年版，第142页）问题的表示方式如何与思维的质量密切相关，先进科学的表示方法不仅可以简化思维过程，达到问题求解的简单性，而且有助于人们在更深的层次上把握对象。20世纪以来，除了自然语言符号系统之外，还有一系列人工语言符号获得了长足的发展和广泛的应用。尤其在现代公理论的演绎系统中，数学化和形式化符号系统日益发挥着重要的作用。

随着数学从研究具体的数和形发展到量化的结构或模式，数学的公理化方法本身也发生了变化，即从实质的公理化向形式的公理化发展。数学理论抽象度的提高，为自然科学理论的数学化、形式化提供了可能。所谓科学理论形式化，就是以具有专门科学意义的符号系统和符号公式来规定构成科学理论的概念和判断而实现的。把一个理论形式化以后，就可以暂时撇开原来理论中的概念、命题的意义，而只从语言符号、公式结构方面进行研究。符号形式系统中的形式语言和逻辑语法与自然语言及其语法有很大的差别。形式符号和符号公式是对事物和关系的特定的简化表示，是对自然语言的抽象化和精确化，它的单值性保证着准确使用概念的可能性。逻辑语法是纯化出来的理想化的语法，符号演算由于缺少其他的（语义的）辅助手段的帮助，因而更加依赖近乎自足的语法规则，以便把有意义的和无意义的表达式区分开。科学理论的形式化意味着认识形式与认识内容、客观现实的相对分化和隔离，它是人的一种理性能力。列宁说："如果不把不间断的东西割断，不使活生生的东西简单化、粗糙化，不加以割碎，不使之僵化，那么我们就不能想象、表达、测量、描述运动。"[1]

---

[1] 《哲学笔记》，人民出版社1974年版，第285页。

因此，思维形式同思维内容的这种隔离为思维的创造性活动提供了理想的条件。

在当代科学中出现的利用抽象符号的趋势具有重要的哲学意义。在科学理论的数学化、形式化中，人们是以符号和符号的关系系统为直接的研究对象，来从事外部事物及其关系的研究。已故的原民主德国哲学家克劳斯认为，抽象科学发展的典型特征，是从对事物的加工过渡到关于事物的思想的加工，再用符号演算代替思想操作。换言之，现代科学普遍的发展过程是经过了如下三个阶段，即对事物进行操作—对事物的思想进行操作—对思想的符号进行操作①。与他的观点相近似，苏联哲学家列兹尼科夫认为，形式符号系统是在自然语言基础上产生的表达思想和交往的重要辅助手段。有内容的科学理论既是建立形式符号系统的基础和出发点，又是形式符号系统的最终目的。这样，由于数学化、形式化的介入，科学理论的发展就从有内容的知识过渡到形式符号系统，然后又从形式符号系统在新的更高基础上返回到有内容的知识②。从这两位学者的论述中可以看出，尽管任何科学符号就其起源、使用和解释来说都要以语言为基础，但是在科学理论的形成和发展中，具有特定功能的科学符号系统构成理论认识发展的相对独立的一个阶段，从而揭示出人和外部世界关系的一个新的方面。从语言学的角度看，符号、意义和事物之间构成一个语义三角，这三者中意义是联系符号和客观事物的中心环节。由于语言符号总是符号形式和符号内容的统一体，所以，以往人们在谈论语言和事物的关系时，往往只注意探讨意义和事物的关系，而对语言符号的形式方面却注意不够。随着人工语言符号的形成和发展，人们逐渐意识到符号形式对理论认识的意义。认识到语言、符号一经产生之后，就有它自身发展的规律，研究符号的内容和形式、指称和意义之间的相互关系往往会得出某种重要的认识论成果。科学知识的数学化、形式化因素的增长促进了以理论建构本身为研究对象的元理论、元科学的建立和兴起。诸如公理化、形式化、哥德尔的不完全性定理、塔尔斯基的真理性概念的不可定义性等概念和术语，并

---

① 参见《符号论与唯物主义反映论》，载《哲学译丛》1964年第10期。
② 参见《符号在认识过程中的作用》，载《哲学译丛》1964年第10期。

不直接指向现实客体，而是指向关于被研究客体的知识体系本身。这表明思维和存在的关系，不仅表现为主观思想和外部世界的关系，而且包括人的思想把握、描述外部世界的方式，离开思想把握世界的方式去推断世界是不全面的。换言之，对思想的考察不应局限在思想和现实的两极之间进行，还应注意思想和思想的表达之间的关系和相互影响。这样，思维和存在的关系在现代就具体化为现实、思想和思想的表达之间的三维关系。20世纪以来，相继出现的逻辑经验主义、分析哲学、语义哲学以及符号学等哲学流派，有一个共同的倾向，就是注意到思维形式在认识中的重要作用，力图从形式上来解释和研究人的认识活动。

自然科学数学化、形式化的过程充分显示了认识形式在科学认识中的重要作用。近年来人们普遍感到，现代科学的重要趋势是加强对未来的研究。从认识论的角度说，加强对未来的研究亦即加强了对"可能世界"的研究。在这方面，数学语言和形式化语言提供了极为重要的认识手段。依据数学的严格性建立起来的形式符号系统是人类理性的普遍智力结构的特殊表现，它所具有的普遍适用的操作职能根源于人的实践活动。和其他的经验科学不同，数学结构是从人的实践操作中抽象出来的，形式符号系统是人的实际操作对象活动的高度概括的反映，是实践操作和思想操作中的不变量。因而，在一定限度内它是有其客观意义的。目前，形式化、符号化已大量渗入科学研究的对象、研究过程及成果中，它在一定程度上标志着人类认识已从经验水平上升到理论知识和形式化知识水平。

如上所述，由于深入反映现实的要求，人工语言和符号形式系统的作用在不断增长，它们已成为人们在现阶段把握现实的方法、形式和手段。这表明，为了丰富和完善马克思主义的认识论，仅仅强调认识是对现实的反映已经不够了，必须对这种反映的新形式和新手段进行深入的哲学分析。由于自然语言是有内容的知识的载体，所以一切符号形式系统总是通过自然语言来解释的。逻辑实证主义把自然语言和人工符号系统对立起来，认为自然语言是可能发生错误的根源，妄图借助于数理逻辑的形式符号系统把科学从自然语言中"拯救"出来，这显然是错误的。形式符号系统和自然语言的关系是语法和语义的关系，在科学理论的建立和发展过程中，二者是不可分的，脱离自然语言的解释，形式符号系统将失去意义。

因此，要真正把握形式符号系统的科学认识价值就要研究内容与形式、自然语言和人工符号系统相互依存、相互促进的现代特点。

三　自觉转变认识观念，全面把握认识结构

实际上，科学认识历来都是按照经验与理性、直觉和逻辑、归纳和演绎的张力结构向前发展的，所谓张力结构是指在人的认识活动中总是由相互对立的功能因素构成一种互补结构。这种互补结构是人们能动地把握外界事物不可缺少的功能原则。认识的张力结构表现在各个方面，如显意识和潜意识、言传意识和意会意识、抽象和形象、逻辑和直觉、理性和非理性等等。在上述对立的两极中，我们过去往往只偏重于前者，而对后者注意不够。实际上，认识过程从来不是单一成分、形式的累积，而是两极性因素的相互作用的过程，其结果也表现出某种双态性。把握认识的张力为我们透彻地理解认识论史提供了一个重要原则。

认识的张力是人类精神内部诸种因素的对立统一的表现，它并不表示人和自然界、主观和客观的对立，但却是为解决这种对立所必需的。我们知道，主客观的对立在认识论研究中具有基本的意义，认识的发生和发展归根结底取决于主客体的相互作用，即实践的作用。列宁曾经说过，自然界既是具体的又是抽象的，既是现象又是本质。在改造自然界的过程中，我们总能见到物质世界的规则性和不规则性、普遍性和多样性、恒常性和变化性、简单性和复杂性的区别和对立。与这种区别相适应，人也具有两种相互区别的思维类型：抽象逻辑思维和空间映象思维、言语思维和非言语思维、分析思维和综合思维、离散思维和同时思维、收敛思维和发散思维、数学思维和模拟思维等等。这种相互区别的思维类型的共存表明，对外部世界不可能在单一思维类型的范围内作出完善的描述。

众所周知，人类的哲学思维从古代的本体论转向近代以来的认识论，是同自然科学的发展息息相关的。自然科学以其建立的知识体系和世界图景，不仅为认识论的研究提供材料和课题，而且在认识方法、认识论的内容和性质上也施加了重大影响。近代自然科学发端于数学演绎方法和观察实验方法的结合。但是人们对自然科学所进行的认识论反思，却始终沿着

经验主义和理性主义两个方向分道进行的。时至今日，在欧美流行的科学哲学中，这两个传统的影响仍依稀可辨。随着 19 世纪中叶开始的由机械论自然观向有机自然观的转化，马克思主义哲学建立了以实践为基础的感性和理性辩证统一的认识论学说。然而在西方各哲学流派中，经验论和唯理论、理性主义和非理性主义、逻辑主义和心理主义的对立和争论却一直没有止息过。放眼世界，当代西方认识理论派别林立、五花八门，这些派别的产生无疑从多方面丰富了认识论的内容，但其主流却依然是唯心主义和形而上学的。它们往往片面地强调某一个方面（如把语言视为本体，把某种非理性因素夸大为人的一切活动的基础），而否定其他方面，从一个极端走向另一个极端。但是，随着自然科学的进步与发展，人类的思维终归要从机械还原论转向辩证的系统思维方式，这一历史潮流是不可抗拒的。

当代认识论发展的重要趋势是认识论研究的"跨专业性质"，即认识论日益关注各学科之间的"会聚点"、"交叉点"上发生的认识论问题，越来越自觉地吸取各门科学的研究成果。这种情况，尽管尚未从根本上改变西方各哲学流派的主导传统和各自的基本立场，但已出现了从对立的传统中吸取营养来巩固自己的地位的势头。自然科学的发展日益暴露出传统认识论的局限性。传统认识论实际上是知识论，而且这种知识是以语言、逻辑为手段的线性认识模式的产物。不少哲学家片面追求知识的"自足性"，满足于知识的形式化的、彻底演绎的结构。但是现代思维科学的发展日益揭示出人类思维形式的多样性，人不仅有抽象逻辑思维，而且有直感形象思维和灵感顿悟思维。尤其是脑科学和神经心理学的新进展进一步证明人脑在结构上的对称性和功能上的非对称性，揭示了人脑各部分功能的互补性及其在认识过程中的整合机制。

如果说，脑科学对人脑结构和功能的研究日益揭示出人类智能在思维过程中的逻辑和非逻辑、形式化和直觉因素的互补性关系，那么，对人工智能的研究则进一步预示着人类文化的两大支流——科学和艺术（自然科学和人文科学）的统一趋势。众所周知，电子计算机是人类在 20 世纪所取得的最重大的技术成果，人类由此揭开了智能革命的新纪元。电子计算机的出现，提出了人类智能和人工智能的关系问题，极大地改变并完善了人类关于智能的基本观念。20 世纪以来，追求形式化和彻底演绎的理想曾经是建构自然科学的主导原则。哥德尔的不完全性定理发现了人类认识不可能完全形式化的逻辑限制，表明科学认识在任何时候都不可能有完全的形式化，不可能完全摆脱直觉的、非逻辑的成分。但是，对完全形式化的否定并没有使自然科学和数学失去形式化的外观和基本特征，自然科学与人文艺术科学的对立依然存在。正是人工智能技术的出现才从一个侧面揭示了人类两种文化的内在统一性。人工智能的本质在于解放人的脑力劳动，把人所从事的逻辑运算交给机器去完成。随着人类的计算活动和能够加以形式化的智能活动转变为人工智能机器的功能，人类所独有的智能，即直觉、想象、概括能力才真正显露出来。过去一直认为，只有人文艺术思维才是以直觉为特征的，而科学思维虽然也包含着直觉的因素，但它的本质特征却是逻辑思维。由于电子计算机的出现，自然科学、技术科学和人文艺术领域的智能活动结构的共同性明朗化了。借助于智能机器的帮助，人在解决问题时，形式化的逻辑运算只占人的思维活动的极少部分，而用主要的精力去完成和实现由经验到理论之间的"逻辑跳跃"。这表明，电子计算机第一次使科学和技术活动中的形式化运算成为次要的，并从属于直觉的选择和真正的创造过程，从而揭示了自然科学和人文艺术创作过程的相似性。现在，人工智能的发展趋势是日益接近人类智能的功能，它所具有的"人机对话"、"专家系统"等功能都是人类非逻辑因素向人工智能渗透的结果，因而都具有人文科学的特征。人工智能的发展，要求科学和技术的发展要更多地考虑到人的因素和人文知识，日益要求逻辑学家、数学家和心理学家、语言学家的通力合作，从而展现了自然科学和人文科学相互接近的历史新趋势。这种趋势不可能不对现代哲学和认识论的发展产生重大影响。许多哲学家已经捕捉到这一趋势，明确意识到科学认识论将转向社会—文化方面的研究，即是重要的例证。

　　人类认识中的经验、直觉因素和理性、逻辑因素的对立统一关系不仅获得了脑科学和人工智能领域的支持，甚至它也是自然科学和人文科学内部知识增长所呈现出来的趋势。我们知道，康德最早提出图式问题，并把图式看作是知识获得必然性的形式条件。在此基础上，皮亚杰从个体认识发生的角度，揭示了人的认识具有某种逻辑、数学结构，他把这种结构称作认知图式或格局。库恩受皮亚杰学说的启发，提出了"范式"概念，这种"范式"已突破了逻辑、数学范围，包含着信念、传统和心理因素。有意味的是，皮亚杰在人的科学认识中发现的图式功能原则又被艺术史的事实所证实。英国著名学者冈布里奇通过潜心研究艺术进化的历史，也独立地发现了在艺术创作过程中的图式功能规律。他发现，艺术家（画家）在进行艺术创作时，总是从观念或概念开始，从某种固定模式开始。绘画与现实的匹配是一个过程，其匹配的程度如何依赖于画家对某种图式的选择。由此，冈布里奇明确地指出，支配科学认识过程和艺术再现过程的是同一个规律，即"图式和修正"。没有一些初始图式，我们既不能认识也不能再现个别事物。艺术创作过程中图式作用的发现，表明艺术创作也并非单纯是一个直觉的过程，或者说艺术创作过程的直觉总是在某种图式支配下的直觉。因此，无论是科学发明还是艺术创作都是在传统（图式）和创新的张力中进行的。

人类的两种不同文化不仅在图式方面有其共性，而且在逻辑和语言符号方面也显示了两者的联系。当代许多著名逻辑学家都明确指出，传统的形式逻辑的对象并不是思维规律，而是语言。逻辑规律不过是包含在语言之中的一种最基本而又严密的用法规则。就是说，形式逻辑实际上是一种语言规则，即关系到命题真假的语言规则。现代符号学和解释学的研究成果表明，日常语言具有两种最基本的功能或模式，即语言的科学运用模式和诗歌的运用模式。这两种语言功能是对立统一和相互转化的。从语义学角度看，语言符号的意义功能总是处在两个极之间，意义的一极是以"常规"和"习惯"为前提，它完全受常规的约束和支配，另一极则完全不以常规为前提。接近前一极的是科学的"术语"，接近后一极的是"诗的语言"，日常语言则处在它们之间。或者说，科学的语言和诗的语言不过是日常语言的两种运用模式。科学与诗歌、逻辑和心理的对立在语言上表现为意义的两极对立。一般来说，科学的、逻辑的或理性的东西处于语义系统的中心地带，而诗的、直觉的，或心理的东西则处在该系统的边缘地带。中心地带受完整代码（语法规则）控制，它是人的理性和逻辑充分确立的部分，边缘地带则具有脱离代码的倾向，其秩序和逻辑性则是不完整和不稳定的。很明显，这两种倾向使人的精确思维和模糊思维、科学思维和艺术思维、逻辑思维和直觉思维处在某种张力之中。语言符号的意义作用从中心地带过渡到边缘地带，也就是人的思维从收紧代码到放松代码，就表现为通常所说的"收敛式思维"向"发散式思维"的转换过程。正因为如此，近年来，逻辑学家不仅研究形式化的符号逻辑，而且日益注重研究自然语言逻辑。亨利希·肖尔兹认为，形式逻辑仅仅是科学认识工具的一部分，人的科学认识除了形式逻辑之外，还包括非形式的逻辑。这两种逻辑的关系，显然与人的自然语言的意义两极性的不同运用密切相关。可以说，逻辑学和符号学从各自的学科研究角度揭示了自然科学与人文艺术科学以及经验、直觉和理性、逻辑之间的更深层的联系。

自然科学和人文科学相互渗透，已经向哲学认识论提出了对人与世界的关系总体性把握的新要求。马克思关于人的活动的两个尺度（对象的客观尺度和人的内在尺度）统一的思想，关于人按照美的规律生产的思想以及人对外部世界的多种把握（科学认识的、实践精神的、艺术的、宗教的）方式的思想，近年来日益受到重视并进行了深入的研究。马克思从实践和认识两个方面揭示了人和世界关系的全面性和整体性。马克思主义认识论是建立在历史唯物论和科学实践观基础上的，人类在实践上全面占有对象的需要必然要求从认识上全面地把握对象。按照马克思的理解，真、善、美三者的统一首先是实践的规定性，然后才是人的思想的规定性。从认识论角度看，人与对象的思想关系表现出认知、评价和审美三个方面，与这三者相应的是真、善、美的观念，在主体心理结构方面则表现为知、情、意的统一。人类正是通过真、善、美的统一，知、情、意的结合，在整体上实现着主体和客体、思维和存在的连接和统一。

当代认识论研究中涌现的多维探讨的趋势不限于以上三个方面。诸如，在科学技术革命基础上形成的实践和理论高水平的相互渗透趋势、心理学向哲学认识论的渗透所提出的"图式"理论（图式的能动性和认识的客观性），以及由解释学、符号学、接受理论所提出的认识交往关系（在主客体基本关系模式之上形成的主体—客体—主体关系模式）问题，同样是今后认识论领域应着力开拓的课题。限于篇幅，有些问题容另文论述。

九
关于史前认识研究的几个问题

　　恩格斯曾经说过，思维科学是历史的科学，它只能站立在对思维史的了解的基础上。同理，认识本质和规律也有其发生和发展的历史，现代科学认识同史前认识具有渊源关系。认识论的研究应当从认识的最初起源开始。近年来，对原始思维的研究成为热门题目，报刊上时有这方面的文章出现，这是认识论研究深入发展的可喜现象。但是，纵观国内就此课题研究的现状，许多文章从立论到结论与传统研究差别不大，读后往往使人有山重水复之感。我个人猜想，这恐怕与研究者对于思维科学史上的经验教训缺乏明辩有关。

　　一门科学的进步与研究方法的变革密切相联。就原始思维的研究而言，所依据的事实和材料大多是思维学史上所提供的。前人曾就这些材料提出过种种严密而综合的解释，这种解释无论正确与否，都将对后来的研究者产生明显的（也许是不自觉的）影响，特别是其研究角度对人们的束缚尤大。因此，对同一课题的突破，就更依赖于观念的更新。研究方法是科学研究的生命。美国科学史专家乔治·萨顿认为，一部科学史，在很大程度上就是一部方法史，每种方法都是人类智慧的结晶。它决定一个人对课题的研究角度、内容和篇章结构。这个问题意义重大又极为复杂，非本人力所能及，本文仅就研究中所反映出来的一些具体问题，谈一些不成熟的意见。

一　探讨认识的发生要顾及到前语言的认识形式

　　在思维科学史上，对原始思维的研究始终会遇到几个困扰人的问题。

问题之一是，人类的认识是否仅限于言语认识一种形式？尽管对这个问题，没有人持明确的答复，但研究的历史表明，人们的注意力始终集中于言语认识一种形式上。这样，就把前语言认识形式的起源问题从研究的视野中勾销了。殊不知，前语言认识在历史上和逻辑上都先于言语的认识，而且在现代人的认识中仍起着重要的作用。如果说，人类言语认识是在前语言认识的基础上发展起来的，那么，撇开了前语言认识形式的发生与发展，显然就无法揭示言语认识起源的机制。

关于认识、思维和语言是否同步发生的问题，国内外不同学科的专家历来争论颇大，这是事实。就国内而言，对这个问题的研究如果不拘泥于个别经典作家的某些观点，采取科学论证的方法进行争论，显然也是有益的。我个人认为，认识和思维过程必须有某种载体或工具，对于这一点争论双方并没有分歧。分歧在于，认识和思维的最初载体是否一定是语言？从方法论上说，主张思维和语言同步发生的人往往把语言作了广义的理解，即把任何一种用 A 来代表 B 的符号系统都看作语言。例如，美籍语言学教授王士元先生就认为"事实上语言系统是可以用种种不同的符号来表示的，语言只是其中的一种符号，手势是另外一种符号。……以前，我们认为语言离不开语音，所以得出一个错误的结论，认为别的动物都不可能有语言。现在只能说，别的动物不可能有语音，但还是可以有很简单的语言"①，我们认为，把语言和手势都看作符号，这是可以的。因为，语言除了具有自身的特殊性外，还具有其他符号所共有的特点。但是把手势符号等同于语言显然是不妥当的。我们不能把任何一种符号（如作为交通规则符号的红绿灯、海上联络的旗语、乐谱中的音阶符号等）都等同于自然语言。严格地讲，人类的语言只能指语音符号系统。通常所谓的手势语并不是真正意义上的语言，只能把它们比喻性的称作语言，正如图画文字不是真正的文字一样。文字是语音的符号，只有当某种视觉符号指示语音符号时它才转变为文字。图画文字是以整个画面来反映一个复杂的事件，这种表示法没有与词相对应的语音。因此，图画文字和语言仍然是两套独立的代表概念的符号系统。尽管任何一种符号都能以某种形式来代表一定的意

---

① 参见《语言学论丛》第 11 辑，商务印书馆 1983 年 10 月第 1 版，第 111 页。

义，但是如果我们把它们统统称作语言的话，那就会混淆它们与语言的本质区别。实际上，人们的认识和交际总是包含语言和非语言这两种工具。在人类认识的起源阶段，起符号作用的东西是多种多样的，不仅手势、体态、面部表情可以用来表意和传递信息，而且各种物件、器物装饰、绘画雕刻、音乐舞蹈等属于原始艺术范畴的东西，在当时同样是表达意识和思维的手段。如果我们把语言的范围扩展到所有符号和信号系统，那么就会得出动物也有语言思维的结论。人类选择语音作为思维的主要工具并不是偶然的，在一切符号中，语言是思维最理想、最有效的符号。在语言符号产生的前后阶段，可以明显地感到思维发展的质的差异。

如果我们承认语言与一般符号的区别，承认动物虽然没有语言思维但却有信号性和简单符号性思维，那么，人类语言思维的起源就不是神秘莫测的了。比较心理学认为，人类的语言是从非人动物的较简单的交往系统进化而来的，人的言语能力是在动物交往能力的基础上，经过长期的生物演化和文化选择逐步发生的。从本质上说，一个物种能否发展出语言，与它们的适应环境的方式有关。这种适应方式制约着它对口语行为对非口语行为的相对条件化的能力，如果它对非口语行为的反应能力比对口语行为的反应更为有效，那就多半不大可能发展出语言。近年来，动物行为学家根据对单一问题学习中出现的物种差异现象，提出了一个新概念——"感觉优势"概念，即一定物种在解决学习问题时，对某一种信号比对其他信号予以更多的注意。由于不同物种的感觉优势不同，有的动物学习空间辨别任务快（如大鼠），有的解决听觉问题快（如海豚），有的解决视觉问题快（如灵长目）。解剖学证明，甚至猫的大脑皮层中的听觉部位都要比恒河猴的听觉部位要精细得多。在听觉学习作业中，灵长类的成绩远逊色于海豚，这并不是因为海豚比灵长类聪明，而只是表明在使用听觉信号的任务中海豚优于灵长类。近年来对野外类人猿的实地考察，也证明了类人猿的感觉优势在于视觉。[①] 至于国外心理学界对类人猿学习"语言"的各项实验，则更进一步证明了类人猿的视觉优势对学习手势语的作用远胜于听觉的作用。尽管利用声音信号来传递某种信息的能力在灵长类身上达到

---

① 参见《黑猩猩在召唤》和《猿猴社会》等书，书中有大量的对类人猿手势动作的描写。

了一定的水平，但从语音学的角度看，这类声音至多属于人类有声语言的超音段成分，即语调、声调、重音等成分。从超音段成分到音段成分，中间要有一个质的飞跃。从上面的论述中是否可以作出这样的推断：起源阶段的类人祖先其感觉优势主要在视觉方面，但有声语言的产生却有赖于听觉优势的形成。由视觉优势到视觉、听觉的双重优势，并不是较短时间内完成的。听觉优势的建立不仅需要声音信号的日益丰富和复杂化，而且有赖于脑的完善和发音器官的根本改造才能逐步实现。正是在上述条件的基础上，形成了人对口语反应的初始能力，并使口语行为调节非口语行为的能力逐步占优势，从而使人类进入了以语言为手段来认识世界、进行思维的新阶段。根据多种资料推测，这已是旧石器时代晚期的事情了。

　　人类在进化过程中获得的某种能力是不会丧失的。在历史上先于语言的认知能力，在现代人身上作为与言语思维并存的能力发挥作用。关于非语言认识和语言认识两种形式的存在，各门科学和许多学者都有明确的论述。英国当代著名哲学家波兰尼曾提出"意会知识"的概念，他认为人类的知识有两种，通常用语言、文字表达的知识是言传的知识，言传的知识仅仅是知识的一种形式；另一种是非系统阐述的知识，即同人们的观察和活动有密切联系的意会的知识。波兰尼认为，意会知识比言传知识更根本，没有意会知识，人们既不能产生又无法领悟言传知识。吉尔在解释意会知识这个概念时指出，意会知识不仅在逻辑上先于言传知识，知识的方向总是由意会到言传，而且意会知识是言传知识的背景和框架。他指出："人们借助知觉与具体领会之间的促互作用，获得意会知识。这种意会知识又提供了一种框架或前后关系和一种模型，正是在这种框架或前后关系之中，以这种模型发生言传认识。有条理有分析的思维，毕竟只能在更加广阔的前后关系或更加具有意义的背景中产生。"① 换言之，人首先是通过意会能力形成一种整体的意义结构，以这种意义结构作为基础和框架，进而形成言传认知的方式。这就是由意会认识到言传认识形成的模型。众所周知，皮亚杰是把儿童的"感知——运动图式"作为思维的原初结构的，日后的逻辑思维就是在此基础上发展起来的。皮亚杰认为，感知运动智力

----

① 《裂脑和意会认识》，载《自然科学哲学问题丛刊》1985 年第 1 期。

是前语言的智力阶段，"智力实际上在语言之前就已经出现了，这就是说，在运用语言符号（即内在化了的语言）的内心思维之前就已经出现了。这种智力是以玩弄客体为基础的一种完全实践性的智力；它是运用那种组成'动作图式'的感知与动作的，而不是运用字句和概念的"[1]。很显然，皮亚杰在这里所说的实践性智力或动作图式与波兰尼的身体感知的全局性知识是意义相近的。

　　与上述看法一致，逻辑学家则从逻辑的角度论证了意会知识的存在。日本逻辑学家泽田允茂把思维区分为两种形式。逻辑思维是一种使用语言、数字或其他抽象符号而获得知识的活动，与逻辑思维相对应的是自然性思维。自然性思维就是在不使用语言和数字符号的情况下，从一种知觉直接地导出另一种知识的活动。自然思维遵循的法则是自然形成的、"为人类的希望和思维所不能控制的整个身体机制中进行的"。由于它"是在直观的、本能的、或无意识之中进行计算、判断和推理的"，因而它是人的基本的、简单的思维活动，支配自然性思维的规律主要地是"事实的规律"，而不是带有强制或规范性质的逻辑法则。[2] 英国著名哲学家罗素认为，在科学实践中有两种推理，即纯粹数学的推理和可以叫作"实质性"的推理。实质性推理又称作"常识的推理"或"动物性推理"。他指出："我们说的'动物性推理'是指一个现象 A 引起一个信念 B，而中间并不经过任何意义上的媒介。"他在另一处又说："科学从而且必须从只是近似正确的初步概括出发，其中许多在用文字把它们表示出来之前是作为动物性推理而存在的。"从上述引文中可以看出，常识性推理或动物性推理是先于语言而存在的，它们构成了言语逻辑思维的基础。正如罗素本人所认为的，言语逻辑思维不过是"动物性推理过程理智化而产生的"。[3]

　　综上所述，先于语言而发生的意会认识虽然是波兰尼明确提出并加以论证的，但国外的许多著名学者也曾从不同的侧面触及到这个问题。乔姆斯基关于语言的表层结构和深层结构概念、皮亚杰的"感知运动图式"或

---

[1]　皮亚杰：《儿童的心理发展》，中译本，第29页。
[2]　参见末木刚博等著《现代逻辑学问题》，中译本，第82—85页。
[3]　参见罗素《人类的知识》，中译本，第220—236页。

实践性智力概念、泽田允茂的自然性思维、罗素的常识的推理或动物性推理概念，都从不同角度共同提出了理智先于语言的问题。如果意会认识在逻辑和历史上都先于言传认识，那么探讨人类认识的发生至少可以分两步走，其一是研究人的意会能力是如何从动物祖先那里发展起来的；其二是探讨意会认识向言传认识过渡的机制。这后一个问题就是语言发生的问题。

有人否认前语言认识存在的理由是认识必须借助于符号，这当然是无可非议的。问题是这种最初的符号是什么。从符号种类上看，不仅可以有语言符号和非语言符号，而且还有社会性符号和个体符号的区别。众所周知，皮亚杰就把儿童认知符号系统划分为两类，即个人符号和社会符号。他认为，幼儿在没有较高的社会化之前，除了语言之外，他还需要另外一些比较属于个人的和比较具有"机动作用"的记号系统。这些记号系统就是延迟模仿、象征性游戏、初期的绘画、心理表象和表象记忆等等。这些记号系统同语言是彼此独立、各不相干的，但它们同语言一样，对幼儿的认知发展具有十分重要的意义。据此，我们认为，在人类认识的起源阶段，记忆和传递思维的手段是多种多样的。语言本身是音和义的特殊统一，因而它既是交际的工具，也是思维的工具。但在前语言阶段，思维的符号和交际的符号尚未统一起来，表象作为个体符号主要是思维的符号，而表示人的动作和事物形象的手势以及作为超音段成分的声音则主要是交际的工具。作为语义三角的形（事物）、音、义的统一过程，就是由意会认识向言传认识过渡的过程。在这一过程中，起关键作用的不是手势和声音，而是作为个体符号的表象。关于这一点，我们将在后面稍加论述。

二　关于原始思维逻辑的特质及其与形式逻辑的关系

在思维学史上，除了考虑思维与语言的关系以外，尚存在着另一难题，即原始思维的逻辑到底是什么，怎么评价这种逻辑以及它与形式逻辑的关系如何？

大体上说，对原始思维逻辑的评价历来存在两种观点，以泰勒和弗雷泽为代表强调人类思维逻辑的共同性；列维·布留尔则强调原始思维与文明人思维的本质区别。列维·斯特劳斯尽管不同意上述观点，但他也认为，在人类的理性中存在着某种先天的、固定不变的模式或结构，人们总是无意识地遵循着这种带普遍性的逻辑结构。就此而论，他倒是同泰勒和弗雷泽等人有共同之处。

上面论及的几种观点，在原始思维的研究史上是颇有代表性的。从形式上看，强调原始思维与文明思维的相同点和区别点，都有其存在的理由。泰勒等人的逻辑共同性是基于人的心理事实，而布留尔则强调社会事实与心理现象的异质性。他们的对立是研究视角和方法的对立，他们的错误在于把某一方法绝对化了。泰勒等人把逻辑结构看作是超越时代和历史的永恒不变的东西，这种错误认识并不能完全否定对思维进行心理学分析的必要性。皮亚杰就认为，任何认识论，即使它把主体因素降到最低限度，也仍然要求助于心理学的解释。列维·布留尔固然看到了心理学方法的局限性，转而采用社会学方法来考察原始思维，但他同样把这一方法推向了极端。实际上，个人和社会、集体的关系并不是绝对对立的，而是有机统一的。

对原始思维的两种对立评价不仅有其方法论上的原因，而且还有其实际的根由，即原始思维本身就具有二元互补的结构。在原始人看来，整个世界一部分是以经验为基础的可见的、世俗的领域，另一部分是在经验范围以外的（不可见的）、神秘的领域。这一点决定了原始人的思维是多重意识的思维，他们总是在两个层次上同时对环境作出反应。所以，许多研究者都只能从两个方面来研究原始思维，一是联系生产活动来研究，二是联系巫术、神话来研究。众多的研究者普遍认为，原始思维的特征是理性方面和非理性方面并存、思维的逻辑方式和巫术方式并存、思维的神话水平和经验水平并存。上述概括显然是比较符合原始思维的发展状况的。

但是，仅仅指出原始思维的内在矛盾性，并没有从根本上解释清原始思维的逻辑属性的难题。因为，尽管原始思维在世俗领域和神圣领域表现出尖锐的矛盾，但这两种思维原则毕竟是在同一个认识主体中被运用的，因而它们必然具有某种统一性。换言之，思维对象的区别（世俗的或神圣的）尚不足以取消人类头脑在工作中惯常采用的方法和原则。探讨原始思维的逻辑，就是要找出贯穿经验思维和神话思维之中的共同原则，以及该原则何以又表现为两种对立的形态。要完成这一任务，首要的一点是要把"逻辑"的含义加以扩大。

在思维学史上，无论是泰勒还是布留尔，对原始思维的评价都是以形式逻辑为唯一参照系，目前国内对原始思维的研究也是沿用这一标准。问题是，这种参照系对原始思维而言是属外的，而不是属内的。我认为，研究原始思维，重点应该放在它自身的逻辑特点，而不是它与形式思维的关系。如果把逻辑概念等同于形式逻辑（实际上，"逻辑"的外延要大于形式逻辑，但在原始思维研究中往往把形式逻辑看作是唯一的逻辑形态），在回答"原始思维有无逻辑"这一问题时，只能得出没有逻辑或前逻辑的结论。这显然不符合事实。布留尔就因此陷入进退维谷的境地，他一方面否认原始思维是前逻辑的，另一方面又认为在不依赖于集体表象的范围内，原始人所作的推理恰如我们所作的推理一样。这表明，在一定范围，原始人并不缺少形式逻辑。这到底是怎么回事呢？出问题的当然是我们自己的观念，而不可能是原始人。

按照传统的观点，形式逻辑主要是同抽象概念的思维相联系的。但是，史前思维却主要是表象思维或形象思维。从思维类型的差异上就可以判明它们所固有的逻辑是不同的。换言之，在表象思维阶段虽然尚缺乏概念思维的逻辑，并不表明它没有自身的逻辑。这是一。严格说来，形式逻辑是语言和文字历史发展的产物，形式逻辑研究的直接对象并不是思维，而是语言。许多逻辑学家都认为，形式逻辑所研究的是一种语言规则，是文法的一部分。形式逻辑与语言学的区别在于，它是作为命题真假的语言规则。这就难怪以思维规律为对象的形式逻辑却仅限于研究有语言的思维或作为思维产物的知识结构，对于非语言的思维以及实际发生着的思维却从不问津。原始思维既然横跨非语言思维和语言思维两种形式，单用形式逻辑来套它。显然是不妥的。这是二。基于以上两点，研究原始思维固然可以从前逻辑到形式逻辑这条线索入手，但是还应该有另一条路可走，即把原始思维的逻辑看作是某种与形式逻辑不同的东西，从原始思维到现代思维是从一种逻辑到另一种逻辑的过程。这样一来，"逻辑"的概念就要扩大。实际上，在科学哲学讨论中，关于发现的逻辑与证明的逻辑争论的出路，也表现为"逻辑"和"理性"概念扩大这样两种途径。

如上所述，原始思维是一个光怪陆离的矛盾综合体，当我们谈及它的某一特征时（例如它的不符合形式逻辑的方面），总能找到它们的相反的一面。这一事实提醒我们要解开这个矛盾的秘密，必须要找到产生这一矛盾的基础和本根。要实现这一点，我们可以从以往的研究成果出发来逐步加以剖析。

按照维科的观点，处于童年人类的思维是一种诗性思维，它的表现形式就是隐喻、象征和神话。很显然，它是不同于后来的哲学思维和理智思维的。维科曾这样表述原始思维和现代思维的区别："诗人们可以说就是人类的感官，而哲学家们就是人类的理智。"维科通过二十年的研究，解释了诗性思维的两个基本特征，这两个特征是：第一，"每逢堕在无知的场合，人就把自己当作权衡一切事物的标准"；第二，"人对辽远的未知的事物，都根据已熟悉的近在手边的事物去进行判断"。这两条原理为我们理解原始思维提供了钥匙。其实，所谓诗性的逻辑就是拟人化的逻辑，就是把感觉和情欲赋予本无感觉的事物。实在说，各种巫术观念、图腾崇拜和万物有灵观念，都是这种诗性逻辑的最初产物。

其实，这种诗性逻辑或拟人化逻辑也就是卡西尔所说的情感的逻辑。他认为，神话是以一种不同于经验方式感知世界的特殊产物，这种独特的感知方式就是情感方式，它使原始人对各种事物作出独特的解释和判断。他认为贯穿神话的逻辑是情感的而不是推理的："神话和原始宗教决不是完全无条理性的，它们并不是没有道理或没有原因的。但是它们的条理性更多地依赖于情感的同一性而不是依赖于逻辑的法则。"

一年四季的周而复始，农作物的秋收、冬藏以及来年春季的发芽和生长，这本来是自然界的客观逻辑，但在史前人类的眼中，却变成了自然界本身的"死亡"和"复活"。世界各地的植物之神和丰饶之神，无一不是死而复生之神。无论是古埃及的奥西里斯、古希腊的安东尼斯，还是巴比伦的坦姆兹、腓尼基的阿蒂斯，均具有死而复生的特性。各古代民族正是通过这些死而复生之神的神话来解释自然界的四季变化和植物的枯荣。流传颇广的苏美尔神话《杜姆兹和印安娜》即是一例。这个故事说丰饶之神杜姆兹和储备女神印安娜在秋季相爱结婚，后因杜姆兹被冥间神夺去生命，结果大地草木凋枯、生机全无。由于印安娜下地府与冥神达成默契，每年定期让杜姆兹复返阳界，届时大地回春、万象更新。这则神话惟妙惟肖地描绘了植物春荣秋凋的原因和起源，整个故事情节曲折生动而又首尾一贯，然而从科学角度看却是不经之说。很显然，这则神话是用情感的或拟人化的逻辑曲折地表现了自然界寒暑交替的客观逻辑。人们常说任何神话都有其尘世的基础，但这种基础通过人的心灵的折射却变成了远离尘世的东西。很显然，原始人和现代人对尘世经验的不同理解和意识化，正是基于心灵结构的不同，即心理逻辑的不同。

要揭示原始人的心理逻辑的特殊性，首要的环节是把握人类思维所共同遵守的相似原则。人类思维中的相似原则根源于自然界事物间的普遍相似特性，事物之间的这种同态、对应和同构关系是自然界存在普遍相互作用的产物，在这种相互作用中，事物之间在物质、能量、信息方面的相互传递及其特性的相互反映和复制，就在各种事物之间造成了结构、属性等方面的普遍相似现象。存在于自然界中的各层次和层次间的普遍相似性，形成了所谓的宇宙全息性。人及其大脑作为自然进化的产物，相对于大宇宙而言是小宇宙，是外部世界复杂的组织结构的反映。也就是说，自然相似律必然存在于人的心理物质组织中，并从根本上制约着人的认知方式。

正如有的学者所指出的，所谓思维的相似原则，是指人在思维时把以往的经验作为识别事物的"相似块"，认识过程在一定程度上表现为输入信息与原有信息（即相似块）相匹配的过程。要把握相似问题，有一点要特别地指出来，即自然相似律和人的思维中的相似工作原理并不是等同的。一方面，自然界普遍存在着相似关系并不表明所有事物的相似度和隶属度都是相同的，思维的相似猜想与事物本质的符合程度同事物之间的相似度的高低密切相关；另一方面，客观事物的存在形式和属性是多方面的，因而事物之间的相似度的大小总是同主体选取的观察角度相关。人们思考问题的着眼点不同，事物之间的相似程度也不同。从客观方面看，同类事物的相似显然不同于异类事物的相似，因而在思维方面，研究异类相似现象的类比思维逻辑也不同于演绎和归纳逻辑，因为后者是研究同类相似现象的一对互逆方法。

原始人的二元对立思维（科学的和宗教的）曾使众多研究者发生困惑和不解，他们至多仅限于指出这两种现象的并存，却为找不到合理的解释而苦恼。为此，我们根据思维的相似原理提出如下假设：所谓原始人的经验思维具有文明人思维相同的逻辑，是指原始思维在处理类内关系（经验范围内的关系）时遵循着形式逻辑。尽管这种逻辑尚处于较原始的状态，尚没有纯形式的操作。所谓巫术和神话等形态表现出来的"集体表象"的思维逻辑，则是原始思维处理类间关系的逻辑表现。这种逻辑明显地不同于形式逻辑。遵循相似逻辑的表象思维在处理类内和类间关系上，其表现大为不同。因为在处理类内关系上，相似逻辑就相应转化为演绎的和归纳的逻辑，而在处理经验范围以外的关系时，它却碰到了不可克服的困难，因而导致思维所谓的神秘性和不可理解性。这一点当然同原始思维的局限性有关。

众所周知，原始思维是表象思维，表象思维对事物分类的基本原则是感性直观原则和实用性原则，这一点决定了原始思维还不能进行真正的类的运算。严格意义上的类的运算总是同类概念的形成一同出现的，而思维的表象水平尚不能对事物作出科学的类的划分。正是表象思维的这一状况决定了它的特有结构。

当原始先民把世界划分为世俗的（能经验地加以把握）和神秘的（不可见的和非经验的）两个部分时，思维的经验模式对神秘世界的认识出现了空缺，但是为了实际生存的需要，原始先民又必须对它作出解释。这样就出现了以有限的模式去解释无限的东西的矛盾。在经验思维极为贫乏、有限的情况下，他要把这个世界统一起来，唯一的着眼点和参照系就是他自身。这就是原始思维中较早出现的拟人观倾向。从"自我"出发，原始人得到的第一个相似度极大的宇宙论模型，就是许多研究者共同指出的"生命的一体化"意识。正如维科所说，文明人通过理解一切事物来变成一切事物，而原始人却因不了解一切事物而变成了一切事物。所谓生命的互渗感或一体化，实际上也就是人物不分、人兽不分、主客不分。在原始人看来，自然界的事物同人一样是有感情和情欲、具有喜怒善恶的生命实体，因而需要用种种宗教手段与它们沟通思想、联络感情。因此，所谓主客不分就是指原始人在主体和客体的关系上，其相似度达到最大，这种相似度极大的主客体观正是无意识的自我中心主义的产物。这种主客体完全类同的意识作为一个总原则支配者原始人生活的各个方面。巫术观念和图腾观念都是这个原则的表现。从传统逻辑观点看来，原始思维所包含的巫术性和神话性内容是违反客观因果性的，但它却是相似思维逻辑的最初产物。因而这种思维的神秘性也是可以理解的。

三 由低级思维向高级思维过渡的机制问题

从大的方面看，人类认识和思维的演化经过了两次飞跃：由意会认识向言传知识的过渡以及由具体形象思维向抽象思维的过渡。促成这两次飞跃的社会基础是人类生存实践的发展。但是，人类认识和思维的发展除了社会条件之外，尚有其内部的转换因素及其机制，只有把握了这后一方面，对人类认识演进的逻辑机制才算有了较全面的了解。

1. 表象——由意会到言传的思维基础。

探讨由意会到言传的中介环节，一般是从符号问题入手，考察人的语言是怎样从动物性的交际活动中发展起来的。帕默尔说："符号好比是梯级，思维沿着梯子从具体的印象一级级地上升到最抽象的概念，去和像在数学中出现的那种纯概念打交道，符号把我们辛辛苦苦得来的思维内容固定下来，并且为向更高处攀登提供了稳固的立足点。因此，思维的进步取决于符号系统的效能。这句话可以说是具有普遍的意义。"语言作为最重要的符号系统对思维的影响必然是十分巨大的。萨丕尔和沃尔夫甚至认为是语言决定了人们认识世界的方式。但是从发生学角度看，某种声音信号转变为语言的机制是声音和意义的结合。所以，有的学者认为，人类的天性不在于口头言语（声音），而在于构造不同的声音符号与不同的概念相符合的系统。这种把声音和意义统一的能力正是人的思维功能。如果说，文明人的思维逻辑（形式逻辑）是语言和文字长期发展的产物；那么，语言和文字的形成却首先依赖于思维、特别是依赖于表象思维的发展。

众所周知，就其与语言的关系来看，思维的类型可以划分为两类：非语言思维和语言思维。非语言思维就是指非语言的表象思维，而语言思维则包括有语言的表象思维和抽象思维两种形式。在抽象思维产生以前，表象思维经历了非语言的表象思维和有语言的表象思维两个发展阶段。由此可见，表象是由意会到言传的思维基础。

美国的心理学家奥格登和李查兹曾提出了一个著名的语义三角理论。他们认为，语义可以解释成声音（语音词）、意义和客观事物三者之间的关系。其中，声音和意义结合在一起是事物的名称和代表者。由于语音符号同事物之间并没有必然的联系，正是意义把语音符号同外部事物联系起来，所以，在语义三角中意义是关键。所谓意义是指用声音固定下来的人们对客观事物的理解和认识。原始思维是以表象和形象为元素的思维，因而原始思维意义单元是表象和形象。语言学的资料证明，原始语言的一个最触目的特征是它特别注意表现那些为现代语言所省略的具体细节，具体词汇的丰富性和抽象词汇的贫乏性形成鲜明的对照。语言的历史是思维的"自传"，原始语言的具体性正是原始思维具体性的表现，这一点正是由语音词的形象意义所造成的，表象是原始人用语音词指称客观事物的支撑点。

众所周知，人们的日常经验思维和内部言语的思维一般是以形象为基础的思维。表象作为语词的形象意义的功能在内部言语形式中表现得十分突出。我们知道，内部言语是外部言语的简化和压缩，内部言语表现为断断续续地、没有明显的词和语法结构的非规范性语言。人们之所以凭借内部言语仍能进行思维恰恰在于人脑与事物发生关系的基础是形象、意象及其关系动势，在缺少连贯言语的情况下，思维赖以进行的表象和意象仍然存在着而没有中断。换言之，在内部言语的思维过程中，内部言语的意义部分，不再像外部言语那样采用的是词典意义，而是其直觉意义或形象，因此内部言语思维往往摆脱了外部言语的硬性规定，使思维本身更接近于意义结构了。

在言传认识产生以前，表象是符号和意义的统一体，它既是思维的内容，也是思维的内容，也是思维的形式。随着语言的产生，表象的意义和符号功能发生了分化，它日益作为语词的意义部分把语音词与客观事物联系起来。表象作为词语形象意义，不仅是由意会认识过渡为言传认识的最重要的中介物，也是语词的抽象意义（概念）发生的基础，因为任何概念都是对语词的形象意义进一步加工和抽象的产物。表象作为人类思维的心理单位，永远不会丧失它的作用和地位，即使在言传认识和抽象逻辑思维产生以后，它也是人们进行日常思维的基本形式。钱学森同志把形象思维作为思维科学研究的突破口，其意义也在于此。

2. 引喻和象征——从具体进入抽象的形式和手段。

人类思维发展的内部机制存在于思维和语言的相互作用之中。如果说，语言的产生及其功能的发挥要以某种思维元素和思维过程为前提，那么，在语言产生以后，人类的表象思维就走上了新的发展道路，即在语言功能的影响下，表象思维通过借喻和象征逐步演化出抽象思维。

我们知道，几乎任何语词都是多义的，这种多义性是每一种语言都具有的特征，众多的意义构成语词的意义束。从认识论的角度看，语词的意义束总是可以分为两个层次：具体意义和抽象意义。词义的演变一般是从具体的、专指的逐步转变为泛指的抽象的。词义的演变当然反映着思维所经历的变化。那么，借助于语言的思维发展的轨迹是怎样的呢？

许多语言学家都指出，人类的语词多半是比喻性的，语言本身就是通过取之于专门词汇的比喻而发展起来。帕默尔说：词的"意义扩展"是历史的事情，任何一个语词的具体含义和抽象含义之间的联系总是历史演变的结果。在埃及人那里，表示直线和正义是同一个词，这是因为在尼罗河泛滥之后重新测量地界时，每个家庭分得的地块是由等长的直线来保证的。由于当时基本的经济活动是农业，等长的直线内包含的地块使人们的平等意识得到最大的满足。久而久之，测量土地的等长直线就成了公平、正义和真理的象征，当人们谈到前者时就自然意味着后者。在我们看来毫不相干的两种含义，从历史发生来看却是再合乎逻辑和再自然不过的事了。与此想类似，在希腊文、拉丁文和英文中，财富和道德的善是同根词；在希腊文中，份额和命运、牧场和法律是同一个词；这些词的具体意义和抽象意义之间的联系同样是历史造成的。这一点是起初的专指名词变成抽象观念的象征性用语的根本原因所在。

人类的头脑通常在工作中都采用同样的方法，尽管他们要处理的对象有区别。既然原始人靠类比来思维，靠借喻和象征来表达，那么用具体来表示抽象就决不会局限于道德领域，作为人类对自然规律的掌握和运用的空间观念、时间观念和数量观念等，也必然是通过类比和借喻手段从具体含义中演变出来的。例如，所有的空间方位观念起初都是借助于自然现象（太阳的升落）和环境特征（河流走向、地势起伏）而产生的。时间和岁时观念同样起源于具体事物（草木的枯荣、谷物的收获、鱼类的回游）和人的活动节奏。原始民族利用身体部位计算是众所周知的。古代文献中记述的"布指知寸，布手知尺，舒肘知寻"的民俗反映了古代社会通行的测量方法。由此可见，一切的度量其实也都是借喻。当人们说某物有几尺几寸长时，实则是说它等于多少手臂和手指的长度。我们知道，在词和客观事物之间起中介作用的是人类的思维活动，因而词义的每一转变也就记录和包含着人的思维活动的发展。词义的分化是历史的产物，起初专有名词作为实物的记号，仅仅充当抽象观念的象征性的用语，随着人的抽象能力的上升，原先来源于具体事物的词义就逐渐脱离这些事物，专门用来表示某种抽象思想了。拉法格在总结词义由具体过渡到抽象的历史过程时指出："假如在借喻的和象征的文字中某种物质的东西的描画成为某种抽象思想的象征，那么就应当懂得，一个词创造出来以表示一个实物或它的某一属性最终便会用来表示抽象思想。"

　人的意识由具体（个别）到抽象（一般），不仅表现在由专有名词向类名词的发展上，而且表现为形容词从原始名词的分化上。马克士·穆勒认为，抽象的词即形容词的产生，就是事物的属性被从事物中抽象出来的过程，这个过程正是靠借喻来完成的。所谓借喻，就是拐个弯，用别一事物来说明此一事物。这一方法正是把对象和它的属性加以分解（即形容词产生）的关键一步。如所周知，在原始名词阶段，事物的属性还没有从具体物中分离出来，当人们还不能自由地思维对象的属性、只能思维现实的对象时，具有这种属性的事物就成了该属性的代表者。换言之，某些事物最突出的属性，由于它在人的感官中引起最强烈的印象而成为参照物，称呼该物的语词也就作为比较词和标准词，人们就用它来说明与之类似的事物的性质。例如，塔斯马尼亚人不能抽象地表示硬的、软的、热的、冷的、圆的、长的、短的等等性质，为了表示"硬的"，就说像石头一样；表示"长的"，就说像大腿一样；表示"圆的"，就说像月亮一样。要在史前原始部族的语言中，找寻有关动物、植物、颜色、性别、种属等等的抽象概念和专门语词，往往是徒劳的。列维—布留尔指出，在俾士麦群岛，没有表示颜色的专有名称，"颜色永远是按照下面的方式来指出的：把谈到的这个东西与另一个东西比较，这另一个东西的颜色被看成是一种标准。例如，他们说：这东西看起来像乌鸦，或者有乌鸦的颜色。"久而久之，乌鸦这个词就成了黑色的代名词。

借喻是抽象思想借以钻入人脑的主要方法之一，因为正是在借喻中，对象的属性是在同另一事物（标准事物）比较中表现出来的，这是对象同其属性开始分化的起点。当原始人用"石头"来表示一个物体的硬度，用"月亮"来表示圆的东西时，他就是借用另一对象的特征之一来说明这一对象的特征。当两个个别物体由于某一点相似而被加以比较时，当已知物体的特征被用作象征性用语来描述另一物体的特征时，个别特征就转化为一般，逐渐从个别中分离出来成为多个物体的特征，因此借喻是个别特征向日益概括的一般特征过渡的转化器。在语言的发展中，原始名词转化为类名词的过程也就是形容词从原始名词中分化出来的过程，其结果是形成了两个基本的概念系列，即表示一般对象的种概念和表示事物抽象的质的概念。这两个概念系列是人以借喻和象征为手段，通过脑力的蒸馏，把事物群和质群加以分离和抽象的产物。